Mise en pratique

Manuel de grammaire et d'expression écrite

Alain M. Favrod

Department of French Studies, York University

 Addison-Wesley Publishers

Don Mills, Ontario • Reading, Massachusetts • Menlo Park, California
New York • Wokingham, England • Amsterdam • Bonn
Sydney • Singapore • Tokyo • Madrid • San Juan

SPONSORING EDITOR: Caroline Shields

EDITORIAL: Lois Rock, Karen Linnett

DESIGN: Peter Maher

Canadian Cataloguing in Publication Data

Favrod, Alain M.

   Mise en pratique: Manuel de grammaire
                      et d'expression écrite

Includes index.

ISBN 0-201-11412-7

1. French language–Grammar–1950- . 2. French
language–Composition and exercises. 3. French
language–Textbooks for second language learners–
English speakers.* I. Title.

PC2112.F38 1989   448.2'421   C88-094077-8

ISBN 0-201-11412-7

Printed and bound in Canada

    D E F G -ALG- 94 93 92

To my daughters Marieke and Michèle

TABLE DES MATIÈRES

ACKNOWLEDGEMENTS

I am indebted to many people for the assistance and encouragement they provided during the preparation of this book. I feel particularly fortunate in having had the editorial advice of Cas Shields and Andy Yull, while Terry MacGorman offered early and vital support for the project. I am also grateful to Karen Linnett and Lois Rock for their sensitive and intelligent copy editing, and to Sharon West for typing numerous manuscript revisions.

Many of my colleagues in the Department of French Studies at York University offered critical reviews of early manuscript. In particular, I am grateful for the invaluable insights provided by Christian Marjollet and his team of instructors who class-tested these materials.

Special thanks are due to my colleague Jean Baron, who has prepared a fine workbook to accompany the text, and to Tom Traves, Dean of the Faculty of Arts, who has both encouraged and supported me throughout the developmental period.

Last, but definitely not least, I must warmly thank the many reviewers across Canada who generously contributed valuable suggestions. The board of reviewers included:

Jocelyne Bavarel	*University of British Columbia*
Patricia DeMéo	*Dalhousie University*
Gerald Ferris	*University of New Brunswick (Fredericton)*
Pierre Goumarre	*University of Western Ontario*
A.A. Greaves	*University of Calgary*
Peter Halford	*University of Windsor*
Michael Kliffer	*McMaster University*
Barbara Kwant	*University of Toronto*
Dominique Lepicq	*McMaster University*
Dana Paramskas	*University of Guelph*
Geoffrey St. Andrews	*Sir Winston Churchill S.S.*
Paul Socken	*University of Waterloo*
Véronique Szlavic	*University of New Brunswick (Fredericton)*
Gilbert Taggart	*Concordia University*

INTRODUCTION

Mise en pratique est un manuel destiné à l'étudiant(e) en faculté qui a déjà une bonne connaissance de base du français. C'est un ouvrage qui a pour but principal de réunir en un seul volume un cours de grammaire et un cours d'expression écrite. L'interdépendance de ces deux domaines semble en effet justifier une intégration pédagogique.

Mise en pratique est donc un manuel conçu de façon à présenter non seulement toute la grammaire que l'étudiant(e) de ce niveau se doit de posséder, mais aussi toutes les techniques d'expression écrite nécessaires à la bonne exécution des travaux de français rencontrés au fil des années universitaires.

APPROCHE PÉDAGOGIQUE

Grammaire

Le terme **grammaire raisonnée** caractérise bien l'approche choisie pour cette partie du texte. Puisque ce concept comprend plusieurs principes, il s'agit de définir ceux-ci en précisant que cette grammaire est à la fois:

une **grammaire méthodique** qui permet le regroupement de données grammaticales en sections d'apprentissage autonomes. Ces sections sont axées sur des domaines spécifiques tels l'acquisition des formes, les emplois, les problèmes de syntaxe, les problèmes de traduction;

une **grammaire usuelle** qui rend possible une sélection plus rigoureuse des outils grammaticaux à maîtriser. Il s'agit donc de présenter uniquement les notions grammaticales et les procédures d'analyse qui seront en mesure d'aider l'étudiant(e) à résoudre ses problèmes de correction et de bon emploi tant à l'écrit qu'à l'oral;

une **grammaire référentielle** qui fournit à l'étudiant(e) toute l'information grammaticale requise;

une **grammaire fonctionnelle** qui encourage l'étudiant(e) à devenir autonome, qu'il s'agisse de déceler ses propres erreurs ou qu'il s'agisse de trouver en toute indépendance l'information grammaticale nécessaire;

une **grammaire pédagogique** où la matière est expliquée de façon concise et où des exercices de vérification auto-corrigeables renforcent la compréhension;

une **grammaire communicative** où la majorité des exercices représentent des situations de communication vraisemblables et utilisables.

Expression écrite

Le terme **atelier d'expression écrite** caractérise ici l'approche préconisée. Puisque cette notion représente également plusieurs principes, il s'agit de définir ceux-ci en précisant que cette partie du livre est à la fois:

un **manuel de pratique de l'écrit** qui présente à l'étudiant(e) les bonnes habitudes de l'expression écrite telles que les travaux de plan et de brouillon, l'emploi systématique des dictionnaires, les méthodes de correction et d'amélioration stylistique;

un **manuel d'emplois de l'écrit** qui prépare l'étudiant(e) aux diverses applications de la compétence à l'écrit telles que les devoirs de composition, la correspondance, les notes de cours;

un **manuel de composition** qui initie l'étudiant(e) aux différents types de composition à maîtriser, tels que la description, la narration, le dialogue, le texte argumentatif;

un **manuel de référence stylistique** qui fournit à l'étudiant(e) des dossiers d'outils indispensables à l'amélioration stylistique tels que les formules de transition, les divers types de phrases, les conjonctions, les prépositions.

AUTRES CONSIDÉRATIONS

Quelques notions pédagogiques supplémentaires ont influencé le choix et l'agencement du contenu. Parmi les plus importantes, il faut mentionner:

la flexibilité d'emploi. Les douze chapitres de *Mise en pratique* peuvent facilement s'adapter à différents programmes et à différents horaires d'enseignement. En effet, le manuel peut, d'une part, facilement faire l'objet d'un cours intensif de grammaire et de composition; d'autre part, il peut tout aussi bien s'intégrer avec succès à d'autres composantes de cours telles que la littérature, la conversation, la compréhension auditive;

ia variété. De nombreux documents authentiques ont été choisis pour illustrer le fonctionnement et le bon emploi des structures grammaticales. Cette sélection s'est faite également afin de refléter divers genres (théâtre, roman, etc.), différents contextes d'expression (conversation, journalisme, correspondance, etc.), différents modes d'expression (argumentation, description, etc.), ainsi que les divers niveaux de langue (familier, soutenu, etc.). Par ailleurs, le manuel a été conçu de façon à alterner six chapitres portant sur le système verbal avec six chapitres axés sur les éléments non-verbaux. Cette disposition du contenu permet un changement d'optique souhaitable à chaque chapitre;

la clarté. Le manuel a été écrit de manière à mettre à la disposition de l'étudiant(e) un texte explicatif concis accompagné d'exemples choisis en fonction de leur capacité illustrative. De nombreux tableaux renforcent visuellement et schématiquement la présentation des structures grammaticales;

l'authenticité. Le français représenté dans les textes originaux, les exemples et les exercices est le français tel qu'il se parle et s'écrit réellement. Il s'agit de reproduire pour l'étudiant(e) des échantillons linguistiques authentiques et utilisables;

la facilité d'emploi. Tout manuel se doit d'être clair, précis et facile à utiliser. L'élaboration de *Mise en pratique* s'est faite en tenant compte de ces critères, comme le témoignent l'agencement du contenu, la mise en page, les tableaux, les appendices et l'index.

ORGANISATION DU CHAPITRE

Mise au point Cette partie du chapitre présente les éléments de grammaire et les aspects de composition. Chacune de ses rubriques a une fonction bien précise:

terminologie : une explication de la plupart des termes grammaticaux utilisé dans le chapitre;

accent sur les formes : une présentation des multiples formes de la structure grammaticale étudiée;

accent sur l'analyse : une analyse fonctionnelle plus approfondie de certaines notions grammaticales. Cette section ne se trouve que dans certains chapitres.

accent sur la syntaxe : des explications ayant trait à la position des mots à l'intérieur de la phrase. Cette section n'apparaît que lorsqu'il y a des problèmes de syntaxe à signaler.

accent sur les emplois : une élaboration des emplois de la structure grammaticale étudiée;

problèmes de traduction : une analyse comparative des difficultés de traduction à anticiper avec la structure grammaticale étudiée;

expression écrite : rubrique qui a trait au travail de composition et qui se divise en trois parties: a) *grammaire* qui fait le pont avec le contenu grammatical du chapitre en montrant l'utilité des structures dans l'élaboration d'un texte écrit; b) *atelier* où sont exposées diverses techniques et formats de l'écrit et c) *dossier* où sont regroupées les ressources linguistiques et stylistiques essentielles à la composition de tout texte écrit.

À l'intérieur de chacune des sections précédentes, les domaines tels que l'oral, l'orthographe, les niveaux de langue et le lexique sont identifiés par l'indication **Attention !** Les petites sections intitulées **À noter !** offrent des renseignements secondaires. En plus, des exercices de vérification intitulés *Vérifions !* sont placés là aux points stratégiques du chapitre.

Mise en marche

Cette partie du chapitre est consacrée aux exercices de pratique communicative et de mise en situation.

Mise en oeuvre

Cette partie du chapitre est consacrée aux exercices de vérification et de maîtrise. Certains exercices oraux de cette série gagnent à se faire en équipes de deux. Cette technique favorise la spontanéité et permet de varier le format de travail d'exercice.

Buts du chapitre

Les objectifs pédagogiques de chaque chapitre se résument ainsi:
1) acquérir les formes orales et écrites;
2) savoir analyser les structures grammaticales;
3) résoudre les problèmes de syntaxe;
4) surmonter les problèmes de traduction;
5) maîtriser les techniques d'expression écrite;
6) savoir exploiter les ressources stylistiques;
7) mettre en pratique les outils grammaticaux.

LA BOÎTE À OUTILS

Un manuel de travaux pratiques (l'écrit) et de laboratoire (surtout l'oral), *La Boîte à outils* accompagne *Mise en pratique* et reprend la même démarche pédagogique. Le test-diagnostic de chaque chapitre est destiné à établir un profil linguistique qui permet de suggérer les exercices appropriés. Ces derniers, classés selon les rubriques de *Mise en pratique*, sont tous contextualisés. Quelques-uns font appel aux formules éprouvées (phrases à tiret et à substitution, formulation d'une question pour une réponse donnée, etc.) tandis que d'autres sont moins traditionnels (entraînement à la rédaction de la phrase, perfectionnement phonétique, lecture orale, communication orale contrôlée, préparation à la dictée, entraînement à l'écoute, etc.). La *Boîte à outils* offre donc une panoplie d'activités que l'usager saura adapter à ses propres besoins, à des fins soit de renforcement soit de révision.

CONCLUSION

Ce livre a été écrit dans l'espoir de procurer à ses usagers un manuel simple et complet dans lequel la grammaire est présentée de façon à bien montrer combien elle fournit les outils essentiels à la communication. Il est à espérer également que cet ouvrage contribuera à faire de la composante «grammaire et composition» un aspect vivant et passionnant du cours de français. Donc, à tous ceux et à toutes celles qui utiliseront *Mise en pratique*, bonne chance et vive la grammaire!

1

Terminologie

- **conjugaison**   ensemble des formes d'un verbe
- **conjuguer**   mettre un verbe à ses différentes formes
- **indicatif**   mode verbal utilisé pour exprimer la réalité
- **infinitif**   forme du verbe qui permet de nommer le verbe et qui exprime l'idée de l'action ou de l'état d'une façon abstraite et impersonnelle
  le verbe *étudier*
- **impératif**   mode verbal qui exprime le commandement ou la défense
  ***Laisse-moi** tranquille !*
- **liaison**   prononciation d'une consonne normalement muette liée à une voyelle ou à un *h* muet qui suit
  ils écoutent
  nous avons
- **mode**   caractéristique d'une forme verbale qui permet d'exprimer l'attitude du sujet vis-à-vis des événements ou des états exprimés par le verbe
  l'indicatif = la réalité
  J'écoute. (I listen.)
  l'impératif = les ordres
  Écoute ! (Listen!)
- **présent**   temps verbal qui exprime une action ou un état de l'époque contemporaine
  Elle parle. (c'est-à-dire, en ce moment)
- **radical**   partie invariable d'un verbe que l'on détermine en enlevant les terminaisons qui constituent sa conjugaison
  Le verbe *parler* a un radical : ***parl***
  Le verbe *aller* en a trois : ***all** (allons, allez)*,
  ***v** (vas, vont)* et ***ir** (ira, iriez)*.
- **temps**   caractéristique d'une forme verbale qui permet de situer l'action du verbe dans le temps
  J'écoute. (présent)
  J'ai fini. (passé composé)

• **terminaison**	particule suffixe que l'on ajoute au radical du verbe et qui varie selon la personne, le nombre, le temps, etc. *je parle* *vous allez*
• **verbes réguliers**	verbes qui suivent les règles ordinaires de la conjugaison
• **verbes irréguliers**	verbes qui ne suivent pas de conjugaison régulière

MISE AU POINT

Le présent de l'indicatif

ACCENT SUR LES FORMES

Les verbes réguliers

1 Il y a trois conjugaisons régulières en français : les verbes en *er* (la première conjugaison, dont l'infinitif est en *er*), les verbes en *ir* (la deuxième conjugaison, dont l'infinitif est en *ir*) et les verbes en *re* (la troisième conjugaison, dont l'infinitif est en *re*).

Verbes en er

TABLEAU 1.1 **Verbes en *er***

verbe modèle : **parler**
radical : **parl**

je	parle	nous	parl**ons**
tu	parl**es**	vous	parl**ez**
il/elle	parle	ils/elles	parl**ent**

À noter !
- La plupart des verbes de la langue française sont des verbes réguliers en *er*.
- Il y a un seul verbe irrégulier en *er* : le verbe *aller*.

Attention
à l'oral !

2   Les terminaisons écrites *e*, *es* et *ent* ne se prononcent pas. C'est la consonne ou la voyelle qui précède ces terminaisons écrites qui se prononce et forme la terminaison orale. Les formes *parle*, *parles* et *parlent* ont donc la même prononciation : /parl/.

3   Pour la majorité des verbes en *er*, cette forme orale commune a une terminaison consonantique.

chante /ʃãt/	terminaison /t/
trouve /truv/	terminaison /v/

4   Quelques verbes en *er* ont une forme orale commune dont la terminaison est vocalique (voyelle).

étudie /etydi/	terminaison /i/
loue /lu/	terminaison /u/

5   Les trois formes du singulier ont la même prononciation.

   je parle, tu parles, il/elle parle   /parl/

6   Quand la forme de n'importe quel verbe (verbes réguliers et irréguliers) commence par une voyelle ou par un *h* muet, les règles suivantes entrent en vigueur :

a   On utilise une forme spéciale du pronom *je*, c'est-à-dire *j'*. C'est ce qu'on appelle une forme élidée.

   j'aime, j'étudie, j'habite

b   On fait la liaison entre le *s*, prononcé /z/, des pronoms sujets *nous*, *vous*, *ils* et *elles* et la forme verbale.

nous écoutons	*ils achètent*
vous oubliez	*elles hésitent*

c   On fait la liaison entre le *n* du pronom *bon* et la forme verbale. On fait l'enchaînement entre le son /l/ des pronoms *ils* et *elles* et la forme verbale.

   on embarque, il hésite, elle aime

Verbes en ir

TABLEAU 1.2   **Verbes en *ir***

verbe modèle : **finir**	
radical : **fin**	
je fin**is**	nous fin**issons**
tu fin**is**	vous fin**issez**
il/elle fin**it**	ils/elles fin**issent**

À noter !

• Certains verbes en *ir* ont une conjugaison irrégulière.

• Quelques verbes en *ir* se conjuguent au présent comme les verbes en *er*. Parmi ces verbes, il faut noter *couvrir, découvrir, offrir, ouvrir, souffrir* et *recouvrir*.

j'ouvre	*nous ouvrons*
tu ouvres	*vous ouvrez*
il/elle ouvre	*ils/elles ouvrent*

Attention à l'oral ! **7** Les trois formes du singulier des verbes en *ir* ont la même prononciation. Les consonnes écrites des terminaisons de ces formes ne sont jamais prononcées et la terminaison orale commune est toujours la voyelle /i/.

> *je finis, tu finis, il/elle finit*   /fini/

8 Les trois formes orales du pluriel comprennent toujours la forme orale du singulier suivie de /sɔ̃/, de /se/ ou de /s/.

> *nous finissons* /finisɔ̃/
> *vous finissez* /finise/
> *ils/elles finissent* /finis/

9 Il faut bien distinguer entre le singulier et le pluriel de la troisième personne. C'est la prononciation de la consonne /s/ qui identifie la forme plurielle du verbe.

> *il/elle finit* /fini/
> *ils/elles finissent* /finis/

Verbes en <u>re</u>

TABLEAU 1.3   **Verbes en** *re*

verbe modèle : **répondre**
radical : **répond**

je répon**ds**	nous répond**ons**
tu répon**ds**	vous répond**ez**
il/elle répond	ils/elles répond**ent**

À noter ! • Certains verbes en *re* ont une conjugaison irrégulière.

Attention à l'oral ! **10** Les trois formes du singulier des verbes en *re* ont la même prononciation.

> *je réponds, tu réponds, il/elle répond*   /repɔ̃/

11 Les formes orales de la première et de la deuxième personne du pluriel comprennent la forme orale du singulier suivie de la consonne finale du radical, puis du son /ɔ̃/ ou /e/.

> *nous répondons* /repɔ̃dɔ̃/
> *vous répondez* /repɔ̃de/

12 La forme orale de la troisième personne du pluriel comprend la forme orale commune du singulier suivie de la consonne finale du radical /d/.

> *ils/elles répondent* /repɔ̃d/

13 Attention à bien distinguer entre la forme du singulier et du pluriel de la troisième personne.

> *il/elle répond* /repɔ̃/
> *ils/elles répondent* /repɔ̃d/

C'est la prononciation de la consonne finale qui identifie la forme plurielle *ils/elles.*

TABLEAU 1.4   Les verbes pronominaux

*verbe modèle en **er** : **s'amuser***

je m'amuse	nous nous amusons
tu t'amuses	vous vous amusez
il/elle s'amuse	ils/elles s'amusent

*verbe modèle en **ir** : **se divertir***

je me divertis	nous nous divertissons
tu te divertis	vous vous divertissez
il/elle se divertit	ils/elles se divertissent

*verbe modèle en **re** : **se détendre***

je me détends	nous nous détendons
tu te détends	vous vous détendez
il/elle se détend	ils/elles se détendent

Attention **14** Quand la forme du verbe commence par une voyelle ou par un *h*
à l'oral !   muet, les règles suivantes entrent en vigueur :

a On utilise la forme élidée des pronoms réfléchis *me*, *te* et *se*,
c'est-à-dire *m'*, *t'* et *s'*.

*je **m'**embête*
*tu **t'**habilles*
*elle **s'**épanouit*
*ils **s'**étendent*

b On fait la liaison entre le *s* des pronoms réfléchis *nous* et *vous* et
la forme verbale. À ce moment-là, le *s* se prononce /z/.

nous nous entendons
vous vous habillez

VÉRIFIONS !   A, réponses, p. 325

Donnez la forme indiquée du verbe au présent.

1. elles (chercher)
2. nous (choisir)
3. elle (vendre)
4. vous (se reposer)
5. je (ouvrir)

6. tu (réussir)
7. nous (se rendre)
8. on (s'excuser)
9. ils (réfléchir)
10. je (arriver)

VÉRIFIONS !   B, réponses, p. 325

Donnez l'infinitif du verbe.

1. il rougit
2. tu confonds
3. elles se peignent

4. j'hésite
5. ils s'évanouissent

VÉRIFIONS!   *A, réponses, p. 325*

Donnez le pronom sujet de la forme verbale.

1. travailles *tu*   4. finissez *vous*
2. offrons *nous*   5. chantent *ils / elles*
3. répond *il/elle*

VÉRIFIONS!   *B, réponses, p. 325*

Dites si oui ou non on fait la liaison ou l'enchaînement entre
le pronom et la forme verbale.

1. nous nous aidons   4. vous punissez
2. il entend   5. nous offrons
3. vous travaillez   6. elle descend

Attention à **15** Certains verbes en *er* présentent des particularités
l'orthographe!   orthographiques.

a Les verbes en *cer*, tels que *commencer*, prennent un *ç* devant *o*.
Ainsi, la cédille de la forme *nous* permet de refléter la prononciation /s/ du *c* qui serait autrement prononcé /k/.
   nous commençons /kɔmɑ̃sɔ̃/

b Les verbes en *ger*, tels que *manger*, prennent un *e* devant *o*.
Ainsi, le *e* de la forme *nous mangeons* permet de refléter la
prononciation /ʒ/ du *g* qui serait autrement prononcé /g/ comme
dans *gonfler* /gɔ̃fle/.
   nous mangeons /mɑ̃ʒɔ̃/

c Généralement, pour les verbes en *eler* ou *eter*, on double la consonne *l* ou *t* devant les terminaisons muettes *e*, *es* et *ent*.

appeler

je m'appelle /apɛl/	*nous nous appelons* /ap(ə)lɔ̃/
tu t'appelles	*vous vous appelez* /ap(ə)le/
il/elle s'appelle	
ils/elles s'appellent	

jeter

je jette /ʒɛt/	*nous jetons* /ʒətɔ̃/
tu jettes	*vous jetez* /ʒəte/
il/elle jette	
ils/elles jettent	

À noter! • D'autres verbes en *eter* et *eler* ne doublent pas la consonne (voir *acheter*
ci-dessous).

d Pour les verbes en *ayer*, *oyer* et *uyer*, on change le *y* en *i* devant
les terminaisons muettes *e*, *es* et *ent*.

essayer

j'essaie	*nous essayons*
tu essaies	*vous essayez*
il/elle essaie	
ils/elles essaient	

employer

j'emploie	*nous employons*
tu emploies	*vous employez*
il/elle emploie	
ils/elles emploient	

s'essuyer

je m'essuie	*nous nous essuyons*
tu t'essuies	*vous vous essuyez*
il/elle s'essuie	
ils/elles s'essuient	

e Pour d'autres verbes, on ajoute un accent grave à la lettre *e* qui précède les terminaisons muettes *e*, *es* et *ent*.

acheter

j'achète /aʃɛt/	*nous achetons* /aʃ(ə)tɔ̃/
tu achètes	*vous achetez* /aʃ(ə)te/
il/elle achète	
ils/elles achètent	

Se conjuguent ainsi :
acheter (racheter)
achever
celer (déceler)
ciseler
crever   crève, crevons
démanteler   démantèle, démantelons
geler (congeler, dégeler)   gèle, gelons
harceler
lever (élever, soulever)
mener (amener, emmener, promener, ramener)
modeler
peler
peser
semer (parsemer)

f Pour les verbes ayant un *é* dans la dernière syllabe du radical, on change ce *é* en *è* devant les terminaisons muettes *e*, *es* et *ent*.

espérer

pas d'accent

j'espère /ɛspɛr/	*nous espérons* /ɛsperɔ̃/
tu espères	*vous espérez* /ɛspere/
il/elle espère	
ils/elles espèrent	

VÉRIFIONS!

réponses, p. 325

Donnez les formes indiquées du verbe au présent.

1. nous / je (nager)
2. tu / nous (effacer)
3. il / vous (répéter)
4. tu / elles (s'ennuyer)
5. elle / nous (se peser)
6. je / vous (nettoyer)
7. elles / on (payer)
8. je / vous (épeler)
9. tu / nous (feuilleter)
10. nous / tu (plonger)

Les verbes irréguliers et leurs dérivés

Les verbes irréguliers ont des infinitifs en *ir* (tenir), *oir* (pouvoir), *re* (faire) et *er* (aller).

TABLEAU 1.5 **Principaux verbes irréguliers**

avoir	j'ai	nous avons
	tu as	vous avez
	il/elle a	ils/elles ont
aller	je vais	nous allons
	tu vas	vous allez
	il/elle va	ils/elles vont
être	je suis	nous sommes
	tu es	vous êtes
	il/elle est	ils/elles sont
mettre	je mets	nous mettons
admettre	tu mets	vous mettez
commettre	il/elle met	ils/elles mettent
permettre		
partir	je pars	nous partons
dormir	tu pars	vous partez
servir	il/elle part	ils/elles partent
mentir		
sortir		
sentir		
et leurs dérivés		
prendre	je prends	nous prenons
apprendre	tu prends	vous prenez
comprendre	il/elle prend	ils/elles prennent
se méprendre		
reprendre		
surprendre		
connaître	je connais	nous connaissons
disparaître	tu connais	vous connaissez
paraître	il/elle connaît	ils/elles connaissent
faire	je fais	nous faisons
défaire	tu fais	vous faites
refaire	il/elle fait	ils/elles font

dire	je dis	nous disons
	tu dis	vous dites
	il/elle dit	ils/elles disent

VÉRIFIONS!

réponses, p. 325

Donnez la forme indiquée du verbe au présent.

1. (permettre) elles *permettent*
2. (refaire) vous *refaites*
3. (paraître) elle *paraît*
4. (être) nous *sommes*
5. (avoir) ils *ont*
6. (mettre) je *mets*
7. (se méprendre) vous *vous méprendez*
8. (dire) vous *dites*
9. (aller) elles *vont*
10. (servir) tu *sers*
11. (surprendre) ils *surprennent*
12. (sortir) nous *sortons*

---

lire	je lis	nous lisons
	tu lis	vous lisez
	il/elle lit	ils/elles lisent
écrire	j'écris	nous écrivons
	tu écris	vous écrivez
	il/elle écrit	ils/elles écrivent
conduire	je conduis	nous conduisons
construire	tu conduis	vous conduisez
détruire	il/elle conduit	ils/elles conduisent
et leurs dérivés		
vivre	je vis	nous vivons
survivre	tu vis	vous vivez
	il/elle vit	ils/elles vivent
suivre	je suis	nous suivons
poursuivre	tu suis	vous suivez
	il/elle suit	ils/elles suivent
courir	je cours	nous courons
accourir	tu cours	vous courez
parcourir	il/elle court	ils/elles courent
croire	je crois	nous croyons
	tu crois	vous croyez
	il/elle croit	ils/elles croient
voir	je vois	nous voyons
	tu vois	vous voyez
	il/elle voit	ils/elles voient
craindre	je crains	nous craignons
peindre	tu crains	vous craignez
plaindre	il/elle craint	ils/elles craignent
et leurs dérivés		

VÉRIFIONS!   *réponses, p. 325*

Donnez la forme indiquée du verbe au présent.

1. (relire) je *relis*
2. (accourir) nous *accourons*
3. (se plaindre) vous *vous plaignez*
4. (construire) ils *construisent*
5. (suivre) je *suis*
6. (écrire) elle *écrit*
7. (croire) vous *croyez*
8. (voir) tu *vois*
9. (détruire) il *détruit*
10. (lire) nous *lisons*
11. (vivre) vous *vivez*
12. (conduire) elles *conduisent*

venir	je viens	nous venons
devenir	tu viens	vous venez
parvenir	il/elle vient	ils/elles viennent
revenir		

tenir	je tiens	nous tenons
détenir	tu tiens	vous tenez
retenir	il/elle tient	ils/elles tiennent
soutenir		

pouvoir	je peux	nous pouvons
	tu peux	vous pouvez
	il/elle peut	ils/elles peuvent

À noter! • peux, peut /pø/ peuvent /pœv/

vouloir	je veux	nous voulons
	tu veux	vous voulez
	il/elle veut	ils/elles veulent

À noter! • veux, veut /vø/ veulent /vœl/

pleuvoir	il pleut	
falloir	il faut	

boire	je bois	nous buvons
	tu bois	vous buvez
	il/elle boit	ils/elles boivent

recevoir	je reçois	nous recevons
apercevoir	tu reçois	vous recevez
décevoir	il/elle reçoit	ils/elles reçoivent

devoir	je dois	nous devons
	tu dois	vous devez
	il/elle doit	ils/elles doivent

savoir	je sais	nous savons
	tu sais	vous savez
	il/elle sait	ils/elles savent

plaire	je plais	nous plaisons
déplaire	tu plais	vous plaisez
	il/elle plaît	ils/elles plaisent

rire	je ris	nous rions
sourire	tu ris	vous riez
	il/elle rit	ils/elles rient

À noter ! • Il faut se rappeler que la terminaison de la deuxième personne du pluriel des verbes *être*, *faire* et *dire* est *es* (*vous êtes, vous faites, vous dites*).

VÉRIFIONS !

réponses, p. 325

Donnez la forme indiquée du verbe au présent.

1. ils (devenir) *deviennent*
2. je (pouvoir) *peux*
3. nous (sourire) *sourions*
4. il (pleuvoir) *pleut*
5. vous (déplaire) *déplaisez*
6. il (falloir) *faut*
7. elles (savoir) *savent*
8. on (boire) *boit*
9. tu (apercevoir) *aperçois*
10. vous (devoir) *devez*
11. ils (vouloir) *veulent*
12. je (retenir) *retiens*

Le présent de l'indicatif

ACCENT SUR LES EMPLOIS

Emplois

On utilise le présent :

Contextes

1 pour décrire une personne, une chose ou un état au moment où l'on parle.

Pierre a l'air bien malheureux.
Comme il fait beau !

2 pour indiquer qu'une action se passe au moment où l'on parle.

—Que fait Monique en ce moment ?
—Elle fait son jogging.

3 pour exprimer une vérité ou un état permanent. Par conséquent, de nombreux proverbes sont au présent.

C'est un fait que certains étudiants n'aiment pas la grammaire.
L'habit ne fait pas le moine.

4 pour exprimer une action habituelle qui est encore vraie aujourd'hui.

Nous buvons du vin tous les soirs avec le dîner.

5 avec les expressions *depuis, depuis que, il y a ... que, cela fait ... que, voici / voilà ... que,* pour exprimer une action ou un état qui a commencé dans le passé et qui continue dans le présent.

Elle habite ici depuis deux ans.
Depuis qu'il est là, tout va bien.
Il y a longtemps que je t'aime.
Cela fait bientôt un quart d'heure qu'il parle.
Voici vingt minutes qu'on attend.

6 pour exprimer une action qui va se passer dans un avenir proche.

J'arrive dans quelques instants.
On se voit demain ?

7   pour l'analyse littéraire et les commentaires.

Meursault est un personnage qui fait des choses curieuses ...

8   dans un récit au passé pour rendre la narration plus vivante. C'est le présent historique ou littéraire.

Mme Rolland, très droite, sans bouger le buste, les mains immobiles sur sa jupe à crinoline, approche son visage de la jalousie, jette un regard vert entre les lattes, prête l'oreille, sous les bandeaux de cheveux lisses. Une bouffée chaude et humide monte de la rue. La gouttière déborde et fait un bruit assourdissant. Dans la chambre au velours épais, aux meubles anglais, une voix d'homme s'enroue et marmonne quelque chose d'incompréhensible, au sujet de la gouttière.

On entend, au loin, le pas lourd d'un cheval traînant une charrette. Il est deux heures du matin. Que peut bien faire cette charrette dans le désert de la nuit ? Depuis quelque temps on rôde dans la ville. La charrette se rapproche. Rue Saint-Louis, rue des Jardins, rue Donacona. Silence. Ah, mon Dieu! Les roues cerclées de fer tournent à angle droit, les sabots pesants et fatigués se rapprochent.

Tiré de *Kamouraska*, d'Anne Hébert.
Copyright © 1970 Éditions du Seuil.

VÉRIFIONS !   *réponses, p. 325*

Pour chaque phrase, indiquez si le verbe exprime :
a) une description
b) une action qui se passe au moment où l'on parle
c) un état permanent
d) une action habituelle
e) une action future.

1. Alors, qu'est-ce qu'on fait?   *e)*
2. On se lève tôt sauf le week-end.   *d)*
3. Huit et huit font seize.   *c)*
4. Il est presque prêt.   *a)*
5. Elle mange en ce moment.   *b)*
6. Il y a beaucoup de monde.   *a)*

Attention aux constructions !

9   *Être en train de* suivi d'un infinitif.
   *Il **est en train de** manger.* He is eating.
   Cette construction indique qu'une action est en cours au moment où l'on parle.

10   *Venir de* suivi d'un infinitif (le passé récent).
   *Il **vient de** manger.* He just ate. (He has just eaten.)
   Cette construction indique qu'une action est arrivée tout récemment.

11 *Aller* suivi d'un infinitif (le futur proche).

> *D'après la météo, il **va faire beau aujourd'hui.*** According to the weather forecast, it's going to be a nice day today.

Cette construction indique qu'une action va se passer dans un avenir proche. À l'oral, *aller* suivi d'un infinitif remplace très souvent le futur simple.

12 Le présent est employé dans les constructions hypothétiques.

> ***Si** tu veux, tu peux m'accompagner.*
> ***Si** je ne suis pas là, laissez un message.*
> *On fera autre chose **s'**il pleut.*

Le présent est utilisé dans les constructions hypothétiques introduites par *si* lorsque la proposition principale est au présent, à l'impératif ou au futur.

VÉRIFIONS !

réponses, p. 325

Mettez le verbe à la forme qui convient.

1. Je (aller) me préparer.
2. Ça fait trois mois qu'elle (travailler) ici.
3. Elle le (savoir) depuis longtemps.
4. Si tu (insister) un peu, il le fera.
5. Il (être) en train de se raser.
6. Il y a longtemps que nous y (penser).
7. Ils (venir) de rentrer.
8. Va au cinéma si tu en (avoir) envie.

Le présent de l'indicatif

ACCENT SUR LA SYNTAXE

Le négatif

1 Le premier élément de la négation (*ne*) précède toujours le verbe au présent. Le deuxième élément (*pas, jamais, plus, pas encore,* etc.) suit le verbe.

> *Il **ne** boit **plus** du tout d'alcool.*
> *N'en bois-tu **jamais** ?*

2 Lorsque l'expression négative contient un pronom indéfini sujet (*personne ne..., rien ne..., aucun ne..., nul ne...*), les deux éléments précèdent le verbe.

> ***Personne ne** fume dans ce bureau.*

L'interrogatif

3   Il y a plusieurs formules qui permettent l'interrogation :

a   l'intonation
Tu pars ?

b   l'expression préfixe *est-ce que*
Est-ce que *tu pars ?*

c   l'expression suffixe *n'est-ce pas*
Tu pars, **n'est-ce pas ?**

d   l'inversion du sujet
Pars-tu ?

e   l'emploi d'un mot interrogatif
Comment *va-t-il ?*

invariable ← adverbes
variable ← adjectifs
Quel, Quelle

À noter !   •   L'inversion du sujet *je* est rare. Elle peut se faire avec les verbes *avoir, être, devoir* et *pouvoir* (forme spéciale *puis-je*).
Ai-je *raison ?*
Puis-je *vous aider ?*

•   On insère un *t* (le *t* euphonique) entre une forme verbale terminée par une voyelle et le pronom *il, elle* ou *on*. Le *t* euphonique est placé entre des traits d'union.
Va-t-il revenir ?
A-t-elle beaucoup d'amis ?
Reste-t-il longtemps ?

PROBLÈMES DE TRADUCTION

---

1   He sleeps.   *Il dort.*
He is sleeping.   *Il dort.*

Il n'y a qu'un temps verbal au présent de l'indicatif en français.

2   He is speaking.   *Il parle.*
                                      Il **est en train de** *parler.*

La notion du présent progressif de l'anglais est exprimée par le présent du français ou par l'expression *être en train de* suivie de l'infinitif.

3   He has just left.   *Il* **vient de** *partir.*

La notion du passé récent de l'anglais est exprimée en français par *venir de* suivi de l'infinitif.

4 He's going out tonight.
               Il sort ce soir.
               Il va sortir ce soir.

    He is about to leave.
               Il est sur le point de partir.

La notion du futur proche de l'anglais peut être exprimée en français par : (a) le présent; (b) le verbe *aller* suivi d'un infinitif; (c) l'expression *être sur le point de* suivie d'un infinitif.

5 I've been waiting for him since 2:30.
               Je l'attends depuis 2 h 30.

    He has known her for years.
               Il la connait depuis des années.

Alors que l'anglais emploie le passé pour exprimer une action qui a commencé dans le passé mais qui continue dans le présent, le français emploie le présent.

L'impératif

ACCENT SUR LES FORMES

1 L'impératif a généralement trois formes.

2 Le pronom sujet n'est pas employé.

3 Pour la majorité des verbes, les trois formes de l'impératif correspondent aux personnes *tu*, *nous* et *vous* du présent de l'indicatif.

TABLEAU 1.6   **L'impératif**

verbe modèle : **écrire**	
indicatif présent	*impératif*
j'écris	
tu écris	écris
il/elle écrit	
nous écrivons	écrivons
vous écrivez	écrivez
ils/elles écrivent	

 4 Les verbes en *er* et les verbes *offrir, couvrir, découvrir, ouvrir, souffrir* et *recouvrir* n'ont pas de *s* à la forme *tu* de l'impératif.

TABLEAU 1.7   **L'impératif des verbes en *er* et des verbes comme *ouvrir***

verbe modèle : **répéter**	*verbe modèle :* **ouvrir**
répète	ouvre *pas de* -s
répétons	ouvrons
répétez	ouvrez

À noter !   La forme du singulier prend un *s* devant le pronom *y* ou *en*.
        vas-y, profites-en, parles-en

5 Les verbes en *er* qui présentent des particularités orthographiques au présent de l'indicatif ont ces mêmes particularités à l'impératif.
> *Lève-toi !*
> *Ne jette pas cela !*

6 Les verbes *avoir*, *être*, *savoir* et *vouloir* ont des conjugaisons irrégulières.

TABLEAU 1.8 **L'impératif des verbes *avoir*, *être*, *savoir* et *vouloir***

avoir	être	savoir	vouloir*
aie	sois	sache	veuille
ayons	soyons	sachons	veuillons
ayez	soyez	sachez	veuillez

*Les formes de l'impératif du verbe *vouloir* sont rares, sauf *veuillez* ; cette forme est employée dans des formules de politesse telles que *veuillez prendre place*.

À noter ! • Avec l'expression *en vouloir à* à l'impératif négatif, on emploie les formes *veux* et *voulez*.
> *Ne m'en veux pas.*
> *Ne m'en voulez pas.*

VÉRIFIONS !   *A, réponses, p. 325*

Donnez les trois formes de l'impératif.
1. répondre ~réponds / répondons / répondez~
2. choisir ~choisis / choisissons / choisissez~
3. dire ~dis / disons / dites~
4. être ~sois / soyons / soyez~
5. payer ~paie / payons / payez~
6. savoir ~sache / sachons / sachez~

VÉRIFIONS !   *B, réponses, p. 326*

Donnez l'infinitif.
1. veuillez ~vouloir~   4. soyez ~être~
2. lève-toi ~se lever~   5. aie ~avoir~
3. ayons ~avoir~

L'impératif   **ACCENT SUR LES EMPLOIS**

Emplois   *Contextes*

On utilise l'impératif :

1 pour donner des ordres directs.   *Entrez !*
                                               Ne dis rien !
                                               Arrête ! Tu me fais mal !

2 pour donner des indications ou des directives.

Répondez aux questions suivantes.
Attachons nos ceintures.

3 pour exprimer un souhait ou un conseil.

Profite au maximum de ton séjour.
N'y attache aucune importance.

4 pour exprimer la politesse avec le verbe *vouloir*.

Veuillez vous asseoir.

5 pour exprimer une interdiction.

Ne fumez pas.

6 pour présenter une suggestion, mais seulement à la première personne du pluriel (forme en *ons*).

Écoutons le professeur.

VÉRIFIONS !

réponses, p. 326

Pour chaque phrase, indiquez si le verbe en italique exprime :
a) un ordre ;   b) une indication ;   c) un conseil ;   d) la politesse ;   e) une suggestion.

1. *Veuillez* patienter.   *d*
2. *Arrêtez !*   *a*
3. *Allons* au cinéma.   *e*
4. *Mettez* le verbe au négatif.   *b*
5. *Essaie* de ne pas rentrer tard.   *c*

L'impératif   ACCENT SUR LA SYNTAXE

Le négatif

1 À l'impératif négatif, *ne* précède le verbe et l'autre élément de l'expression négative (*pas, jamais, plus, personne, rien,* etc.) suit le verbe.

*Ne cherchez **pas** à comprendre.*
*N'aie **pas** peur.*

Les verbes pronominaux

2 À l'impératif affirmatif, le pronom réfléchi suit le verbe. À la deuxième personne du singulier, on utilise la forme *toi* du pronom réfléchi. À l'impératif négatif, le pronom réfléchi précède le verbe.

TABLEAU 1.9   Verbes pronominaux à l'impératif

verbe modèle: **se reposer**	
affirmatif	*négatif*
Repose-toi.	Ne te repose pas.
Reposons-nous.	Ne nous reposons pas.
Reposez-vous.	Ne vous reposez pas.

Attention à **3** On place un trait d'union entre le verbe et le pronom à l'impératif
l'orthographe!   affirmatif.
            Dépêchez-vous!

Attention à **4** Le pronom *t'* remplace *te* devant un verbe qui commence par
l'orthographe!   une voyelle ou par un *h* muet.
            Ne t'énerve pas!

À noter! • On ne parle ici que du présent de l'impératif. Il existe quand même le
            passé de l'impératif, mais il est peu usité.
            Ayez fini vos devoirs avant mon retour.

PROBLÈMES DE TRADUCTION

1 Let's go!   *Allons-y!*
    Let's get going!   *Allons-y!*
    Let's not fight.   *Ne nous disputons pas.*

La notion exprimée par la formule anglaise *let's* suivie d'une
suggestion peut être rendue par la forme en *ons* de l'impératif en
français.

2 Hey, you have a new hairdo!   *Tiens, tu as une nouvelle
                                        coiffure!*

    Never mind, you can pay me   *Allez, vous pouvez me rem-
      back later.   bourser plus tard.*
    Come on, don't worry about it.   *Allons, allons, ne t'inquiète
                                        pas.*

    Now then, where were we?   *Voyons, où en étions-nous?*

En français les impératifs *tiens*, *dis donc*, *allez*, *allons* et *voyons*
sont employés comme interjections.

3 Store in a cool, dry place.   *Garder dans un endroit froid
                                        et sec.*

En français, l'infinitif remplace souvent l'impératif dans les
indications.

4 Why don't you come with us?   *Venez **donc** avec nous!*

On peut utiliser le mot *donc* pour atténuer la force de l'impératif.

Attention aux niveaux de langue !

TABLEAU 1.10   L'impératif et la politesse

niveaux	modèles	équivalents anglais
populaire familier	*Ferme la porte !* *Assieds-toi !*	Close the door! Sit down!
familier mais poli	*Pourrais-tu fermer la porte ?* *Assieds-toi, je t'en prie.*	Could you close the door? Please sit down.
formel et très poli	*Ayez l'obligeance de fermer la porte.* *Veuillez vous asseoir.* *Prenez la peine de vous asseoir.*	Would you be so kind as to close the door? Please have a seat.

À noter !

- Les périphrases de politesse telles que *Ayez l'obligeance de, Prenez la peine de* et *Faites-nous le plaisir de* ne sont utilisées que dans des situations très formelles.

EXPRESSION ÉCRITE

Grammaire

On utilise le présent dans de nombreux contextes. Il faut noter en particulier les textes publicitaires, les articles de presse, les manuels scolaires, les encyclopédies, les proverbes et la correspondance.

Le plan et le brouillon

Tout un processus de réflexion, de planification et d'expérimentation doit naturellement précéder la rédaction finale d'un texte. Ce travail comprend deux grandes étapes : celle du plan (plans A et B) et celle du brouillon (brouillons A et B).

le plan A : première réflexion, *brain-storming*

le plan B : organisation, regroupement (ce qui va ensemble), hiérarchisation (classement des idées selon leur importance), chronologie (ce qu'on doit aborder en premier, en deuxième, etc.)

le brouillon A : mise en texte, recherche grammaticale et lexicale

le brouillon B : améliorations stylistiques, relecture

1 *L'étape du plan*

Le plan A représente un simple inventaire des idées utilisables. À cette fin, on peut se poser les questions suivantes :

a) Quelles sont les idées principales à aborder ?
b) Y a-t-il des éléments controversés ? Lesquels ?

c) Quels sont les arguments pour ou contre ?

d) Y a-t-il des exemples, des illustrations, des anecdotes, des témoignages utilisables ?

e) Quels sont les avantages et les inconvénients ?

f) Quelles sont les conséquences ?

g) Y a-t-il des preuves, des statistiques à l'appui ?

h) Quels sont les événements pertinents ?

i) Quels sont les éléments à décrire ?

j) Y a-t-il une expérience personnelle appropriée ?

Selon le sujet, on se pose l'une ou plusieurs des questions ci-dessus et on prend note des idées. Cette première étape est en fait un *brain-storming* aboutissant à un inventaire d'idées dont on a pris note en style télégraphique.

Le plan B représente une deuxième phase du travail de préparation : l'étape de l'organisation. Cette mise en ordre du matériel brut, développé au cours de l'étape précédente, comprend les activités suivantes :

a) regrouper les éléments qui vont ensemble ;

b) faire un choix parmi les meilleures idées, déterminer leur pertinence, les hiérarchiser ;

c) établir des rapports logiques entre les idées (opposition, chronologie, cause, conséquence, exception, illustration, etc.) ;

d) sélectionner ce qui appartient à l'introduction, au développement, et à la conclusion du texte.

2 *L'étape du brouillon*

Le brouillon A représente le stade où l'on rédige la première version du texte. Cette première ébauche comprend les étapes suivantes :

a) trouver le vocabulaire le plus juste afin d'exprimer les idées retenues au niveau du plan (il s'agit parfois de chercher des synonymes, des tournures ou des mots plus précis dans un ou plusieurs dictionnaires) ;

b) commencer à écrire des phrases et des paragraphes ;

c) varier le style des phrases ;

d) voir à ce que le développement de la pensée soit logique (il s'agit de bien utiliser les formules de transition pour passer d'une idée à une autre) ;

e) améliorer le texte (retravailler certaines phrases, mieux coordonner, juxtaposer, remplacer un tour maladroit par un autre plus heureux, choisir un terme plus nuancé).

Le brouillon B représente le travail de correction systématique qui doit se faire avant de pouvoir recopier le brouillon au propre. Il s'agit des étapes suivantes :

a) corriger l'orthographe en utilisant un dictionnaire ;

b) s'assurer du bon usage du vocabulaire ;

c) vérifier la grammaire (accords, temps verbaux, etc.).

Dossier   *Les formules de transition*

La langue française dispose de nombreux éléments qui aident à ordonner, à lier et à subordonner les idées que l'on veut exprimer. Parmi ces ressources il y a toute une gamme de « mots-charnières » qui permettent de bien marquer le passage d'une idée à une autre. Le tableau ci-dessous présente un premier volet de termes dont on a besoin pour passer logiquement d'idée en idée.

TABLEAU 1.11   **Les mots-charnières**

| Conjonctions de coordination | Mots et expressions qui servent à établir une chronologie : | | |
	premier élément (pour commencer)	*élément suivant (pour continuer)*	*élément final (pour terminer)*
et	D'abord	Puis	Enfin
mais	Tout d'abord	Et puis	Finalement
donc	En premier	Ensuite	En conclusion
car	lieu	Et ensuite	Par conséquent
ou	Premièrement	De plus	C'est pourquoi
or		En plus	En somme
		En outre	Ainsi
		Par ailleurs	En dernier lieu
		En deuxième lieu	
		Deuxièmement	

Document   *Contexte* : document publicitaire
Élément grammatical : emploi du présent
Élément stylistique : formules de transition

LE NOUVEAU MICHELIN SPORT EP-X: UNE PERFORMANCE SUPERBE, SUR LA ROUTE...ET À L'ARRÊT.

Vous êtes un mordu de la performance. Vous conduisez une voiture qui a une allure racée, des lignes audacieuses, et un tempérament fougueux. Vous en prenez un soin jaloux… gare à qui oserait l'égratigner! Et bien sûr, vous voulez un pneu qui soit à la hauteur.

Le voici: le nouveau Michelin Sport EP-X.

Il vous offre les performances que vous exigez, à un prix raisonnable. Côté conduite, il fait preuve d'un excellent contrôle. Sa maniabilité et sa stabilité sont supérieures et il est capable d'accélérations et de virages d'une grande précision.

Côté technique, le Sport EP-X est doté de la sculpture à blocs triangulaires légendaire de Michelin, qui confère à la semelle une stabilité et une adhérence maximales. On retrouve d'ailleurs cette sculpture sur nos pneus haute performance les plus coûteux.

Bref, le nouveau Michelin Sport EP-X a un comportement impeccable sur routes sèches, mouillées, ou même enneigées, en toutes saisons. Et naturellement, comme c'est un Michelin, il donne un haut rendement kilométrique et il est durable.

En plus, il est superbe.

Traitez votre voiture avec tous les égards qu'elle mérite. Equipez-la de pneus qui rehausseront ses performances et peut-être les vôtres!

MICHELIN
PARCE QUE LES PNEUS, C'EST IMPORTANT.

MISE EN MARCHE

EXERCICE 1
oral ou écrit

Situation

Un groupe d'étudiants en provenance de la Colombie-Britannique arrive à l'aéroport de Québec en vue de s'inscrire aux cours de l'université Laval. Dites ce qui se passe.

MODÈLE   Leur avion (atterrir)
         Leur avion atterrit.

1. Ils (débarquer) de l'avion.
2. Une représentante du programme (accueillir) les étudiants.
3. Tout le monde (devoir) attendre l'arrivée des bagages.
4. Jacques (ne pas trouver) sa valise.
5. Il (s'énerver), mais un copain le (réconforter).
6. Un préposé aux bagages (réussir) à trouver la valise.
7. Le groupe (se diriger) vers les portes de sortie.
8. On (essayer) de trouver l'autobus.
9. On (s'apercevoir) que l'autobus (ne pas être) encore là.
10. Il (falloir) attendre et tout le monde (se plaindre).
11. Certains (s'asseoir) sur leur valise et (attendre).
12. D'autres étudiants (faire connaissance) et (commencer) à discuter.
13. La représentante du programme (venir) annoncer l'arrivée de l'autobus.
14. Tout le monde (avoir) l'air soulagé.

EXERCICE 2
oral ou écrit

Conseils

Vos amis ont chacun un problème. Vous leur donnez le conseil nécessaire. Attention ! Si votre conseil est de faire quelque chose, utilisez l'impératif affirmatif ; si votre conseil est de ne pas faire quelque chose, mettez le verbe à l'impératif négatif.

MODÈLE   Jacques mange trop. ***Mange moins.***
         Charlotte fume. ***Ne fume pas.***

1. Élisabeth travaille trop.
2. Robert est trop impatient.
3. Monique se fait du souci.
4. Jean conduit trop vite.
5. Colette a peur de prendre l'avion.
6. Paul boit trop.
7. Carole est timide.
8. François se laisse faire.

EXERCICE 3
oral ou écrit

Moi, professeur !
Imaginez que vous êtes professeur de français. Vous devez donner les indications suivantes. Utilisez d'abord la forme polie et ensuite l'impératif afin d'être plus catégorique.

MODÈLE   Il faut lire le chapitre 1.
            Veuillez lire le chapitre 1.
            Lisez le chapitre 1.

1. Il faut parler français.
2. Il faut faire attention aux liaisons.
3. Il faut compléter l'exercice 3.
4. Il faut répéter les phrases suivantes.
5. Il faut traduire ce passage.
6. Il faut éviter les fautes d'accord.
7. Il faut répondre à cette question.
8. Il faut mettre les verbes à l'impératif.
9. Il faut chercher dans le dictionnaire.
10. Il faut finir cet exercice.

EXERCICE 4
oral ou écrit

Faire ou ne pas faire?
Vous êtes moniteur/monitrice dans une colonie de vacances et vous avez la charge d'un groupe de jeunes. Dites-leur de faire ou de ne pas faire l'action. Utilisez la deuxième personne du pluriel.

MODÈLE   il est huit heures / se lever
            Il est huit heures. Levez-vous.
            debout / rester au lit
            Debout ! Ne restez pas au lit.

1. vous êtes en retard / se laver et s'habiller
2. il fait beau / faire cette tête-là
3. vous êtes lents / se dépêcher
4. la cantine ouvre dans cinq minutes / aller déjeuner
5. nous allons faire un peu de culture physique / manger trop
6. on fait une randonnée en voilier / oublier son gilet de sauvetage
7. on part toute la journée / apporter son lunch
8. ce que je dis est important / écouter et parler tous en même temps

EXERCICE 5
écrit

Tout un monde dans une phrase
Complétez la phrase avec la forme convenable du présent de l'indicatif du verbe entre parenthèses.

1. Au printemps, Ottawa (devenir) une ville de fleurs et de verdure.
2. Hélas, personne ici ne (savoir) ce qu'il (falloir) faire.
3. La question (être) de savoir quel (devoir) être le rôle du gouvernement dans le développement économique.

4. Des relations stables entre les deux superpuissances (être) essentielles. La survie de la planète en (dépendre).
5. Tout le monde (connaître) les merveilleuses images des jeux vidéo Génievision.
6. « Tu me (plaire) vraiment beaucoup ! » lui (dire) -elle en souriant.
7. Les belles rencontres et les bonnes amitiés se (nourrir) de bons plats et de bons vins. Vous (être) d'accord ?
8. Les jeunes, on les (croire) souvent apathiques, alors qu'ils (explorer) un tas de chemins pour se sortir d'une situation qui n'(être) pas rose.
9. S'il ne (pouvoir) pas, c'est parce qu'il ne (vouloir) pas.
10. Il (suivre) une cure d'amaigrissement. Il en (avoir) besoin.
11. Avec lui, nous (craindre) toujours le pire.
12. Il (vivre) seul très modestement. On (dire) qu'il (mettre) tout son argent à la banque.

MISE EN ŒUVRE

EXERCICE 6
oral avec
partenaire

Questionnaire *réponses modèles, p. 27*

L'étudiant(e) A pose les questions de la série A à l'étudiant(e) B,
puis l'étudiant(e) B pose les questions de la série B à l'étudiant(e)
A. (À faire le plus rapidement possible pour encourager la
spontanéité.)

série A
1. Déjeunes-tu le matin ?
2. Est-ce que tu te couches tôt ou tard d'habitude ?
3. Aimes-tu manger au restaurant ?
4. Tu vas souvent au cinéma ?
5. Est-ce que tu préfères le vin ou la bière ?

série B
1. Est-ce que tu fais beaucoup de sport ?
2. Te sens-tu à l'aise dans cette classe ?
3. Aimes-tu la cuisine chinoise ?
4. Qu'est-ce que tu prends d'habitude comme boisson ?
5. Quel genre de film préfères-tu ?

EXERCICE 7
oral avec
partenaire

Mise en situation *réponses modèles, p. 28*

Un(e) camarade a manqué la séance d'orientation du cours de
français. Vous lui dites de faire les choses suivantes.

MODÈLE Il faut choisir un groupe de conversation.
     Choisis un groupe de conversation.

1. Il faut acheter les manuels.
2. Il faut s'inscrire au laboratoire.
3. Il faut faire les exercices 1 et 2 du chapitre 1.
4. Il faut apporter 5,00 $ pour payer le matériel polycopié.
5. Il faut écrire une composition de 200 mots pour vendredi
   prochain.

EXERCICE 8
écrit

Contexte

Mettez le verbe entre parenthèses au présent de l'indicatif.

... En réalité je n' (1 avoir) jamais rien à faire le soir. Il (2 s'agir) de
tuer le temps. Ce n' (3 être) pas facile, attendu que je (4 se sentir)
trop fatigué pour me promener après mon travail. Quand on (5
pouvoir) marcher à volonté, il y (6 avoir) toujours moyen de se
tirer d'affaire, même dans une petite ville comme Saint-Joachin.
On (7 déambuler) le long des rues principales: on
(8 regarder) les étalages, les promeneurs. On (9 se rendre) à la gare
ou au terminus à l'heure des départs et des arrivées. On s'y
(10 asseoir) pour écouter bavarder les gens, etc. Mais quand on

(11 être) trop las pour marcher loin et qu'on (12 être) sûr de ne pouvoir s'endormir qu'aux petites heures du matin, alors tuer le temps (13 devenir) un problème sérieux.

    Voilà pourquoi le soir, après une petite promenade digestive, je (14 finir) toujours par échouer à la taverne. Ce n' (15 être) pas une solution idéale, je le (16 savoir) bien. Mais je ne (17 pouvoir) supporter de m'enfermer dans l'un des trois cinémas de Saint-Joachin, des salles infectes dont deux n' (18 avoir) que des banquettes de bois et dont la troisième (19 être) insuffisamment chauffée. D'autre part, je n' (20 aimer) pas rester seul dans ma chambre. Je ne (21 lire) plus depuis assez longtemps. Quant à la musique, il me faudrait acheter un poste de T.S.F. et je ne (22 être) pas sûr que ça me plairait. Non, définitivement, c' (23 être) la taverne qui me (24 convenir) le mieux.

Tiré de Le Libraire, de Gérard Bessette.
Éditions Pierre Tisseyre.

EXERCICE 9
écrit

Les emplois

1. Décrivez, en une ou deux phrases, les qualités d'un(e) ami(e).
2. Que faites-vous le samedi ?
3. Qu'est-ce qui est important dans notre société ?
4. Qu'avez-vous l'habitude de faire le dimanche après-midi ?
5. Dites à un(e) ami(e) de faire deux choses.
6. Demandez à votre professeur deux conseils.
7. Sollicitez deux faveurs. Choisissez une personne avec laquelle vous devrez être poli(e).
8. Dites à votre petit frère de ne pas faire deux choses.
9. Suggérez à un(e) ami(e) de mieux faire deux choses.
10. Vous accueillez une personne très importante chez vous. Dites-lui de faire deux choses. (Utilisez des périphrases de politesse.)

EXERCICE 10
écrit

Les constructions

Mettez le verbe entre parenthèses à la forme qui convient.

1. Si tu (vouloir), on étudiera ensemble.
2. Cela fait deux ans que nous (essayer) de trouver une solution à ce problème.
3. Téléphone-moi si tu le (pouvoir).
4. Il (être) à la retraite depuis une dizaine d'années.
5. Il y a deux semaines qu'il (faire) un temps magnifique.

EXERCICE 11
écrit

Traduction

1. He doesn't do the cooking every day.
2. She usually gets home at five.
3. He has been sick for a week.
4. If he comes, be careful.
5. Let's stop fighting !

6. Let's not wait any longer, let's get married.
7. Boil for five minutes and turn down the heat. (*Utilisez l'infinitif.*)
8. We just arrived.
9. She has been studying since four o'clock.
10. Come on, it's not so serious.

EXERCICE 12
écrit

Paragraphe
À l'aide des phrases de l'exercice 1, composez un paragraphe. Utilisez, dans la mesure du possible, les formules de transition du Tableau 1.11.

EXERCICE 13
écrit

Composition
1. Vous êtes publiciste et votre patron(ne) vous demande de rédiger un texte publicitaire sur un nouveau produit. À vous de choisir le produit ! Référez-vous au Tableau 1.11.

   Préparez un plan et un brouillon que vous allez remettre au professeur avec la copie au propre.
   longueur : entre 200 et 250 mots

2. Faites le compte rendu d'un texte littéraire en prose (roman, nouvelle, etc.) que vous avez lu récemment. La lecture peut avoir été faite en anglais ou en français. Parlez des personnages, du milieu où ils évoluent, de ce qui vous a plu ou déplu, etc. Utilisez, dans la mesure du possible, le présent de l'indicatif.

   Préparez un plan et un brouillon que vous allez remettre au professeur avec la copie au propre.
   longueur : entre 250 et 300 mots

Réponses modèles

Exercice 6

série A
1. Oui, je déjeune (toujours) le matin. / Non, je ne déjeune pas le matin.
2. D'habitude je me couche tôt. / D'habitude je me couche tard.
3. Oui, j'aime (beaucoup) manger au restaurant. / Non, je n'aime pas (du tout) manger au restaurant.
4. Oui, je vais souvent au cinéma. / Non, je ne vais pas souvent au cinéma. / (Oui, j'y vais souvent. / Non, je n'y vais pas souvent.)
5. Je préfère le vin. / Je préfère la bière. / Je n'aime ni l'un ni l'autre.

série B
1. Oui, je fais beaucoup de sport. / Non, je ne fais pas beaucoup de sport. / (Oui, j'en fais beaucoup. / Non, je n'en fais pas beaucoup.)
2. Oui, je me sens à l'aise. / Non, je ne me sens pas (du tout) à l'aise.

3. Oui, j'aime (beaucoup) la cuisine chinoise. / Non, je n'aime pas (beaucoup) la cuisine chinoise.
4. D'habitude je prends du café / un thé / un jus de fruit / de l'eau minérale, etc.
5. Je préfère les films policiers / d'espionnage / d'aventure / d'épouvante / de science-fiction, etc.

Exercice 7

1. Achète les manuels.
2. Inscris-toi au laboratoire.
3. Fais les exercices 1 et 2 du chapitre 1.
4. Apporte 5,00 $ pour payer le matériel polycopié.
5. Écris une composition de 200 mots pour vendredi prochain.

2

Grammaire	Le genre des noms
	Le nombre des noms
	L'article défini
	L'article indéfini
	L'article partitif
Expression écrite	Atelier : l'usage des dictionnaires
	Dossier : la correction des fautes

Terminologie

- **article défini** nom donné aux déterminants *le, la, les* et *l'*
- **article indéfini** nom donné aux déterminants *un, une* et *des*
- **article partitif** nom donné aux déterminants *du, de la, de l'* et *de* lorsqu'ils expriment l'idée de « partie d'un tout »
- **déterminant** élément de la langue qui, placé devant un nom, lui sert souvent de marque de genre et de nombre, tout en apportant une précision supplémentaire (possessif, numéral, etc.)
  article défini, indéfini ou *partitif*
  adjectif possessif, démonstratif, indéfini, interrogatif ou *numéral*
- **genre** caractéristique grammaticale qui catégorise un terme comme étant masculin ou féminin
  un exercice masculin
  la grammaire féminin
- **nombre** caractéristique grammaticale qui catégorise un terme comme étant singulier ou pluriel
  le travail singulier
  les vacances pluriel
- **substantif** mot ou groupe de mots ayant la valeur grammaticale d'un nom

MISE AU POINT

Le genre des noms

ACCENT SUR LES FORMES

1 Il y a deux genres en français: le masculin et le féminin.
le français   masculin
la grammaire   féminin

2 Chaque nom est du genre masculin ou féminin. Pour retenir le genre d'un nom, il s'agit de l'apprendre avec un article ; mais il faut signaler que certaines terminaisons indiquent un genre particulier.
*terminaison **tion/sion** = féminin*
une composition, une mission
*terminaison **isme** = masculin*
le dynamisme, le socialisme
Un inventaire de ces noms est fourni dans l'Appendice F.

3 Si le nom commence par une voyelle ou par un *h* muet, il s'agit de retenir l'article indéfini car l'article défini *l'* n'indique pas le genre.
l'article → un article (***un** = indicateur du masculin*)

4 Il y a en français des noms à double genre. Ces noms ont un sens différent au masculin et au féminin.
***un** mode d'emploi* (directions for use)
***la** mode* (fashion)

VÉRIFIONS !
A, réponses, p. 326

Donnez l'article qui identifie le genre du nom. Vérifiez dans le dictionnaire, si cela est nécessaire.

1. définition
2. homme
3. verbe
4. écharpe
5. hésitation
6. étude
7. chapitre
8. infinitif

VÉRIFIONS !
B, réponses, p. 326

Cherchez dans le dictionnaire le genre du nom.

1. les mathématiques
2. des menottes
3. des lunettes
4. les alentours

5 Malgré le fait qu'il n'existe que peu de règles absolues permettant d'identifier le genre d'un nom d'après son orthographe (voir l'Appendice F) certaines indications sont utiles.

a La plupart des noms de personnes ou d'animaux mâles sont masculins.

un monsieur   *un chien*
un garçon   *un coq*

b La plupart des noms de personnes ou d'animaux femelles sont féminins.

une femme   *une chatte*
une soeur   *une poule*

c Certains noms d'occupations s'appliquent à l'homme ou à la femme.

un *ou* **une** *artiste*
un *ou* **une** *bibliothécaire*

À noter !   • Dans la plupart des dictionnaires, de nombreux noms d'occupations sont masculins même s'ils s'appliquent à une femme. Il est intéressant de noter (surtout au Canada) l'usage de plus en plus fréquent de noms d'occupations féminisés.

un professeur, **une** *professeure*
un auteur, **une** *auteure*
un écrivain, **une** *écrivaine*

   • On trouve parfois le mot *femme* utilisé avec le nom de la profession.

un pompier   **une femme pompier**

d Certains noms sont toujours masculins même quand il s'agit d'une femme ou d'une fille.

un mannequin   *un chef*
un être   *un bébé*

e Certains noms de personnes sont toujours féminins même quand il s'agit d'un homme.

une victime   *une vedette*
une personne   *une connaissance*

Le corps de **la victime**, *un jeune homme de vingt-deux ans, n'a pas été retrouvé.*

f Certains noms de personnes s'appliquent à l'homme ou à la femme; c'est le déterminant qui en désigne le genre.

un *ou* **une** *camarade*
le *ou* **la** *collègue*
son *ou* **sa** *secrétaire*

g Pour désigner certaines personnes, il existe un nom masculin et un nom féminin.

un père, une mère
l'homme, la femme
le mari, la femme
le frère, la soeur
l'oncle, la tante
le roi, la reine
le parrain, la marraine

h Pour désigner certains animaux, il existe un nom pour le mâle et un nom pour la femelle.

un boeuf, une vache
un coq, une poule
un cerf, une biche

À noter ! • Pour la plupart des espèces d'animaux, on désigne le sexe de l'animal en utilisant les mots *mâle* ou *femelle*.

une souris **mâle**, *une souris* **femelle**
un rhinocéros **mâle**, *un rhinocéros* **femelle**

VÉRIFIONS !

réponses, p. 326

Identifiez le genre grammatical du terme. Est-il
a) masculin,   b) féminin, ou   c) masculin ou féminin ?

1. neveu	6. collègue
2. marraine	7. bouc
3. secrétaire	8. infirmière
4. jument	9. vedette
5. dame	10. gendre

---

6 La plupart des autres noms de personnes forment leur féminin avec un *e* ajouté au masculin.

*un ami, une ami**e***
*un assistant, une assistant**e***

Attention **7** Quand le nom masculin se termine par une voyelle, la terminaison *e* du féminin est uniquement un indicateur écrit. Il n'y a donc pas de distinction entre la prononciation des deux formes. C'est l'article indéfini qui est l'indicateur oral du genre.

un ami /œ̃nami/
une amie /ynami/

8 Quand le nom masculin se termine par une consonne qui est d'habitude muette, l'indicateur écrit du féminin est la terminaison *e* et l'indicateur oral est la prononciation de la consonne finale. La forme orale du féminin diffère donc de la forme orale du masculin par la prononciation de cette consonne finale.

marchand /marʃɑ̃/
marchande /marʃɑ̃d/

9 Certains noms de personnes forment leur féminin de la manière suivante.

noms en *er* → *ère*
  *un boulang**er*** → *une boulang**ère***
noms en *eur* → *euse*
  *un coiff**eur*** → *une coiff**euse***
noms en *ien* → *ienne*
  *un gard**ien*** → *une gard**ienne***
noms en *on* → *onne*
  *un patr**on*** → *une patr**onne***

À noter !   • Certains noms en *teur* au masculin ont un féminin en *trice*.
un acteur, une actrice
un inspecteur, une inspectrice

10 Certains noms de personnes en *e* au masculin ont un féminin en *esse*.
un prince, une princesse
un comte, une comtesse

11 Certains noms de personnes ont un féminin irrégulier.
un héros, une héroïne
un compagnon, une compagne
un copain, une copine

VÉRIFIONS !   *réponses, p. 326*

Donnez le nom du genre opposé.

1. une vendeuse   5. un travailleur
2. un cuisinier   6. un comte
3. un musicien   7. une compagne
4. une directrice   8. un instituteur

Le nombre des noms

ACCENT SUR LES FORMES

1 Le français distingue deux nombres : le singulier (un seul, une seule) et le pluriel (deux ou plusieurs).

un étudiant	singulier
deux étudiants	pluriel
des étudiants	pluriel

2 La plupart des noms peuvent s'employer soit au singulier soit au pluriel.

un étudiant	singulier
des étudiants	pluriel

3 Certains noms sont toujours au singulier.
la politique

4 Certains noms sont toujours au pluriel.
les mathématiques
les gens

5 Certains noms ont un sens différent au singulier et au pluriel.
une vacance (a vacancy)
les vacances (vacation)

6 Le pluriel de la plupart des noms est formé en ajoutant un *s* au singulier.
le livre, les livres

Attention **7** La terminaison *s* du pluriel est muette sauf en liaison. L'indica-
à l'oral! teur du pluriel est donc presque toujours soit le déterminant soit
la liaison avec ce déterminant si le nom commence par une
voyelle.

> *des livres*
> *des_étudiants*

8 Les noms qui se terminent en *s*, *x*, ou *z* ne changent pas au
pluriel.

> *un cours, des cours*
> *une voix, des voix*
> *un nez, des nez*

9 Les noms en *al* changent le *al* en *aux*.

> *un journal, des journaux*

À noter! • Les noms *bal*, *carnaval*, *chacal*, *festival* et *récital* prennent un *s* au
pluriel.

> *un récital, des récitals*

10 Les noms en *au* et *eu* prennent un *x* au pluriel.

> *un tuyau, des tuyaux*
> *un morceau, des morceaux*
> *un cheveu, des cheveux*
> *un voeu, des voeux*

À noter! • Quelques noms en *eu* et en *au* prennent un *s* au pluriel.

> *un pneu, des pneus*
> *un bleu, des bleus*
> *un landau, des landaus*

11 Les noms en *ail* prennent un *s* au pluriel.

> *un chandail, des chandails*
> *un détail, des détails*

À noter! • Quelques noms en *ail* forment leur pluriel en *aux*.

> *un travail, des travaux*
> *un vitrail, des vitraux*

12 Les noms en *ou* prennent un *s* au pluriel.

> *un fou → des fous*
> *un cou → des cous*
> *un sou → des sous*

À noter! • Les noms *bijou*, *caillou*, *chou*, *genou*, *hibou*, *joujou* et *pou* prennent un *x*
au pluriel.

> *un bijou, des bijoux*

13 Les noms propres prennent un *s* au pluriel quand ils désignent
des peuples ou des noms de dynasties.

> *les Italiens*
> *les Césars*

14 Les noms de famille ne prennent pas de *s* au pluriel.

> *les Dupont*

15 Certains noms ont des pluriels irréguliers.

> *un monsieur, des messieurs*

un jeune homme, des jeunes gens
un oeil, des yeux

Attention
à l'oral ! **16** La prononciation du pluriel des mots *oeuf* et *boeuf* est particulière.

oeuf /œf/   *oeufs* /ø/
boeuf /bœf/   *boeufs* /bø/

VÉRIFIONS !

réponses, p. 326

Donnez le pluriel du nom.

1. cou
2. oeil
3. neveu
4. cheval
5. rideau
6. détail
7. carnaval
8. genou

---

17 Les noms d'origine anglaise prennent un *s* ou *es* au pluriel.
un sandwich, des sandwichs ou des sandwiches

18 Pour les noms composés, il faut considérer les éléments qui composent les noms :

a nom et adjectif :
Les deux termes prennent un *s*.
des grands-parents
des coffres-forts

b nom et verbe :
Le nom est au pluriel, le verbe reste invariable.
des porte-manteaux
des couvre-lits

À noter ! • Si le nom du mot composé se rapporte à un concept singulier, on maintient le singulier.
des abat-jour

c mot invariable et nom :
Le nom seulement se met au pluriel.
des en-têtes

d nom et nom complément (avec ou sans préposition) :
Le premier nom seulement se met au pluriel.
des arcs-en-ciel = dans le ciel
des timbres-poste = de la poste

VÉRIFIONS !

réponses, p. 326

Donnez le pluriel du nom.

1. un snack-bar
2. un chef-d'oeuvre
3. un gratte-ciel
4. un pique-nique
5. un hors-d'oeuvre
6. un haut-parleur

L'article défini

ACCENT SUR LES FORMES

1 *Le, la, l'* et *les* sont les formes de l'article défini.
   le genre
   la grammaire
   l'emploi
   les noms

TABLEAU 2.1   **L'article défini**

	masculin	féminin
singulier	**le** livre	**la** fille
	l'étudiant	**l'**explication
pluriel	**les** livres	**les** filles
	les étudiants	**les** explications

À noter !
- On emploie la forme *l'* devant un nom masculin ou féminin qui commence par une voyelle ou par un *h* muet.
   l'étudiant, l'horaire   masculin
   l'étudiante, l'heure   féminin
   Il y a une exception à noter : *le onze, le onzième*

- Si le nom commence par un *h* aspiré, on utilise *le* pour un nom masculin et *la* pour un nom féminin.
   le homard, la honte
   Voici quelques noms qui commencent par un *h* aspiré :

une hache	*un haut-parleur*	*le hoquet*
une haie	*un hérisson*	*des hors-d'oeuvre*
un hall	*un hublot*	*les halles*
un hibou	*une hanche*	*une hiérarchie*
des haricots	*le hockey*	*le hasard*
un homard	*la hâte*	*la honte*

   Il faut noter le nom *héros*, qui commence par un *h* aspiré au masculin (*le héros*) mais par un *h* muet au féminin (*l'héroïne*).

Attention à l'oral !

2 Quand la forme *les* précède un mot qui commence par une voyelle ou par un *h* muet, on fait la liaison.
   les universités, les hôtels

3 On ne fait pas la liaison quand le mot commence par un *h* aspiré.
   les / hautes études

4 Les articles *le* et *les* avec les prépositions *à* et *de* forment des contractions.
   à + le → au   à + les → aux
      *Il est **au** laboratoire et il veut aller **aux** toilettes.*
   de + le → du   de + les → des
      *Le moniteur **du** groupe apprécie le travail **des** étudiants.*

TABLEAU 2.2   L'article défini avec les prépositions *à* et *de*

	masculin	*féminin*
singulier	le livre **du** professeur	le livre **de la** monitrice
	le livre **de l'**étudiant	le livre **de l'**étudiante
	obéir **au** moniteur	parler **à la** monitrice
	obéir **à l'**instructeur	parler **à l'**étudiante
pluriel	les encouragements **des** moniteurs	les encouragements **des** monitrices
	les efforts **des** étudiants	les efforts **des** étudiantes
	répondre **aux** professeurs	répondre **aux** questions
	répondre **aux** étudiants	répondre **aux** étudiantes

VÉRIFIONS!   *réponses, p. 326*

Complétez la phrase avec la forme correcte de l'article défini, précédée d'une préposition si nécessaire ou avec la contraction correcte. L'astérisque indique un verbe qui doit être suivi d'une préposition.

1. Il prend ____ métro pour aller* ____ bureau.
2. Elle n'est allée* ni ____ épicerie ni chez ____ cordonnier.
3. Vous pouvez utiliser ____ main droite ou ____ main gauche.
4. ____ naufrage ____ Titanic a eu lieu dans ____ nuit ____ 14 avril 1912.
5. Il n'a pas répondu* ____ question ____ professeur.
6. Je préfère ____ printemps et ____ été parce que je n'aime pas ____ froid.

L'article indéfini

ACCENT SUR LES FORMES

1   *Un, une*, et *des* sont les formes de l'article indéfini.
*Elle va acheter **un** dictionnaire.*

TABLEAU 2.3   L'article indéfini

	masculin	*féminin*
singulier	**un** livre	**une** fille
	un étudiant	**une** explication
pluriel	**des** livres	**des** filles
	des étudiants	**des** explications

Attention à l'oral!   **2**   On fait la liaison quand l'article indéfini précède un mot qui commence par une voyelle ou par un *h* muet.
un œil, des habits
On ne fait pas la liaison quand le mot commence par un *h* aspiré.
un hibou

3   Au pluriel, la forme *des* est remplacée par *de* quand l'article se
trouve devant un adjectif.
> **des** *phrases interminables*
> **de** *longues phrases*

De devient *d'* devant un adjectif qui commence par une voyelle
ou par un *h* muet.
> **des** *exercices difficiles*
> **d'**autres exercices*

*À **noter !***   •   On garde la forme *des* pour certains termes très usités, bien que l'adjectif
précède le nom.

des petits pains	*des jeunes filles*
des petits pois	*des vieux garçons*
des bons mots	*des vieilles filles*
des jeunes gens	*des grands-parents*
des jeunes mariés	

4   Les formes *un*, *une* et *des* sont remplacées par la forme *de* quand
elles suivent une négation. *De* devient *d'* devant un mot qui
commence par une voyelle ou un *h* muet.
> — *Il pleut. Tu as **un** imperméable ?*
> — *Non, je n'ai pas **d'**imperméable et je n'ai pas **de** parapluie
> non plus.*

TABLEAU 2.4   **Les formes *de* et *d'* de l'article indéfini**

	masculin	féminin
singulier	Je n'ai pas **de** parapluie.	Vous n'avez pas **de** ceinture ?
	Je n'ai pas **d'**imperméable.	Vous n'avez pas **d'**écharpe ?
pluriel	Ce sont **de** grands bâtiments.	Je fais **de** nombreuses fautes.
	Il n'y a pas **de** balcons.	Elle ne fait pas **de** fautes.
	Il n'y a pas **d'**escaliers.	Elle ne fait pas **d'**erreurs.

*À **noter !***   •   On maintient les formes *un*, *une* et *des* :
   a) lorsque la négation signifie que l'on nie que quelqu'un ou quelque
      chose ait une qualité ou un attribut.
   > *La baleine n'est pas **un** poisson mais un mammifère.*
   > *Charles n'est pas **un** bon acteur.*
   > *Ce n'est pas **une** bonne composition.*

   b) lorsque *ne ... pas un/une* veut dire *ne ... pas un/une seul(e)*.
   > *Je n'ai pas **un** sou.*
   > *Il n'y a pas **une seule** personne qui puisse nous répondre.*
   > *Je n'ai pas **une** minute à perdre.*

VÉRIFIONS!

réponses, p. 326

Complétez la phrase avec la forme de l'article indéfini qui convient.

1. Elle a reçu ＿＿ très beaux cadeaux.
2. C'est ＿＿ excellent avocat.
3. Ce n'est pas ＿＿ bonne chose.
4. Il n'y avait pas ＿＿ jeunes à ce concert.
5. Elle a ＿＿ amies très sympathiques.
6. Ils ont acheté ＿＿ nouvelle voiture.
7. Vous n'avez pas fait ＿＿ seule faute.
8. Est-ce que vous avez ＿＿ autres suggestions?

L'article partitif

ACCENT SUR LES FORMES

1 *Du, de la, de l'* et *de* sont les formes de l'article partitif.
*Vous prenez **du** lait ou **de la** crème ?*
***De l'**argent, il en a beaucoup, lui.*
*Ils n'ont pas **de** chance.*

TABLEAU 2.5   **L'article partitif**

masculin	*féminin*
du, de l', de	de la, de l', de

2 Les formes de l'article partitif sont les mêmes que celles de l'article défini au singulier avec la préposition *de*.
*Ajoute **du** sucre.* (article partitif)
*Le prix **du** sucre a augmenté.* (article défini contracté)

3 La forme *de l'* est utilisée devant un nom qui commence par une voyelle ou par un *h* muet.
*Si tu as soif, bois **de l'**eau.*

4 La forme *de* est utilisée dans une phrase négative. *De* devient *d'* devant un mot qui commence par une voyelle ou par un *h* muet.
*Je ne veux pas **de** potage.*
*Il n'y a pas **d'**eau chaude.*

À noter! • Dans une phrase négative avec le verbe *être*, on garde les formes *du, de la* et *de l'*.
*Ce n'est pas **de la** soupe, c'est **du** ragoût !*

VÉRIFIONS !

réponses, p. 326

Donnez la forme de l'article partitif qui convient.

À acheter à l'épicerie
1. beurre
2. lait
3. farine
4. eau minérale
5. huile
6. confiture

À acheter à la pharmacie
7. aspirine
8. sirop contre la toux
9. pâte dentifrice
10. eau de Cologne
11. rince-bouche
12. shampooing

TABLEAU 2.6   **Les articles**

	singulier		pluriel
	masculin	féminin	masculin et féminin
article défini	le, l'	la, l'	les
*article défini contracté avec **de***	du, de l'	de la, de l'	des
*article défini contracté avec **à***	au, à l'	à la, à l'	aux
article indéfini	un de, d'	une de, d'	des, de, d'
article partitif	du, de l' de, d'	de la, de l' de, d'	

L'article défini

ACCENT SUR LES EMPLOIS

Emplois

Contextes

1 L'article défini s'emploie quand le sens d'un nom est défini par un autre élément ou par l'évidence, c'est-à-dire qu'on parle d'une personne ou d'une chose bien déterminée.

***la** langue française*
***le** père de Jean-Jacques*
***les** jours de la semaine*
***le** cours qu'il préfère*
***Le** professeur est absent aujourd'hui.*
*Passe-moi **le** sel.*

2 L'article défini s'emploie devant un nom pris dans un sens général. Il faut noter que l'anglais n'utilise pas d'article dans ce cas.

*Il aime **le** chocolat.*
***La** vie est belle !*
***Les** enfants nous apportent beaucoup de bonheur.*

3 L'article défini s'emploie devant un nom abstrait.

***La** générosité n'est pas une de ses qualités.*

4 L'article défini s'emploie devant une date.

*Il est né **le** 21 juillet.*

5 L'article défini s'emploie devant les jours de la semaine, les saisons et les parties d'une journée pour indiquer que quelque chose est habituel.

*Ils vont manger au restaurant **le** vendredi soir.*
Je prends mes vacances l'été.
*Elle travaille mieux **le** matin.*

À noter ! • Pour parler d'un jour de la semaine passée, présente ou prochaine, on omet l'article.
Il est arrivé vendredi et repart dimanche soir.

VÉRIFIONS !

réponses, p. 326

Complétez la phrase avec l'article défini s'il y a lieu.
1. Nous faisons ____ grasse matinée tous ____ dimanches.
2. ____ argent ne fait pas ____ bonheur.
3. ____ tango est une danse très érotique.
4. ____ exception confirme ____ règle.
5. Ils ont fêté leur anniversaire de mariage ____ deux août.
6. Elles sont arrivées ____ jeudi et repartent ____ lundi.

---

6 L'article défini s'emploie devant les titres.

Le premier ministre va prononcer un discours.
*Oui, madame **la** directrice.*

À noter ! • On n'utilise pas d'article devant *monsieur, madame, mademoiselle* et *maitre* suivis du nom de la personne.
Avez-vous vu mademoiselle Choiseul aujourd'hui ?

7 L'article défini s'emploie devant les noms de disciplines et les noms de langues.

*Nous étudions **le** français et **les** sciences politiques.*

À noter ! • Avec le verbe *parler*, on omet l'article, à moins que le nom de la langue ne soit modifié.
Nous parlons français.
*Il parle **le** français de l'Acadie.*

8 L'article défini s'emploie devant les noms de pays, de peuples, d'îles, de montagnes, de provinces, de fleuves, de rivières et d'édifices ou monuments.

La Suisse et la Belgique sont des pays où une partie de la population parle français.
La Martinique et la Guadeloupe sont des îles.
La tour Eiffel se trouve à Paris.
Le Saint-Laurent se jette dans l'Atlantique.

À noter ! • On n'utilise pas d'article avec certaines îles.
L'année passée, ils sont allés à Cuba.

9 L'article défini s'emploie devant un superlatif.

*Il a écrit **la** meilleure composition de la classe.*

10 L'article défini s'emploie devant les parties du corps et les vêtements quand l'identité du possesseur est évidente.

*Ouvrez **la** bouche et fermez **les** yeux.*
*Elle s'est lavé **les** mains.*
*Il se tient toujours là, **les** mains dans **les** poches.*

11 L'article défini s'emploie devant les expressions de mesure, de poids, ou de quantité.

*On peut faire du cent kilomètres à **l'**heure sur l'autoroute.*
*Les oeufs s'achètent à **la** douzaine.*

VÉRIFIONS!

réponses, p. 327

Complétez la phrase avec l'article défini qui convient.
1. ⎯⎯ Espagne est le pays du flamenco.
2. ⎯⎯ président du club a oublié qu'il y avait une réunion.
3. Levez ⎯⎯ main si vous voulez parler.
4. Ils n'ont jamais étudié ⎯⎯ allemand.
5. C'est l'homme ⎯⎯ plus riche du monde.
6. Elle tape 70 mots à ⎯⎯ minute.

L'article indéfini

ACCENT SUR LES EMPLOIS

Emplois

Contextes

1 L'article indéfini s'emploie au singulier pour désigner une personne ou une chose indéterminée et au pluriel pour désigner un nombre indéterminé de personnes ou de choses.

*Il cherche **un** secrétaire.*
*Il y a **des** choses qu'on ne fait pas.*

2 L'article indéfini s'emploie pour désigner le membre d'un groupe.

Un athlète doit faire attention à ce qu'il mange.

3 L'article indéfini s'emploie pour désigner un aspect, une caractéristique, ou une qualité; le nom est alors modifié par un adjectif ou un complément déterminatif (c'est-à-dire qui détermine, précise le sens d'un mot).

*Il faisait **un** soleil magnifique.*
*Elle possède **une** beauté naturelle.*

4 L'article indéfini s'emploie devant un nom propre quand on applique le nom propre à un aspect particulier de l'individu nommé ou à l'une de ses oeuvres.

Votre fils, Madame, n'est pas ***un** Einstein.*
*J'ai acheté **un** Renoir.*

VÉRIFIONS !

réponses, p. 327

Complétez la phrase avec l'article indéfini qui convient.
1. ___ Canadien devrait aimer l'hiver.
2. Il se prend pour ___ Don Juan.
3. Paul a mangé ___ pomme à midi.
4. Il n'a qu'___ seul espoir : hériter de sa tante.
5. Il fait ___ temps magnifique.
6. ___ femme peut faire cela tout aussi bien qu'___ homme, sinon mieux.

L'article partitif

ACCENT SUR LES EMPLOIS

Emplois

Contextes

1 L'article partitif s'emploie pour désigner une certaine quantité (indéterminée) ou une partie de quelque chose.

*Veux-tu **du** café ?*
*Il n'y a plus **de** pain.*

2 L'article partitif s'emploie pour désigner une certaine quantité (indéterminée) d'une chose qu'on ne peut pas compter.

*Il a **de la** personnalité.*

À noter ! • Quand un nom abstrait est modifié par un complément qui lui donne un sens déterminé, on utilise soit l'article défini soit l'article indéfini, selon le sens.
*Il a **la** personnalité de son père.*
*Il a **un** courage indomptable.*

VÉRIFIONS !

réponses, p. 327

Complétez la phrase avec l'article qui convient.
1. Ça fait longtemps que nous n'avons pas mangé ___ poulet.
2. Il ne boit que ___ bière hollandaise.
3. Avez-vous ___ monnaie?
4. N'oublie pas d'acheter ___ lait.
5. Elle a ___ charme caractéristique des Andalouses.
6. Tu en as ___ culot! (familier)

L'article
défini

1   En général, on omet l'article défini après la préposition _en_.
>   _en France, en vacances, en avril_

quelques exceptions :
>   _en l'air, en l'absence de, en l'occurrence_

2   On omet l'article défini après les prépositions _avec_ et _sans_ quand les deux éléments ont une valeur adverbiale ou adjectivale.
>   _Il le traite avec froideur. (Il le traite froidement.)_
>   _Je vous le dis sans rancune._

À noter !   •   Si le nom est modifié par un complément qui lui donne un sens déterminé, on utilise un article, selon le sens.
>   _Il le traite avec **la** froideur qu'on réserve à ses pires ennemis._

3   On omet l'article défini devant les noms de villes.
>   _à Montréal, à Trois-Rivières, de Vancouver_

À noter !   •   Quand un nom de ville est modifié, on utilise l'article défini.
>   _le vieux Montréal_

•   Certains noms de villes comprennent l'article défini. Quand on emploie les prépositions **à** et **de** avec ces noms, il faut conserver l'article défini ou en employer une forme contractée.
>   _**La** Mecque_ → _**à La** Mecque_
>   _**Le** Caire_ → _**au** Caire_
>   _**Le** Havre_ → _**du** Havre_

4   On omet l'article défini parfois devant le deuxième terme de groupements par catégories.
>   _les parents et amis_
>   _les couteaux et fourchettes_

5   On omet l'article après presque tous les mots et expressions de quantité (_beaucoup de, peu de, assez de, autant de, moins de, plus de, tant de, un tas de, une foule de, une bouteille de, un kilo de,_ etc.) et après certains adjectifs tels que : _couvert de, plein de, décoré de,_ etc., quand le nom n'est pas déterminé.
>   _Il y avait beaucoup de monde à cette réception._
>   _La voiture était couverte de neige._

À noter !   •   Quand le nom est déterminé, on utilise _du, de la, de l'_ ou _des_.
>   _Nous avons bu deux bouteilles **du** cidre que vous avez apporté._

•   On n'omet pas l'article défini dans les expressions _la plupart des, la majorité des, le plus grand nombre des, la moitié (du, de la, de l', des), encore (du, de la, de l', des), bien (du, de la, de l', des), la plus grande partie (du, de la, de l')._
>   _La plupart **des** invités ont quitté la réception très tard dans la soirée._

6   On omet l'article défini après certaines prépositions (_à, de, en, sur_) formant avec le nom un complément déterminatif (c'est-à-dire qui détermine, précise le sens du mot).

un livre de français
une brosse à dents
un costume sur mesure
un bracelet en argent

7 On omet souvent l'article défini devant les titres (livres, chapitres, rubriques, manchettes de journaux, etc.), les adresses et les inscriptions.
Dictionnaire des synonymes
Sports et loisirs
Il habite rue St-Denis.
Chalet à louer

À noter ! • On n'omet pas l'article défini devant un titre bien déterminé.
Le professeur a parlé du « Dictionnaire des Synonymes » de Bénac.

8 On omet l'article devant le nom de certaines expressions verbales telles que *avoir chaud, froid ; avoir raison, tort ; avoir besoin, envie, peur ; faire mal, peur, attention; rendre compte ; prendre garde ; donner congé.*
Il en a envie.
Elle ne s'en est pas rendu compte.

9 On omet l'article défini devant certaines appositions.
Elizabeth, reine d'Angleterre, ...
Ottawa, capitale du Canada, ...

À noter ! • On utilise l'article défini quand le mot en apposition souligne le caractère original ou exceptionnel de la personne ou de la chose.
Pierre Elliot Trudeau, l'homme d'état canadien, ...

10 On omet l'article après *en, comme, en tant que, en sa qualité de,* introduisant un titre ou une capacité.
*Il parle **en** spécialiste de la question.*
***En sa qualité de** chef du gouvernement, ...*

VÉRIFIONS !

réponses, p. 327

Complétez la phrase.

1. ＿＿ cours le plus difficile cette année, c'est bien notre cours de ＿＿ français.
2. Il s'est fait mal ＿＿ jambe et ＿＿ pied.
3. Son père est ＿＿ ingénieur. On dit que c'est ＿＿ meilleur ingénieur ＿＿ compagnie où il travaille.
4. ＿＿ tribunal international de ＿＿ justice se trouve à ＿＿ Haye en ＿＿ Hollande.
5. Il a ＿＿ faim et a envie de ＿＿ plaque de chocolat que tu as achetée ＿＿ mardi.

L'article indéfini

ACCENT SUR LA SYNTAXE

1 On omet l'article indéfini devant un nom attribut non déterminé qui indique la profession, la nationalité ou la religion du sujet de la phrase.

Il est médecin.
Elles sont américaines.
Je veux devenir psychologue.
Martin est luthérien.

À noter ! • Lorsque le nom suit la construction *c'est*, on utilise l'article indéfini.
*C'est **un** professeur.*

• Lorsque le nom est modifié par un adjectif ou un complément déterminatif, on utilise l'article indéfini.
*Il est **un** excellent médecin.*
*Je connais **un** avocat qui pourrait t'aider.*

2 On omet l'article indéfini après l'adjectif *quel*.
Quel enthousiasme !
Quelle journée !

VÉRIFIONS !   *réponses, p. 327*

Complétez la phrase, si nécessaire.
1. Il faut vous acheter ___ nouvelle paire de chaussures.
2. Quelle ___ journée !
3. J'ai ___ recette formidable pour le boeuf bourguignon.
4. Vous détenez ___ maîtrise d'___ université reconnue.
5. ___ demi-million de personnes seront vaccinées.

PROBLÈMES DE TRADUCTION

1 I don't do windows!   *Je ne nettoie pas **les** fenêtres !*
Passion devoured him.   ***La** passion le dévorait.*
Whales are interesting.   ***Les** baleines sont intéressantes.*
Jets didn't exist in those days. ***Les** jets n'existaient pas à cette époque-là.*

En français, l'article défini est de rigueur devant les noms pris dans un sens général, les noms abstraits et les noms d'espèces ou de catégories.

2 We stay at home on Fridays.   *On reste à la maison **le** vendredi.*

La notion exprimée en anglais par la préposition *on* suivie d'un jour de la semaine est rendue en français par l'article défini suivi du jour de la semaine qui est au singulier.

3 He has sisters and brothers.   *Il a **des** soeurs et **des** frères.*

Tandis que l'anglais n'emploie pas d'article, le français emploie l'article indéfini avec les noms qu'on peut compter.

4 Do you have any stamps to give   *As-tu **des** timbres à me
    me?*   *donner ?*

La notion exprimée par le mot anglais *any* est souvent rendue en français par l'article indéfini.

5 Mister Prime Minister, ...   *Monsieur **le** premier ministre, ...*
Your honour, ...   *Monsieur **le** juge, ...*
Officer, ...   *Monsieur **l'**agent, ...*

Le français utilise l'article défini entre *monsieur, mademoiselle,* ou *madame* et un titre quand on s'adresse au possesseur de ce titre.

6 the car keys   *les clés **de la** voiture*
the book cover   *la couverture **du** livre*

En français on utilise *du, de la, de l'* ou *des* pour introduire certains compléments déterminatifs.

7 the teacher's pet   *le chouchou **du** professeur*

Cette tournure du possessif anglais est exprimée en français par *du, de la, de l'* ou *des* suivi du nom.

8 He is a professor.   *Il est professeur.* (On peut dire
                               aussi *C'est **un** professeur.*)

Le français omet l'article lorsque le nom de profession, de nationalité ou de religion est employé avec le verbe *être* précédé d'un pronom personnel sujet. Dans ce type de construction, l'anglais utilise toujours l'article indéfini.

EXPRESSION ÉCRITE

Grammaire **1** Lorsqu'on relit un texte pour corriger les erreurs qui ont pu s'y glisser, il faut faire attention au genre et au nombre des noms. Cela est nécessaire car souvent le genre et le nombre affectent non seulement la forme de ces noms, mais aussi la forme des articles et des adjectifs qui les accompagnent.

                2 Dans certains cas, l'article est omis en français. Revoir la section *Accent sur la syntaxe.*

Atelier   ***L'usage des dictionnaires***

À l'étape du brouillon A, il a été suggéré de toujours chercher le mot ou l'expression qui rend le mieux ce qu'on veut exprimer. Cette recherche du mot juste ou de l'expression appropriée implique parfois un travail de recherche dans un ou plusieurs dictionnaires. Il faut noter toutefois que le recours aux dictionnaires ne résout pas toujours les difficultés que l'on rencontre lorsqu'il s'agit de trouver le mot juste ou la tournure la plus heureuse. Ceci dit, les dictionnaires sont des outils de consultation indispensables dès qu'on aborde le travail d'amélioration d'un texte tant au niveau de la richesse et de la variété du vocabulaire qu'au niveau de la justesse de l'emploi des termes.

Savoir utiliser les dictionnaires, c'est connaître les ressources qu'ils mettent à notre disposition. Les dictionnaires permettent :

1) de trouver ou de vérifier la signification d'un mot (dictionnaires unilingues et bilingues) ;
2) de vérifier la prononciation d'un mot (dictionnaires unilingues et bilingues) ;
3) de trouver certains renseignements grammaticaux (dictionnaires unilingues et bilingues) ;
4) de trouver l'équivalent français d'un mot ou d'une expression que l'on ne connaît qu'en anglais (dictionnaires bilingues) ;
5) de trouver l'origine d'un mot, c'est-à-dire son étymologie (dictionnaires unilingues, dictionnaires étymologiques) ;
6) de trouver les emplois d'un mot (dictionnaires unilingues) ;
7) de trouver les différents sens d'un mot, sens propre et sens figuré (dictionnaires unilingues) ;
8) de trouver des exemples illustrant le bon usage d'un mot ou d'une expression (dictionnaires unilingues et bilingues) ;
9) de trouver les locutions et les idiotismes (expressions idiomatiques) rattachés à un mot (dictionnaires unilingues et bilingues) ;
10) de trouver les synonymes ou les antonymes d'un mot (dictionnaires unilingues et dictionnaires des synonymes et antonymes) ;
11) de trouver des mots, des idées, des concepts liés ou associés à un mot (dictionnaires analogiques) ;
12) de s'assurer du niveau de langue approprié à l'usage du mot (dictionnaires unilingues).

Voici quelques conseils :

a) Ne pas utiliser les dictionnaires de poche abrégés.
b) Vérifier l'emploi d'un terme dans des exemples pour bien s'assurer de son bon usage.
c) Ne pas s'arrêter à la première définition ni au premier exemple, mais bien chercher ce dont on a besoin.
d) Chercher dans un deuxième ou troisième dictionnaire si l'on ne trouve pas ce qu'on cherche dans le premier.

Document

Contexte : article dans un dictionnaire unilingue
Modèle : le *Robert méthodique* : *Dictionnaire du français actuel.*

transcription
phonétique

antonymes

significations
et définitions

mots de la
même famille

référence au
tableau des
conjugaisons

information
grammaticale

synonymes

locution

exemples
d'emplois
d'un mot

niveau de
langue

locution
familière

CROIRE [kʀwa/ɑ/ʀ] *v.* (44) ★ **I.** *V. tr. dir.* ● **1°** Penser que (qqch.) est véritable, donner une adhésion de principe à (une assertion). V. **Accepter, admettre, penser ; cré(d)-.** || Contr. **Douter (de), nier.** || *Croire une histoire. Tu crois ces mensonges ?* V. **Foi (ajouter).** *Je crois ce que vous dites. Il croyait tout ce qu'on lui racontait.* V. **Avaler, gober ; crédule.** *Il ne croit que ce qu'il voit. Faire croire qqch. à qqn,* convaincre, persuader. – (Avec *que* et l'indic.) *Nous lui avons fait croire que nous serions absents. Je vous prie de croire que je ne dirai rien,* vous pouvez être sûr que... ● **2°** *Croire qqn,* penser que ce qu'il dit est vrai (V. **Créance 1**). *Vous pouvez croire cet homme. Croire qqn sur parole,* sans vérifier. – Fam. *Je vous crois ! je te crois !* je pense ainsi ; c'est évident ! ● **3°** EN CROIRE : s'en rapporter à (qqn). *Si vous m'en croyez, vous ne lui prêterez pas ce livre. Si j'en crois ce qu'on raconte.* – Loc. *Ne pas en croire ses yeux, ses oreilles,* s'étonner de ce qu'on voit, entend. ● **4°** Considérer comme vraisemblable ou probable (sans être sûr). V. **Estimer, juger, penser ; opin-.** – (Avec l'inf.) *Je croyais arriver plus tôt.* (Avec *que*) *Je crois qu'il viendra ; je ne crois pas qu'il viendra, qu'il vienne.* (REM. Suivi du subj. *croire* indique un plus grand doute.) *Crois-tu qu'il viendra, qu'il vienne ? Je crois que oui. On croirait qu'il dort (mais il ne dort pas).* Cf. On dirait*, on jurerait* que. ● **5°** Sentir, éprouver comme vrai (ce qui ne l'est pas absolument). *J'ai bien cru réussir, que j'allais réussir. On croit rêver*.* ● **6°** CROIRE QQN, QQCH. (et attribut) : V. **Estimer, juger, supposer.** *On l'a cru mort.* V. **Considérer (comme).** *On croit ce pays à la veille de la guerre. On a cru préférable de l'éloigner, qu'il parte.* – SE CROIRE. *v. pron.* (et attribut) : V. **Imaginer (s'), représenter (se).** *Il se croit plus fort, plus malin qu'il n'est. Tu te crois intelligente ? Elle se croit détestée. Il se croit qqch. ; il se croit un grand homme, il se prend pour. Il se croyait chez lui. Où te crois-tu ?* (pour avoir une telle attitude). ★ **II.** *V. tr. ind.* (À ; EN). ● **1°** CROIRE À *(une chose)* : la tenir pour réelle, vraisemblable ou possible. *Croire aux promesses de qqn, à son amitié.* V. **Compter (sur).** *Croire à la victoire. Ne plus croire à rien. Il y croit fermement, dur comme fer*.* ● **2°** CROIRE EN *(une chose)* : lui accorder adhésion intellectuelle et morale, avoir confiance en. *Je crois en son honnêteté.* – CROIRE EN QQN : avoir confiance en lui. V. **Compter (sur), fier (se...à).** *Il croit en ses amis.* ● **3°** Être persuadé de l'existence et de la valeur de (tel dogme donné pour vrai). *Il croit au progrès. Tu y crois, toi, à la vie éternelle, à la réincarnation ?* – Loc. fam. *Il croit au Père Noël,* il est naïf. – *Croire en Dieu,* avoir la foi religieuse. ★ **III.** *V. intr. (Sens fort)* ● **1°** Avoir une attitude d'adhésion intellectuelle. *Il croit sans comprendre.* ● **2°** Avoir la foi religieuse (V. **Croyant**). *Ceux qui croient.* ▽ V. aussi ACCROIRE ; CROYABLE, INCROYABLE 1, INCROYABLEMENT, INCROYABLE 2 : CROYANCE, CROYANT, INCROYANCE, INCROYANT.

Extrait du *Robert Méthodique : Dictionnaire méthodique du français actuel.* Dictionnaires Le Robert.

Document

Contexte : article dans un dictionnaire bilingue
Modèle : le *Robert-Collins*

variations
de sens

believe [bɪˈliːv] **1** *vt* **(a)** *(accept truth of) statement, account, evidence*
croire, donner *or* ajouter foi à; *person* croire. **to ~ what sb says**
croire ce que dit qn; **I don't ~ a word of it** je n'en crois rien *or* pas
un mot; **don't you ~ it!** ne va pas croire ça!*, crois-le et bois de
l'eau (fraîche)*; **he could hardly ~ his eyes/ears** il en croyait à
peine ses yeux/ses oreilles; **if he is to be ~d** à l'en croire, s'il faut
l'en croire; **~ it or not, he ...** c'est incroyable, mais il ...; **I ~ you,
thousands wouldn't** moi, je te crois, mais je dois être le seul!
(b) *(think)* croire, estimer. **I ~ I'm right** je crois avoir raison; **I
don't ~ he will come** je ne crois pas qu'il viendra *or* qu'il vienne;
he is ~d to be ill on le croit malade; **he is ~d to have a chance of
succeeding** on lui donne des chances de succès; **that is ~d to be
true** cela passe pour vrai; **I have every reason to ~ that** ...j'ai tout
lieu de croire que ...; **I ~ so** je crois que oui, je le crois; **I ~ not** je
crois que non, je ne (le) crois pas; **I don't know what to ~** je ne sais
que croire *or* à quoi m'en tenir; *V* **make.**
2 *vi* croire; *(Rel)* croire, avoir la foi. **to ~ in God** croire en; *ghosts,
promises, antibiotics etc* croire à; **to ~ in sb** croire en qn, avoir
confiance en qn; **to ~ in a method** être partisan d'une méthode; **I
don't ~ in doctors** je n'ai pas confiance dans les médecins, je ne
crois pas aux médecins; **I don't ~ in letting children do what
they want** je ne suis pas d'avis qu'il faille laisser les enfants faire
ce qu'ils veulent.

famille de mots

believer [bɪˈliːvər] *n* **(a)** partisan(e) *m(f)*, adepte *mf*. **~ in capital
punishment** partisan de la peine capitale; **he is a great ~ in** il est
très partisan de.
(b) *(Rel)* croyant(e) *m(f)*. **to be a ~** être croyant, avoir la foi; **to
be a ~ in ghosts/in astrology** croire aux revenants/à l'astrologie.

exemples
d'emplois

emplois
idiomatiques

Extrait du *Robert-Collins Dictionnaire français-anglais
anglais-français.* Copyright © 1978, 1987 William Collins
Sons & Co. Ltd. and Dictionnaires Le Robert.

Document

Contexte : article dans un dictionnaire analogique
Modèle : *Nouveau dictionnaire des idées suggérées par les mots* de
Paul Rouaix

mots,
idées et
concepts
associés

croire
supposer
soupçonner
deviner
conjecturer
s'imaginer
se figurer
admettre
être d'avis que
adopter
ajouter foi
croire sur parole
épouser la conviction
admettre comme
   article de foi
admettre comme
   parole d'évangile
croire les yeux fermés
prendre pour
   argent comptant
s'en remettre à
se confier
se fier à
se reposer sur
prêter foi
embrasser une foi
professer
partager
agréer

avaler
gober
faire croire
accréditer
donner à croire
faire avaler
être imbu
être imprégné
croyable
recevable
admissible
plausible
fiduciaire
incroyable
absurde
inadmissible
V. *croyance* et *croyant*

famille de mots

Extrait du *Dictionnaire des idées suggérées par les mots,*
de Paul Rouaix. Librairie Armand Colin.

Document

Contexte : article dans un dictionnaire des synonymes et des antonymes

Modèle : *Dictionnaire des synonymes et des antonymes*, de Dupuis et Légaré

synonymes ———

antonymes ———

croire

Syn. **I.** Accepter, admettre, adopter, ajouter foi à, avoir confiance, (se) fier à, – *(Péj.)* Avaler, gober. – Considérer, estimer, (se) figurer, (s') imaginer, juger, penser, présumer, supposer, tenir pour.

Ant. **I.** Contester, contredire, débattre, démentir, discuter, douter, hésiter, (se) méfier, nier, protester, récuser, renier, soupçonner.

——— registre ou niveau de langue

Extrait du *Dictionnaire des synonymes et des antonymes*, de Dupuis et Légaré. Éditions Fides.

La correction des fautes

À l'étape du brouillon B, il faut procéder à la correction systématique du texte écrit. À cette fin, la grille des fautes ci-dessous devrait permettre au correcteur de se concentrer sur certaines catégories d'erreurs éventuelles.

TABLEAU 2.7   **La correction des fautes**

catégorie	*erreur*	*exemples de corrections*
système verbal	temps	**(faisait)** S'il *ferait* beau, on irait se promener.
	mode	**(vienne)** Il est possible qu'il *vient*.
	morphologie	**(faites)** Vous *faisez*...
	auxiliaire	**(est)** Il *a* tombé.
système des accords	article	**(le)** *La* problème
	adjectif	**(intéressant)** quelque chose d'*intéressante*
	verbe	**(dis)** C'est moi qui vous le *dites*.
	participe passé	**(parlé)** Elles ne se sont pas *parlées*.
	antécédent	**(de laquelle)** la jeune fille près *duquel*...

TABLEAU 2.7 La correction des fautes

système des pronoms	choix	**(le)** Elle nous ~~lui~~ demande.
	place	**(le-moi)** Donnez~~moi-le.~~
	omission	**(dont)** les choses il s'occupe
système des déterminants	choix	**(de)** ~~des~~ longues phrases
	addition	**(__)** Elle est arrivée ~~le~~ vendredi dernier.
	omission	**(les)** Elles y vont tous vendredis.
système des prépositions et conjonctions	choix	**(contre)** Il est irrité ~~avec~~ moi.
	addition	**(__)** Elle cherche ~~pour~~ son mari.
	omission	**(au)** Nous jouons tennis.
système des modifiants (adjectifs et adverbes)	choix	**(mieux)** Il se sent ~~meilleur~~.
	place	**(homme méchant)** C'est un ~~méchant homme.~~
	degré	**(le)** C'est l'étudiant plus intelligent.
orthographe	lexique	**(adresse)** une ad~~d~~resse
	élision/accents	**(j'espère)** ~~je éspère~~
	euphonie	**(pourra-t-il)** pou~~rra~~-il

MISE EN MARCHE

EXERCICE 1
oral ou écrit

Préférences

Indiquez vos préférences.

MODÈLE   ski *J'aime beaucoup le ski.*
          chasse *Je n'aime pas beaucoup la chasse.*

1. golf / natation / tennis / hockey / randonnées à pied / pêche sous-marine
2. steak / poisson / escargots / poulet / huîtres / rosbif
3. politique / feuilletons télévisés / discos / musique classique / argent / vacances
4. petits pois / frites / aubergines / courgettes / haricots verts / purée
5. mathématiques / français / histoire / géographie / sciences naturelles / informatique
6. devoirs de français / jours de congé / travaux domestiques / pauses-café / embouteillages / fin de semaine

EXERCICE 2
oral et écrit

Inventaire

Dressez la liste des objets qui se trouvent à chaque endroit.

MODÈLE   le sac (portefeuille, argent)
          Dans le sac, il y a un portefeuille et de l'argent.

1. armoire (couvre-lit, draps, oreiller, robe de chambre, couverture, pantoufles)
2. tiroir de bureau (papier à lettres, gomme, stylos, agrafeuse, règle, trombones)
3. réfrigérateur (lait, oeufs, beurre, eau minérale, poulet)
4. valise (chaussures, complet, chemises)
5. boîte à bijoux (collier, bracelets, bagues, alliance, broche, épingle à cheveux)
6. placard (assiettes, plat à viande, poêle, casseroles, passoire, cocotte)

EXERCICE 3
oral ou écrit

D'une personne à l'autre

Remplacez les mots en italique par les mots entre parenthèses, et faites les changements nécessaires.

MODÈLE   *Paul* est le frère de mon copain. (Jacqueline)
          Jacqueline est la soeur de mon copain.

1. *Madame Lepic* est la personne que vous devez consulter. (monsieur Rivard)
2. *Robert et Pierre* travaillent comme serveurs dans un restaurant. (les soeurs Morin)

3. *Mademoiselle Chaput* est la secrétaire du directeur. (monsieur Poulin)
4. *Philippe* est mon parrain. (Jeannette)
5. *Le mari de Marie-Claire* n'est plus vendeur à Uniprix. (la femme de Robert)
6. *Jacques*, mon cousin, est décorateur à New York. (Sylvie)
7. *Mademoiselle Letessier* est l'institutrice de mon frère. (monsieur Tissot)
8. *Jean-Paul*, mon beau-frère, a un poste de moniteur à l'université. (Monique)

EXERCICE 4
oral ou écrit

Métiers et professions
Devinez le métier ou la profession.

MODÈLE   Il travaille dans une usine.
          Il est ouvrier.

1. Elle a un magasin où l'on vend du pain.
2. Elle fait beaucoup de permanentes.
3. Elle soigne et visite ses patients à l'hôpital.
4. Elle dirige une compagnie.
5. Il répare des voitures.
6. Elle prépare des médicaments.
7. Il dessine des bâtiments et des maisons.
8. Elle donne des cours à l'université.

EXERCICE 5
oral ou écrit

Mon opinion
Indiquez votre opinion.

MODÈLE   français / langue difficile
          Le français est une langue difficile.
          Le français n'est pas une langue difficile.

1. sujets de composition / thèmes passionnants
2. hockey sur glace / sport dangereux
3. astronautes / gens courageux
4. Canada / pays accueillant
5. dictionnaires / outils essentiels
6. informatique / matière intéressante
7. littérature / domaine passionnant
8. bridge / jeu de cartes fascinant

EXERCICE 6
écrit

Il y en a beaucoup
Faites l'exercice selon le modèle.

MODÈLE   un fou sur la terre.
          Il y a beaucoup de fous sur la terre.

1. un vitrail dans cette église
2. un tuyau à la cave

3. un Italien en Amérique du Nord
4. un pneu à vendre
5. un joujou dans l'armoire
6. un journal à lire
7. un festival d'été
8. un choix sur le menu

EXERCICE 7
écrit

Phrases déshydratées

Composez une phrase à l'aide des éléments donnés, en faisant bien attention à incorporer les articles et les prépositions qui manquent.

MODÈLE : en / hiver comme en / été, ils mangent / légumes crus
En hiver comme en été, ils mangent des légumes crus.

1. / chômage est / problème sérieux dans / nord / province
2. son frère est devenu / médecin spécialiste / lèpre
3. tous / pays d'Afrique sont aujourd'hui / pays indépendants
4. venez voir / Québec / province qui a / joie de vivre à / fleur de peau
5. il s'agira de créer / milieu plus humain / coeur / ville
6. / nouveau maître / Musée / Beaux Arts respire / confiance
7. / dépenses / gouvernement dans / domaine / sciences et / technologies sont de loin insuffisantes
8. selon / ministre / Travail, il y a encore / moyen d'éviter / grève / transports en / commun / Montréal
9. chaque année / milliers / enfants sont / victimes / accidents qui surviennent autour / maison
10. au delà / mer / Caraïbes, il y a / île où / soleil se lève en / premier : c'est / Barbade. / Elle est blottie entre / eaux limpides / mer et / vagues déferlantes / océan Atlantique

MISE EN ŒUVRE

réponses modèles, p. 58

EXERCICE 8
oral avec
partenaire

Mise en situation

Votre camarade et vous organisez une soirée. Faites l'exercice selon le modèle. L'étudiant(e) A pose des questions basées sur la liste A à l'étudiant(e) B, et vice versa.

MODÈLE   demander la permission d'utiliser la salle des fêtes
étudiant(e) A : ***As-tu demandé la permission d'utiliser la salle des fêtes ?***
étudiant(e) B : ***Non, je n'ai pas encore demandé la permission d'utiliser la salle des fêtes.***

liste A
1. acheter des verres en plastique
2. aller chercher le gâteau à la pâtisserie
3. trouver des chaises
4. décorer les murs
5. choisir des disques

liste B
1. acheter les décorations
2. faire l'achat des boissons chez l'épicier
3. installer la stéréo
4. trouver des tables
5. choisir des cadeaux-surprises

EXERCICE 9
oral avec
partenaire

Questionnaire

réponses modèles, p. 59

L'étudiant(e) A pose les questions de la série A à l'étudiant(e) B, et vice versa.

série A
1. Quels sports pratiques-tu ?
2. Quels meubles as-tu dans ta chambre ?
3. Quels sont les cours que tu préfères à l'université ?
4. Où est-ce que tu vas d'habitude faire des achats ?
5. Quels sont les membres de ta famille ?
6. Quels fruits est-ce que tu aimes beaucoup ?

série B
1. Quels sports aimes-tu regarder à la télé ?
2. Quels meubles y a-t-il dans le salon chez toi ?
3. Quelles sont les matières où tu obtiens les meilleures notes ?
4. Où est-ce que tu vas d'habitude te promener ?
5. Quelles sont les professions que tu considères ?
6. Qu'est-ce que tu manges d'habitude à midi ?

EXERCICE 10
écrit

Analyse
Pour chacun des articles (ou des omissions) identifiés par des chiffres, indiquez soit le type d'article utilisé et la raison de son emploi soit la raison pour laquelle l'article est omis.

C'était (1) une de ces soirées (2) d'été où (3) l'air manque dans (4) Paris. (5) La ville, chaude comme (6) une étuve, paraissait suer dans (7) la nuit étouffante. (8) Les égouts soufflaient par leurs bouches (9) de granit leurs haleines empestées, et (10) les cuisines souterraines jetaient à (11) la rue, par leurs fenêtres basses, (12) les miasmes infâmes (13) des eaux (14) de vaisselle et (15) des vieilles sauces.

(16) Les concierges en (17) manches (18) de chemises, à (19) cheval sur (20) des chaises (21) de paille, fumaient (22) la pipe sous (23) les portes cochères, et (24) les passants allaient (25) d'un pas accablé, ...

Tiré de Bel Ami, de Guy de Maupassant.
Éditions Garnier Frères.

EXERCICE 11
écrit

Maria Chapdelaine
Complétez le passage avec les articles et les prépositions qui conviennent. Attention aux omissions de l'article.

Elle ne répondait toujours rien. Pour ... deuxième fois ... jeune homme lui parlait d'amour et mettait dans ses mains tout ce qu'il avait à donner et pour ... deuxième fois elle écoutait et restait muette, embarrassée, ne se sauvant de ... gaucherie que par ... immobilité et ... silence. Les jeunes filles ... villes l'eussent trouvée niaise, mais elle n'était que simple et sincère, et proche ... nature, qui ignore ... mots. En ... autres temps, avant que le monde fût devenu compliqué comme à ... présent, sans ... doute ... jeunes hommes, mi-violents et mi-timides, s'approchaient-ils d'... fille ... hanches larges et ... poitrine forte pour offrir et demander, et toutes ... fois que ... nature n'avait pas parlé impérieusement en elle, sans ... doute elle les écoutait en ... silence, prêtant ... oreille moins à leur discours qu'à ... voix intérieure et préparant ... geste ... éloignement qui défendrait contre toute ... requête trop ardente, en attendant...

Tiré de Maria Chapdelaine, de Louis Hémon.

EXERCICE 12
écrit

Les emplois
1. Décrivez vos goûts (distractions, musique, livres, habits, cuisine). Utilisez les verbes *aimer*, *détester* et *préférer*.
2. Décrivez ce qu'il y a d'habitude sur la table de votre cuisine ou salle à manger tout de suite avant les repas.
3. Décrivez votre chambre à coucher.

EXERCICE 13 *écrit*	**La traduction** 1. I love ice cream but I am on a diet. 2. His uncle is an architect. 3. On Friday afternoons he plays tennis. 4. He doesn't have a car.

EXERCICE 14
écrit

Les dictionnaires

Faites d'abord cet exercice sans dictionnaire; ensuite, consultez un ou plusieurs dictionnaires pour trouver les renseignements qui vous manquent.

1. Quelle est la différence entre les mots *romantique* et *romanesque* ?
2. Quelle est la définition des mots *sensible* et *susceptible* ?
3. Quels sont les équivalents français des mots anglais : *perfume bottle*, *actually*, *china teapot* et *to take a course* ?
4. Quels sont les synonymes du mot *maison* ?
5. Quels sont les idées et les mots suggérés par le mot *malade* ?

EXERCICE 15
écrit

Composition

Au présent de l'indicatif, décrivez votre routine des jours de semaine ou du week-end. Préparez un brouillon où vous montrerez bien les corrections et les améliorations que vous avez apportées au texte. Utilisez la grille des fautes (Tableau 2.7) de la section *Expression écrite* comme guide à la correction et n'oubliez pas de vous servir de dictionnaires.
longueur : entre 175 et 225 mots

Réponses modèles

Exercice 8

liste A
1. Non, je n'ai pas encore acheté de verres en plastique.
2. Non, je ne suis pas encore allé chercher le gâteau à la pâtisserie.
3. Non, je n'ai pas encore trouvé de chaises.
4. Non, je n'ai pas encore décoré les murs.
5. Non, je n'ai pas encore choisi de disques.

liste B
1. Non, je n'ai pas encore acheté les décorations.
2. Non, je n'ai pas encore fait l'achat des boissons chez l'épicier.
3. Non, je n'ai pas encore installé la stéréo.
4. Non, je n'ai pas encore trouvé de tables.
5. Non, je n'ai pas encore choisi de cadeaux-surprises.

Exercice 9   *série A*

1. Je fais du jogging, etc.
2. J'ai un lit, etc.
3. Je préfère le français, etc.
4. Je vais au centre d'achats, etc.
5. J'ai un père, etc.
6. J'aime beaucoup les oranges, etc.

série B

1. J'aime regarder le hockey, etc.
2. Il y a un sofa, etc.
3. J'obtiens les meilleures notes en maths, etc.
4. Je vais me promener au parc, etc.
5. Je pense au droit, etc.
6. Je mange un sandwich, etc.

3

Terminologie

- **auxiliaires**
les verbes *avoir* et *être* utilisés pour conjuguer les verbes aux temps composés
> *J'**ai** compris.* (auxiliaire *avoir*)
> *Elle n'**est** pas encore arrivée.* (auxiliaire *être*)

- **participe passé**
forme du verbe utilisée pour la conjugaison aux temps composés
> *J'ai **compris**.*
> participe passé du verbe *comprendre*
> *Elle n'est pas encore **arrivée**.*
> participe passé du verbe *arriver*

- **temps composé**
temps formé de deux ou plusieurs formes verbales
> *J'ai compris.*

- **verbe intransitif**
verbe qui ne peut pas admettre d'objet mais qui peut être suivi d'un complément circonstanciel
> *arriver en ville* (*arriver* = verbe intransitif)

- **verbe transitif**
verbe qui peut admettre un objet direct ou indirect
> *écouter quelqu'un ou quelque chose* (*écouter* = verbe transitif direct)

MISE AU POINT

Le passé composé

ACCENT SUR LES FORMES

1   Le passé composé est un temps composé de deux mots : l'auxiliaire et le participe passé.

2   Le passé composé de la plupart des verbes est formé du présent de l'indicatif de l'auxiliaire *avoir* et du participe passé du verbe en question.

> *Elle **a** beaucoup travaillé.*
> *Elle **a** réussi à l'examen.*
> *Elle **a** reçu une bonne note.*

TABLEAU 3.1   Le passé composé des verbes conjugués avec *avoir*

infinitif : travailler
participe passé : travaillé

j'ai travaillé	nous avons travaillé
tu as travaillé	vous avez travaillé
il/elle a travaillé	ils/elles ont travaillé

3   Tous les verbes pronominaux se conjuguent avec l'auxiliaire *être*.
> *Elle s'**est** levée tôt ce matin.*
> *Ils se **sont** trompés d'étage.*

4   Le passé composé de certains verbes est formé du présent de l'indicatif de l'auxiliaire *être* et du participe passé du verbe en question.

> *Il **est** sorti avec ses amis.*
> *Ils **sont** allés au cinéma.*
> *Ils ne **sont** pas rentrés tard.*

TABLEAU 3.2   Le passé composé des verbes conjugués avec *être*

infinitif : **rentrer**
participe passé : **rentré**

je suis rentré/rentrée*	nous sommes rentrés/rentrées*
tu es rentré/rentrée*	vous êtes rentré/rentrée*
il est rentré	vous êtes rentrés/rentrées*
elle est rentrée*	ils sont rentrés/elles sont rentrées*

*L'accord du participe passé des verbes conjugués avec *être* est expliqué aux pages 66-8.

TABLEAU 3.5 **Les verbes conjugués avec *être***

aller (s'en aller)	naître
arriver	partir (repartir)
descendre	passer
devenir	rester
entrer	retourner
rentrer	sortir (ressortir)
monter (remonter)	tomber
mourir	venir (revenir, parvenir)

À noter ! • Certains de ces verbes sont des antonymes.
   monter, descendre
   entrer, sortir
   arriver, partir
   naître, mourir
   aller, venir

• À part *rester*, tous les verbes conjugués avec *être* impliquent un mouvement ou un changement d'état. Il faut pourtant noter que la plupart des verbes de mouvement se conjuguent avec *avoir*.
   *Elle **a** couru.*
   *Il **a** sauté.*

• Les verbes conjugués avec l'auxiliaire *être* sont des verbes utilisés intransitivement, c'est-à-dire des verbes qui n'admettent pas d'objet direct.
   Elle est sortie.
   Il est devenu médecin.

a) Certains de ces verbes (*monter, descendre, sortir, rentrer, retourner* et *passer*) peuvent être transitifs ou intransitifs.
   Il a monté les bagages. (avec complément d'objet)
   Il est monté au premier étage. (sans complément d'objet)

b) Lorsque les verbes *monter, descendre, sortir, rentrer, retourner* et *passer* sont utilisés transitivement (c'est-à-dire qu'ils ont un objet direct), le passé composé se forme avec l'auxiliaire *avoir*.
   *Il **a monté une boîte** pleine de livres au grenier.*
   *Elle **a descendu** toutes **les bouteilles** vides à la cave.*
   *Elle **a sorti la voiture** du garage.*

VÉRIFIONS !

réponses, p. 327

Mettez le verbe au passé composé.

1. Il se lève à sept heures.
2. Il dit bonjour à son chat.
3. Il cherche sa deuxième chaussette.
4. Il réveille son canari.
5. Il réchauffe un morceau de pizza.
6. Il prépare un café en vitesse.
7. Il déjeune sans enthousiasme.
8. Il quitte sa résidence.
9. Il sort son vélo du garage.
10. Il arrive quand même à partir.

5   Le participe passé de la plupart des verbes est régulier. Il faut identifier le radical et ajouter la terminaison qui convient.

TABLEAU 3.3   **Les participes passés réguliers**

Les verbes en *er* ont un participe passé en *é*.

infinitif	écout**er**	all**er**	envoy**er**
radical	écout	all	envoy
participe passé	écout**é**	all**é**	envoy**é**

Les verbes en *ir* ont un participe passé en *i*.

infinitif	chois**ir**	fin**ir**
radical	chois	fin
participe passé	chois**i**	fin**i**

Les verbes en *re* ont un participe passé en *u*.

infinitif	vend**re**	répond**re**
radical	vend	répond
participe passé	vend**u**	répond**u**

6   Les verbes irréguliers ont des participes passés qui se terminent en *u* (tenu), *i* (ri), *is* (mis), *it* (dit), *rt* (ouvert) et *nt* (craint).

TABLEAU 3.4   **Les participes passés irréguliers**

	infinitif	*participe passé*	*infinitif*	*participe passé*
en u	avoir	e**u**	apercevoir[3]	aperç**u**
	boire	b**u**	battre[4]	batt**u**
	croire	cr**u**	conclure	concl**u**
	devoir	d**û**	connaître[5]	conn**u**
	lire	l**u**	courir	cour**u**
	plaire[1]	pl**u**	falloir	fall**u**
	pleuvoir	pl**u**	résoudre	résol**u**
	pouvoir	p**u**	tenir	ten**u**
	savoir	s**u**	vaincre	vainc**u**
	taire	t**u**	valoir	val**u**
	voir[2]	v**u**	venir[6]	ven**u**
			vivre	véc**u**
			vouloir	voul**u**
en is	acquérir	acqu**is**	s'asseoir	ass**is**
	mettre[7]	m**is**	prendre[8]	pr**is**

[1]déplaire : dépl**u**
[2]revoir : rev**u**
[3]recevoir : reç**u** ; décevoir : déç**u**
[4]combattre : combatt**u**
[5]paraître : par**u** ; reconnaître : reconn**u**
[6]convenir : conven**u** ; parvenir : parven**u**, revenir : reven**u** ; devenir : deven**u**
[7]admettre : adm**is** ; permettre : perm**is** ; promettre : prom**is**
[8]apprendre : appr**is** ; comprendre : compr**is** ; surprendre : surpr**is**

	infinitif	*participe passé*	*infinitif*	*participe passé*
en it	conduire	conduit	construire	construit
	détruire	détruit	dire	dit
	distraire	distrait	écrire	écrit
	faire	fait	inscrire	inscrit
	produire	produit	traduire	traduit
en rt	couvrir	couvert	mourir	mort
	offrir	offert	ouvrir	ouvert
	souffrir	souffert		
en i	fuir	fui	partir	parti
	rire[9]	ri	sortir	sorti
	suffire	suffi	suivre	suivi
en nt	atteindre	atteint	craindre	craint
	joindre	joint	peindre	peint

[9]sourire : souri

À noter ! • Les verbes *être* et *naître* ont un participe passé en *é* (*été* et *né*).

VÉRIFIONS !

A, réponses, p. 327

Donnez le participe passé du verbe.

1. étudier _étudié_
2. défaire _défait_
3. naître _né_
4. vouloir _voulu_
5. offrir _offert_
6. écrire _écrit_
7. parcourir _parcouru_
8. réussir _réussi_
9. être _été_
10. pleuvoir _plu_

VÉRIFIONS !

B, réponses, p. 327

Donnez l'infinitif du verbe.

1. ri _rire_
2. appris _apprendre_
3. peint _peindre_
4. valu _valoir_
5. ouvert _ouvrir_
6. dit _dire_
7. su _savoir_
8. assis _s'asseoir_
9. eu _avoir_
10. parvenu _parvenir_

 **L'accord du participe passé**

Verbes conjugués avec *être*

1 Le participe passé d'un verbe intransitif conjugué avec *être* s'accorde avec le sujet en genre et en nombre.
> *Elle est allée au cinéma.*
> *Ils sont revenus tard.*

À noter ! • Le participe passé s'accorde en genre et en nombre avec le sujet du verbe, tout comme un adjectif avec le nom qu'il modifie.
> *Il est sorti.*   *Ils sont sortis.*
> *Elle est sortie.*   *Elles sont sorties.*

Attention **2** Comme pour les adjectifs, l'accord du participe passé implique
à l'oral ! que dans certains cas la prononciation de la forme féminine est différente de celle de la forme masculine.

	Accord écrit	*Accord écrit et oral*
adjectif	original, originale	heureux, heureuse
	/ɔriʒinal/	/œrø/ /œrøz/
participe	sorti, sortie	mort, morte
passé	/sɔrti/	/mɔr/ /mɔrt/

3 Le participe passé d'un verbe pronominal s'accorde avec le pronom réfléchi objet direct, qui est du même genre et du même nombre que le sujet du verbe.
> *Ils se sont excusés.*
> *Elle ne s'est pas couchée tard.*

4 Il n'y a pas d'accord du participe passé avec le pronom réfléchi des verbes *se dire, s'écrire, s'imaginer, se parler, se plaire, se rendre compte, se sourire* et *se téléphoner*, parce que ce pronom est un objet indirect.
> *Elle s'est rendu compte de son erreur.*
> *Ils se sont téléphoné.*

5 Il n'y a pas d'accord du participe passé avec le pronom réfléchi lorsque le verbe pronominal est suivi d'un objet direct, parce que le pronom réfléchi n'est pas à ce moment-là un objet direct.
> *Ils se sont lavé les mains.*
> *Elle s'est maquillé les yeux.*

6 Le participe passé d'un verbe pronominal s'accorde avec un objet direct autre que le pronom réfléchi si celui-ci précède le verbe. (Le pronom réfléchi est un objet indirect.)
> *Les lettres qu'ils se sont écrites.*
> *La chemise qu'il s'est achetée.*
> *Sa barbe ? Il se l'est rasée.*

Verbes conjugués avec avoir

7 Lorsque le participe passé d'un verbe conjugué avec *avoir* n'est pas précédé d'un objet direct, il reste invariable.

> *Ils ont beaucoup étudié.*
> *Elle lui a écrit une longue lettre.*

8 Le participe passé s'accorde avec un objet direct si celui-ci précède le verbe.

> ***Cette chanson !** Paul l'a chantée.*
> ***Quelle chanson** Paul a-t-il chantée ?*
> ***Laquelle** Paul a-t-il chantée ?*
> ***La chanson que** j'ai chantée était triste.*

À noter !
- Il n'y a pas d'accord avec le pronom *en.*
  > *Des oranges. Il en a acheté.*

- Il n'y a pas d'accord avec un objet direct qui précède si cet objet dépend de l'infinitif.
  > *Les rideaux. Elle les a fait nettoyer.*
  > = Elle a fait nettoyer les rideaux.
  > *Les dépend de nettoyer.*
  > *Ces chansons. Nous les avons entendu chanter.*
  > = Nous avons entendu chanter les chansons.
  > *Les dépend de chanter.*

  Le participe passé s'accorde si l'objet direct dépend du verbe conjugué.
  > ***Les chanteuses.** Nous **les** avons **entendues** chanter.*
  > = Nous avons entendu les chanteuses (qui chantaient).

- Il n'y a pas d'accord avec un objet direct qui précède le verbe d'une expression impersonnelle.
  > *Imaginez la persévérance qu'il a fallu pour compléter ce travail !*

VÉRIFIONS !

réponses, p. 328

Complétez la phrase avec le passé composé du verbe entre parenthèses.

1. Voici la facture que tu (payer).
2. Ils (se réveiller) plus tôt que d'habitude.
3. Des escargots ? Elle en (manger) en France.
4. Je n'aime pas les pantalons qu'il (s'acheter).
5. Elle (se brosser) les cheveux ce matin.
6. Quelle station de radio est-ce que vous (écouter) ?
7. Ils (se parler) plusieurs fois pendant la journée.
8. Elle (prendre) l'autobus pour se rendre à l'université.

TABLEAU 3.6   Récapitulation des accords du participe passé

Verbes conjugués avec <u>être</u>

verbe intransitif
ACCORD AVEC LE SUJET DU VERBE
Elle y est allée sans lui.

verbe pronominal dont le pronom réfléchi est l'objet direct
ACCORD AVEC L'OBJET DIRECT QUI PRÉCÈDE
Ils **se** sont vu**s**.

verbe pronominal dont le pronom réfléchi est l'objet indirect
PAS D'ACCORD
Ils se sont dit bonjour.

verbe pronominal suivi d'un objet direct
PAS D'ACCORD
Elle s'est lavé les mains.

verbe pronominal précédé d'un objet direct autre que le pronom réfléchi
ACCORD AVEC L'OBJET DIRECT QUI PRÉCÈDE
Les robes qu'elle s'est achet**ées** étaient chic et pas chères.

Verbes conjugués avec <u>avoir</u>

verbe qui n'est pas précédé d'un objet direct
PAS D'ACCORD
Ils ont beaucoup étudié.
Elle lui a écrit une longue lettre.

verbe précédé d'un objet direct
ACCORD AVEC L'OBJET DIRECT QUI PRÉCÈDE
Ta cousine ? Je l'ai vu**e** hier.
Les blouses ? **Lesquelles** as-tu achet**ées** ?
La chanson **que** j'ai chant**ée** était triste.

Le passé composé

ACCENT SUR LES EMPLOIS

Emplois	Contextes
Le passé composé est un temps utilisé :	
1 pour exprimer une action ou un état qui a commencé dans le passé ;	*La réunion a commencé à deux heures.* *Il s'est mis à pleuvoir dès notre arrivée.* *Le président n'a pas pris la parole.*
2 pour marquer une conclusion dans le passé ;	*Après quelques remarques, il s'est tu.* *Il a fini de parler.* *Il a fait du ski jusqu'à l'âge de soixante ans.*

À noter !   • L'emploi du verbe *être* au passé composé est assez rare.
            Il a été pauvre mais il ne l'est plus.

3   pour exprimer une action ou   *J'y suis resté deux jours.*
      un état qui a duré une période   *Il a passé toute la journée à*
      de temps déterminée ;   *étudier.*

4   pour exprimer une action ou   *Je lui ai parlé trois fois hier.*
      un état qui s'est répété un   *Il m'a souvent aidé.*
      certain nombre de fois.

VÉRIFIONS !

                                           réponses, p. 328

Pour chaque phrase indiquez si le verbe en italique exprime
une action ou un état qui : a) a commencé ; b) s'est terminé ;
c) a duré une période de temps ; d) s'est répété.
1. Il *a arrêté* de faire du jogging. *b)*
2. Elle *a éclaté* de rire. *a)*
3. On *a téléphoné* trois fois. *d)*
4. Nous *avons* très bien *mangé.* *b)*
5. Il *a été* malade pendant deux semaines. *c)*

Le passé composé   *ACCENT SUR LA SYNTAXE*

1 Au négatif, les deux éléments de la négation se placent autour de
l'auxiliaire.   *Nous n'avons pas eu de*
      *Il **n'**a **pas** eu de chance.*   *devoir*
      *Ils **ne** se sont **jamais** disputés.*

À noter !   • Le participe passé précède les mots *personne, aucun* et *nulle part.*
       *Il n'a vu **personne.***   *Elle n'a téléphoné à*
       *Nous n'avons écrit **aucune** composition.*   *personne*
       *Je n'ai vu ce poster **nulle part.***
   • Les pronoms sujets *personne* et *rien* suivis de *ne* précèdent l'auxiliaire.
       ***Personne n'**a téléphoné.*   *Personne n'a parlé*
       ***Rien n'**est arrivé.*

2 À l'interrogatif, on peut inverser le pronom sujet du verbe et
l'auxiliaire.   *est-elle sortie ?*
      ***As-tu** fait les devoirs ?*
      ***A-t-elle** compris ?*

Attention à **3** Il faut employer le *t* euphonique avec les formes *il, elle* et *on* de
l'orthographe !   l'auxiliaire *avoir.*
      Lui a-t-il téléphoné ?

                          A-t-elle fait ses devoirs ?

4 Les pronoms personnels objets directs et indirects et les pronoms *y* et *en* précèdent l'auxiliaire.

> *Elle **y** est allée.*
> *Nous **leur en** avons donné.*
> *Vous **en** a-t-elle parlé ?*
> *Il ne **le leur** a pas dit.*

5 À l'exception des adverbes de temps (*hier, tôt,* etc.), presque tous les adverbes courts (d'une ou deux syllabes) et très usités se placent entre l'auxiliaire et le participe passé.

> *Il a **bien** travaillé.*
> *Elle n'a pas **beaucoup** mangé.*

VÉRIFIONS!   *réponses, p. 328*

Mettez les mots entre parenthèses à la bonne place dans la phrase.

1. (ne ... rien) Elle nous a dit.
2. (lui) Ils ont demandé de le faire.
3. (combien ... ?) Il a payé.
4. (ne ... personne) On a rencontré.
5. (pourquoi ... ?) Elle a fait cela.
6. (bien) Jacqueline n'a pas dormi cette nuit.

PROBLÈMES DE TRADUCTION

1 He wrote a poem.   *Il a écrit un poème.*
He has written a poem.   *Il a écrit un poème.*
Did he write a poem?   *A-t-il écrit un poème ?*

Il n'y a qu'une seule forme du passé composé en français.

2 She spent two weeks in Paris.   *Elle a passé deux semaines à Paris.*

She took an exam.   *Elle a passé un examen.*
She handed me a book.   *Elle m'a passé un livre.*

Le verbe *passer* conjugué avec le verbe *avoir* a plusieurs sens.

3 She went through Paris.   *Elle est passée par Paris.*
She stopped by to see us.   *Elle est passée nous voir.*
What happened?   *Qu'est-ce qui s'est passé ?*

Le verbe *passer* conjugué avec le verbe *être* a également plusieurs sens.

Attention **4** They came home late.   *Ils sont rentrés tard.*
au lexique ! They came back to see me.   *Ils sont revenus me voir.*
They came back from holidays.   *Ils sont revenus de vacances.*
They went back to that restau-   *Ils sont retournés plusieurs*
rant several times.   *fois à ce restaurant.*

Il est important de comprendre les distinctions de sens entre les verbes *rentrer, retourner* et *revenir.*

5 Il y a des distinctions de sens à remarquer entre *quitter*, *s'en aller*, *partir* et *sortir*.

QUITTER : partir d'un lieu ; abandonner, laisser tomber une personne (s'emploie avec un objet direct)

Elle a quitté l'hôtel vers deux heures.
Elle a quitté son mari.

S'EN ALLER : veut dire *partir* mais ne s'utilise pas souvent au passé composé

À quelle heure est-ce que tu t'en vas ?

PARTIR : peut s'utiliser de diverses façons (Contrairement au verbe *quitter*, *partir* ne s'utilise pas avec un objet direct.)

Il est parti pour deux semaines.
Il est parti avant la fin de la réception.

SORTIR : veut dire *to go out, to leave a room or a building*

Elle est sortie du bureau en courant.
Elle sort avec ses amies.

Le passé simple

ACCENT SUR LES FORMES

Verbes réguliers

1 Le passé simple des verbes en *er* est formé en ajoutant au radical les terminaisons *ai*, *as*, *a*, *âmes*, *âtes* et *èrent*. Pour les verbes réguliers en *ir* et *re*, le passé simple est formé en ajoutant au radical les terminaisons *is*, *is*, *it*, *îmes*, *îtes* et *irent*.

TABLEAU 3.7   Le passé simple des verbes réguliers

Verbes en **er**	
infinitif : chercher	
radical : cherch	
je cherch**ai**	nous cherch**âmes**
tu cherch**as**	vous cherch**âtes**
il/elle cherch**a**	ils/elles cherch**èrent**

Verbes en **ir**	
infinitif : finir	
radical : fin	
je fin**is**	nous fin**îmes**
tu fin**is**	vous fin**îtes**
il/elle fin**it**	ils/elles fin**irent**

Verbes en **re**	
infinitif : répondre	
radical : répond	
je répond**is**	nous répond**îmes**
tu répond**is**	vous répond**îtes**
il/elle répond**it**	ils/elles répond**irent**

À noter ! • Le passé simple du verbe *aller* se forme de la même façon qu'un verbe régulier en *er*.

j'all**ai** nous all**âmes**
tu all**as** vous all**âtes**
il/elle all**a** ils/elles all**èrent**

Verbes irréguliers

2 La plupart des verbes irréguliers ont les terminaisons du passé simple en *is*, etc. (comme les verbes réguliers en *ir* ou *re*) ou en *us*, etc. (comme les verbes *avoir* et *être*). Pour ces verbes, le participe passé anticipe les formes du passé simple ; cependant, ce n'est pas le cas pour tous les verbes irréguliers.

TABLEAU 3.9   Le passé simple des verbes irréguliers

infinitif	*participe passé*	*passé simple*
acquérir	acquis	j'acquis
apercevoir	aperçu	j'aperçus
s'asseoir	assis	je m'assis
battre	battu	je battis
boire	bu	je bus
conclure	conclu	je conclus
connaître	connu	je connus
courir	couru	je courus
craindre	craint	je craignis
croire	cru	je crus
devoir	dû	je dus
dire	dit	je dis
écrire	écrit	j'écrivis
fuir	fui	je fuis
lire	lu	je lus
mettre	mis	je mis
mourir	mort	je mourus
naître	né	je naquis
offrir	offert	j'offris
ouvrir	ouvert	j'ouvris
partir	parti	je partis
plaire	plu	je plus
pouvoir	pu	je pus
prendre	pris	je pris
recevoir	reçu	je reçus
résoudre	résolu	je résolus
rire	ri	je ris
savoir	su	je sus
suivre	suivi	je suivis
vivre	vécu	je vécus
vouloir	voulu	je voulus

À noter ! • Les verbes *falloir* et *pleuvoir* ne s'emploient qu'à la troisième personne du singulier : *il fallut, il plut.*

Avoir et *être*

3 Les terminaisons du passé simple des verbes *avoir* et *être* sont *us, us, ut, ûmes, ûtes* et *urent*.

TABLEAU 3.8   Le passé simple des verbes *avoir* et *être*

avoir	*être*
j'**eus**	je **fus**
tu **eus**	tu **fus**
il/elle **eut**	il/elle **fut**
nous **eûmes**	nous **fûmes**
vous **eûtes**	vous **fûtes**
ils/elles **eurent**	ils/elles **furent**

Faire, tenir et *venir*

4 Les verbes *faire, tenir* et *venir* ont des conjugaisons particulières au passé simple.

TABLEAU 3.10   Le passé simple des verbes *faire, tenir* et *venir*

faire	*tenir*	*venir*
je **fis**	je **tins**	je **vins**
tu **fis**	tu **tins**	tu **vins**
il/elle **fit**	il/elle **tint**	il/elle **vint**
nous **fîmes**	nous **tînmes**	nous **vînmes**
vous **fîtes**	vous **tîntes**	vous **vîntes**
ils/elles **firent**	ils/elles **tinrent**	ils/elles **vinrent**

Attention à l'orthographe !

5 Au passé simple, il y a toujours un accent circonflexe sur le *a*, le *i* ou le *u* des terminaisons des formes qui s'emploient avec *nous* et *vous*.

nous craignîmes

6 Les verbes en *ger* et *cer* qui présentent des particularités orthographiques au présent de l'indicatif ont le même type de particularités au passé simple. (Voir la conjugaison des verbes à l'Appendice A.)

nous mangeâmes
elle annonça

VÉRIFIONS !   *réponses, p. 328*

Donnez l'infinitif du verbe.

1. il constata *constater*
2. nous choisîmes *choisir*
3. elles prirent *prendre*
4. ils partirent *partir*

5. le roi mourut *mourir*
6. vous tîntes *tenir*
7. elle descendit *descendre*
8. vous fîtes *faire*

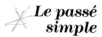

Le passé simple

ACCENT SUR LES EMPLOIS

1 Le passé simple est un temps historique et littéraire. Il est donc employé fréquemment dans les textes d'histoire et les romans. On retrouve également le passé simple dans la presse écrite. Son usage est parallèle à celui du passé composé, c'est-à-dire que dans un récit historique ou un roman, toute action (ou tout développement) qui commence, se termine, a lieu, arrive ou se répète durant une période de temps limitée peut se mettre au passé simple. Contrairement au passé composé, qui relie le plus souvent une action dans le passé au présent, le passé simple exprime une action arrivée à une certaine période sans aucun rapport avec le présent.

Comme au dénouement d'un drame de Shakespeare, Charles d'Anjou arriva quelques heures plus tard. Sur le rivage, il apprit la mort de son frère en entendant pleurer l'armée. Il voulut d'abord aller saluer Philippe, maintenant roi de France. On l'en empêcha. Il se rendit donc sous la tente d'Alphonse de Poitiers. Alphonse le conduisit auprès du cadavre de Saint Louis. Charles d'Anjou, cet homme de violence, s'agenouilla et pleura, en baisant les pieds du mort.

Tiré de *Saint Louis roi de France*, de Paul Guth.

2 Le passé simple est un temps écrit qui est très rarement utilisé dans la langue orale. Les guides de musée ou de monuments historiques l'emploient par exemple dans leurs commentaires, mais surtout à la troisième personne.

Nous pénétrons ici dans la partie la plus ancienne du château. On pense généralement qu'elle fut construite par Charles IV qui vint s'installer dans cette région en 1565. Il y mourut en 1570...

3 Le passé composé est parfois utilisé à la place du passé simple par les romanciers contemporains.

Il y a eu aussi les cigarettes. Quand je suis entré en prison, on m'a pris ma ceinture, mes cordons de souliers, ma cravate...

Tiré de *L'étranger*, d'Albert Camus.

EXPRESSION ÉCRITE

Atelier

L'amélioration stylistique

Le style est la façon particulière à chacun d'utiliser les ressources de la langue. Cette mise en oeuvre des moyens disponibles peut être facilitée par l'acquisition de certains principes de base. Entre autres, il faut signaler la précision, l'harmonie, la simplicité et la clarté.

1 LA PRÉCISION

Ce principe regroupe deux notions expliquées dans les sections *Atelier* des chapitres précédents : la vérification grammaticale et le bon emploi du vocabulaire.

2 L'HARMONIE

Ce principe reprend également deux notions proposées antérieurement : un texte doit être bien structuré et il doit être cohérent. À cela, il convient d'ajouter la notion de variété. Effectivement, le français offre de nombreuses ressources qui permettent de varier le vocabulaire, les constructions grammaticales, l'ordre des mots dans la phrase, les types de phrases, et l'ordre des propositions au niveau du paragraphe. Il s'agit donc d'éviter autant que possible la répétition monotone de tout élément. Il faut éviter notamment la répétition de phrases où la succession est toujours sujet-verbe-complément.

On peut ajouter à ces principes quelques indications supplémentaires :
a) Éviter les mots et les tournures qui appartiennent surtout au langage parlé ; éviter en particulier les termes vulgaires ou populaciers, même ceux qui semblent inoffensifs tels que « bagnole » (voiture), « fric » (argent), ou « super » (très).
b) Éviter les abréviations telles que « télé » (télévision), « prof » (professeur), ou « labo » (laboratoire).
c) Éviter, hors du contexte approprié, les régionalismes.
d) Éviter l'emploi excessif de constructions ou de mots « passe-partout » tels que *il y a*, *gens*, et *choses*.
e) Éviter l'emploi exagéré de pronoms relatifs, de conjonctions en *que*, d'adverbes en *ment*, et de participes présents.
f) Éliminer les anglicismes ainsi que les barbarismes (emploi de mots inexistants, usage incorrect, ou déformation de mots).

3 LA SIMPLICITÉ ET LA CLARTÉ

Il faut se rappeler qu'après tout ce travail de correction, d'amélioration et de « polissage », il convient de veiller à ce que le texte se lise bien. À cette fin, on peut se poser les questions suivantes :
a) Y a-t-il une introduction, un développement et une conclusion ?
b) A-t-on dit clairement ce qu'on voulait dire ?
c) Y a-t-il des obstacles à la compréhension du texte ?
d) Le texte est-il trop long ? Peut-on en éliminer certains éléments moins utiles que d'autres ?
e) Y a-t-il assez de variété ?
f) L'intérêt du lecteur est-il maintenu tout au long du texte ?
g) Est-il facile de suivre le développement de la pensée ? Est-il facile de passer d'une idée à une autre ?

Document   *Contexte :* article
Nature du texte : commentaire
Éléments stylistiques : variété syntaxique, formules de transition, « mots-charnières » qui permettent de lier, de subordonner, d'expliciter et de souligner.

Les formules utiles (conjonctions, prépositions, adverbes, mots-charnières, etc.) sont en italique.

Le cinéma, témoin d'un monde

Le cinéma doit être considéré comme l'un des dépositaires de la pensée du vingtième siècle, *dans la mesure où* il reflète largement la mentalité des hommes et des femmes qui font des films. *Au même titre que* la peinture, la littérature *et* les arts plastiques contemporains, il aide à comprendre l'esprit de notre temps.

Cette thèse peut, *bien entendu*, être poussée jusqu'à l'absurde. Certains n'hésitent pas à soutenir qu'il existe un lien direct entre, *par exemple*, le mode de vie des Américains dans les années 60 et les films de la même époque, *ou encore que* le cinéma reflète avec une fidélité parfaite les sentiments du grand public. *Ce genre d*'affirmation péremptoire est *évidemment* discutable, *et* l'historien n'a pas besoin de mettre en équation le cinéma et la société pour tirer utilement parti du matériel cinématographique. *Ce que* le cinéma peut offrir, c'est une brève vision, une image fugitive qui est toujours incomplète et parfois trompeuse, *mais* qui, utilisée à bon escient, fournit au spécialiste des sciences sociales des indications valables sur la culture et les grandes idées d'une société donnée. *En ce sens*, le cinéma n'est pas plus utile à l'historien que les manifestations littéraires et artistiques de l'époque, *mais* il ne l'est *certainement* pas moins non plus.

Il est à peine besoin *désormais* de prouver que le cinéma exerce une influence culturelle considérable, et ce depuis les années 20 au moins. Le nombre annuel d'entrées dans les cinémas du monde entier peut être évalué à quelque 12 milliards. Dans certains pays, *notamment* ceux où les autres formes de distraction populaire sont rares, comme l'Inde, le cinéma joue un rôle encore plus important qu'ailleurs, mais, même dans les sociétés industrialisées et complexes de l'Occident, il occupe une position unique.

Certes, le cinéma a évolué avec le temps, et l'on ne saurait comparer le cinéma des années 20 à celui d'aujourd'hui. Les sujets de films sont différents, les méthodes de production et de distribution ont été modifiées, et l'influence du cinéma ne se fait pas sentir de la même façon. Le public *aussi* a changé : il est plus averti, il a une sensibilité nouvelle et assigne au cinéma une place différente de celle qu'il avait dans la vie de la génération qui a assisté à ses débuts. *Mais* ce qui n'a pas changé en plus de cinquante ans, c'est l'importance du cinéma dans la vie culturelle. Il exerce aujourd'hui une immense fascination sur un vaste public jeune et instruit et, *grâce à* la télévision, il pénètre aussi dans les foyers, où il est très populaire auprès des petits enfants et des gens âgés. Les profonds changements qu'il a pu subir dans sa forme et dans son contenu ne lui ont rien fait perdre de son importance par rapport au temps où il était d'usage d'aller voir en moyenne deux films par semaine. *Aujourd'hui*, la fréquentation des salles est peut-être plus faible et les spectateurs appartiennent à des groupes socio-économiques plus différenciés, mais le rôle joué dans la vie par ce mode d'expression *éminemment* caractéristique du XXe siècle n'a nullement diminué.

Grâce au cinéma, les hommes de science qui étudient la période actuelle disposent d'une matière première précieuse, dont les historiens qui s'intéressent à d'autres époques sont démunis, mais que l'on commence seulement aujourd'hui à comprendre et à exploiter.

Martin Jackson, « L'histoire et le cinéma ». Tiré d'un article recueilli dans *Cultures*, Presses de l'UNESCO.

Dossier

TABLEAU 3.11   Les mots de coordination

fonctions	*mots de coordination*
union, liaison	et, puis, ensuite, alors, comme
cause	car, en effet, effectivement
conséquence	donc, ainsi, par conséquent, en conséquence de quoi, conséquemment, par suite, c'est pourquoi, dans ces conditions
opposition	mais, au contraire, cependant, toutefois, néanmoins, pourtant, d'ailleurs, du moins, en revanche, par contre, sinon
alternative	ou, soit ... soit, d'une part ... d'autre part, ou bien, ou au contraire
explication	c'est-à-dire, à savoir

MISE EN MARCHE

Tout ce qu'il a fait

Faites l'exercice selon le modèle.

MODÈLE la lettre / écrire
 la lettre qu'il a écrite

1. la voiture / conduire	6. le problème / résoudre
2. la porte / ouvrir	7. l'erreur / faire
3. le roman / lire	8. la faute / admettre
4. le match / gagner	9. les fleurs / offrir
5. la maison / construire	10. la table / mettre

Avoir ou être ?

Faites l'exercice selon le modèle. Employez le pronom *en* avec l'auxiliaire *avoir* et le pronom *y* avec l'auxiliaire *être*.

MODÈLE écrire des lettres
 J'en ai écrit.
 aller au cinéma
 J'y suis allé.

1. venir au laboratoire	9. prendre du vin
2. vouloir de l'argent	10. retourner chez soi
3. écouter du jazz	11. avoir de la patience
4. arriver à la bibliothèque	12. produire des résultats
5. voir des films	13. tomber dans l'escalier
6. rester dans le bureau	14. acquérir des connaissances
7. connaître des Québécois	15. descendre au sous-sol
8. choisir des fleurs	16. monter sur l'estrade

Chez les Dalbert

Racontez ce qui est arrivé chez les Dalbert tôt ce matin.

MODÈLE Madame Dalbert / se lever / à six heures
 Madame Dalbert s'est levée à six heures.

1. le réveil / sonner / à sept heures
2. Jacqueline / se réveiller / tout de suite
3. Jacqueline et Paul / se lever / ensemble
4. elle / s'habiller / rapidement
5. il / prendre sa douche / et se raser
6. elle / réveiller / ses enfants
7. il / préparer le petit déjeuner
8. elle / faire le café
9. ils / s'asseoir à table
10. ils / manger / des oeufs à la coque

EXERCICE 4
oral ou écrit

Qu'est-ce que tu as fait ?
Dites si oui ou non vous avez fait ces choses le week-end dernier.

MODÈLE   regarder la télévision
Oui, j'ai regardé la télévision.
Non, je n'ai pas regardé la télévision.

1. faire des devoirs
2. écrire à un ami ou à une amie
3. téléphoner à un ami ou à une amie
4. voir un bon film
5. sortir avec des amis
6. aider ses parents à faire le ménage
7. jouer aux cartes
8. rentrer tard samedi soir
9. lire quelque chose
10. rester à la maison

EXERCICE 5
écrit

Du présent au passé
Mettez la phrase au passé composé. Attention aux accords.

1. Je n'apprécie pas les plaisanteries qu'il raconte.
2. Ce matin elle ne se lave pas la tête.
3. La voiture qu'ils s'achètent leur coûte beaucoup d'argent.
4. Laquelle choisit-il ?
5. Elle monte ses valises toute seule et elle monte par l'escalier.
6. Ils se rendent compte de leur erreur.
7. Voici la chanson que je leur fais apprendre par coeur.
8. Elle lit dix minutes et elle s'endort.

MISE EN ŒUVRE

réponses modèles, p. 82

EXERCICE 6
oral avec
partenaire

Pourquoi ?

Vous expliquez à votre camarade pourquoi vous êtes allé à certains endroits. L'étudiant(e) A présente la série A à l'étudiant(e) B, et vice versa.

MODÈLE aller à la boulangerie / acheter du pain
       Je suis allé(e) à la boulangerie pour acheter du pain.

série A
1. s'arrêter au supermarché / acheter du lait
2. aller au cinéma / voir un nouveau film
3. sortir avec des amies / se détendre
4. rester à la maison / se reposer
5. téléphoner à son/sa camarade / bavarder

série B
6. passer une heure à la bibliothèque / étudier
7. passer par le centre d'achats / faire des courses
8. faire un séjour à Acapulco / prendre des vacances
9. retourner chez le libraire / trouver ce livre
10. laver la voiture de ses parents / gagner un peu d'argent

EXERCICE 7
oral avec
partenaire

As-tu déjà fait cela ?

L'étudiant(e) A pose les questions de la liste A à l'étudiant(e) B, et vice versa.

MODÈLE monter à cheval
        —**Es-tu déjà monté(e) à cheval ?**
        —**Oui, je suis déjà monté(e) à cheval.**
        —**Non, je ne suis jamais monté(e) à cheval.**

liste A
1. jouer au basket-ball
2. conduire une voiture
3. aller sur la lune
4. faire de la voile
5. écrire des poèmes
6. suivre des cours de philosophie
7. manger un steak de requin
8. chanter la Marseillaise

liste B
1. faire du ski alpin
2. piloter un avion
3. voyager sur un dromadaire
4. jouer aux échecs

    5. lire Shakespeare

    6. étudier l'allemand

    7. boire du jus d'épinard

    8. faire un discours d'une heure

EXERCICE 8
écrit

La syntaxe

Écrivez la phrase au passé composé. Attention à la place des pronoms et des adverbes.

1. Pourquoi ne me téléphones-tu pas ?
2. Il n'invite jamais personne chez lui.
3. Combien de matchs joue-t-elle ?
4. Ces étudiants comprennent bien l'usage du passé composé.
5. Elle nous en donne toujours.
6. Êtes-vous en mesure de l'aider ?
7. Il n'a aucun sentiment de culpabilité.
8. Rien ne le surprend.

EXERCICE 9
écrit

Les verbes intransitifs

En utilisant le sujet donné et l'un des verbes intransitifs de la liste, écrivez une phrase au passé composé.

mots ressources
    aller / partir / arriver / mourir / venir /
    devenir / naître / passer / venir / tomber

1. John Lennon ...
2. Ton cadeau ...
3. Le premier ministre ...
4. Nos bagages ...
5. L'autobus ...
6. Mon petit frère ...
7. Les astronautes ...
8. Le professeur ...

EXERCICE 10
écrit

Les emplois du passé composé

Composez des paragraphes d'une douzaine de phrases sur les sujets suivants. (Utilisez les formules de transition du Tableau 1.11.)

1. ce que vous avez fait ce matin
2. ce qui est arrivé le jour de votre anniversaire
3. ce que vous avez fait ce week-end
4. ce que vous avez fait l'année dernière

EXERCICE 11
écrit

Traduction
1. He left his office at five o'clock.
2. She spent a whole year in France.

Est-elle vraiment passée par Marseille?

3. Did she really go through Marseille?
4. She went out with him yesterday. *Elle est sortie avec lui hier.*
5. He hasn't spoken to her since that time.

Il ne lui a pas parlé depuis ce temps-là (moment-là)

6. We went back to that restaurant several times.

Nous sommes retournés à ce restaurant plusieurs fois

EXERCICE 12	**Un incident risible**
écrit	Complétez le passage en mettant les verbes entre parenthèses au passé simple.

Un incident plutôt risible (arriver) ce matin-là pendant que nous nous habillions. J'avais très froid en regagnant le canot, et dans la précipitation à passer ma chemise, elle m'(échapper) et (tomber) à l'eau. Je (enrager) d'autant plus que Georges (éclater) de rire. Je ne voyais aucune raison de rire et le (signifier) à Georges. Jamais je n'ai vu personne rire autant. À la fin je (perdre) patience et le (traiter) selon les mérites de stupide imbécile en délire; mais il se tordait toujours. Et alors, juste comme je rattrapais la chemise, je (s'apercevoir) que ce n'était pas du tout la mienne, mais celle de Georges, que j'avais prise par erreur; là-dessus la drôlerie de la chose m'(apparaître) enfin, et je (se mettre) aussi à rire.

Tiré de *Trois hommes dans un bateau*, de Jerome K Jerome.

EXERCICE 13	**Composition**
écrit	Écrivez une composition dans laquelle vous raconterez l'un des épisodes suivants. Utilisez, dans la mesure du possible, les mots de coordination du Tableau 3.11 et suivez les conseils de la section *Atelier* de ce chapitre.

1. le moment le plus embarrassant de votre vie
2. le moment le plus heureux de votre vie
3. le moment où vous avez eu le plus peur

longueur : 175 à 225 mots

Réponses modèles

Exercice 6

série A

1. Je me suis arrêté(e) au supermarché pour acheter du lait.
2. Je suis allé(e) au cinéma pour voir un nouveau film.
3. Je suis sorti(e) avec des amies pour me détendre.
4. Je suis resté(e) à la maison pour me reposer.
5. J'ai téléphoné à mon/ma camarade pour bavarder.

série B

6. J'ai passé une heure à la bibliothèque pour étudier.
7. Je suis passé(e) par le centre d'achats pour faire des courses.
8. J'ai fait un séjour à Acapulco pour prendre des vacances.
9. Je suis retourné(e) chez le libraire pour trouver ce livre.
10. J'ai lavé la voiture de mes parents pour gagner un peu d'argent.

4

Terminologie

- **adjectif qualificatif**

  mot qui qualifie ou décrit une personne ou une chose
  *une voiture **rapide***
  *Il est **intéressant**.*

- **adverbe**

  mot ou locution invariable qui qualifie ou détermine un verbe, un adjectif, ou un autre adverbe
  *Elle travaille **beaucoup**.*
  *Elle est **très** intelligente.*
  *Elle va **vraiment** mieux.*

- **le comparatif**

  formule grammaticale qui permet d'établir un rapport de supériorité, d'infériorité ou d'égalité entre deux éléments
  *Il est **moins patient qu'**elle.*
  *Soyez **plus attentifs**.*

- **complément déterminatif**

  complément qui détermine ou précise le sens d'un mot
  *un manteau **d'hiver***
  *une montre **en or***

- **invariable**

  qui n'a qu'une forme ou qui ne subit pas d'accord
  *un homme **chic***
  *une femme **chic***
  *des jeunes gens **chic***

- **le superlatif**

  formule grammaticale qui permet d'établir la supériorité absolue ou l'infériorité absolue d'un élément
  *Jacqueline est **la meilleure** étudiante de la classe.*

MISE AU POINT

**Les adjectifs
qualificatifs**

ACCENT SUR LES FORMES

Le féminin des adjectifs

1 La plupart des adjectifs forment leur féminin en ajoutant un *e* au masculin.
> *intéressant, intéressante*
> *bleu, bleue*
> *fatigué, fatiguée*

2 Les adjectifs qui se terminent en *e* au masculin ne changent pas au féminin.
> *facile, facile*
> *large, large*

*Attention à
l'orthographe !*   **3** Les adjectifs qui se terminent en *é* au masculin forment leur féminin en ajoutant un *e* à la forme du masculin.
> *fatigué, fatiguée*

*Attention
à l'oral !*   **4** Une consonne finale qui est muette au masculin doit être prononcée au féminin.
> *petit* /pəti/   *petite* /pətit/
> *grand* /grã/   *grande* /grãd/

5 Bon nombre d'adjectifs ont la même prononciation au masculin et au féminin, bien que la forme écrite se distingue par le *e* au féminin. Ceci est vrai pour la plupart des adjectifs dont le masculin se termine par :
> a) une consonne prononcée ;
> > *dur, dure* /dyr/
> b) *e* muet, *é*, *i*, ou *u*.
> > *bleu, bleue* /blø/
> > *facile, facile* /fasil/
> > *fatigué, fatiguée* /fatige/

6 Certains adjectifs forment leur féminin en doublant la consonne finale du masculin et en ajoutant *e*.
> *partiel, partielle*

*Attention
à l'oral !*   **7** La prononciation du féminin d'un adjectif qui double la consonne finale est parfois différente de la prononciation du masculin. On prononce la consonne finale.
> *gros* /gro/ *grosse* /gros/
> *gentil* /ʒãti/ *gentille* /ʒatij/
> *canadien* /kanadjẽ/ *canadienne* /kanadjɛn/
> *bon* /bɔ̃/ *bonne* /bɔn/
> *épais* /epɛ/ *épaisse* /epɛs/

À noter ! • Il faut se rappeler que la plupart des adjectifs ne redoublent pas la consonne finale du masculin.
profond, profonde
américain, américaine
brun, brune

8 Les adjectifs qui se terminent en *x* au masculin ont un féminin en *se*.
heureux, heureuse
jaloux, jalouse

À noter ! • Il faut signaler les exceptions suivantes :
doux, douce
faux, fausse
roux, rousse

9 La plupart des adjectifs qui se terminent en *eur* au masculin ont un féminin en *euse*.
trompeur, trompeuse
flatteur, flatteuse
menteur, menteuse

À noter ! • Certains adjectifs en *eur* ont un féminin en *eure*.
supérieur, supérieure
• Certains adjectifs en *eur* ont un féminin en *eresse*.
enchanteur, enchanteresse
• Certains adjectifs en *teur* ont un féminin en *trice*.
créateur, créatrice

10 La plupart des adjectifs qui se terminent en *et* au masculin ont un féminin en *ète*.
discret, discrète
inquiet, inquiète

Attention à l'oral ! **11** Il faut signaler la prononciation de la consonne finale au féminin.
discret /diskʀɛ/ *discrète* /diskʀɛt/

À noter ! • Quelques adjectifs de haute fréquence qui se terminent en *et* au masculin ont un féminin en *ette*.
muet, muette
net, nette

12 Les adjectifs qui se terminent en *f* au masculin ont un féminin en *ve*.
neuf, neuve
actif, active

13 Les adjectifs qui se terminent en *er* au masculin ont un féminin en *ère*.
premier, première
léger, légère

Attention à l'oral ! **14** Il faut signaler la prononciation de la consonne finale du féminin.
léger /leʒe/ *légère* /leʒɛʀ/

À noter ! • Il faut signaler cette exception.
fier, fière /fjɛr/

15 Les adjectifs *beau, fou, nouveau, mou* et *vieux* ont un féminin irrégulier. Ils ont aussi une autre forme du masculin (*bel, fol, nouvel, mol,* et *vieil*) utilisée devant un nom qui commence par une voyelle ou par un *h* muet.

beau (bel), belle	un **bel** *homme*
fou (fol), folle	un **fol** *amour*
nouveau (nouvel), nouvelle	un **nouvel** *étudiant*
mou (mol), molle	un **mol** *oreiller*
vieux (vieil), vieille	un **vieil** *arbre*

16 D'autres adjectifs ont un féminin irrégulier. Parmi ceux-ci, il faut noter les suivants :

blanc, blanche	*long, longue*
favori, favorite	*malin, maligne*
frais, fraîche	*public, publique*
franc, franche	*sec, sèche*
grec, grecque	*turc, turque*

17 Certains adjectifs sont invariables.

a *Chic, khaki, snob* et *bon marché* sont invariables.
une fille **snob**
une robe très **chic**

b Certains adjectifs de couleur qui sont aussi des noms, tels que *marron, crème, cerise,* et *orange,* sont invariables.
une jupe **marron**

c Les adjectifs *grand, nu,* et *demi* sont invariables quand ils font partie d'un mot composé au singulier.
une **grand**-*mère*
un enfant **nu**-*tête*
une **demi**-*heure*

d Les adjectifs de couleur sont invariables quand ils sont qualifiés par *clair, pâle,* ou *foncé,* ou par une autre couleur.
une jupe **bleu clair**
une blouse **vert foncé**
une robe **bleu vert**

Attention à **18** Les adjectifs qui se terminent en *gu* au masculin ont un féminin
l'orthographe en *guë*.
et à l'oral ! *ambigu, ambiguë*
aigu, aiguë
contigu, conti*guë*
Le tréma reflète la prononciation de la terminaison *ue* /y/ qui serait autrement muette comme dans *longue*.
ambigu, ambiguë /ābigy/

VÉRIFONS!   *réponses, p. 328*

Donnez le féminin de l'adjectif.

1. amoureux	7. anglais
2. taquin	8. extérieur
3. régulier	9. gentil
4. rouge	10. fou
5. négatif	11. vengeur
6. malin	12. franc

Le pluriel des adjectifs

1 La plupart des adjectifs forment leur pluriel en ajoutant *s* à la forme du singulier.
> *intéressant, intéressant**s***
> *intéressante, intéressante**s***

2 Les adjectifs qui se terminent en *s* ou en *x* au masculin singulier ne changent pas au masculin pluriel.
> *gros, gros*
> *heureux, heureux*

3 Les adjectifs en *eau* et *eu* ont un pluriel en *x*.
> *nouveau, nouvea**ux***
> *hébreu, hébre**ux***

À noter! • L'adjectif *bleu* a un pluriel masculin en *s*.
> *bleu, bleu**s***

4 Les adjectifs en *al* ont un pluriel masculin en *aux*.
> *norm**al**, norm**aux***
> *central, centr**aux***

À noter! • Certains adjectifs comme *fatal, final, glacial, idéal, naval* et *natal* ont un pluriel en *s*.
> *final, final**s***

5 La plupart des adjectifs qui sont invariables quant au genre le sont aussi quant au nombre.
> *des filles **snob***
> *des chandails **marron***
> *des volets **orange***
> *des jupes **bleu pâle***
> *toutes les **demi**-heures*

À noter! • Malgré le fait que l'adjectif *rose* est aussi un nom, il s'accorde avec le nom qu'il modifie.
> *des blouses rose**s***

6 L'adjectif *grand* se met au pluriel quand il fait partie d'un nom composé au pluriel.
> *des grand**s**-parents*
> *des grand**s**-mères*

7 L'adjectif *tout* au masculin pluriel est *tous*. Les formes du féminin sont régulières : *toute, toutes*.

VÉRIFIONS ! *réponses, p. 328*

Donnez le masculin pluriel de l'adjectif.

1. juste
2. fou
3. beau
4. spécial
5. naval
6. bleu
7. clos
8. marron

L'accord des adjectifs

1 L'adjectif s'accorde en genre et en nombre avec le nom ou le pronom qu'il qualifie.
> *une idée intéressante*
> *des mots nouveaux*
> *Elle est fatiguée.*

2 Quand un adjectif qualifie plus d'un nom ou plus d'un pronom, il faut respecter les règles d'accord suivantes.

a Si les noms ou les pronoms sont masculins, l'adjectif est au masculin pluriel.
> *un chandail et un pantalon bleus*

b Si les noms ou les pronoms sont de genres différents, l'adjectif est au masculin pluriel.
> *une blouse et un foulard bleus*

c Si les noms ou les pronoms sont féminins, l'adjectif est au féminin pluriel.
> *une chemise et une cravate bleues*

À noter ! • Quand on emploie l'expression *avoir l'air*, l'adjectif s'accorde le plus souvent avec le sujet, mais on peut faire l'accord avec *l'air* (masculin) si le sujet est une personne.
> *Elle a l'air heureuse.*
> *Elle a l'air heureux.*

3 Quand un nom est suivi d'un complément déterminatif, l'adjectif s'accorde avec le nom qu'il qualifie.
> *une paire de gants noirs*
> *un cours de philosophie intéressant*
> *des chemises de nuit blanches*
> *un tas de feuilles mortes*

4 L'adjectif reste au masculin singulier :

a quand il suit l'expression *c'est* ;
> *C'est cher les sorties !*

b quand il est utilisé adverbialement.
> *Ils sont fort aimables.*

5 Quand l'adjectif *tout* est utilisé adverbialement, il est invariable devant un mot masculin et devant un mot féminin qui commence par une voyelle ou par un *h* muet. *Tout* s'accorde en genre et en nombre devant un mot féminin qui commence par une consonne.

*Ils sont **tout** étonnés.*
*une fille **tout** humble*
*Elle est **toute** bouleversée.*

À noter ! • Les mots *demi* et *nu* s'accordent avec le nom quand ils le suivent.
*une heure et **demie***
*des pieds **nus***

6 Quand un adjectif suit l'expression *quelqu'un de, quelque chose de, rien de* ou *personne de,* on utilise le masculin singulier.
*quelque chose d'**intéressant***
*rien de **nouveau***

7 L'accord se fait avec le pronom *on* selon le sens.
*On est travailleur**s**, nous !*
*On est patient**e** quand on est maman.*

8 Quand deux adjectifs qualifient un seul nom au pluriel, les adjectifs sont au singulier ou au pluriel, selon le sens.
les littératures française et russe
les impôts fédéraux et provinciaux

VÉRIFIONS !

réponses, p. 328

Complétez la phrase avec la bonne forme de l'adjectif entre parenthèses.

1. Jacqueline a l'air (fatigué).
2. Elle s'est acheté des souliers (bleu foncé).
3. Les difficultés de la grammaire française, c'est parfois (surprenant).
4. Faisons quelque chose de (différent) dimanche.
5. Cette calculatrice est très (bon marché).
6. Il n'y a rien d'(étonnant) à ce qu'il dit.

Les adjectifs qualificatifs

ACCENT SUR LES EMPLOIS

Emplois	*Contextes*
1 L'adjectif qualificatif exprime une qualité du nom ou du pronom auquel il se rapporte.	*un examen difficile* *Les Dupont sont très gentils.* *Elle est trop exigeante.* *Je la trouve banale.*
2 L'adjectif qualificatif peut servir à introduire un infinitif.	*C'est facile à faire.*
3 L'adjectif qualificatif fait partie de nombreuses expressions impersonnelles avec *il est* et *c'est.*	*Il est essentiel de travailler son français.* *C'est évident !*

Place de
l'adjectif
qualificatif

ACCENT SUR LA SYNTAXE

1 Généralement, l'adjectif qualificatif suit le nom. L'adjectif doit suivre le nom dans les contextes suivants :

a quand on parle de nationalité, d'ethnie, de religion, ou de groupe social ou politique ;
un poète canadien
une école catholique
le parti néo-démocrate

b quand on parle de la couleur ou de la forme ;
une robe bleue
des enfants blonds
un cheval blanc
une table ovale

c quand l'adjectif est modifié par un adverbe polysyllabique ;
un concert extraordinairement beau

À noter ! • Quand un adjectif est modifié par un adverbe monosyllabique, l'adjectif peut précéder le nom.
une très forte boisson

d quand l'adjectif est déterminé par un complément :
un vin bon à boire
une composition pleine de fautes

À noter ! • Quand l'adjectif *plein* fonctionne comme une préposition, il est invariable.
plein les poches

e quand un participe présent ou passé est utilisé comme un adjectif.
un travail fatigant
une étudiante douée

2 En règle générale, les adjectifs suivants précèdent le nom qu'ils qualifient :

a des adjectifs courants (d'une ou deux syllabes) ;

bon	*mauvais*	*beau*
petit	*grand*	*joli*
vrai	*faux*	*nouveau*
vieux	*jeune*	*vilain*
long	*bref*	*gentil*
meilleur	*pire*	*autre*

un petit garçon
une longue interview
un autre film
une vraie surprise

b un adjectif intégré à un nom ;
une belle-mère
des jeunes mariés
faire la grasse matinée

c un adjectif qui qualifie un nom propre ;
le célèbre inspecteur Maigret

À noter ! • On peut mettre un adjectif en apposition pour le mettre en relief.

    Hélène, jalouse, boudait dans sa chambre.

    Timide, je n'osais pas lui parler.

d un adjectif employé au sens affectif (c'est-à-dire qui concerne les sentiments).

    Quelle heureuse surprise !

    ce pauvre type

Attention **3** Quand un seul adjectif qualifie des noms de genres différents, on
au style !   évite de placer un nom féminin devant l'adjectif au masculin.

    une blouse et un chandail bleus

VÉRIFIONS !

réponses, p. 328

Mettez l'adjectif à la bonne place et faites l'accord si nécessaire.

1. (nouveau) Il s'est acheté une voiture.
2. (obéissant) Les Dupont ont un chien.
3. (bon) Malheureusement, c'est un enfant à rien.
4. (divin) On parle encore de la Sarah Bernhardt.
5. (québécois) Nous sommes allées voir une pièce.
6. (magnifique) On nous a invités à un banquet.

---

4 Certains adjectifs ont deux sens différents selon qu'ils précèdent ou suivent le nom. Quand ces adjectifs précèdent le nom, ils ont le sens figuré. Quand ils suivent le nom, ils ont le sens propre.

TABLEAU 4.1   **Changement de sens de l'adjectif**

un **ancien** boxeur
  former
	une église **ancienne**
	  very old

un **brave** homme
  good, nice
	un soldat **brave**
	  courageous

une **certaine** arrogance
  of a certain kind
	un résultat **certain**
	  definite

ma **chère** Louise
  dear
	un restaurant **cher**
	  expensive

le **dernier** jour du mois
  last (of a series)
	la semaine **dernière**
	  last (just past)

différents aspects
  various
	un style **différent**
	  dissimilar

une **drôle** d'histoire
  strange
	une histoire **drôle**
	  amusing

un **grand** homme
  great
	un homme **grand**
	  tall

la **même** taille
  same
	la bonté **même**
	  personified

TABLEAU 4.1   Changement de sens de l'adjectif

une **nouvelle** voiture *newly acquired*	un appareil **nouveau** *recently developed*
un **pauvre** homme *unfortunate*	un homme **pauvre** *poor, not wealthy*
la **prochaine** étape *next (in a series)*	la semaine **prochaine** *next (coming)*
ma **propre** salle de bains *own*	une cuisine **propre** *clean*
une **sale** affaire *nasty, rotten*	des chaussures **sales** *dirty*
mon **seul** plaisir *one and only*	une dame **seule** *alone*

VÉRIFIONS !   *réponses, p. 328*

Mettez l'adjectif à la bonne place et faites l'accord si nécessaire.

1. (même) Ce jeune homme, c'est la paresse.
2. (prochain) Je vous téléphonerai la semaine.
3. (ancien) Ce monastère sert aujourd'hui de musée.
4. (pauvre/brave) Cette femme a tout de suite plongé dans la mer pour sauver ce garçon.
5. (dernier) C'est le week-end du mois.
6. (seul) Le cinéma, c'est ma distraction.

---

5   Quand on utilise plus d'un adjectif pour qualifier un seul nom, il faut respecter les règles suivantes :

a   Quand deux ou plusieurs adjectifs qualifient le même nom, chaque adjectif prend sa place habituelle.

> *Elle s'est acheté une **belle** robe **blanche**.*
> *un **vieux** fauteuil **confortable***
> *un **bon** vin **blanc français***

b   Quand deux ou plusieurs adjectifs ont la même position et expriment le même type de qualité, on les réunit généralement par *et*, *mais* ou *ou*, selon le contexte.

> *une belle **et** longue amitié*
> *un employé sérieux **et** travailleur*
> *des fruits frais **ou** congelés*
> *un patron exigeant **mais** juste*

PROBLÈMES DE TRADUCTION

1   a blue sky   *un ciel bleu*
     a fast car   *une voiture rapide*
     a beautiful sunset   *un beau coucher de soleil*

En anglais, l'adjectif qualificatif est toujours placé devant le nom. En français, la position dépend parfois du sens de l'adjectif. (Voir *Accent sur la syntaxe.*)

2   a rural inn   *une auberge de campagne*
     a chemical plant   *une usine de produits*
                                 chimiques
     a fishing boat   *un bateau de pêche*

Certains adjectifs anglais se traduisent en français par un complément déterminatif.

3   You make me happy.   *Tu me rends heureux.*
     This makes her sad.   *Cela la rend triste.*

La notion exprimée par la formule anglaise *to make* suivie d'un adjectif se traduit en français par le verbe *rendre* + l'adjectif.

4   a tired-looking old man   *un vieillard à l'air fatigué*
     a blue-eyed baby   *un bébé aux yeux bleus*
     a grumpy-looking professor *un professeur à la mine*
                                   renfrognée

L'anglais forme facilement des adjectifs composés. Le français a plutôt recours au complément déterminatif.

5   something interesting   *quelque chose d'intéressant*
     someone older   *quelqu'un de plus vieux*

Alors que l'adjectif anglais suit directement les mots *something* et *someone*, les adjectifs français sont précédés de la préposition *de*.

Les adverbes   ## *ACCENT SUR LES FORMES*

1   La plupart des adverbes se forment en ajoutant *ment* au féminin de l'adjectif.
     heureuse, heureusement
     active, activement
     dernière, dernièrement
     folle, follement

2   Certains adverbes se forment en ajoutant *ment* au masculin de l'adjectif. Il s'agit des adjectifs qui se terminent en *e, é, i* ou *u*.
     rapide, rapidement
     passionné, passionnément
     poli, poliment
     absolu, absolument

À noter ! • Il faut signaler une exception.
gai, gaiement

• Certains adverbes se terminent en *ément.*
précis, précisément
profond, profondément
énorme, énormément
intense, intensément
confus, confusément

3 Les adverbes basés sur les adjectifs en *ant* ont une terminaison en *amment.*
galant, galamment
courant, couramment

4 Les adverbes basés sur les adjectifs en *ent* ont une terminaison en *emment.*
patient, patiemment
intelligent, intelligemment

À noter ! • Deux adverbes basés sur les adjectifs en *ent* ont une formation régulière.
lente, lentement
présente, présentement

Attention à l'oral ! **5** La terminaison *emment* se prononce /amã/.

6 Certains adverbes ont une formation particulière.
bref, brièvement
gentil, gentiment
bon, bien
meilleur, mieux
mauvais, mal
pire, pis

7 Certains adverbes sont formés de plusieurs mots. Ce sont des locutions adverbiales.
tout à fait
de plus en plus
à peu près

8 Certains adverbes sont des adjectifs employés adverbialement.
*Vous vous débrouillez **fort** bien.*
*Elle chante **faux**.*
*C'est une **tout** autre affaire.*

9 Un grand nombre d'adverbes ne sont pas dérivés d'adjectifs.
*Elle travaille **beaucoup**.*

TABLEAU 4.2   **Liste partielle des adverbes qui ne sont pas dérivés d'adjectifs**

catégorie	*adverbes*
quantité et degré	beaucoup, peu, trop, plus, assez, très, moins, autant, davantage, encore

temps	aujourd'hui, hier, demain, tard, tôt, longtemps, toujours, souvent, d'abord, ensuite, quelquefois, jamais, déjà, encore
lieu	ici, là, près, loin, dehors, dedans, devant, derrière, dessus, dessous, ailleurs, partout
manière	bien, mieux, mal, comme, ensemble, vite, volontiers
affirmation	oui, si, aussi, certes
négation	non, ne ... pas, ne ... jamais, ne ... guère, ne ... plus, ne ... point, ne ... pas encore
doute	peut-être, sans doute
interrogation	n'est-ce pas, comment, pourquoi

À noter !
- Les négations *ne ... jamais, ne ... plus* et *ne ... pas encore* sont aussi des adverbes de temps.
- La négation *ne ... guère* est aussi un adverbe de temps ou de degré.

VÉRIFIONS !
A, réponses, p. 329

Donnez l'adverbe qui correspond à l'adjectif.

1. vague
2. prudent
3. anxieux
4. mou
5. élégant
6. positif
7. précis
8. doux
9. confus
10. absolu

VÉRIFIONS !
B, réponses, p. 329

Donnez l'adjectif masculin qui correspond à l'adverbe.

1. vraiment
2. subtilement
3. décemment
4. constamment
5. follement
6. mieux

Les adverbes

ACCENT SUR LES EMPLOIS

	Emplois	*Contextes*
1	Un adverbe peut qualifier un verbe.	*Il mange **lentement**.*
2	Un adverbe peut qualifier un adjectif.	*Cela est **vraiment** intéressant.*

3 Un adverbe peut qualifier un autre adverbe.

*Je vais **très** bien.*

4 Un adverbe peut qualifier une préposition suivie d'un nom ou d'un pronom.

*Il est arrivé **tout de suite** après nous.*

À noter ! • Un adverbe peut également qualifier une proposition entière :
* **Évidemment**, ce n'est pas lui qui en subira les conséquences.*

VÉRIFIONS !   *réponses, p. 329*

Indiquez si c'est un adverbe de :   a) quantité ; b) temps ;
c) manière ; d) affirmation ; e) négation; f) doute;
g) interrogation; h) lieu.

1. nerveusement	5. davantage	9. oui
2. comment	6. bien	10. ailleurs
3. souvent	7. récemment	11. ne ... plus
4. précisément	8. peut-être	12. ensuite

Les adverbes   *ACCENT SUR LA SYNTAXE*

Il n'y a pas de règles absolues en ce qui concerne la place de l'adverbe dans la phrase. On peut se guider de la manière suivante.

1 Quand un adverbe qualifie un adjectif, un autre adverbe ou une préposition suivie d'un nom ou d'un pronom, il précède le mot qu'il qualifie.
* Vous êtes **très** gentil.*
* Il va **beaucoup** mieux.*
* On jouera ce morceau **immédiatement** après celui-là.*
* Cet avion volait **juste** au-dessus des arbres.*

2 Quand un adverbe modifie un verbe, il y a deux options :

a L'adverbe suit le groupe verbal à un temps simple ;
* Il parle **clairement**.*
* Dites-le-lui **tout de suite**.*

À noter ! • Les adverbes de négation à plus d'un élément se placent autour du groupe verbal.
* Il **ne** lui parle **plus**.*
* Elle **n'**est **jamais** ici.*

b L'adverbe se place entre l'auxiliaire et le participe passé dans un temps composé.
* Ils ont **toujours** habité à Vancouver.*

À noter ! • Les adverbes de négation à plus d'un élément se placent autour de l'auxiliaire des temps composés.
* Elle **ne** m'a **pas encore** donné sa réponse.*

• Quand l'adverbe est long et peu courant, il suit d'habitude le participe passé.
* Ils se sont embrassés **passionnément**.*

- Quelques adverbes en *ment* qui sont très communs prennent leur place habituelle entre l'auxiliaire et le participe passé.
  *Son patron n'a **malheureusement** pas accepté l'excuse qu'elle lui a donnée.*

- D'habitude, les adverbes de temps et de lieu (voir Tableau 4.2) suivent le participe passé. Ils peuvent également se placer au début ou à la fin de la phrase.
  *Elle s'est levée **tôt** ce matin.*
  *Ils ne sont jamais venus **ici**.*
  ***Hier** il a fait très froid.*
  *Il a fait très froid **hier**.*

- Les adverbes *toujours*, *souvent* et *déjà* précèdent le participe passé.
  *Elle a **déjà** mangé.*

3 L'adverbe se place d'habitude après l'infinitif.
  *Nous allons nous coucher **tôt** ce soir.*

À noter ! • Les adverbes de négation à deux formes et l'adverbe *bien* se place devant l'infinitif.
  *Je lui ai dit de **bien** travailler.*
  *C'est mieux de **ne pas** y aller.*

VÉRIFIONS !
réponses, p. 329

Mettez l'adverbe entre parenthèses à la bonne place.
1. (vraiment) A-t-il travaillé tout le week-end?
2. (impunément) On ne peut pas toujours faire cela.
3. (là-bas) Je suis arrivé plus tard que d'habitude.
4. (ailleurs) On ne trouve pas mieux.
5. (peut-être) C'est l'occasion que vous cherchiez.
6. (aujourd'hui) Nous restons à la maison.
7. (précisément) C'est cela qu'elle a dit.

PROBLÈMES DE TRADUCTION

1 She is actually his sister-in-law.   *Elle est vraiment sa belle soeur.*
He is presently in Europe.   *Il est actuellement en Europe.*

Il ne faut pas confondre le mot anglais *actually* (qui veut dire *en fait, vraiment, réellement*) avec le mot français *actuellement* (qui veut dire *présentement, en ce moment*).

2 urgently   *de toute urgence*
pleadingly   *d'un ton suppliant*
admiringly   *avec admiration*

Certains adverbes anglais n'ont pas d'équivalents français à forme simple. Il s'agit alors de trouver l'expression française qui traduit le mieux l'adverbe anglais.

3 He works hard; consequently   *Il travaille beaucoup ; aussi*
    he receives high grades.   *reçoit-il de bonnes notes.*

Les mots anglais *thus*, *consequently* et *as a result* peuvent se traduire en français par l'adverbe *aussi*. Quand il a ce sens, il se met en tête de proposition et force l'inversion du sujet et du verbe.

*Attention
au lexique !*

4 Quelques adverbes à noter :

à la longue = après une certaine période de temps
*Il s'y habituera **à la longue**.*

à plusieurs reprises = plusieurs fois
*Ils nous ont invités **à plusieurs reprises**.*

auparavant = avant tel événement ou telle action
*Je ne viendrai qu'à deux heures, car **auparavant** j'assiste
à une réunion.*

autrement = d'une autre façon
*Il faudra la convaincre **autrement**.*

autrement = sinon
*Faites attention, **autrement** vous aurez des difficultés.*

certes = c'est vrai
*Il l'a dit, **certes**, mais il le regrette maintenant.*

comme il faut = de la bonne façon
*On fera cela **comme il faut**.*

davantage = plus
*Son frère est moins doué, mais il travaille **davantage**.*

en ce moment = maintenant
*Il fait beau **en ce moment**.*

à ce moment-là = alors
*Ce n'était pas **à ce moment-là** qu'il pouvait nous
répondre.*

en même temps = au même moment
*Il sont arrivés **en même temps**.*

fort (devant un adjectif) = très
*un homme **fort** occupé*

par moments = de temps à autre
***Par moments** il m'énerve.*

que ... ! = comme ... !
***Que** c'est beau !*

vite = rapidement
*Ce train va très **vite**.*

volontiers = avec plaisir
*Je le ferai **volontiers**.*

---

*La
comparaison*

ACCENT SUR LES FORMES

1 Le comparatif permet d'établir un rapport de supériorité,
d'infériorité ou d'égalité entre deux êtres, deux objets, deux faits
ou deux groupes.

2 Le superlatif établit la supériorité absolue ou l'infériorité absolue
d'un être, d'un objet, d'un fait ou d'un groupe.

3 Dans la plupart des cas, la formation du comparatif et du superlatif
est régulière.

TABLEAU 4.3   Le comparatif : les adjectifs et les adverbes

degrés	formes et séquences	exemples
supériorité	**plus** + adjectif + **que**	Paul est **plus grand que** Robert.
	plus + adverbe + **que**	Paul marche **plus lentement que** moi.
infériorité	**moins** + adjectif + **que**	Robert est **moins grand que** Paul.
	moins + adverbe + **que**	Robert marche **moins lentement que** son copain.
égalité	**aussi** + adjectif + **que**	Elle est **aussi grande que** sa mère.
	aussi + adverbe + **que**	Elle marche **aussi lentement que** toi.

TABLEAU 4.4   Le comparatif : les noms

degrés	formes et séquences	exemples
supériorité	**plus de** + nom + **que**	Elle a **plus de travail que** Jacques.
infériorité	**moins de** + nom + **que**	Jacques a **moins de travail qu'**elle.
égalité	**autant de** + nom + **que**	Nous avons **autant de travail que** vous.

À noter !

- *Plus de, moins de* et *autant de* ne sont suivis ni de l'article défini ni d'une forme contractée.
  *Elle a **du** travail.*
  *Elle a plus **de** travail que Jacques.*
- Il faut signaler l'emploi possible de *un/une*.
  *Elle a écrit **une** composition.*
  *Elle a écrit plus d'**une** composition.*
- Dans une phrase négative, le mot *si* peut remplacer *aussi* et le mot *tant* peut remplacer *autant*.
  *Ce n'est pas **si** tard que ça.*
  *On n'a jamais vu **tant** de monde.*

TABLEAU 4.5   Le comparatif : les verbes

degrés	formes et séquences	exemples
supériorité	verbe + **plus que**	Il **travaille plus que** moi.
infériorité	verbe + **moins que**	Jeanne **travaille moins que** sa soeur.
égalité	verbe + **autant que**	Paul **travaille autant que** les autres.

TABLEAU 4.6 Le superlatif : les adjectifs et les adverbes

degrés	formes	exemples
supériorité	le/la/les plus + adjectif	C'est Sylvie qui est **la plus grande.**
	le plus + adverbe	C'est Paul qui marche **le plus lentement.**
infériorité	le moins + adjectif	C'est Robert qui est **le moins grand.**
	le moins + adverbe	C'est Robert qui marche **le moins lentement.**

TABLEAU 4.7 Le superlatif : les noms

degrés	formes	exemples
supériorité	le plus de + nom	C'est elle qui a **le plus de travail.**
infériorité	le moins de + nom	C'est elle qui a **le moins de travail.**

TABLEAU 4.8 Le superlatif : les verbes

degrés	formes	exemples
supériorité	verbe + **le plus**	C'est lui qui **travaille le plus.**
infériorité	verbe + **le moins**	C'est Jeanne qui **travaille le moins.**

4 Certains adjectifs ont des formes irrégulières au comparatif et au superlatif.

TABLEAU 4.9 La comparaison : les adjectifs *bon, mauvais* et *petit*

adjectifs	formes régulières	formes irrégulières
bon		meilleur, le meilleur
mauvais	plus mauvais, le plus mauvais	pire, le pire
petit	plus petit, le plus petit	moindre*, le moindre

* peu usité

Attention aux accords ! **5** Un adjectif au comparatif ou au superlatif s'accorde en genre et en nombre avec le nom qu'il qualifie.
Cette photo-là est meilleure que celle-ci.
*C'est cette photo qui est **la meilleure.***

6 Certains adverbes ont des formes irrégulières au comparatif et au superlatif.

TABLEAU 4.10   La comparaison : les adverbes *bien, mal, peu* et *beaucoup.*

adverbes	formes régulières	formes irrégulières
bien		mieux, le mieux
mal	plus mal, le plus mal	pis, le pis*
peu		moins, le moins
beaucoup		plus/davantage, le plus

VÉRIFIONS !   *réponses, p. 329*

Complétez la comparaison selon l'indication.

    + supériorité
    − infériorité
    = égalité

1. (+) Jacques est sportif. Paul ...
2. (=) Il dort. Elle ...
3. (−) Nous avons de l'argent. Vous ...
4. (+) Ta note est bonne. La mienne ...
5. (=) Mon frère fait de l'exercice. Moi ...
6. (−) Je suis fatigué. Toi ...
7. (+) Vous étudiez sérieusement. Nous ...
8. (+) Je n'ai pas de chance. Les autres ...
9. (=) On tond souvent le gazon. Les voisins ...
10. (−) Il boit. Son père ...

La comparaison

ACCENT SUR LES EMPLOIS

Emplois	*Contextes*
1 La comparaison peut exprimer un rapport entre deux personnes, deux objets, deux faits ou deux groupes.	*Elle est moins tendue que lui.* *Ce que l'on fait vaut plus que ce que l'on dit.*
2 Le comparatif peut simplement indiquer un degré sans que le deuxième élément soit exprimé.	*Cette méthode est plus efficace.* *Parlez plus fort.*
3 Avec un nombre, on utilise *de plus que* ou *de moins que.*	*J'ai fait deux exercices **de plus que** toi.*

4 On peut renforcer les termes *plus* et *moins* du comparatif avec *bien, beaucoup, de loin, infiniment, nettement, tellement.*

*Il a **bien** plus d'ennuis que toi.*
*Cette composition est **nettement** meilleure.*
*On travaille **beaucoup** plus qu'auparavant.*

5 Certains adjectifs en *ieur* marquent déjà un degré de comparaison sans avoir à ajouter *plus* ou *moins.* Ces adjectifs sont suivis de la préposition *à* et non de *que.* Parmi ces adjectifs on peut citer : *antérieur à, postérieur à, inférieur à, supérieur à.*

*Ce vin-ci est **supérieur** à celui-là.*

6 On répète les termes du comparatif *(plus / moins)* ou du superlatif *(le plus / le moins)* devant chaque mot subissant la comparaison.

*Cette voiture est **plus** rapide et **plus** nerveuse que celle que j'avais auparavant.*
*Il a couru **le plus** loin et **le plus** vite.*

7 Dans une phrase subordonnée qui suit un comparatif, on utilise le mot *ne.* Ce « *ne* explétif » n'est pas un négatif.

*Il est **plus** bête **que** je ne le pensais.*
*Elle a chanté cette chanson **mieux que** je ne pourrais.*

À noter !   • On observe une tendance à laisser tomber ce *ne* à l'oral.
Il est plus tard que je pensais.

8 Le complément du superlatif est précédé de la préposition *de.*

*C'est le garçon le plus sympathique **du** groupe.*
*La meilleure note **de** la classe n'était qu'un B.*

9 Certains mots ont déjà un sens superlatif.

délicieux	*infect*
favori	*magnifique*
formidable	*merveilleux*
épatant	*sensationnel*
excellent	*superbe*
exquis	*terrible*
horrible	*unique*

C'est mon disque favori.
Ce livre est unique.

10 Certains mots et certains préfixes expriment la notion du superlatif. Parmi ceux-ci, il faut citer : *absolument, bien, complètement, extrêmement, remarquablement, très, tout à fait, vraiment, archi-, extra-, super-* (langage parlé) et *ultra-.*

*Nous sommes **très** fatigués.*
*Il parle **remarquablement** bien le français.*
*C'est **tout à fait** vrai.*
*Cette robe est **super**-chic, ma chère !*
*Ce député est **archi**-conservateur.*

VÉRIFIONS !   *réponses, p. 329*

Complétez la phrase en traduisant les mots entre parenthèses.

1. Pour cette recette on a besoin de sucre *(extra)*-fin.
2. Je ne dors pas *(as well)* qu'auparavant.
3. Cette laine est de qualité *(inferior)*.
4. Il a mangé deux morceaux de gâteau *(more than)* son frère.
5. C'est *(the least of his)* soucis.
6. C'est *(the best employee in the)* service.
7. Elle est *(extremely)* susceptible.
8. Les résultats sont moins bons que *(we thought)*.
9. C'est lui qui est *(the most arrogant)*.

La comparaison

ACCENT SUR LA SYNTAXE

1 Quand un adjectif au superlatif précède le nom, l'article est placé devant l'adjectif.
   *C'est **la** meilleure chanson du disque.*

2 Quand un adjectif au superlatif suit le nom, l'article précède le nom et il est répété devant le superlatif.
   *C'est **la** chanson **la** plus longue du disque.*

3 Quand l'adjectif au superlatif précède le nom et qu'il est lui-même précédé d'un adjectif possessif, on omet l'article.
   *C'est **mon** meilleur score.*

PROBLÈMES DE TRADUCTION

1 This is **most** embarrassing.   *C'est **extrêmement** embarrassant.*

a **most** pleasant person   *une personne **très** sympathique*

This is **the most** interesting painting.   *C'est la toile **la plus** intéressante.*

La construction anglaise *most* + adjectif se traduit en français par *exceptionnellement, extrêmement, très,* etc. suivi de l'adjectif en question. La construction anglaise *the most* + adjectif, par contre, se traduit par *le plus* + adjectif.

2 the best student **in** the class   *le meilleur étudiant **de** la classe*

Le superlatif anglais est suivi de la préposition *in* tandis que le superlatif français introduit son complément avec la préposition *de*.

3 Of the two, he is **the stronger**.   *Des deux, c'est lui **le plus fort**.*

En anglais on peut parfois utiliser le comparatif là où en français on doit utiliser le superlatif.

4 My brother is taller than I.   *Mon frère est plus grand que moi.*

My brother is more athletic than I.   *Mon frère est plus doué pour les sports que moi.*

L'anglais forme généralement le comparatif de supériorité de deux façons ; le français n'a qu'une formation (à l'exception des adjectifs qui ont des formes irrégulières).

Attention aux constructions !   **5** Il faut noter les équivalents suivants :

more and more : *de plus en plus*
less and less : *de moins en moins*
    *Il est **de plus en plus** frustré.*
even more : *encore plus*
even less : *encore moins*
even better : *encore mieux*
    *Elle est **encore plus** belle qu'auparavant.*
so much the better : *tant mieux*
    *Tu as fini. **Tant mieux** !*
all the more ... since, as : *d'autant plus ... que*
    *C'est **d'autant plus** agréable **qu'**on ne s'y attendait pas.*
even better : *même mieux*
    *C'est **même mieux** comme ça.*
to do one's best : *faire de son mieux*
    *Elles font toujours **de leur mieux**.*
it's better to : *il vaut mieux*
    *Il **vaut mieux** l'acheter maintenant.*
the more ... the more : *plus ... plus*
the less ... the less : *moins ... moins*
    ***Plus** il insiste, **plus** elle se fâche.*

EXPRESSION ÉCRITE

Grammaire   L'adjectif qualifie le nom ou le pronom et l'adverbe qualifie un verbe, un adjectif ou un autre adverbe. De ce fait, l'adjectif et l'adverbe permettent de mieux décrire, de mieux exprimer les qualités essentielles d'un objet, d'une situation, d'une personne ou d'une action.

Document

Contexte : texte publicitaire descriptif
Élément grammatical : adjectifs et adverbes

La langue la plus facile c'est celle que vous apprenez par la Méthode Linguaphone.

Toutes les langues sont aussi faciles les unes que les autres ; la preuve c'est que les bébés de tous les pays du monde arrivent aussi vite et aussi facilement à comprendre et à parler leur langue maternelle. Si nous avons du mal, ensuite, à parler d'autres langues, c'est qu'on nous les enseigne en nous faisant traduire et en nous obligeant à apprendre par coeur des règles et du vocabulaire, ce qui est long et ennuyeux. Mais voici une nouvelle méthode absolument révolutionnaire : avec Linguaphone, vous ne traduisez à aucun moment ; dès le début vous pensez dans la langue. Vous apprenez chez vous pendant vos loisirs ; un quart d'heure par jour suffit et en 60 heures vous êtes capable de parler couramment avec un accent impeccable. Linguaphone vous enseigne les langues par le moyen naturel ; rien n'est plus facile, plus rapide, plus efficace ; et c'est un passe-temps des plus amusants. Hâtez-vous de vous renseigner sur la célèbre Méthode Linguaphone.

Tiré d'une publicité pour
la *Méthode Linguaphone*.

Atelier   ## *La correspondance*

La rédaction d'une lettre en français doit satisfaire à plusieurs critères essentiels :
* l'ordre ;   • la simplicité ;
* la clarté ;   • la convenance.

Puisque les notions d'ordre, de clarté et de simplicité ont déjà été présentées dans les chapitres précédents, il s'agit de mettre l'accent ici sur le principe de la convenance, c'est-à-dire ce qui convient, ce qui est approprié, ce qui est en accord avec les usages. En effet, lorsqu'on écrit une lettre en français, il faut considérer :

1. la personne à qui l'on parle et le rapport que l'on a avec cette personne (ami, collègue, etc.) ;
2. le type de lettre que l'on écrit (lettre de désistement, d'amitié, de félicitations, de demande d'emploi, etc.).

Ces deux éléments influenceront :

a) le format de la lettre ;
b) le ton de la lettre (affectueux, courtois, sec) ;
c) les formules épistolaires utilisées.

Document

Contexte : demande d'emploi
Destinataire : personne que l'on ne connaît pas
But du contact : obtenir un poste

Anne-Marie Klein
12, Woburg Crescent
Vancouver, B.C.
V5Y 3A7

Vancouver, le 24 novembre 1988

Mme Claire Paquette
Service du Personnel
Radio-Canada
154, Stanford Rd.
Vancouver, B.C.
V5X 8L4

Madame,

J'ai relevé dans le journal du 20 novembre l'annonce par laquelle vous demandez une secrétaire bilingue. Je crois remplir les conditions exigées et je me permets de poser ma candidature à ce poste.

Comme vous le constaterez en parcourant le curriculum vitae ci-joint, j'ai complété deux ans d'études à l'université et j'ai une excellente connaissance du français et de l'anglais. En outre, j'ai suivi des cours de secrétariat qui m'ont permis d'acquérir une formation correspondant à celle que vous exigez.

Si vous décidez de retenir ma candidature, j'accepterai volontiers de me présenter pour une entrevue à la date que vous voudrez bien me fixer.

Je vous prie d'agréer, Madame, mes sincères salutations.

Anne-Marie Klein

Anne-Marie Klein

Document

Contexte : lettre de désistement
Destinataire : personne que l'on connaît peu ou pas du tout
But du contact : se désister

Jacques Lavigne
56, rue Laurier
Montréal, Québec
H8Z 4X6

Montréal, le 3 décembre 1988

Madame P. Jahier
26, Hannaford Avenue
Toronto, Ontario
M4T 3J6

Madame,

Suite à votre lettre du 20 novembre, j'ai le regret de vous informer que je renonce à louer votre studio. Le prix de location dépasse de loin la somme que j'étais prêt à dépenser pour mes frais d'hébergement.

Veuillez agréer, Madame, l'assurance de mes sentiments distingués.

Jacques Lavigne

Dossier *Les formules épistolaires*

Les formules données ici conviennent aux lettres d'affaires, aux lettres de désistement, aux lettres de sollicitation et aux demandes d'emploi. Le destinataire prévu est donc une personne avec qui l'on a des contacts professionnels ou des rapports d'affaires.

1 Le premier élément d'une lettre est la salutation (c'est-à-dire la formule par laquelle on s'adresse au destinataire.)

a Quand le destinataire est une personne que l'on ne connaît pas ou un supérieur, on utilise :
Monsieur,
Madame,
Mademoiselle,

b Quand le destinataire a un titre, on l'emploie de la manière suivante :
Monsieur le Directeur,
Monsieur le Maire,
Monsieur le Chef de Service,

c   Quand le destinataire est une personne que l'on connaît depuis plus ou moins longtemps, on peut être moins formel. Selon les rapports que l'on a avec cette personne, on peut utiliser :

> *Monsieur et cher collègue,*
> *Cher collègue,*
> *Cher Paul,*

2   Il y a certains débuts de lettre qui se retrouvent assez souvent ; par exemple :

> *J'ai bien reçu votre lettre et je vous en suis reconnaissant.*
> *J'ai reçu votre lettre du 16 courant et je tiens à vous en*
>   *remercier.*
> *Suite à votre lettre du 13 novembre, je ...*
> *Je vous remercie de votre lettre et je m'empresse de vous*
>   *répondre afin de ...*
> *C'est avec plaisir que je ...*
> *C'est avec regret que je ...*

3   En français, les formules pour terminer une lettre sont assez formelles. Il y a deux cas à considérer :

a   On connaît le destinataire, mais on le vouvoie (relations d'affaires, personnes auxquelles vous devez un certain respect, etc.) :

> *Croyez, cher Monsieur, à l'expression de mes sentiments les*
>   *meilleurs.*
> *Veuillez recevoir, Madame, l'assurance de mes meilleurs*
>   *sentiments.*
> *Veuillez croire, Mademoiselle, à l'assurance de mes sentiments*
>   *distingués.*

b   On connaît ou non le destinataire et on doit lui marquer de la déférence (le directeur de l'entreprise où l'on fait une demande d'emploi, par exemple) :

> *Veuillez agréer, Madame, l'expression de mes sentiments les*
>   *plus respectueux.*
> *Veuillez croire, Monsieur, à l'assurance de mes sentiments*
>   *dévoués.*

À noter !   •   On répète dans la formule finale les mots utilisés dans la salutation.

        •   Outre les formules mentionnées ci-dessus, il existe de nombreuses variantes possibles. À cet égard, consulter un manuel de correspondance.

MISE EN MARCHE

EXERCICE 1
oral ou écrit

Galerie de portraits

Complétez l'exercice selon le modèle.

MODÈLE Paul / les yeux / bleu
Paul a les yeux bleus.

1. Martine / le nez / retroussé
2. Monsieur Ravage / la moustache / fin
3. Hector / la démarche / fier
4. Gilbert / les cheveux / frisé
5. Jeannette / les joues / creux
6. Paul / la voix / puissant
7. Monique / la mine / joyeux
8. Mademoiselle Letessier / les épaules / étroit

EXERCICE 2
oral ou écrit

Qualités et défauts

Complétez l'exercice selon le modèle.

MODÈLE Alain est généreux et naïf.
Sa soeur est généreuse et naïve aussi.

Jacqueline est travailleuse et ambitieuse.
Son frère est travailleur et ambitieux aussi.

1. Robert est intelligent et travailleur.
2. Chantal est sérieuse et discrète.
3. Jean-Pierre est triste et malheureux.
4. Marie-Josée est agressive et ambitieuse.
5. Roger est sportif et courageux.
6. Sylvie est mesquine et jalouse.
7. Hervé est malin et flatteur.
8. Josyanne est menteuse et cruelle.

EXERCICE 3
oral ou écrit

Qu'est-ce qu'on a visité ?

Complétez l'exercice selon le modèle.

MODÈLE monastère / vieux
On a visité un vieux monastère.

1. château / joli
2. théâtre / grec
3. tour / très élevée
4. port / vieux
5. monument aux morts / bizarre
6. marché / plein de monde
7. parc / grand
8. musée / renommé
9. église / gothique
10. boîte de nuit / bruyante

EXERCICE 4
oral ou écrit

Alors !

Complétez l'exercice selon le modèle.

MODÈLE   C'est un homme qui n'est plus acteur.
         Alors, c'est un ancien acteur.

1. C'est un homme célèbre. (grand)
2. C'est un homme qui n'est pas accompagné. (seul)
3. Ce sont des histoires qui font rire. (drôle)
4. C'est sa voiture à lui. (propre)
5. C'est une prison qui n'est plus une prison. (ancienne)
6. C'est une femme qui est courageuse. (brave)
7. C'est un restaurant où l'addition est élevée. (cher)
8. C'est un homme qui a peu d'argent. (pauvre)
9. C'est un homme à qui il est arrivé des malheurs. (pauvre)
10. C'est un meuble qui date du XVIIᵉ siècle. (ancien)

EXERCICE 5
oral ou écrit

Pas de défauts

Complétez l'exercice selon le modèle.

MODÈLE   Il est soigneux.
         Il fait tout soigneusement.

1. Elle est méticuleuse.
2. Tu es habile.
3. Vous êtes honnête.
4. Ils sont prudents.
5. Elle est consciencieuse.
6. On est sage.
7. Nous sommes diligents.
8. Je suis courageuse.
9. Vous êtes attentif.
10. Il est précis.

EXERCICE 6
oral ou écrit

Comparaisons

Comparez les personnes, les choses ou les actions. À vous de décider si c'est *plus*, *moins*, ou *aussi / autant*.

MODÈLE   le vol delta / le jogging / dangereux
         Le vol delta est plus dangereux que le jogging.

1. fumer / mâcher du chewing-gum / nocif
2. l'argent / l'amour / important
3. les Anglais / les Français / boire du vin
4. lire des livres / regarder la télévision / utile
5. les jeunes / les vieux / actif
6. un millionnaire / mon cousin / argent
7. le professeur / les étudiants / travailler
8. cet exercice / l'exercice précédent / difficile

EXERCICE 7
oral ou écrit

Vraiment ?

Décidez si la personne ou la chose mérite un superlatif.

MODÈLE   Charlot était un grand comédien (son époque)
         Charlot était le plus grand comédien de son époque.

1. La tour CN est un édifice élevé. (l'Amérique du Nord)
2. Le mois de décembre est un mois froid. (l'année)
3. Babe Ruth était un célèbre joueur de baseball. (sa génération)
4. Le Québec est une grande province. (le Canada)
5. L'actrice favorite de ma mère est belle. (notre époque)
6. Le fast-food est une cuisine appréciée. (les jeunes)
7. Le Canada est un grand pays. (le monde)

EXERCICE 8
oral ou écrit

Les détails

Complétez l'exercice selon le modèle.

MODÈLE Comment a-t-il réagi ? (très bien)
   Il a très bien réagi.

1. Quand est-ce que tu lui as téléphoné ? (hier)
2. Comment a-t-elle répondu ? (intelligemment)
3. Où l'as-tu vu ? (là-bas)
4. Comment a-t-il conduit ? (bien)
5. Comment vont-ils réagir ? (positivement)
6. Où vas-tu le mettre ? (ici)
7. Combien a-t-il aimé le film ? (beaucoup)
8. Quand est-ce qu'ils sont partis ? (avant-hier)

MISE EN ŒUVRE

EXERCICE 9
oral avec
partenaire

Mais, mais, mais !   *réponses modèles, p. 114*

L'étudiant(e) A présente les phrases de la série A à l'étudiant(e) B,
et vice versa.

MODÈLE   Ce petit pain est frais. (cette pâtisserie)
         Mais cette pâtisserie n'est pas fraîche.

série A
1. Ce test est oral. (les examens)
2. Ce jeune homme semble heureux. (sa fiancée)
3. Sa mère est canadienne. (son père)
4. Son frère est arrogant. (sa soeur)
5. Le fils des Dupont est très actif. (la fille)
6. Cette voiture est neuve. (ce camion)

série B
7. Ce sac est léger. (cette valise)
8. Cette étudiante est intelligente. (cet étudiant)
9. Cette exposition est intéressante. (ce musée)
10. Cette voiture est puissante. (ce vélomoteur)
11. Son petit frère est peureux. (sa petite soeur)
12. Ce linge est sec. (cette chemise)

EXERCICE 10
oral avec
partenaire

C'est évident

Complétez l'exercice selon le modèle. L'étudiant(e) A lit la série A à
l'étudiant(e) B, et vice versa. C'est à faire le plus rapidement
possible pour aiguiser la spontanéité.

MODÈLE   Il apprend le français. (parler / lent)
         C'est pour cela qu'il parle lentement.

série A
1. Elle est méticuleuse. (faire son travail / soigneux)
2. Il prend bien les choses. (réagir / positif)
3. Elles semblent intéressées. (écouter / attentif)
4. Elle ne raconte jamais de potins. (agir / discret)

série B
5. Il dit toujours la vérité. (parler / franc)
6. Elle est très spirituelle. (répondre / brillant)
7. Elles ont beaucoup de goût. (s'habiller / élégant)
8. Il est toujours énervé. (faire tout / brusque)

EXERCICE 11
écrit

Les emplois

1. Trouvez plusieurs adjectifs qui servent à décrire un produit et incorporez le nom et les adjectifs dans un slogan publicitaire. Choisissez une marque de voiture, de mayonnaise ou de carte de crédit.

2. Composez deux paragraphes dans lesquels vous ferez votre auto-portrait. Décrivez-vous : a) lorsque vous êtes de bonne humeur ; b) lorsque vous êtes de mauvaise humeur.

EXERCICE 12
écrit

La syntaxe

Mettez les adjectifs et les adverbes à la bonne place. Attention aux accords !

1. Elle a acheté une voiture. (nouveau / récemment)
2. C'était mon vin. (blanc / favori / pendant longtemps)
3. As-tu rencontré ma soeur ? (petit / déjà)
4. Il aime les roses de son jardin. (beau / rouge / passionnément)
5. J'apprécie un chocolat. (bon / chaud / de temps en temps)
6. On n'a pas voté pour ce candidat. (pauvre / incompétent / heureusement)
7. J'ai voulu faire du ski. (alpin / ne ... jamais / bien sûr)

EXERCICE 13
écrit

Traduction

1. What beautiful weather!
2. That makes me very proud.
3. Where is the medical school?
4. He doesn't play any musical instrument.
5. He actually likes translation exercises.
6. This is the largest room in the house.
7. I tasted a marvellous little rosé wine from the south of France.
8. He smokes; consequently he is often out of breath.
9. I feel even better today.
10. It was a most pleasant day.

EXERCICE 14
écrit

Composition

Choisissez l'un des sujets suivants et écrivez un texte d'environ 150 mots.

1. Faites la description de votre chambre et comparez-la à la chambre d'un(e) camarade.

2. Racontez une promenade que vous avez faite et décrivez bien ce que vous avez vu.

EXERCICE 15
écrit

Demande d'emploi

Découpez une offre d'emploi dans le journal et rédigez une lettre dans laquelle vous ferez une demande en vue d'obtenir le poste indiqué. Suivez bien les conseils de la section *Expression écrite*.

Réponses modèles

Exercice 9   *série A*

1. Mais les examens ne sont pas oraux.
2. Mais sa fiancée ne semble pas heureuse.
3. Mais son père n'est pas canadien.
4. Mais sa soeur n'est pas arrogante.
5. Mais la fille des Dupont n'est pas très active.
6. Mais ce camion n'est pas neuf.

série B

7. Mais cette valise n'est pas légère.
8. Mais cet étudiant n'est pas intelligent.
9. Mais ce musée n'est pas intéressant.
10. Mais ce vélomoteur n'est pas puissant.
11. Mais sa petite soeur n'est pas peureuse.
12. Mais cette chemise n'est pas sèche.

Exercice 10   *série A*

C'est pour cela ...

1. ... qu'elle fait son travail soigneusement.
2. ... qu'il réagit positivement.
3. ... qu'elles écoutent attentivement.
4. ... qu'elle agit discrètement.

série B

C'est pour cela ...

1. ... qu'il parle franchement.
2. ... qu'elle répond brillamment.
3. ... qu'elles s'habillent élégamment.
4. ... qu'il fait tout brusquement.

5

Grammaire	L'imparfait
	Le passé composé et l'imparfait
	Le plus-que-parfait
	L'analyse des temps du passé
Expression écrite	Atelier : le récit
	Dossier : les formules de transition

Terminologie

- **imparfait** — temps verbal qui a pour fonction la description dans le passé
  *Il **était** plus mince quand il **avait** vingt ans.*

- **plus-que-parfait** — temps verbal qui exprime une action antérieure à une autre action dans le passé
  *Elle **était partie** quand nous sommes arrivés.*

- **un récit** — relation écrite ou orale de faits vrais ou imaginaires

MISE AU POINT

L'imparfait

ACCENT SUR LES FORMES

1 L'imparfait est un temps simple, c'est-à-dire un temps qui ne comprend qu'un seul élément.

2 L'imparfait est formé en ajoutant au radical les terminaisons de l'imparfait. On détermine ce radical en enlevant la terminaison *ons* de la forme du présent qui s'emploie avec *nous* (première personne du pluriel).

TABLEAU 5.1   La formation de l'imparfait

verbes modèles : **regarder, finir, descendre, prendre**

détermination du radical		
infinitif	*présent (forme* nous*)*	
regarder	regard**ons**	**regard**
finir	finiss**ons**	**finiss**
descendre	descend**ons**	**descend**
prendre	pren**ons**	**pren**

terminaisons et formes de l'imparfait					
personne	*terminaison*	*regarder*	*finir*	*descendre*	*prendre*
je	**ais**	regard**ais**	finiss**ais**	descend**ais**	pren**ais**
tu	**ais**	regard**ais**	finiss**ais**	descend**ais**	pren**ais**
il/elle	**ait**	regard**ait**	finiss**ait**	descend**ait**	pren**ait**
nous	**ions**	regard**ions**	finiss**ions**	descend**ions**	pren**ions**
vous	**iez**	regard**iez**	finiss**iez**	descend**iez**	pren**iez**
ils/elles	**aient**	regard**aient**	finiss**aient**	descend**aient**	pren**aient**

À noter ! • Les terminaisons des formes avec *je, tu* et *nous* se terminent en *s*.
    je travaillais
    tu travaillais
    nous travaillions

  • Seules les formes de la troisième personne se terminent en *t*.
    on travaillait
    elles travaillaient

3 La formation de l'imparfait est la même pour tous les verbes excepté le verbe *être*.

TABLEAU 5.2   Le verbe *être* à l'imparfait

j'étais	nous étions
tu étais	vous étiez
il/elle était	ils/elles étaient

4 Les terminaisons *ais, ait* et *aient* ont la même prononciation : /ɛ/.
parlais, parlait, parlaient /parlɛ/

5 Il faut bien distinguer entre la prononciation des terminaisons
ons /ɔ̃/ et *ez* /e/ du présent et celle des terminaisons *ions* /jɔ̃/ et
iez /je/ de l'imparfait.

6 La première syllabe des formes de l'imparfait du verbe *faire* se
prononce comme la première syllabe de la forme *faisons* du
présent.
nous faisons /fəzɔ̃/
faisais, faisait, faisaient /fəzɛ/
faisions /fəzjɔ̃/
faisiez /fəzje/

7 Le radical des verbes en *ier* comme *étudier* et des verbes *rire* et
sourire se termine en *i*. Ces verbes ont donc deux *i* dans les
formes suivantes.
nous étudiions   *vous étudiiez*
nous riions   *vous riiez*

8 Le radical des verbes *croire* et *voir* se termine en *y*. Il faut noter
la combinaison *yi* des formes suivantes de ces verbes :
nous croyions   *vous croyiez*
nous voyions   *vous voyiez*

9 Le radical des verbes en *ger* se termine en *e*. On omet le *e*
devant une terminaison de l'imparfait qui commence par *i*.
nous mangions

10 Le radical des verbes en *cer* se termine en *ç*. On omet la cédille
devant une terminaison de l'imparfait qui commence par *i*.
nous commencions

TABLEAU 5.3   **L'imparfait des verbes en *ger* et en *cer***

verbe modèle	*présent (forme* **nous***)*	*formes de l'imparfait*	
manger	**mang**eons	je mangeais tu mangeais il/elle mangeait ils/elles mangeaient	nous mangions vous mangiez
		avec cédille	*sans cédille*
commencer	**commen**çons	je commençais tu commençais il/elle commençait ils/elles commençaient	nous commencions vous commenciez

A, réponses, p. 329

VÉRIFIONS !

Mettez le verbe à l'imparfait et à la forme indiquée.

1. nous (simplifier) *simplifiions*
2. ils (placer) *plaçaient* *comprenais*
3. je (comprendre)
4. tu (avoir) *avais*
5. elle (connaître) *connaissait*
6. ils (mettre) *mettaient*
7. vous (pouvoir) *pouviez*
8. nous (voir) *voyions*
9. je (recevoir) *recevais*
10. on (servir) *servait*

B, réponses, p. 329

VÉRIFIONS !

Mettez le verbe à la forme équivalente du présent.

1. c'était *c'est*
2. nous nagions *nageons*
3. elle faisait *fait*
4. ils allaient *vont*
5. j'espérais *espère*
6. vous vous ennuyiez *ennuyez*
7. tu vivais *vis*
8. nous nous relisions *relisons*
9. elles tenaient *tiennent*
10. il fallait *faut*

L'imparfait

ACCENT SUR LES EMPLOIS

L'imparfait est le temps de la description du passé. Il sert à décrire le décor, les personnages, ce que ces personnages faisaient ou ressentaient, ce que ces personnages avaient l'habitude de faire, et ce qu'ils continuaient de faire quand autre chose est arrivé. La question « Comment étaient les choses ? » aide à vérifier si l'imparfait doit être utilisé ou non.

Emplois	*Contextes*
On utilise l'imparfait :	
1 pour décrire une personne, une chose, un aspect, ou un fait tel qu'il était dans le passé, sans indiquer ni le début ni la fin de l'état décrit.	*Il **était** malade ce jour-là.* *Il **pleuvait** mais il ne **faisait** pas assez mauvais pour nous décourager de faire notre promenade habituelle.*
2 pour décrire des actions ou des faits habituels, sans indiquer ni le début ni la fin.	*À cette époque-là on **faisait** souvent du camping.*
3 pour décrire des souvenirs ou pour décrire comment étaient les choses à une certaine époque.	*C'**était** le bon vieux temps ; on **sortait** presque tous les soirs, on se **couchait** tard et cela sans jamais être fatigués le lendemain matin.*

4 pour décrire une action interrompue par une autre action.

*Il **finissait** de préparer leur dîner quand elle est arrivée.*

5 pour décrire ce qu'on pensait. Certains verbes tels *croire, penser, savoir, s'imaginer* et *sembler* se mettent souvent à l'imparfait.

*Elle me repoussa d'un geste caressant, où elle **semblait** trahir le regret de ne point me garder, puis un doigt sur la bouche, elle murmura encore :*
—À ce soir !

Tiré de *La Rôtisserie de la Reine Pédauque*, d'Anatole France.

6 après la conjonction *si* pour proposer quelque chose.

*Si on **allait** manger au restaurant ce soir ?*

7 dans une construction hypothétique introduite par *si* lorsque la proposition principale est au conditionnel présent.

*S'il **était** riche, il ne serait peut-être pas plus heureux.*
*Si j'**étais** riche, je m'achèterais une voiture de sport.*

Attention aux constructions !

8 avec les expressions *depuis, il y avait ... que* et *cela/ça faisait ... que* pour exprimer une action qui a commencé avant une autre dans le passé et qui continue en même temps que la deuxième.

*Il **neigeait** depuis une semaine quand il est arrivé.*
*Il y avait une semaine qu'il **neigeait** quand il est arrivé.*
*Cela faisait une semaine qu'il **neigeait** quand il est arrivé.*

9 avec les constructions *aller* + infinitif (au sens de futur proche dans le passé) et *venir de* + infinitif dans un récit au passé.

*J'**allais** vous le dire.*
*Il **venait de** rentrer.*

VÉRIFIONS !

réponses, p. 330

Pour chaque phrase indiquez si le verbe à l'imparfait exprime :
a) la description du décor ;   b) la description d'un fait habituel ;   c) la description d'un souvenir ;   d) la description d'une action en cours ; ou   e) la description des circonstances qui accompagnent une autre action.

1. Le soliste, que j'écoutais pour la première fois a *d)*
   merveilleusement interprété ce morceau.
2. Ce jour-là il pleuvait à verse. *a)*
3. Il faisait toujours le chemin à pied. *b)*
4. Je dormais encore quand tu as téléphoné. *e)*
5. Quand j'étais petit, c'était à mon grand-père plutôt qu'à mon père que je parlais. *b)*

Le passé composé et l'imparfait

TABLEAU 5.4   Distinction entre les emplois du passé composé et de l'imparfait

Le passé composé : la narration « *Qu'est-il arrivé ?* »	*L'imparfait : la description* « *Comment étaient les choses ?* »
Le passé composé s'emploie dans les contextes suivants :	**L'imparfait** s'emploie dans les contextes suivants :
pour exprimer une action (ou un état) qui commence ; *Jacques **s'est mis** à rire quand il **s'est aperçu** de son erreur.* Il a commencé à rire.	pour décrire une personne, une chose, un aspect ou un fait ; *Jacques **était** un peu gêné de s'être trompé.* On décrit Jacques.
pour exprimer une action (ou un état) qui est terminée à un moment indiqué ou implicite ; *Il **a fini** le brouillon de sa rédaction.* Il a terminé le brouillon.	pour décrire une action (ou un état) en cours au moment où une autre action a lieu ; *Il **finissait** le brouillon de sa rédaction quand sa sœur l'**a appelé**.* On décrit ce qu'il était en train de faire.
pour exprimer une action qui a eu lieu ou qui n'a pas eu lieu ; *Jeanne lui **a téléphoné** deux fois ce samedi-là.* Les deux coups de téléphone ont eu lieu.	pour décrire les circonstances qui accompagnaient une autre action ; *Jeanne, qui lui **téléphonait** tous les jours, a été la première à apprendre que Paul **était** malade.* On décrit ce que Jeanne faisait d'habitude (les circonstances) et on décrit l'état de Paul.
pour exprimer une action (ou un état) qui a duré une période de temps déterminée ou qui est terminée ; *Il **est resté** deux jours à Montréal.* L'action a duré deux jours.	pour décrire un souvenir ou décrire comment étaient les choses ; *Il **habitait** à Montréal quand j'**étais** petit.* On décrit où l'on habitait et à quelle époque.
pour exprimer une action (ou un état) répétée un certain nombre de fois. *Elle **est allée** plusieurs fois au stade olympique.* Il est arrivé quelque chose.	pour décrire une action (ou un état) habituelle sans limite de temps. *Elle **allait** souvent au stade olympique.* On décrit ce qu'on faisait.

VÉRIFIONS !

réponses, p. 330

Mettez le verbe entre parenthèses au passé. Choisissez le passé composé ou l'imparfait.

1. Quand Pierre et Sylvie (arriver) à la gare, leurs amis les (attendre). *[sont arrivés] [attendaient]*
2. Elle (rentrer) chez elle quand l'accident (avoir) lieu. *[rentrait] [a eu]*
3. Jacques (se faire) quand il (voir) que les autres ne (comprendre) pas du tout ce qu'il (dire). *[s'est fait] [a vu] [comprenaient] [disait]*
4. Quand nous (être) jeunes, nous (habiter) un appartement. *[étions] [habitions]*
5. On ne (aller) que deux fois manger dans ce restaurant. *[allait] [est allé]*
6. Je (passer) deux mois au Québec cet été. *[avait]*
7. Elle (avoir) l'habitude de faire son jogging tôt le matin.
8. Il (ne pas faire) attention et il (tomber). *ne faisait pas — est tombé*

TABLEAU 5.5   Nuances supplémentaires

Il faut se rappeler que le passé composé exprime un début d'action, une conclusion, quelque chose de complété, quelque chose d'accompli dans un temps limité; c'est donc un temps qui définit une action dans le temps. L'imparfait, en revanche, décrit le décor et les personnages sans notion de temps précise.

le passé composé	l'imparfait
ÉTAT COMPLÉTÉ :	NOTION DE TEMPS IMPARFAITE :
*Elle **a été** très active.*	*Elle **était** très active.*
La personne vit encore mais ayant vieilli ou à cause d'une maladie, n'est plus très active ; la période où elle était active est terminée.	On décrit simplement le fait que la personne était très active. On parle peut-être d'une personne qui est morte. Il se peut aussi que cette personne ait été active toute sa vie.
DÉBUT :	NOTION DE TEMPS IMPRÉCISE :
*Hier, au moment où je suis sorti de la maison, il **a commencé** à pleuvoir.*	*Hier, quand je suis sorti, il **pleuvait**.*
La pluie a commencé à un certain moment.	On décrit le temps qu'il faisait ; on ne sait pas quand il a commencé à pleuvoir.
ACTION COMPLÉTÉE :	SOUVENIR, HABITUDE :
*Durant ses vacances, elle **a lu** plusieurs livres.*	*Quand elle **était** jeune, elle **lisait** beaucoup.*
Voilà ce qu'elle a fait.	On décrit l'époque et ce qu'elle avait l'habitude de faire.

VÉRIFIONS ! *réponses, p. 330*

Mettez le verbe entre parenthèses au passé composé ou à l'imparfait.

1. Il (fumer) la pipe jusqu'à l'âge de trente ans.
2. Quand il (être) jeune, il (fumer) la pipe.
3. Elle (éternuer) plusieurs fois durant le discours du recteur.
4. Ils (venir) souvent nous voir à cette époque-là.
5. Sarah Bernhardt (être) une célèbre comédienne.
6. La semaine dernière, nous (aller) à la montagne. Il (neiger) quand nous (arriver).

PROBLÈMES DE TRADUCTION

1 She **used to** take her vacations in July.

*Elle **prenait** ses vacances en juillet.*

I often **used to** go to the cinema when I was young.

*J'**allais** souvent au cinéma quand j'étais jeune.*

L'imparfait communique la notion de l'habitude. L'anglais utilise la construction *used to* ou parfois *would*.

2 He **was sleeping** when the phone rang.

*Il **dormait** quand le téléphone a sonné.*

La notion exprimée par le passé progressif de l'anglais *was sleeping* est communiquée par l'imparfait du français.

3 **How about** going to the movies?

*Si on **allait** au cinéma ?*

La notion exprimée par les formules anglaises *how about* ou *shall we* suivies d'une suggestion est souvent communiquée par l'imparfait du français.

Attention au lexique ! **4** Le verbe *être* et l'expression *il y a* sont souvent à l'imparfait étant donné leur sens descriptif.

***Il y avait** déjà beaucoup de monde quand on est arrivé.*
*J'**étais** malade la semaine passée.*

5 Le verbe *avoir* dans son sens descriptif (*avoir envie de, avoir peur de,* etc.) se met souvent à l'imparfait.

*Elle **avait** l'air fatiguée quand je l'ai vue.*

6 Certains verbes tels que *aimer, croire, désirer, détester, espérer, être, paraître, penser, pouvoir, regretter, savoir, sembler, songer, trouver* et *vouloir* sont souvent à l'imparfait. Ces verbes expriment des états d'esprit dans leur continuité.

*Je ne **voulais** pas vous le dire.*

À noter ! • Il faut noter que ces verbes ont parfois un autre sens au passé composé.

Elle a dit au professeur qu'elle était malade le jour de l'examen.
*Le professeur l'**a crue**. (Le professeur a accepté son excuse.)*

*Au moment de l'accident j'**ai pensé** que nous allions mourir.*
(L'idée m'est venue que ...)

*Il **n'a pas voulu** le lui dire.* (Il a refusé ...)

*Quand j'**ai su** qu'elle venait, j'ai sauté de joie.* (J'ai appris ...)

*Je voulais le faire, mais je **n'ai pas pu.***
(L'occasion ne s'est pas présentée ou j'en ai été empêché.)

Le plus-que-parfait

ACCENT SUR LES FORMES

1 Le plus-que-parfait est un temps composé. Il est formé de l'auxiliaire (*avoir* ou *être*) à l'imparfait et du participe passé.

À noter! • On peut réviser les participes passés dans le chapitre 3.

TABLEAU 5.6 **La formation du plus-que-parfait**

infinitif: écouter
auxiliaire: avoir
participe passé: écouté

j'avais écouté	nous avions écouté
tu avais écouté	vous aviez écouté
il/elle avait écouté	ils/elles avaient écouté

infinitif: partir
auxiliaire: être
participe passé: parti

j'étais parti/partie	nous étions partis/parties
tu étais parti/partie	vous étiez parti/partie
	vous étiez partis/parties
il était parti	ils étaient partis
elle était partie	elles étaient parties

À noter! • On peut réviser les verbes qui se conjuguent avec l'auxiliaire *être* dans le chapitre 3.

2 Les règles de l'accord du participe passé sont les mêmes pour tous les temps composés. Le participe passé du plus-que-parfait suit donc les mêmes règles que le participe passé du passé composé.
Elles** étaient **parties.

À noter! • On peut réviser l'accord du participe passé dans le chapitre 3.

VÉRIFIONS!
réponses, p. 330

Mettez le verbe au plus-que-parfait et à la forme indiquée.

1. elle (sortir)
2. ils (pouvoir)
3. nous (dormir)
4. elle (retourner)
5. vous (croire)
6. on (faire)
7. ils (descendre)
8. je (lire)

Le plus-que-parfait

ACCENT SUR LES EMPLOIS

Emplois	*Contextes*
1 Le plus-que-parfait peut exprimer une action qui a eu lieu et qui est terminée avant une autre action. Le plus-que-parfait permet donc de faire allusion à une action terminée avant une autre.	*Ils **avaient mangé** quand nous sommes arrivés hier soir.*

ligne du temps

(avant notre arrivée)	(hier soir)	(maintenant)
Ils avaient mangé	*quand nous sommes arrivés.*	

À noter !
- Une action terminée avant une autre est souvent au passé composé étant donné la logique des actions successives.
  *Il s'**est rasé**, puis il s'est brossé les dents.*

2 Le plus-que-parfait peut donner une explication (une action qui précède une autre action ou une description et qui a un aspect causatif).

*Il n'a pas pu ouvrir la porte de sa voiture parce qu'il **avait oublié** ses clés chez lui.*
*Il faisait chaud car elle n'**avait pas ouvert** les fenêtres.*

3 Le plus-que-parfait peut exprimer une action habituelle qui a eu lieu et qui précède une autre action habituelle.

*Quand il **avait fini** d'écouter le bulletin d'informations, il allait se coucher.*

4 Le plus-que-parfait s'emploie dans une construction hypothétique introduite par *si* lorsque la proposition principale est au conditionnel passé.

*Si tu m'**avais aidé**, j'aurais pu le faire.*

Attention aux constructions !
5 Le plus-que-parfait est utilisé avec *depuis* pour exprimer une action négative qui a débuté dans le passé avant une autre action dans le passé.

*Je n'**avais pas vu** ma soeur depuis deux ans quand elle est revenue.*

6 Après *si*, le plus-que-parfait peut exprimer le regret.
*Ah, si j'**avais su** !*

VÉRIFIONS! *réponses, p. 330*

Pour chaque phrase indiquez si le verbe au plus-que-parfait exprime : a) une action qui précède une autre ; b) une explication qui représente un fait antérieur ; c) une action habituelle qui précède une autre ; d) une hypothèse ; e) le regret.

1. Je me suis rendu compte qu'il était parti. *a)*
2. Si seulement je l'avais épousée ! *e)*
3. Quand il avait fini son dîner il promenait son chien. *c)*
4. Si tu n'étais pas allé le voir, il ne t'aurait jamais pardonné. *d)*
5. Il n'était pas content parce que le dîner lui avait coûté une fortune. *b)*

PROBLÈMES DE TRADUCTION

1 It **had rained** all night. — *Il **avait plu** toute la nuit.*

La notion exprimée par le plus-que-parfait anglais est communiquée par le plus-que-parfait français.

2 The professor wanted to know who **made** this remark.
The professor wanted to know who **had made** this remark. — *Le professeur voulait savoir qui **avait fait** cette remarque.*

L'anglais n'emploie pas toujours le plus-que-parfait pour exprimer une action qui a eu lieu avant une autre action. En français, on doit utiliser le plus-que-parfait.

3 He is reading the book you **bought** him yesterday/last year. — *Il lit le livre que tu lui **as acheté** hier.*
*Il lit le livre que tu lui **avais acheté** l'année dernière.*

Le plus-que-parfait s'utilise parfois en français pour montrer qu'une action remonte assez loin dans le passé. L'anglais exprime cette nuance surtout au moyen de l'expression adverbiale.

L'ANALYSE DES TEMPS DU PASSÉ

Le passé composé et le passé simple sont les temps de la narration. (Consultez le chapitre 3 pour réviser les formes et les emplois du passé simple.) L'imparfait est le temps de la description et le plus-que-parfait est le temps du retour en arrière.

Pour mieux comprendre et maîtriser l'usage de ces temps, il est souhaitable de lire le plus possible. À cette fin, la plupart des biographies et des romans fournissent de très bons exemples de récits au passé. Pour les deux passages qui suivent, on a fait l'analyse des temps du passé.

À Londres, Gandhi *fut*(1) affreusement malheureux. Il *était*(2) si timide que le seul fait d'adresser un mot à un étranger le *mettait*(3) au supplice. Son aspect chétif et son accoutrement *offraient*(4) un spectacle pathétique dans le monde sophistiqué du barreau londonien. Il *flottait*(5) dans son costume mal coupé et *paraissait*(6), à dix-neuf ans, si malingre, si tragiquement anonyme, que ses camarades de faculté le *prenaient*(7) parfois pour le garçon de courses.

Gandhi *décida*(8) que le seul moyen d'échapper à ce calvaire *était*(9) de se transformer lui-même en gentleman britannique. Il *abandonna*(10) ses vêtements de Bombay au profit d'une garde-robe toute neuve. Il *acheta*(11) un chapeau haut de forme en soie, un habit, des bottes de cuir verni, des gants blancs et une canne à pommeau d'argent. Il *fit*(12) l'acquisition d'une lotion pour ordonner sa chevelure rebelle et *passa*(13) des heures devant un miroir à contempler sa nouvelle apparence et à s'exercer à nouer une cravate.

Tiré de Cette nuit la liberté, de
Dominique Lapierre et Larry Collins.

analyse des temps du passé
1. passé simple (durant tout son séjour à Londres : durée limitée)
2. imparfait (description de Gandhi)
3. imparfait (description de ce qui lui arrivait)
4. imparfait (description de l'effet que produisait son costume)
5. imparfait (description de Gandhi dans son habit)
6. imparfait (description de Gandhi)
7. imparfait (description de la réaction de ses camarades)
8. passé simple (action commencée)
9. imparfait (description de ce qu'il devait faire)
10. passé simple (action complétée)
11. passé simple (action complétée)
12. passé simple (action complétée)
13. passé simple (action complétée)

Madame Chabot *n'avait pas essayé*(1) de poser de questions. Elle *était*(2) aux petits soins pour son fils, pour Maigret aussi, à qui elle *semblait*(3) demander du regard de la protéger, et elle *s'efforçait*(4) de mettre sur le tapis des sujets de tout repos.
— Vous vous souvenez de cette jeune fille qui *louchait*(5) et avec qui *vous avez dîné*(6) un dimanche ?
Elle *avait*(7) une mémoire effrayante, *rappelait*(8) à Maigret des gens qu'ils *avaient rencontrés*,(9) plus de trente ans auparavant, lors de ces brefs passages à Fontenay.
— Elle *a fait*(10) un beau mariage, un jeune homme de Marans qui *a fondé*(11) une importante fromagerie. Ils *ont eu*(12) trois enfants, plus beaux les uns que les autres, puis, tout à coup, comme si le

sort les *trouvait*(13) trop heureux, elle *a été atteinte*(14) de tuberculose. Elle en *cita*(15) d'autres, qui *étaient devenus*(16) malades ou qui *étaient morts*,(17) ou qui *avaient eu*(18) d'autres malheurs.

Tiré de *Maigret a peur*, de Georges Simenon.

analyse des temps du passé
1. plus-que-parfait (retour en arrière)
2. imparfait (description de ce qu'elle faisait)
3. imparfait (description de ce qu'elle faisait)
4. imparfait (description de ce qu'elle faisait)
5. imparfait (description du physique de la jeune fille)
6. passé composé (action complétée, reliée au présent puisqu'elle est en train de parler)
7. imparfait (description de Madame Chabot)
8. imparfait (description de ce qu'elle faisait)
9. plus-que-parfait (retour en arrière)
10. passé composé (action complétée et reliée au présent puisqu'elle est en train de parler)
11. passé composé (action complétée)
12. passé composé (action complétée)
13. imparfait (phrase hypothétique avec *si*)
14. passé composé (état dans son début)
15. passé simple (action complétée — retour au récit littéraire)
16. plus-que-parfait (retour en arrière)
17. plus-que-parfait (retour en arrière)
18. plus-que-parfait (retour en arrière)

VÉRIFIONS! *réponses, p. 330*

Expliquez l'emploi des temps du passé du texte suivant.

Mon premier acte de fourberie *fut*(1) un vol. Ma soeur Mathilde *gardait*(2) dans son armoire un petit coffret qui *contenait*(3) quelques louis d'or ; des pièces que mon père *avaient conservées*(4) pour les distribuer à chacun d'entre nous lors de notre mariage. Je *fouillai*(5) un jour dans cette armoire. Je *découvris*(6) le coffret mais *n'arrivai*(7) pas à l'atteindre. Je ne *refermai*(8) pas l'armoire. Je *laissai*(9) la chaise où je *l'avais mise*(10). Deux heures plus tard, à table, ma soeur Mathilde, certaine qu'il *s'agissait*(11) bien d'un vol commis par moi, *lança*(12) à la cantonade :

« Si quelqu'un ici *a voulu*(13) savoir comment des pièces d'or *étaient faites*(14), il peut les remettre à leur place cet après-midi ... »

Tiré de *Le refuge et la source*, de Jean Daniel.
Éditions Bernard Grasset.

EXPRESSION ÉCRITE

Grammaire   Les temps du passé se retrouvent dans de nombreux contextes. Il faut noter en particulier divers romans et nouvelles, les reportages, les manuels d'histoire et tout livre où se fait le récit d'événements ayant eu lieu dans le passé.

Atelier   ## *Le récit*

Faire un récit, c'est raconter une histoire; on relate donc un événement ou une série d'événements. Et pour réaliser un bon récit, il s'agit de faire revivre pour le lecteur l'événement tel qu'il s'est passé. Cette dimension ajoute nécessairement l'élément de description à la narration des faits. Il faut également que le déroulement de l'action soit facile à suivre. Voici quelques conseils :

1   Il faut bien sûr préparer un plan, car un récit, comme tout autre texte, doit être bien structuré et cohérent.
L'introduction, qui devrait être assez courte, présente le récit en indiquant où se passaient les choses, en identifiant les protagonistes, et en situant l'événement dont il s'agit.
Le développement raconte ce qui s'est passé. Le lecteur ne devrait pas avoir de peine à suivre le déroulement de l'action ; dans ce but, il faut observer la chronologie des événements et utiliser les formules de transition qui permettent de passer clairement d'un fait à un autre.
La conclusion fait le point de l'action. Tout comme l'introduction, elle devrait être assez courte.

2   Les sections *Expression écrite* des chapitres 1, 2 et 3 sont également utiles à la rédaction d'un récit.

Dossier   ## *Les formules de transition*

Outre les mots-charnières présentés dans le chapitre 1, le français dispose de nombreuses formules (adverbes, conjonctions, prépositions) qui permettent de passer d'une idée à une autre. Le tableau ci-dessous dresse un inventaire des formules qui servent à situer le temps et l'opposition.

TABLEAU 5.7   **Formules d'introduction et de transition**

pour situer le début du récit	
ce jour-là	un matin
ce matin-là	un après-midi
cet après-midi-là	par un beau jour de (juin)
ce soir-là	figurez-vous qu'un jour
un jour	imaginez qu'un jour

pour situer d'autres événements dans le récit	
la veille, l'avant-veille	
le lendemain, le surlendemain	

au premier abord, à première vue, tout d'abord
ce jour-là, cette fois-là
en même temps, à la fois
pendant, durant, au cours de
à ce moment-là
puis, ensuite, et puis, et ensuite
un peu plus tard
déjà
à nouveau, de nouveau, encore
tout à coup, soudain, soudainement
deux jours après, une semaine plus tard
enfin, finalement, ainsi

pour marquer une opposition

mais
pourtant, cependant, toutefois, néanmoins
au contraire
par contre, par ailleurs

Document

Contexte : récit
Élément grammatical : les temps du passé
Élément stylistique : les formules de transition

La pension de famille

J'étais arrivé là-bas *à la nuit tombante.* Je pris mon repas dans la salle commune, *puis* je me retirai dans ma chambre. Je restai *un certain temps* à la fenêtre et je vis sortir *successivement* trois personnes, sans doute désireuses de prendre l'air *avant de* rejoindre leurs chambres.

Une clôture entourait le jardin, et la petite porte était munie d'une sonnette dont le son rappelait celui d'un grelot. *Vers dix heures,* je me couchai.

Un peu plus tard, j'entendis le premier déclic de la sonnette. *Puis presque aussitôt,* le deuxième. Malgré moi, j'attendais le troisième ; je ne serais jamais arrivé à m'endormir *avant de* l'avoir entendu. Je l'attendis *longtemps,* car la troisième personne ne dut rentrer que *vers minuit.*

Ce fut *vers minuit et demie* que j'entendis ce quatrième déclic. J'allais me lever pour savoir qui donc avait bien pu entrer, *mais déjà* j'entendais le pas dans l'escalier.

Un pas lourd, régulier, un peu fatigué sans doute, mais un pas d'habitué. Et le pas atteignit le premier étage, *puis* le deuxième étage, il résonna très près de ma porte, il attaqua *ensuite* l'escalier vers le troisième étage et se tut.

Je sortis *alors* de ma chambre et je vis ce que *déjà* j'avais bien cru voir : l'escalier s'arrêtait près de ma porte et la maison n'avait que deux étages, sans grenier.

Tiré de *Contes glacés,* de Jacques Sternberg.
Les Nouvelles Éditions Marabout.

MISE EN MARCHE

EXERCICE 1
oral ou écrit

À ce moment-là

Hier il y a eu une éclipse du soleil. Dites où l'on était et ce que l'on faisait.

MODÈLE   moi / au bureau / travailler
   À ce moment-là, j'étais au bureau et je travaillais.

1. lui / au centre d'athlétisme / faire son jogging
2. elles / à la bibliothèque / étudier
3. Jacqueline / à l'hôpital / rendre visite à une amie
4. nous / au restaurant / prendre le déjeuner
5. vous / en ville / se promener
6. eux / au centre d'achats / finir leurs courses
7. toi / chez toi / se reposer
8. moi / dans ma voiture / aller chercher mon frère

EXERCICE 2
oral ou écrit

Le bon vieux temps

On entend souvent les personnes âgées rappeler le bon vieux temps. Faites l'exercice suivant selon le modèle.

MODÈLE   Il y a beaucoup moins de pollution.
   Dans le temps, il y avait beaucoup moins de pollution.

1. On prend le temps de manger tranquillement.
2. Les grands-parents habitent chez leurs enfants.
3. L'essence ne coûte pas cher.
4. Il n'y a pas autant de circulation.
5. Les gens semblent moins pressés.
6. On n'a pas la télévision et on se parle davantage.
7. Il y a moins de problèmes économiques.
8. On profite plus de la vie.

EXERCICE 3
oral ou écrit

Difficile à rejoindre

Quand les gens essayent de nous contacter, nous ne sommes pas toujours disponibles. Faites l'exercice selon le modèle.

MODÈLE   tu / appeler / je / prendre une douche
   Quand tu m'as appelé, je prenais une douche.

1. elle / téléphoner / vous / être absent
2. vous / essayer de les voir / ils / faire un voyage en Europe
3. je / essayer de te parler / tu / être occupé
4. nous / prendre contact / elle / ne pas être disponible
5. tu / aborder le professeur / il / parler à quelqu'un
6. il / vouloir leur parler / ils / ne pas avoir le temps
7. on / avoir besoin de toi / tu / ne pas être chez toi
8. Jacques / nous télégraphier / nous / être en vacances

EXERCICE 4
oral ou écrit

Quelle est la raison ?

Pour chaque situation il y avait une explication. Faites l'exercice selon le modèle.

MODÈLE Son copain ne vient pas à la party. Il est malade.
   Son copain n'est pas venu à la party parce qu'il était malade.

1. Nous travaillons cet été. On doit gagner de l'argent.
2. Tu ne l'entends pas. Tu es dans la lune comme d'habitude.
3. Jacqueline réussit cette traduction. Elle a un bon dictionnaire.
4. On va au restaurant. On ne veut pas faire la cuisine.
5. Je ne lui téléphone pas. Je crains de la déranger.
6. Elle ne fait pas l'exercice. C'est trop difficile.
7. Vous ne sortez pas. Il pleut à verse.
8. Il n'obtient pas cette promotion. Son patron le trouve trop jeune.

EXERCICE 5
oral ou écrit

La curiosité

La famille Dupont vient d'emménager à côté de chez votre copain. Posez des questions sur leur vie antérieure à cet événement.

MODÈLE Ils habitent à Vancouver. (où)
   Où habitaient-ils ?

1. Madame Dupont travaille pour une compagnie d'assurances. (pour qui)
2. Monsieur Dupont fait de la suppléance dans les écoles. (que)
3. Robert suit des cours de dessin. (quels cours)
4. Les Dupont ont une maison à deux étages. (quelle sorte de)
5. Jocelyne travaille avec un architecte. (avec qui)
6. Claire se spécialise en français. (en quoi)
7. Les Dupont prennent leurs vacances en juin. (quand)
8. Jacques passe ses vacances à Banff. (où)

EXERCICE 6
oral ou écrit

Problèmes

Faites l'exercice selon le modèle.

MODÈLE Il tombe. Il n'a pas vu la marche.
   Il est tombé parce qu'il n'avait pas vu la marche.

1. Je me lève tard. Mon réveil n'a pas sonné.
2. Cet étudiant reçoit une mauvaise note. Il n'a pas complété tous les devoirs.
3. Ils n'ont pas de table. Ils n'ont pas fait de réservations.
4. Tu oublies ton rendez-vous. Tu ne l'as pas noté.
5. Ils ne l'achètent pas. Ils n'ont pas apporté assez d'argent.
6. Vous ne réussissez pas. Vous n'avez pas assez étudié.
7. Elle prend froid. Elle n'a pas apporté de chandail.
8. Nous n'allons pas à cette conférence. On l'a annulée.

MISE EN ŒUVRE

EXERCICE 7
oral avec
partenaire

Quand j'étais petit   *réponses modèles, p. 135*

Racontez ce que vous faisiez quand vous étiez plus jeune. Qualifiez le verbe par *souvent, ne ... pas souvent* ou *ne ... jamais*.

L'étudiant(e) A raconte la série A à l'étudiant(e) B, et vice versa.

MODÈLE aller à la pêche
> *Quand j'étais petit(e), j'allais souvent à la pêche.*
> *Quand j'étais petit(e), je n'allais pas souvent à la pêche.*
> *Quand j'étais petit(e), je n'allais jamais à la pêche.*

série A
1. regarder les dessins animés à la télé
2. jouer dehors avec mes amis
3. faire mes devoirs avant le dîner
4. nettoyer et ranger ma chambre
5. lire les bandes dessinées dans le journal

série B
6. taquiner mes amis
7. prendre ma bicyclette pour aller à l'école
8. me lever tard le week-end
9. aller à la piscine municipale
10. avoir envie de faire la grasse matinée

EXERCICE 8
oral avec
partenaire

Les explications   *réponses modèles, p. 135*

Donnez des explications à votre camarade. L'étudiant(e) A présente la série A à l'étudiant(e) B et vice versa.

MODÈLE être fatigué/ne pas dormir bien
> *J'étais fatigué(e) parce que je n'avais pas bien dormi.*

série A
1. être en retard / manquer l'autobus
2. avoir faim / ne manger rien de la journée
3. tousser / attraper un rhume
4. être content(e) / recevoir de bonnes notes
5. me sentir à l'aise / me préparer bien

série B
6. avoir soif / courir
7. être triste / ne pas pouvoir y aller
8. être en avance / partir plus tôt que d'habitude
9. me sentir mal à l'aise / ne pas comprendre bien
10. avoir mal à la tête / boire trop de café

EXERCICE 9
écrit

Tout un monde dans une phrase

Complétez la phrase avec le passé composé, le plus-que-parfait ou l'imparfait du verbe entre parenthèses.

1. Le week-end dernier, ils (sortir) deux fois au restaurant.
2. L'autre jour, il lui (falloir) deux heures pour se rendre au bureau.
3. D'habitude, cela ne nous (déranger) pas du tout.
4. À cette époque-là, on (aller) rarement au cinéma.
5. Mon petit frère (commencer) à marcher à l'âge de 15 mois.
6. Qu'est-ce que tu (faire) pendant les vacances? Raconte-le-nous.
7. Il (sursauter) quand le téléphone (sonner).
8. Elle (rester) une heure puis elle (repartir).
9. Généralement mon frère (être) tellement drôle qu'on (rire) dès qu'il (arriver).
10. Parfois mon père nous (emmener) à l'école en voiture.
11. La semaine dernière, il (pleuvoir) presque tous les jours.
12. Soudain elle (se retourner) et elle (se rendre compte) que personne ne la (suivre).
13. Il (comprendre) finalement ce qu'elle (vouloir).
14. Je (aller) lui téléphoner quand vous (arriver).
15. Il y (avoir) longtemps qu'on (savoir) cela.

EXERCICE 10
écrit

Analyse des temps du passé

Expliquez l'emploi des temps du passé du passage suivant :

Il *gagna*(1) hâtivement la porte, il *était*(2) content de partir, il ne le *cachait*(3) pas, et c'*était*(4) visible qu'Anne ne *restait*(5) que par politesse, elle *se sentait*(6) mal à l'aise: qu'*avait dit*(7) au juste Lucie ? « Voilà pourquoi Lachaume et Vincent *ne sont pas venus*(8) au souper, *pensa*(9) Henri. Ils me blâment tous de me commettre avec ces gens-là. » Il *regarda*(10) à la dérobée Paule qui *s'était figée*(11) en statue de reproche et tout en continuant à saluer les invités élégants que lui *présentait*(12) Vernon, il *se demanda*(13) : « Est-ce moi qui suis en faute ? Ou sont-ce les choses qui *ont changé*(14) ? » Il y *avait eu*(15) un temps où on *connaissait*(16) ses amis et ses ennemis, on *s'aimait*(17) au péril de sa vie, on *se haïssait*(18) jusqu'à la mort. Maintenant, il *se glissait*(19) dans toutes les amitiés des réserves et des rancunes, la haine *s'était éventée*(20), personne *n'était*(21) plus prêt à donner sa vie ni à tuer.

Tiré de Les Mandarins, de Simone de Beauvoir.
Copyright © Éditions Gallimard.

EXERCICE 11
écrit

L'emploi des temps du passé

Composez des phrases qui illustreront bien les emplois de chaque temps du passé.

1. Mentionnez cinq choses que vous avez faites aujourd'hui.
2. Mentionnez trois choses que vous aviez l'habitude de faire quand vous aviez douze ou treize ans.

3. Décrivez en trois phrases un objet que vous aviez mais que vous n'avez plus.

4. Citez en trois phrases ce que faisaient les autres membres de la famille un soir que vous regardiez seul(e) la télévision.

5. Citez trois choses que vous avez découvert au sujet d'un personnage de votre choix. (Commencez par la phrase *j'ai appris que*.)

6. Utilisez les mots suivants avec un temps du passé.
   a) pendant que
   b) au moment où
   c) plusieurs fois
   d) habituellement
   e) tout à coup

EXERCICE 12
écrit

Contexte

Mettez le verbe au temps du passé qui convient. L'auteur, Albert Camus, utilise le passé composé, l'imparfait et le plus-que-parfait.

C'est à ce moment précis que l'aumônier (1 entrer). Quand je le (2 voir), je (3 avoir) un petit tremblement. Il (4 s'en apercevoir) et me (5 dire) de ne pas avoir peur. Je lui (6 dire) qu'il (7 venir) d'habitude à un autre moment. Il me (8 répondre) que ce (9 être) une visite tout amicale qui ne (10 avoir) rien à voir avec mon pourvoi dont il ne (11 savoir) rien. Il (12 s'asseoir) sur ma couchette et me (13 inviter) à me mettre près de lui. Je (14 refuser). Je lui (15 trouver) tout de même un air très doux.

Il (16 rester) un moment assis, les avant-bras sur les genoux, la tête baissée, à regarder ses mains. Elles (17 être) fines et musclées, elles me (18 faire) penser à deux bêtes agiles. Il les (19 frotter) l'une contre l'autre. Puis il (20 rester) ainsi, la tête toujours baissée, pendant si longtemps que je (21 avoir) l'impression, un instant, que je le (22 oublier).

Mais il (23 relever) brusquement la tête et me (24 regarder) en face : « Pourquoi, me (25 dire)-il, refusez-vous mes visites ? » Je (26 répondre) que je (27 ne pas croire) en Dieu. Il (28 vouloir) savoir si j'en (29 être) bien sûr et je (30 dire) que je (31 ne pas avoir) à me le demander : cela me (32 paraître) une question sans importance.

Tiré de *L'Étranger*, d'Albert Camus.
Copyright © Éditions Gallimard.

EXERCICE 13
écrit ou oral

À compléter

Complétez la phrase.

1. Quand on est arrivé au cinéma, on s'est rendu compte que ...
2. Je ne savais pas que ...
3. Il est tombé pendant que ...
4. Ils se sont arrêtés à Paris cette fois-ci, mais deux ans plus tôt ...
5. Quand elle était jeune ...
6. J'étais en train de ...
7. C'était un samedi après-midi et ...
8. Nous venions de rentrer ...

EXERCICE 14
écrit

devoir #3
le 10 nov.

Composition

1. Vous tenez un journal intime dans lequel vous racontez l'un des événements suivants :
   a) une soirée très réussie ;
   b) un séjour à l'étranger ;
   c) un week-end très occupé.

   Utilisez dans la mesure du possible les temps du passé et suivez les conseils de la section *Expression écrite*.
   longueur : 150 à 200 mots

2. Le journal de l'université vous demande de faire un reportage. À vous de décider du sujet ! Utilisez dans la mesure du possible les temps du passé et suivez les conseils de la section *Expression écrite*.
   longueur : 200 à 250 mots

Réponses modèles

Exercice 7

série A

1. Quand j'étais petit(e), je regardais souvent les dessins animés à la télé.
2. ... je jouais souvent dehors avec mes amis.
3. ... je faisais souvent mes devoirs avant le dîner.
4. ... je nettoyais et je rangeais souvent ma chambre.
5. ... je lisais souvent les bandes dessinées dans le journal.

série B

6. Quand j'étais petit(e), je taquinais souvent mes amis.
7. ... je prenais souvent ma bicyclette pour aller à l'école.
8. ... je me levais souvent tard le week-end.
9. ... j'allais souvent à la piscine municipale.
10. ... j'avais souvent envie de faire la grasse matinée.

Exercice 8

série A

1. J'étais en retard parce que j'avais manqué l'autobus.
2. J'avais faim parce que je n'avais rien mangé de la journée.
3. Je toussais parce que j'avais attrapé un rhume.
4. J'étais content(e) parce que j'avais reçu de bonnes notes.
5. Je me sentais à l'aise parce que je m'étais bien préparé(e).

série B

6. J'avais soif parce que j'avais couru.
7. J'étais triste parce que je n'avais pas pu y aller.
8. J'étais en avance parce que j'étais parti(e) plus tôt que d'habitude.
9. Je me sentais mal à l'aise parce que je n'avais pas bien compris.
10. J'avais mal à la tête parce que j'avais bu trop de café.

6

Grammaire	Les pronoms personnels conjoints
	Les pronoms *y* et *en*
	Les pronoms personnels disjoints

Expression écrite	Atelier : la description
	Dossier : les prépositions

Terminologie

- **apposition** — fonction grammaticale rattachée à un mot ou à un groupe de mots qui, placé à côté d'un nom ou d'un pronom, sert à le désigner
  *Ottawa, **capitale du Canada**, se trouve dans la province de l'Ontario.*

- **attribut** — fonction grammaticale d'un adjectif ou d'un substantif relié à un nom ou pronom par un verbe
  *Jacques est **canadien**.* (attribut de *Jacques*)
  *Nous l'avons élu **président**.* (attribut de *l'*)

- **complément circonstanciel** — fonction grammaticale désignant les objets de prépositions ou autres compléments qui déterminent certaines circonstances
  *Elle **y** est allée avec **lui**.*

- **mise en relief** — procédé qui permet de mettre l'accent sur un élément de phrase
  ***Moi**, je ne suis pas d'accord.*

- **pronom** — mot qui remplace un nom, un autre pronom, un adjectif, une proposition, un autre élément de phrase ou même toute une phrase
  *Jacqueline ? Je **l'**ai vue hier.*

- **pronom personnel** — pronom dont les formes correspondent à chaque personne du verbe
  ***Tu** ne **t'en** souviens pas ?*

- **pronom personnel conjoint** — pronom qui a une place fixe près du verbe, qui n'est pas relié au verbe à l'aide d'un autre mot et qui est sujet, objet direct ou objet indirect
  ***Nous le lui** avions dit.*

- **pronom personnel disjoint** — pronom qui est d'habitude éloigné du verbe (après une préposition ou en début ou fin de phrase pour la mise en relief) et qui est objet indirect, complément circonstanciel, attribut ou en apposition
  *Elle s'est assise près de **moi**.*

MISE AU POINT

Les pronoms   *ACCENT SUR L'ANALYSE*

1   Chaque mot dans une phrase a une fonction grammaticale, et il est essentiel, avant d'aborder l'étude des pronoms, de connaître les termes qui désignent ces fonctions grammaticales. Effectivement, le pronom utilisé dépend de la fonction grammaticale remplie par celui-ci.

PHRASE MODÈLE A :   ***Paul** a cédé **son siège à la vieille dame.***
***Il le lui** a cédé.*

élément	*fonction*	*question de vérification*	*pronom*
Paul	sujet du verbe *céder*	Qui a cédé le siège ?	Il
son siège	complément d'objet direct du verbe *céder*	Il a cédé quoi ?	le
à la vieille dame	complément d'objet indirect du verbe *céder*	Il a cédé le siège à qui ?	lui

PHRASE MODÈLE B :   ***Jacqueline** est allée **au cinéma** avec **Paul et Robert.***
Elle y** est allée avec **eux.

élément	*fonction*	*question de vérification*	*pronom*
Jacqueline	sujet du verbe *aller*	Qui est allé ?	Elle
au cinéma	complément circonstanciel de lieu du verbe *aller*	Elle est allée où ?	y
Paul et Robert	complément circonstanciel d'accompagnement du verbe *aller*	Elle y est allée avec qui ?	eux

PHRASE MODÈLE C :   ***Moi,** je ne sais pas si c'est **lui** le coupable.*

élément	*fonction*	*explication*
moi	en apposition au pronom *je*	sert à la mise en relief du pronom *je*
lui	attribut du pronom *c'*	qualifie le pronom *c'*

2   Il s'agit aussi de distinguer entre les pronoms personnels conjoints et les pronoms personnels disjoints.

a   les pronoms personnels conjoints (atones) se placent près de la forme verbale et ne sont pas reliés au verbe à l'aide d'un autre mot. Ces pronoms sont sujets ou compléments d'objet.

b les pronoms personnels disjoints (toniques) sont d'habitude séparés de la forme verbale. Ces pronoms sont compléments d'objet indirect, compléments circonstanciels, attributs ou en apposition.

Les pronoms personnels

ACCENT SUR LES FORMES

TABLEAU 6.1   **Formes des pronoms personnels**

		conjoint				*disjoint*
		sujet	réfléchi	complément	d'objet	**complément d'objet indirect,**
nombre	**personne**		**direct ou indirect**	**direct**	**indirect**	**complément circonstanciel, attribut ou mot en apposition**
singulier	*1re*	je (j')	me (m')	me (m')	me (m')	moi
				moi*	moi*	
	2e	tu	te (t') toi*	te (t')	te (t')	toi
	3e	il elle on	se (s')	le (l') la (l')	lui	lui elle soi
pluriel	*1re*	nous	nous	nous	nous	nous
	2e	vous	vous	vous	vous	vous
	3e	ils elles	se (s')	les	leur	eux elles

*formes utilisées seulement à l'impératif affirmatif

1 Quand un pronom personnel remplace un nom ou un autre pronom, il prend le genre et le nombre du nom ou du pronom.

> — *Jacqueline est malade ?*
> — *Oui, elle est malade aujourd'hui.*

> — *Va-t-il conduire sa soeur à l'école ?*
> — *Non, il ne va pas la conduire à l'école.*

> — *As-tu compris les indications ?*
> — *Oui, je les ai comprises.*

> — *Où est-ce que vous êtes allées hier ?*
> — *Nous sommes allées en ville.*

2 Quand un pronom remplace un adjectif, une proposition ou un élément de phrase, il est invariable, c'est-à-dire au masculin singulier.

> — *Sont-elles fatiguées ?*
> — *Je crois qu'elles le sont.*

3 La forme du pronom ne dépend pas seulement de la personne verbale. Elle est également déterminée par la fonction grammaticale remplie par le pronom (voir Tableau 6.2).

À noter ! • Il faut signaler que certains pronoms personnels n'indiquent pas, par leur forme, le genre (*moi* peut être masculin ou féminin) ou le nombre (*vous* peut être singulier ou pluriel).

Attention à l'orthographe ! **4** Les formes des pronoms personnels qui se terminent en *e* (*je, me, te, se*) ont une forme élidée (*j', m', t', s'*) devant un mot qui commence par une voyelle ou par un *h* muet.

*j'accuse, je **m'**habille, il **t'**aime, elles **s'**ennuient*

Les pronoms personnels

ACCENT SUR LES EMPLOIS

Un pronom personnel remplace un nom, un autre pronom, un adjectif, une proposition, un autre élément de phrase ou même toute une phrase.

Paul *est arrivé vers huit heures et **il** s'est tout de suite mis au travail.* (Le pronom *il* remplace le mot *Paul*.)

—*Es-tu **prête à partir** ?*

—*Non, je ne **le** suis pas.* (Le pronom *le* remplace les mots *prête à partir*.)

Les robes que tu viens d'acheter *? Non, je ne **les** ai pas vues.* (Le pronom *les* remplace le complément *les robes que tu viens d'acheter*.)

À noter ! • Le pronom *il* est impersonnel, c'est-à-dire qu'il ne se rapporte à aucune personne et ne remplace aucun mot.

Il fait beau aujourd'hui.

Il y avait beaucoup de monde au concert.

TABLEAU 6.2 **Fonctions grammaticales des pronoms personnels**

fonction grammaticale	*exemple*	*analyse*
sujet	**Il** est avocat.	**Il** = sujet du verbe **être**
mot en apposition	**Moi**, je n'en sais rien.	**Moi** = en apposition au pronom **je**
complément d'objet direct	Je ne **les** ai pas vus.	**les** = objet direct du verbe **voir** (voir quelqu'un ou quelque chose)
	Paul **se** lave.	**se** = objet direct du verbe **laver** (laver quelqu'un)
complément d'objet indirect	Nous **lui** avons répondu.	**lui** = objet indirect du verbe **répondre** (répondre à quelqu'un)
	Marie et Jacqueline **se** parlent souvent.	**se** = objet indirect du verbe **parler** (parler à quelqu'un)
complément circonstanciel	Nous sortons avec **eux**.	**eux** = complément circonstanciel d'accompagnement du verbe **sortir**
attribut	C'est **moi**.	**moi** = attribut du pronom **c'**

réponses, p. 330

VÉRIFIONS!

Analysez chaque pronom souligné. Indiquez si c'est un :
a) pronom sujet ;   b) complément d'objet direct ;
c) complément d'objet indirect ;   d) attribut ;   e) mot en
apposition ;   f) complément circonstanciel.

1. Marie-Claude n'est pas allée chez <u>eux</u>.
2. Robert ne <u>leur</u> a pas téléphoné.
3. <u>Toi</u>, tu ne te gênes pas !
4. Mon frère ne <u>m</u>'écoute pas.
5. Je pensais justement à <u>vous</u>.
6. Elles y sont allées sans <u>lui</u>.
7. Ce sont <u>elles</u> qui l'ont dit.
8. <u>Nous</u> y avons pensé.
9. Je ne <u>les</u> ai pas retrouvés.

Les pronoms personnels sujets

ACCENT SUR LES FORMES

TABLEAU 6.3   **Les pronoms personnels sujets**

	singulier			*pluriel*		
	1re personne	*2e personne*	*3e personne*	*1re personne*	*2e personne*	*3e personne*
masculin	je (j')	tu	il	nous	vous	ils
féminin	je (j')	tu	elle	nous	vous	elles
masculin ou féminin			on			

À noter !
- Le pronom *vous* représente un sujet singulier quand il représente la forme polie de la deuxième personne. La forme verbale utilisée avec le pronom *vous* est toujours la forme de la deuxième personne du pluriel.
   Madame, vous avez oublié votre monnaie. (vous singulier)
   Alors, les enfants, vous êtes prêts ? (vous pluriel)
- Le pronom *on* est un pronom indéfini utilisé comme sujet du verbe. Il peut prendre la place de certains pronoms personnels sujets tels *nous* ou *ils*. Le pronom *on* peut aussi désigner *quelqu'un, certains, les gens, l'être humain en général,* ou même *un groupe de personnes.* La forme verbale utilisée avec le pronom *on* est toujours la forme de la troisième personne du singulier. Lorsqu'un adjectif modifie le pronom *on*, l'accord se fait avec la ou les personne(s) représentée(s).
   ***Sylvie et moi, on** était bien fatiguées.*

Attention au niveau de langue !   **1** La forme *on* est très usitée dans la langue parlée.

Attention
au style !

2   *On*, autrefois un substantif, peut garder son ancien article *l'* selon les règles de l'harmonie euphonique (après une voyelle, après *et*, *ou*, *où*, *si* et *que*), pourvu que le mot suivant ne commence pas par un *l*.

Les pronoms
personnels
sujets

ACCENT SUR LA SYNTAXE

1   Le pronom personnel sujet précède généralement le verbe.
    Elle gagne un bon salaire.
    Tiens, tu t'es fait couper les cheveux.

2   Le pronom sujet suit le verbe :

a   dans les phrases où l'interrogation se fait par l'inversion du sujet ;
    Voudrais-tu y aller ?
    Y a-t-il pensé ?
    Paul, y est-il allé ?

b   dans les phrases interrogatives qui commencent par un mot interrogatif ;
    Où est-elle allée ?
    Comment allez-vous ?

c   dans une proposition incise (petite phrase qui comprend un verbe de communication suivi de son sujet et qui est placée après une citation ou entre deux citations)
    « J'en ai assez ! » s'exclama-t-elle.
    « C'est malheureux, dit-il, mais mon père ne m'a jamais compris. »

d   après les mots *peut-être*, *aussi*, *sans doute* et *à peine ... que* lorsque ceux-ci sont utilisés en tête de phrase ou de proposition.
    Peut-être aurez-vous la chance de le rencontrer.
    À peine ma grand-mère était-elle arrivée que les enfants se précipitaient pour l'embrasser.

À noter !   • *Peut-être que* et *sans doute que* ne nécessitent pas l'inversion du sujet.
    Peut-être que je ne pourrai pas venir.

VÉRIFIONS !
            réponses, p. 331

Complétez les phrases suivantes avec la forme correcte du pronom sujet. Mettez le pronom à la bonne place.

1. Quand y ____ êtes ____ allé ?
2. « Hélas, ____ dit ____, je n'ai pas pu le convaincre. »
3. Eux, ____ sont ____ toujours en voyage !
4. Sans doute ____ s'est ____ trompé !
5. ____ n'avions ____ pas du tout cette impression.
6. Peut-être que ____ auriez ____ accepté son offre.

Les pronoms personnels réfléchis

ACCENT SUR LES FORMES

TABLEAU 6.4   Les pronoms personnels réfléchis

	singulier	*pluriel*
1re personne	me (m')	nous
2e personne	te (t') toi*	vous
3e personne	se (s')	se (s')

*après un impératif affirmatif (*Lève-toi !*)

À noter !
- Les pronoms personnels réfléchis ont les mêmes formes pour le masculin et le féminin, au singulier et au pluriel.
  *Il **se** lave.*   *Elle **se** lave.*
  *Ils **se** préparent.*   *Elles **se** préparent.*
- À l'impératif affirmatif, on utilise la forme *toi* au lieu de *te (t')*, pourvu qu'il n'y ait pas de pronom après.
  *Rase-**toi**.*
  Va-t'en.

Les pronoms personnels réfléchis

ACCENT SUR LA SYNTAXE

1 Les pronoms personnels réfléchis précèdent le verbe au présent, au futur, au passé simple, à l'imparfait et au conditionnel.
  *Ils ne **se** trompent jamais.*
  ***Se** lève-t-il tôt ?*

2 Les pronoms personnels réfléchis précèdent le verbe auxiliaire à un temps composé (passé composé, plus-que-parfait, etc.).
  *Nous **nous** sommes excusés.*

3 Les pronoms personnels réfléchis précèdent le verbe à l'impératif négatif.
  *Ne **t'**en fais pas.*
  *Ne **nous** faisons pas d'illusions !*

4 Les pronoms personnels réfléchis suivent le verbe à l'impératif affirmatif. Le pronom réfléchi est rattaché au verbe à l'aide d'un trait d'union.
  *Amusez-**vous** bien.*
  *Dépêchons-**nous**.*
  *Assieds-**toi**.*

VÉRIFIONS!   *réponses, p. 331*

Mettez les verbes suivants à la forme et au temps indiqués.
Mettez le pronom réfléchi à la bonne place.
1. (s'excuser/passé composé) Elles ___.
2. (se sentir/présent) Comment ___, Paul ?
3. (se couper/impératif) Attention, Jacques, ne ___ pas !
4. (se demander/imparfait) Je ___ pourquoi.

---

*Les pronoms
personnels
objets*

ACCENT SUR LES FORMES

TABLEAU 6.5   Les pronoms personnels objets directs

	singulier			*1re personne*	*2e personne*	*3e personne*
	1re personne	*2e personne*	*3e personne*			
masculin	me (m') moi*	te (t')	le (l')	nous	vous	les
féminin	me (m') moi*	te (t')	la (l')	nous	vous	les

*après un impératif affirmatif *(Attends-**moi** !)*

TABLEAU 6.6   Les pronoms personnels objets indirects

	singulier			*pluriel*		
	1re personne	*2e personne*	*3e personne*	*1re personne*	*2e personne*	*3e personne*
masculin	me (m') moi*	te (t')	lui	nous	vous	leur
féminin	me (m') moi*	te (t')	lui	nous	vous	leur

*après un impératif affirmatif *(Téléphone-**moi**.)*

1   À la troisième personne du singulier, le pronom personnel objet direct a deux formes : le masculin *le* et le féminin *la*.

2   Les pronoms personnels objets directs de la troisième personne ont les mêmes formes que l'article défini (*le, la, les*).

3   Les pronoms personnels objets indirects ont les mêmes formes au masculin et au féminin.
  *À Jacqueline, je **lui** téléphone souvent ; à Paul, je **lui** téléphone de temps en temps.*

4 *Lui* et *leur* ne s'emploient qu'en parlant de personnes. En parlant de choses, on emploie le pronom *y*.

*Nous **y** pensons.*

5 Après un impératif affirmatif, on utilise la forme *moi* au lieu de *me*.

Objet direct : *Aide-**moi**.*
Objet indirect : *Écris-**moi**.*

6 On utilise les formes *m'* et *t'* devant le pronom *en*.

*Achète-**m'**en deux.*
*Il ne **t'**en a pas donné.*

Les pronoms *ACCENT SUR LA SYNTAXE*	

Les pronoms
personnels
objets

1 Les pronoms objets précèdent le verbe au présent, au futur, au passé simple, à l'imparfait, au conditionnel et aux autres temps simples, ainsi que devant *voici* et *voilà*.

*Je ne **vous** demande rien.*
*Elle **le** regarda avec mépris.*
*Jacques **lui** faisait la cour depuis longtemps.*
*Tiens, **la** voilà !*
***Les** veux-tu ?*
*Bon, je **te** laisse faire.*

2 Les pronoms personnels objets précèdent le verbe auxiliaire à un temps composé (passé composé, plus-que-parfait, etc.).

*On **nous** a invités.*
*Je **leur** avais pourtant écrit.*
***Vous** ont-ils répondu ?*

3 Les pronoms personnels objets précèdent le verbe à l'impératif négatif.

*Ne **lui** prête jamais d'argent.*
*Ne **les** écoute pas.*
*Ne **la** laissez pas tomber.*

4 Les pronoms personnels objets qui suivent le verbe à l'impératif affirmatif sont rattachés au verbe à l'aide d'un trait d'union.

*Donne-**moi** la main !*
*Téléphonons-**lui** !*
*Saluez-**le** de ma part.*

5 Les pronoms personnels objets précèdent un infinitif si le pronom est l'objet direct ou indirect de cet infinitif.

*Il va **te** raccompagner.*
*Nous voulons **le** faire.*
*Tu vas **me** téléphoner ?*

À noter ! • Chaque pronom personnel objet précède la forme verbale dont il est l'objet (sauf à l'impératif affirmatif).

*J'envoie **Jacques** chercher **le journal**. Je l'envoie **le** chercher.*
*Envoyez **Jacques** chercher **le journal**. Envoyez-le **le** chercher.*

Jacques = complément d'objet direct du verbe *envoyer*
le journal = complément d'objet direct du verbe *chercher*

• Quand les verbes *écouter, entendre, laisser, regarder, sentir* et *voir* sont suivis d'un infinitif, le pronom personnel objet précède le premier verbe, car il en est l'objet.

*Nous écoutons **le professeur** parler.*
*Nous **l'**écoutons parler.*

*Elle laisse **son mari** fumer.*
*Elle **le** laisse fumer.*

• Quand le verbe *faire* est suivi d'un infinitif (*faire* causatif), les pronoms personnels objets précèdent le verbe *faire*. Le participe passé *fait* dans sa construction causative (suivi d'un infinitif) est invariable.

*Elle a fait réciter **les élèves**. Elle **les** a fait réciter.*
les élèves = objet direct

*Elle a fait réciter **la leçon** aux élèves. Elle **l'**a fait réciter aux élèves.*
la leçon = objet direct

*Elle a fait réciter **la leçon aux élèves**. Elle **la leur** a fait réciter.*
aux élèves = objet indirect
la leçon = objet direct

VÉRIFIONS !   *réponses, p. 331*

Remplacez les mots en italique par des pronoms.

1. Nous n'avons pas encore reçu *la facture*.
2. Corrigez *vos fautes*.
3. Parlons *au patron*.
4. On regardait passer *les gens*.
5. Il a fait répéter *la pièce* aux comédiens.
6. Jacqueline va rendre visite *à ses parents*.
7. Avez-vous remis votre dissertation *au professeur*?
8. Elle embrassa *le prince* une dernière fois.
9. Regarde, voilà *les coureurs*!
10. Est-ce que tu as aimé conduire *ma voiture*?

Les pronoms   *ACCENT SUR LES FORMES*
y et en

Les pronoms *y* et *en* sont invariables.

*Le pronom **y***

ACCENT SUR LES EMPLOIS

Emplois	*Contextes*
1 Le pronom *y* remplace un complément circonstanciel de lieu, surtout les compléments précédés de la préposition *à*. De nombreuses prépositions introduisent ce complément ; parmi celles-ci : *devant, derrière, dans, en, à, sur, sous, au-dessus de, au dessous de, près de, à côté de*.	– *Allons-nous **au cinéma** ?* – *Oui, nous **y** allons.* – *Les clefs sont **dans le tiroir** ?* – *Oui, elles **y** sont.* – *Il habite toujours **rue Saint-Denis** ?* – *Non, il n'**y** habite plus.*

À noter ! • Le complément circonstanciel de lieu précédé par *de, d', du, de la* ou *des* est remplacé par le pronom *en*.
  – *Les Dupont reviennent **du Mexique** ?*
  – *Oui, ils **en** reviennent.*

2 Le pronom *y* remplace un objet indirect désignant des choses et non des personnes.	– *A-t-il répondu **à la question** ?* – *Oui, il **y** a répondu.* – *Joues-tu **au tennis** ?* – *Oui, j'**y** joue.*

À noter ! • Un objet indirect désignant des personnes est remplacé par les pronoms *lui* et *leur*.
  – *Réponds-tu **au professeur** ?*
  – *Oui, je **lui** réponds.*

3 Le pronom *y* remplace une proposition complément d'objet indirect.	– *Faisais-tu attention **à ce qu'il disait** ?* – *Oui, j'**y** faisais attention.* – *Tenez-vous **à ce que ce soit lui qui le fasse** ?* – *Oui, j'**y** tiens beaucoup.*

Attention à l'oral ! **4** Pour des raisons d'euphonie, on omet le pronom *y* devant le futur et le conditionnel du verbe *aller*.
  – Iras-tu chez le dentiste?
  – *Non, **je n'irai pas**.*

*Le pronom **en***

ACCENT SUR LES EMPLOIS

Emplois	*Contextes*
1 Le pronom *en* remplace un complément d'objet direct précédé d'un article partitif (*du, de la, de l', de* et *d'*).	– *Veut-il **du** riz ?* – *Non, il n'**en** veut pas.* – *Tu prends **de la soupe** ?* – *Oui, ce soir j'**en** prends.* – *N'a-t-il pas mis **d'ail** ?* – *Si, il **en** met toujours.*

2 Le pronom *en* remplace un complément (qui ne se rapporte pas à une personne) précédé de la préposition *de*. Ce complément peut être un nom, un verbe ou une proposition.

– *A-t-il besoin **de ma calculatrice** ?*
– *Oui, merci, il **en** a besoin.*

– *Est-ce que tu es content **de partir en vacances** ?*
– *Oui, j'**en** suis très content.*

– *As-tu entendu parler **de ce qu'il a fait** ?*
– *Non, je n'**en** ai pas entendu parler.*

À noter ! • S'il s'agit d'une personne, on emploie *de* + un pronom disjoint.
*Il est tombé amoureux **d'elle**.*

3 Le pronom *en* remplace un complément précédé d'un nombre (*un/une, deux, trois,* etc.), d'une expression de quantité ou d'un article indéfini. Les expressions les plus courantes sont : *beaucoup de, peu de, trop de, assez de, plusieurs, quelques-uns* et *aucun*.

– *A-t-il acheté **un ou deux billets** ?*
– *Il **en** a acheté **un**.*

– *A-t-il **beaucoup d'amis** ?*
– *Oui, il **en** a **beaucoup**.*

– *C'est vrai qu'elle n'a fait **aucune faute** ?*
– *Oui, c'est vrai. Elle n'**en** a fait **aucune**.*

À noter ! • Lorsque le pronom *en* remplace un nom précédé d'un nombre ou d'une expression de quantité, on maintient ce nombre ou cette expression après le verbe.
– *Il y a **cinq filles** dans l'équipe ?*
– *Oui, il y **en** a **cinq**.*
L'article indéfini *des* n'est pas répété.
– *Est-ce que tu veux **des oranges** ?*
– *Non, je n'**en** veux pas.*

4 Le pronom *en* remplace un complément désignant la possession.

– *Est-elle la propriétaire **de cette maison** ?*
– *Oui, elle **en** est la propriétaire.*

5 Le pronom *en* remplace un complément circonstanciel de lieu désignant la provenance.

– *Revient-il **d'Europe** ?*
– *Oui, il **en** revient.*

6 Le pronom *en* remplace un complément d'adjectif précédé de la préposition *de*.

– *Es-tu satisfait **de ton travail** ?*
– *Oui, j'**en** suis satisfait.*

Attention aux accords ! **7** Il n'y a jamais d'accord avec le pronom *en*.
– *As-tu acheté **de la crème fraîche**.*
– *Oui, j'**en** ai acheté aujourd'hui.*

– *As-tu jeté **la crème qui restait** ?*
– *Oui, je **l'**ai jetée hier. (accord avec le pronom l')*

À noter ! • La deuxième personne du singulier de l'impératif des verbes en *er* et des verbes comme *ouvrir* ont un *s* devant les pronoms *y* et *en*.

Vas-y !

Ouvres-en !

VÉRIFIONS !

réponses, p. 331

Répondez aux questions et remplacez les mots en italique par des pronoms.

1. Est-elle allée *à la Martinique* cette année ? (oui)
2. Avez-vous déjà mangé *des escargots* ? (oui)
3. Es-tu capable *de le faire* ? (non)
4. Était-elle habituée *à cela* ? (non)
5. Ont-ils pensé *à ce que je leur avais dit* ? (oui)
6. Vient-il *du Portugal* ? (oui)
7. Va-t-il avoir assez *d'argent* ? (non)
8. Est-il le propriétaire *de cette maison* ? (oui)

Les pronoms personnels disjoints

ACCENT SUR LES FORMES

TABLEAU 6.7   **Les pronoms personnels disjoints**

	singulier			pluriel		
	1ʳᵉ personne	**2ᵉ personne**	**3ᵉ personne**	**1ʳᵉ personne**	**2ᵉ personne**	**3ᵉ personne**
masculin	moi	toi	lui	nous	vous	eux
féminin	moi	toi	elle	nous	vous	elles
indéfini			soi			

À noter ! • Les pronoms *moi, toi, nous* et *vous* peuvent être masculins ou féminins.

• À la troisième personne du singulier, il y a une forme pour le masculin (*lui*) et une forme pour le féminin (*elle*).

• À la troisième personne du pluriel, il y a une forme pour le masculin (*eux*) et une forme pour le féminin (*elles*).

• Le pronom *soi* se rapporte à un sujet indéterminé. Il est utilisé avec une expression impersonnelle (*il faut*, etc.) ou avec un pronom indéfini (*on, chacun*, etc.)

*Il faut avoir confiance en **soi**.*

*Après le travail on rentre chez **soi**.*

*Chacun pour **soi**.*

Les pronoms
personnels
disjoints

ACCENT SUR LES EMPLOIS

Emplois	*Contextes*
1 Un pronom disjoint peut être complément circonstantiel après une préposition.	*Elle rentre chez **elle**.* *On ne travaille que pour **soi**.* *N'y va pas sans **eux**.*
2 Un pronom disjoint remplace un nom de personne après la préposition *à* qui s'impose dans les expressions suivantes :	*– T'es-tu adressé **au directeur** ?* *– Oui, je me suis adressé **à lui**.* *Je pense souvent **à eux**.* *Il tient beaucoup **à elle**.*

> *avoir affaire à*   *rêver à*
> *être à*   *s'adresser à*
> *être habitué à*   *se fier à*
> *faire attention à*   *s'intéresser à*
> *penser à*   *s'habituer à*
> *prendre garde à*   *songer à*
> *renoncer à*   *tenir à*

À noter ! • L'expression *être à* indique la possession.
> *Ce stylo est **à moi**.*

On pourrait dire aussi :
> *C'est mon stylo.*
> *Ce stylo m'appartient.*

• Comparez les phrases :
> *Je parle **à Paul**.*
> *Je **lui** parle.*

L'objet indirect est remplacé par un pronom conjoint placé devant le verbe.
> *Je pense **à Paul**.*
> *Je pense **à lui**.*

L'objet indirect est remplacé par un pronom disjoint précédé de *à*. Ce pronom suit le verbe.

3 Un pronom disjoint remplace un nom de personne bien défini précédé de la préposition *de*.	*– On parle encore **de Robert** ?* *– Bien sûr, on parle encore beaucoup **de lui**.* *– As-tu eu des nouvelles **de ta cousine** ?* *– Oui, j'ai reçu deux lettres **d'elle**.*

À noter ! • Lorsqu'il s'agit de liens de parenté, ou de relations d'amitié ou d'affaires, on peut utiliser le pronom *en*.
> *Pierre est le frère **d'Hélène**.*
> *Pierre **en** est le frère.*

Cette tournure est assez rare ; on a tendance à utiliser le possessif, c'est-à-dire :
> *Pierre est son frère.*

• Comparez les phrases :

*On parle **du professeur Dupuis**.*	*On parle **des professeurs**.*	*On parle **de sa moustache**.*

*On parle de **lui**.*	*On **en** parle.*	*On **en** parle.*
nom de personne bien définie	groupe de personnes ; sens collectif	chose

4 Un pronom disjoint peut être attribut après *c'est* ou *ce sont*.

*C'est **elle** qui a gagné.*
*Ce n'est pas **moi** qui ai fait cela.*
*Ce sont **eux**, j'en suis sûr.*

Attention au niveau de langue !

5 On peut utiliser un pronom disjoint seul dans une réponse où il y a ellipse du verbe. Cet usage est limité à la langue parlée.
– *Qui est là ?*
– ***Moi** !*

– *Qui a déchiré ce rideau ?*
– *Pas **nous** !*

6 Un pronom disjoint peut être sujet avec l'adjectif *seul*.

***Vous seul** pouvez m'aider.*
***Lui seul** en est capable.*

7 Un pronom disjoint peut être élément de sujet ou d'objet multiple.

***Toi** et **moi**, nous serons toujours copains.*
***Vous** et **lui**, vous vous ressemblez beaucoup.*
*Nous sommes tous blonds, mes frères et **moi**.*
***Eux** et leurs enfants sont bilingues, n'est-ce-pas ?*

À noter ! • Lorsqu'on utilise plusieurs pronoms sujets, le verbe s'accorde de la manière suivante :
pronoms de la 1re, 2e et 3e personne = *nous*
pronoms de la 2e, 3e personne = *vous*
pronoms de la 3e personne = *ils* ou *elles*

• Avec la négation *ni ... ni ...* on utilise également des pronoms disjoints.
*Ni **toi** ni **elle** n'avez obtenu de bons résultats.*

8 Un pronom disjoint peut être complément circonstanciel après *que* dans une comparaison *(plus ... que, moins ... que, aussi ... que, tant ... que, autant ... que)* ou dans une restriction *(ne ... que)*.

*Jean-Pierre est plus patient que **lui**.*

*On a souvent besoin d'un plus petit que **soi**.*

*Elle n'aime que **toi**.*

9 Un pronom disjoint est utilisé pour la mise en relief, avec ou sans le mot *même*.

*Faites-le **vous-même** !*
*Souvent, on ne pense qu'à **soi-même**.*
*Tu as fait tes devoirs, **toi** ?*

10 Un pronom disjoint peut être en apposition au pronom sujet ou au pronom complément d'objet.

***Moi**, je n'y comprends rien.*
*Il t'aime, **toi**.*

VÉRIFIONS !   *réponses, p. 331*

Remplacez les mots soulignés par un pronom et mettez ce pronom à la bonne place.

1. Ils sont allés dîner chez les Dupont.
2. Chantal rêve à son fiancé.
3. La directrice est fière de son adjoint.
4. Le directeur est fier de notre performance.
5. Les copains et moi sortons ce soir.
6. Ni Paul ni Sandra n'y ont pensé.
7. Dieu seul a le droit de nous juger.
8. C'est notre député qui a proposé ce projet de loi.

L'ordre des pronoms compléments

ACCENT SUR LA SYNTAXE

1 Lorsqu'il y a plus d'un pronom complément devant le verbe, la séquence ci-dessous s'applique sauf quand le verbe est à l'impératif affirmatif :

(5)		*(3)*		*(2)*		*(1)*		*(1)*
me (m')	*devant*	le (l')	*devant*	lui	*devant*	y	*devant*	en
te (t')		la (l')		leur				
se (s')		les						
nous								
vous								

La série 5, 3, 2, 1,1, et le triangle, devraient vous rappeler le bon ordre des pronoms.

À noter !

• Les pronoms *me, te, se, nous* et *vous* précèdent les pronoms *le, la, les, y* et *en.*

> Il ***me le*** *disait souvent.*
> ***Te l'****a-t-il donné ?*
> *Elle ne* ***se l'****est pas acheté.*
> *Ne* ***nous le*** *demande pas !*
> *Jacques va* ***vous les*** *prêter.*
> *Ils* ***nous en*** *ont servi.*

• On ne peut pas utiliser deux pronoms du premier groupe dans la même phrase. L'emploi d'un pronom disjoint s'impose.

> *Il ne* ***se*** *confie jamais* ***à moi.***
> *Je* ***me*** *souviens* ***de vous.***

• Les pronoms *le, la* et *les* précèdent les pronoms *lui, leur* et *y.*

> *Je* ***les lui*** *remettrai.*
> *Tu vas* ***le leur*** *dire.*
> *Nous* ***les y*** *avons cherchés.*

• Les pronoms *y* et *en* suivent toujours les autres pronoms compléments. L'ordre est toujours *y* devant *en.* On emploie les formes élidées *l', m', t'* et *s'* devant le pronom *y* ou *en.*

> *Il* ***m'en*** *a donné.*
> *Elle* ***s'y*** *est rendue.*
> *Ils* ***y en*** *ont acheté.*

2 À l'impératif affirmatif, les pronoms compléments suivent le verbe et la séquence ci-dessous s'applique :

le (l') la (l') les	*devant*	moi (m') toi (t') lui leur nous vous	*devant*	y	*devant*	en

Attention à oral ! **3** Pour des raisons d'euphonie, on évite la combinaison *lui y*.

À noter ! • Les séquences *l'y* et *m'y* sont rares.

   • À l'impératif affirmatif, les pronoms objets directs *le, la* et *les* précèdent les pronoms objets indirects *moi, toi, lui, leur, nous* et *vous*.
      Si tu as quelque chose à nous dire, dis-le-nous !
      Quand tu auras ramassé les feuilles de tes camarades, apporte-les-moi.

   • On emploie les formes élidées *l', m'* et *t'* devant le pronom *y* ou *en*.
      Je n'en ai pas besoin de beaucoup ; donne-m'en quelques-uns.
      Va-t'en !

4 À l'impératif négatif, les pronoms suivent l'ordre des pronoms qui précèdent le verbe.
   Ne nous le dis pas.   *Ne m'y téléphone jamais !*
   Ne la lui donne pas.   *Ne t'en fais pas !*

VÉRIFIONS !   *réponses, p. 331*

Remplacez les mots soulignés par des pronoms. Mettez ces pronoms à la bonne place et dans le bon ordre.

1. Il a posé cette question au professeur.
2. Raconte cette histoire à ta soeur.
3. Emmène tes parents au restaurant.
4. Ne me donne pas ton rhume.
5. Elle t'a apporté des fraises ? Comme c'est gentil !
6. Récite-moi ce poème.
7. Vas-tu chercher Simone à la gare ?
8. Quand a-t-il montré ces lettres à l'avocat ?

PROBLÈMES DE TRADUCTION

1 Listen **to him**.   *Écoute-le.* (objet direct)
   I looked **for them**.   *Je les ai cherchés.* (objet direct)
   Ask **him**.   *Demande-le-lui.* (objet indirect)
   He values **it**.   *Il y tient.* (objet indirect)

Certains verbes anglais qui introduisent leur complément avec une préposition se traduisent par des verbes français qui prennent un complément d'objet direct. D'autres verbes anglais qui sont suivis d'un objet direct ont des équivalents français qui prennent un objet indirect.

2 Here **I** am.   *Me voici.*
There **they** are.   *Les voilà.*
Here are **some.**   *En voici.*

Le pronom sujet dans cette construction anglaise est rendu en français par un pronom objet direct suivi de *voici* ou de *voilà*.

3 several of **them**   *plusieurs d'entre **eux***
many of **us**   *beaucoup d'entre **nous***
a few of **you**   *quelques-uns d'entre **vous***

La notion exprimée par la construction anglaise qui comprend une expression de quantité + *of* + un pronom personnel est rendue en français par l'expression de quantité équivalente + *d'entre* + le pronom disjoint équivalent.

4 Do it **yourself!**   *Faites-le **vous-même** !*
Do it **by yourself.**   *Faites-le **tout seul**.*

Il faut distinguer les deux constructions ci-dessus en anglais et en français.

5 Ask him.   (for it)   *Demandez-**le**-lui.*
She knows.   (it)   *Elle **le** sait.*
I am telling you.   (it)   *Je vous **le** dis.*

On fait très souvent l'ellipse du pronom en anglais ; en français il faut toujours que la chose dont on parle soit représentée par un pronom.

6 My wallet was stolen.   ***On** m'a volé mon portefeuille.*
French is spoken here.   *Ici **on** parle français.*

Le passif anglais se traduit souvent par le pronom *on* et la forme active du verbe.

7 – Are the keys in the drawer?   – *Est-ce que les clefs sont dans le*
– Yes, they are.   *tiroir ?*
                                         – *Oui, elles **y** sont.*

– How many pages are there?   – *Il y a combien de pages ?*
– There are twenty.   – *Il y **en** a vingt.*

Lorsqu'on répond à une question en français, il est absolument nécessaire d'utiliser un pronom pour représenter les éléments mentionnés dans la question. En anglais, on omet souvent le pronom; en fait, *they are there* paraît redondant.

8 – Why didn't they go to Mexico?   – *Pourquoi ne sont-ils pas allés*
– They had already gone **there**.   *au Mexique ?*
                                         – *Ils **y** étaient déjà allés.*

Sit **there.**   *Assieds-toi **là**.*
Is your boss **there**?   *Votre patron est **là** ?*

L'adverbe anglais *there* peut se rendre en français par *y* si le lieu a déjà été mentionné et par *là* si le lieu n'a pas encore été mentionné.

9 I'll buy it **myself**.   *Je vais l'acheter **moi-même**.*

Quand les pronoms anglais *myself, yourself*, etc. sont utilisés pour mettre en relief le sujet, le français utilise *moi-même, toi-même*, etc.

I'll buy **myself** a sailboat.   *Je vais **m'**acheter un voilier.*
He's making **himself** useful.   *Il **se** rend utile.*

Souvent ces mêmes pronoms anglais sont compléments d'objets directs ou indirects et sont exprimés par un verbe pronominal français.

10 I'm ready.   (neutral)   *Je suis prêt(e).*
I'm ready!   (stressed)   ***Moi**, je suis prêt(e)!*
                          *Je suis prêt(e), **moi**!*

I did it.   (strong stress)   ***C'est moi** qui l'ai fait.*

L'intonation joue un rôle important en anglais pour marquer la mise en relief. Le français obtient ce résultat par l'entremise des pronoms disjoints ou de la construction *c'est* + pronom.

EXPRESSION ÉCRITE

Grammaire   La plupart du temps la répétition des mêmes mots à l'intérieur d'une phrase produit un effet peu souhaitable que l'on appelle redondance. Les pronoms représentent un nom, un autre pronom, un adjectif ou un groupe nominal. Ils assurent ainsi l'économie du discours tout en évitant des répétitions monotones et souvent maladroites.

Atelier   ## *La description*

La description est un type de rédaction qui tente de reproduire un personnage (le portrait), un lieu, un objet, un sentiment ou un spectacle de la nature. Le but est de faire partager au lecteur sa vision du sujet. Il faut donc sélectionner les détails qui paraissent les plus caractéristiques en fonction de l'impression d'ensemble qu'on veut donner. Tous les sens peuvent être sollicités, mais un point de vue ou une perspective particulière permettra de retenir les éléments essentiels qui feront réussir le tableau envisagé.

Les principes de base rattachés à la rédaction de tout texte écrit (voir les sections *Atelier* des chapitres 1, 2 et 3) s'appliquent également à l'élaboration d'une description. En effet, il est indispensable de préparer un plan et de travailler son brouillon. Quelques conseils supplémentaires semblent néanmoins appropriés lorsqu'on aborde cette forme d'écriture :

1 *L'introduction*
Ce paragraphe est très important puisqu'il s'agit de susciter l'intérêt de son lecteur. C'est ici qu'on annonce le sujet (de qui ou de quoi est-il question ?). C'est également ici qu'on va situer son sujet dans le temps et dans l'espace. Il convient donc de montrer les circonstances qui ont fait de son sujet l'objet d'une description.

2 *Le développement*
Plusieurs approches sont possibles. En voici trois :

a *selon un développement du général au particulier* : On décrit en premier l'aspect général pour en venir plus tard aux détails, tout comme un film où la caméra nous montre d'abord un vaste paysage pour se fixer ensuite sur des éléments de détail.

b *selon l'ordre de l'observation* : On décrit ce qu'on voit en même temps que le regard du narrateur. Les détails sont présentés conformément à leur situation spatiale (par exemple, de gauche à droite, etc.) ou suivant l'ordre chronologique dans lequel on les voit.

c *selon les perceptions* : On décrit successivement les impressions qui ont frappé le narrateur. Ces perceptions peuvent être visuelles (de couleurs, de formes, etc.), auditives (de sons, de bruits, etc.), olfactives (de parfums, d'odeurs, etc.). On peut faire de même pour les émotions ressenties par le narrateur (la joie, la tristesse, la nostalgie, la peur, etc.).

Quelle que soit l'approche choisie, il faut se rappeler que son texte doit être organisé de façon à ce que le lecteur puisse voir et comprendre le sujet de la description.

3 *La conclusion*
La phrase ou le paragraphe de conclusion permet de terminer la description, soit en mettant en évidence l'impression générale qui se dégage du texte descriptif, soit en indiquant les circonstances qui mettent fin à l'intérêt qu'offrait le sujet.

Il convient de se rappeler finalement que la plupart du temps la description est mêlée à la narration qu'elle renforce en situant le cadre, en mettant en scène les personnages ou en exprimant ce que ressent le narrateur.

Document *Éléments grammaticaux* : temps du passé, emploi des adjectifs et des adverbes, emploi des pronoms
Nature du texte : description d'une petite ville, du milieu, de l'ambiance

Invité par l'Amicale Andréas-Dahinden à faire une conférence sur l'art du roman policier, je m'étais rendu à Coire au mois de mars de cette année. Le jour tombait déjà quand je descendis du train, en pleine bourrasque de neige, sous un ciel bas, dans une ville glacée. Ma conférence avait lieu dans la salle de réunion du Syndicat des Commerçants, où je ne trouvai qu'un auditoire assez clairsemé car à la même heure, dans la salle des fêtes du Collège, le professeur Émile Staiger parlait du Goethe des dernières années. Je ne parvins pas plus à me dégeler moi-même que mes auditeurs, dont plusieurs quittèrent la salle avant ma péroraison. Un court entretien encore avec quelques membres du Comité directeur, à savoir deux ou trois professeurs du Collège, qui eussent certes préféré entendre parler du Goethe des dernières années, et une dame éminemment charitable qui donnait tous ses soins à l'Association des gens de maison de la Suisse Orientale ; puis, dûment nanti de mes honoraires et autres frais de voyage, je regagnai l'hôtel du Chamois, près de la gare, où ma chambre avait été retenue. Rien de réconfortant là non plus.

Pas autre chose à lire qu'une feuille allemande de Bourse et un vieux numéro de la Weltwoche : le silence qui régnait dans l'hôtel avait quelque chose de si inhumain qu'on reculait à l'idée de dormir, tant on craignait de ne plus se réveiller jamais ! Nuit spectrale, qui paraissait suspendue hors du temps. Dehors, il ne neigeait plus, et rien, absolument rien ne bougeait : pas un seul habitant, pas un seul animal, ni même les lampes d'éclairage immobiles, sans un souffle de vent, ne donnaient une animation quelconque à la rue; pas un bruit, rien qui eût un semblant de vie, si ce n'est une fois, lugubre et étouffé comme s'il venait du fond du ciel, un vague écho du côté de la gare.

Tiré de *La Promesse*, de Friedrich Dürrenmatt,
traduit par Armel Guerne. Éditions Albin Michel.

Dossier   *Les prépositions*

Outre les adjectifs et les adverbes, qui, de par leur nature, jouent un rôle important dans la description, les prépositions tiennent aussi une place importante, étant donné le fait qu'elles introduisent de nombreux compléments circonstanciels indispensables.

catégories	*prépositions*
	à, à côté de, à l'extérieur de, à l'intérieur de, au bas de, au delà de, au dessous de, au dessus de, au milieu de, à travers, auprès de, autour de, aux environs de, chez, contre, dans, derrière, devant, du côté de, en bas de, en dehors de, en face de, entre, en travers de, hors de, jusqu'à, le long de, loin de, par, par-dessous, par-dessus, près de, proche de, sous, sur, vers, vis-à-vis, etc.
temps	à, après, avant (+ nom), avant de (+ infinitif), de, depuis, dès, durant, en, jusqu'à, lors de, pendant, etc.
manière/ moyen	à défaut de, à l'aide de, à la mode de, au moyen de, avec, de, en, en échange de, grâce à, par, par le truchement de, selon, etc.
but/ conséquence	afin de, à force de, à l'égard de, à moins de, dans le but de, de crainte de, de façon à, de manière à, de peur de, en faveur de, envers, pour, etc.
cause/ condition	à cause de, de par, en fonction de, en raison de, étant donné, faute de, excepté, manque de, pour, vu, etc.
explication/ illustration	attendu, conformément à, concernant, d'après, en ce qui concerne, selon, suivant, touchant à, etc.
addition	en plus de, outre, etc.
opposition	au lieu de, contrairement à, contre, etc.
comparaison	par rapport à, quant à, vis-à-vis de, etc.
exception/ restriction	à l'exception de, à l'exclusion de, à part, en dépit de, excepté, hors, malgré, sauf, etc.

*Vérifiez le bon usage de ces prépositions dans un dictionnaire.

MISE EN MARCHE

EXERCICE 1
oral ou écrit

Chacun sa responsabilité

Des étudiants ont loué une maison en guise de résidence. Chacun d'eux a sa responsabilité.

MODÈLE Georges / faire la vaisselle
Lui, il fait la vaisselle.

1. Paul / passer l'aspirateur
2. nous / faire la cuisine
3. Jacqueline et Sylvie / donner à manger au chien
4. Robert et Yves / s'occuper du jardin
5. moi / arroser les plantes d'intérieur
6. Luc et Rose / faire les lits
7. Amanda / mettre la table
8. vous / ne jamais rien faire

EXERCICE 2
oral ou écrit

Les corrections

Vous êtes professeur et vous avez demandé à vos étudiants d'utiliser l'inversion du sujet à l'interrogatif. Ils n'y ont pas réussi ! Corrigez les phrases suivantes.

MODÈLE Qu'est-ce qu'il a fait ?
Qu'a-t-il fait ?

1. Est-ce qu'on part demain ?
2. Il n'y est pas allé ?
3. Quand est-ce que vous l'avez vu ?
4. Où est-ce que tu vas ?
5. Vous vous êtes trompé ?
6. Est-ce qu'il y a encore des billets ?
7. Pourquoi est-ce qu'ils se sont cachés ?
8. Elle n'a pas reçu notre lettre ?

EXERCICE 3
oral ou écrit

Réactions

Complétez l'exercice selon le modèle. Veillez à utiliser le pronom correct pour remplacer les mots en italique.

MODÈLE Paul n'aime pas du tout *Robert.* (éviter le plus possible)
Il l'évite le plus possible.

1. Charles adore *ses chiens.* (emmener partout avec lui)
2. Robert est très amoureux de *Brigitte.* (apporter toujours des roses)

3. Je dois lui emprunter *son dictionnaire.* (avoir besoin maintenant)
4. Mes parents connaissent bien *mon copain.* (inviter souvent)
5. Jacqueline n'aime pas *son nouveau poste.* (ne pas s'habituer)
6. Jean est fâché contre *moi.* (ne plus parler)
7. La directrice est contente de *toi.* (vouloir parler)
8. Nos grands-parents viennent *nous* voir dimanche. (rendre visite souvent)

EXERCICE 4
oral ou écrit

On change d'avis
Vous vouliez faire certaines choses, mais vous avez changé d'avis.
Complétez l'exercice selon le modèle.

MODÈLE   travailler avec *Paul*
**Je voulais travailler avec Paul, mais maintenant je
ne veux plus travailler avec lui.**

1. aller *au concert*
2. acheter *ce chandail*
3. téléphoner *à Paul et à Claire*
4. vendre *mes patins à glace*
5. me faire couper *les cheveux*
6. donner *ce livre à Jacques*
7. m'adresser *au directeur*
8. faire *ce travail* pour *Robert*
9. aller *au cinéma* avec *mes copains*
10. écouter chanter *ma petite soeur*

EXERCICE 5
oral ou écrit

Encore des questions!
Répondez aux questions en utilisant, selon le cas, les formules
*trop, beaucoup, assez, ne ... pas assez, un peu, un tout petit peu,
ne ... pas du tout.*

MODÈLE   Est-ce que tu fais du sport ?
J'en fais un peu.

1. Est-ce que tu écris des dissertations ?
2. Est-ce que tu bois du café?
3. Est-ce que tu joues du piano ?
4. Est-ce que tu as du temps libre ?
5. Est-ce que tu lis des livres français ?
6. Est-ce que tu achètes des disques ?
7. Est-ce que tu parles de tes problèmes ?
8. Est-ce que tu manges de la pizza ?

EXERCICE 6
oral ou écrit

Autoritaire

Jouez le rôle d'une personne autoritaire qui se permet de dire aux autres ce qu'il faut faire ou ne pas faire.

MODÈLE ne pas téléphoner à *Paul*
   Ne lui téléphone pas; moi, je vais lui téléphoner.

   prendre *du dessert*
   Prends-en ; moi, je ne vais pas en prendre.

1. écouter *ce disque*
2. en parler *à tes parents*
3. aller *au cinéma*
4. ne pas montrer cette carte *à Gérard*
5. manger *des fraises*
6. ne pas demander ce renseignement *au professeur*
7. répondre *à cette lettre*
8. rapporter *du lait*

MISE EN ŒUVRE

EXERCICE 7
oral avec partenaire

Questionnaire   *réponses modèles, p. 162*

Votre camarade et vous parlez de choses et d'autres. L'étudiant(e) A pose les questions de la série A à l'étudiant(e) B, et vice versa. Utilisez des pronoms dans vos réponses.

MODÈLE aller au cinéma
Est-ce que tu vas souvent au cinéma ?
Oui, j'y vais souvent. / Non, je n'y vais pas souvent.

série A
1. jouer aux échecs
2. avoir besoin d'une grammaire
3. penser à ton avenir
4. faire des achats
5. écrire à tes parents
6. sortir avec tes amis
7. retourner au Québec
8. être content de tes cours

série B
1. jouer de la guitare
2. avoir envie d'un café
3. penser aux copains
4. faire la vaisselle
5. réussir à tes examens
6. parler de tes amis
7. manger à la cafétéria
8. être satisfait de tes notes

EXERCICE 8
écrit

Les accords

Remplacez les mots soulignés par des pronoms. Attention aux accords.

1. Il s'est acheté une nouvelle imprimante.
2. Elle a dit à ses collaborateurs exactement ce qu'elle pensait.
3. C'est Jacqueline qui a donné cette horrible cravate à Paul.
4. Le gouvernement canadien ne s'est pas plié aux demandes des terroristes.
5. Le directeur a chargé ses collaborateurs de régler cette affaire au plus vite.
6. Ils sont épuisés, les pauvres !
7. À la fin du rapport, nous avons formulé une douzaine de recommandations.
8. On n'a jamais vu ces études de marché.
9. Il a fait jouer quatre fois cette chanson au pianiste.
10. Yves St. Laurent a donné son nom à une eau de Cologne.

EXERCICE 9
écrit

Analyse grammaticale

Indiquez la fonction grammaticale des pronoms soulignés.

M. MARTIN :   – Il y a eu, Monsieur le Capitaine des Pompiers, une controverse entre Mme et M. Smith.

MME SMITH
(À M. MARTIN) : – Ça ne vous regarde pas !
(À M. SMITH) : – Je te prie de ne pas mêler les étrangers à nos querelles familiales.

M. SMITH :　– Oh, chérie, ce n'est pas bien grave. Le capitaine est un vieil ami de la maison. Sa mère me faisait la cour, son père, je le connaissais. Il m'avait demandé de lui donner ma fille en mariage quand j'en aurais une. Il est mort en attendant.

M. MARTIN :　– Ce n'est ni sa faute à lui ni la vôtre.

LE POMPIER :　– Enfin, de quoi s'agit-il ?

MME SMITH :　– Mon mari prétendait ...

M. SMITH :　– Non, c'est toi qui prétendais.

M. MARTIN :　– Oui, c'est elle.

MME MARTIN :　– Non, c'est lui.

LE POMPIER :　– Ne vous énervez pas. Racontez-moi ça, Madame Smith.

MME SMITH :　– Eh bien, voilà. Ça me gêne beaucoup de vous parler franchement, mais un pompier est aussi un confesseur.

> Tiré de *La Cantatrice chauve*, d'Eugène Ionesco.
> Copyright © Éditions Gallimard.

EXERCICE 10
écrit

Traduction
1. Paul is taller than she. She knows it.
2. Buy yourself the materials and build it yourself.
3. Neither he nor I wants the responsibility for it.
4. People speak French in this region.
5. Here you are ! We have been waiting for you for ten minutes.
6. All the girls came back from there with a tan. Several of them had sunburns.

EXERCICE 11
écrit

Composition
En utilisant, dans la mesure du possible, les conseils présentés dans la section *Atelier* de ce chapitre, rédigez une composition dans laquelle vous ferez une description. Choisissez l'un des sujets suivants :
1. la maison de vos rêves
2. le spectacle de la nature qui vous a le plus impressionné
3. l'objet le plus bizarre que vous ayez vu
4. votre autoportrait, mais tel que vous vous voyez dans dix ans

longueur : entre 225 et 250 mots

Réponses modèles

Exercice 7

série A
1. Est-ce que tu joues souvent aux échecs ?
　Oui, j'y joue souvent.
　Non, je n'y joue pas souvent.

2. Est-ce que tu as souvent besoin d'une grammaire ?
   Oui, j'en ai souvent besoin d'une.
   Non, je n'en ai pas souvent besoin d'une.
3. Est-ce que tu penses souvent à ton avenir ?
   Oui, j'y pense souvent.
   Non, je n'y pense pas souvent.
4. Est-ce que tu fais souvent des achats ?
   Oui, j'en fais souvent.
   Non, je n'en fais pas souvent.
5. Est-ce que tu écris souvent à tes parents ?
   Oui, je leur écris souvent.
   Non, je ne leur écris pas souvent.
6. Est-ce que tu sors souvent avec tes amis ?
   Oui, je sors souvent avec eux.
   Non, je ne sors pas souvent avec eux.
7. Est-ce que tu retournes souvent au Québec ?
   Oui, j'y retourne souvent.
   Non, je n'y retourne pas souvent.
8. Est-ce tu es souvent content(e) de tes cours ?
   Oui, j'en suis souvent content(e).
   Non, je n'en suis pas souvent content(e).

série B
1. Est-ce que tu joues souvent de la guitare ?
   Oui, j'en joue souvent.
   Non, je n'en joue pas souvent.
2. Est-ce que tu as souvent envie d'un café ?
   Oui, j'en ai souvent envie d'un.
   Non, je n'en ai pas souvent envie d'un.
3. Est-ce que tu penses souvent aux copains ?
   Oui, je pense souvent à eux.
   Non, je ne pense pas souvent à eux.
4. Est-ce que tu fais souvent la vaisselle ?
   Oui, je la fais souvent.
   Non, je ne la fais pas souvent.
5. Est-ce que tu réussis souvent à tes examens ?
   Oui, j'y réussis souvent.
   Non, je n'y réussis pas souvent.
6. Est-ce que tu parles souvent de tes amis ?
   Oui, je parle souvent d'eux.
   Non, je ne parle pas souvent d'eux.
7. Est-ce que tu manges souvent à la cafétéria ?
   Oui, j'y mange souvent.
   Non, je n'y mange pas souvent.
8. Est-ce que tu es souvent satisfait(e) de tes notes ?
   Oui, j'en suis souvent satisfait(e).
   Non, je n'en suis pas souvent satisfait(e).

7

Grammaire	**Le futur simple** **Le futur antérieur** **Le conditionnel présent et passé** **Les phrases hypothétiques**
Expression écrite	**Atelier : l'argumentation** **Dossier : les formules d'introduction**

Terminologie

- **le conditionnel** — mode qui permet d'exprimer une action éventuelle ou possible mais non réalisée
  *On **aurait** intérêt à le faire.*

- **le futur antérieur** — temps composé du mode indicatif qui permet d'exprimer une action que l'on prévoit complétée à un moment déterminé du futur
  *À cette date-là, ce **sera fini**.*

- **le futur proche** — construction verbale qui comprend le verbe *aller* suivi d'un infinitif et qui (surtout utilisée dans la conversation) exprime une action future assez proche du présent
  *Alors, où est-ce qu'on **va manger** ?*

- **le futur simple** — temps simple du mode indicatif qui permet d'exprimer une action à venir
  *Nous lui **écrirons**.*

- **une phrase hypothétique** — phrase dans laquelle on énonce une possibilité ou une éventualité qui dépend d'une condition
  Si j'avais eu assez d'argent, je l'aurais acheté.

MISE AU POINT

Le futur simple

ACCENT SUR LES FORMES

1 Le futur simple, tout comme le présent de l'indicatif, l'impératif, l'imparfait et le passé simple, est un temps dont la forme verbale ne comprend qu'un mot.

Les verbes réguliers

TABLEAU 7.1   **La formation du futur simple des verbes réguliers**

terminaisons	*1re conjugaison* *infinitif*: **travailler** *radical*: **travailler**	*2e conjugaison* *infinitif*: **réussir** *radical*: **réussir**	*3e conjugaison* *infinitif*: **vendre** *radical*: **vendr**
je: **ai**	je travaille**rai**	je réussi**rai**	je vend**rai**
tu: **as**	tu travaille**ras**	tu réussi**ras**	tu vend**ras**
il/elle: **a**	il elle travaille**ra**	il/elle réussi**ra**	il/elle vend**ra**
nous: **ons**	nous travaille**rons**	nous réussi**rons**	nous vend**rons**
vous: **ez**	vous travaille**rez**	vous réussi**rez**	vous vend**rez**
ils/elles: **ont**	ils/elles travaille**ront**	ils/elles réussi**ront**	ils/elles vend**ront**

2 Pour les verbes réguliers de la 1re et de la 2e conjugaisons, le radical du futur simple est l'infinitif. En ce qui concerne les verbes réguliers de la 3e conjugaison, on laisse tomber le *e* final de l'infinitif avant d'ajouter les terminaisons du futur simple.

À noter ! • Certains verbes ont un *r* précédant la terminaison de l'infinitif. Les formes du futur simple de ces verbes ont donc deux *r*.

    préparer   *je préparerai*
    réparer   *je réparerai*
    tirer   *je tirerai*
    périr   *je périrai*

Attention à l'oral ! **3** Les terminaisons orales du futur simple de tous les verbes sont les suivantes :

    /re/ (formes avec *je* et *vous*)
    /ra/ (formes avec *tu* et *il/elle*)
    /rɔ̃/ (formes avec *nous* et *ils/elles*)
Notez le /r/ qui marque toute forme du futur simple.

4 Le *e* des verbes en *éer*, *ier*, *ouer* et *uer* est muet au futur simple.

    créer: je créerai /crere/
    se soucier: je me soucierai /susire/
    louer: je louerai /lure/
    continuer: je continuerai /kɔ̃tinɥre/

Attention à **5** Certaines particularités orthographiques des verbes en *er* au
l'orthographe! présent se retrouvent au futur simple.

TABLEAU 7.2   Les verbes à changements orthographiques

infinitif	*changement au présent*	*verbe modèle*	*forme modèle du futur simple*	*formation du futur simple*
en **cer**	*ç* devant *o*	placer (nous plaçons)	je placerai /plasrе/	formation régulière
en **ger**	*e* devant *o*	manger (nous mangeons)	je mangerai /mãʒre/	formation régulière
en **eler**	(a) *ll* devant terminaison muette (*e, es, ent*)	appeler (j'appelle)	j'appellerai /apɛlre/	*ll* dans le radical
	(b) *è* devant terminaison muette	peler (je pèle)	je pèlerai /pɛlre/	*è* dans le radical
en **eter**	(a) *tt* devant terminaison muette	jeter (je jette)	je jetterai /ʒetre/	*tt* dans le radical
	(b) *è* devant terminaison muette	acheter (j'achète)	j'achèterai /aʃetre/	*è* dans le radical
en **eser** et **ener**	*è* devant terminaison muette	peser (je pèse) amener (j'amène)	je pèserai /pɛzre/ j'amènerai /amɛnre/	*è* dans le radical
en **ayer**	*i* au lieu de *y* devant terminaison muette	payer (je paie)	je payerai ou je paierai /pɛjre/	choix de *y* ou *i* dans le radical
en **oyer** et **uyer**	*i* au lieu de *y* devant terminaison muette	nettoyer (je nettoie) essuyer (j'essuie)	je nettoierai /nɛtware/ j'essuierai /ɛsɥire/	*i* dans le radical
en **éter**	*è* au lieu de *é* devant terminaison muette	répéter (je répète)	je répéterai /repetre/	*é* dans le radical

Les verbes irréguliers

TABLEAU 7.3   **La formation du futur simple des verbes irréguliers**

radical formé à partir de l'infinitif
modèles : infinitif **battre***, radical* **battr**
    infinitif **offrir***, radical* **offrir**

infinitif	*futur*	*infinitif*	*futur*
battre	je battrai	offrir	j'offrirai
boire	je boirai	ouvrir	j'ouvrirai
conduire	je conduirai	peindre	je peindrai
connaître	je connaîtrai	plaire	je plairai
craindre	je craindrai	prendre	je prendrai
croire	je croirai	résoudre	je résoudrai
dire	je dirai	rire	je rirai
écrire	j'écrirai	souffrir	je souffrirai
fuir	je fuirai	suffire	je suffirai
lire	je lirai	suivre	je suivrai
mettre	je mettrai	vivre	je vivrai

radical irrégulier
modèle : infinitif **aller***, radical* **ir**

infinitif	*futur*	*infinitif*	*futur*
acquérir	j'acquerrai	falloir	il faudra
aller	j'irai	mourir	je mourrai
s'asseoir	je m'assiérai	pleuvoir	il pleuvra
	ou		
	je m'assoirai	pouvoir	je pourrai
avoir	j'aurai	recevoir	je recevrai
courir	je courrai	savoir	je saurai
devoir	je devrai	tenir	je tiendrai
envoyer	j'enverrai	valoir	il vaudra
être	je serai	venir	je viendrai
faire	je ferai	voir	je verrai
		vouloir	je voudrai

Attention   **6**   Le double *r* du futur simple de certains verbes (*acquerrai,*
à l'oral !   *courrai, enverrai, verrai*) peut être prononcé /r/ ou /rr/.

VÉRIFIONS !

réponses, p. 331

Mettez le verbe entre parenthèses au futur simple.

1. nous (recevoir)
2. ils (vouloir)
3. je (envoyer)
4. vous (se divertir)
5. elle (réparer)
6. tu (savoir)
7. elles (apprendre)
8. il (pleuvoir)
9. nous (courir)
10. vous (faire)
11. tu (s'asseoir)
12. je (aller)

Le futur simple

ACCENT SUR LES EMPLOIS

Emplois	Contextes
On emploie le futur simple :	

1 pour exprimer catégoriquement une action ou un état à venir ;

*Paul **ira** chercher son frère à la gare.*
*Je ne **prendrai** plus pour de l'amour ce qui n'en est pas.*
*Je sais qu'il **sera** fâché.*

2 dans les propositions subordonnées qui commencent par les conjonctions *aussitôt que, dès que, lorsque, pendant que, quand* et *tant que* lorsqu'il s'agit d'un contexte logiquement futur ;

*Pendant que tu **feras** les courses, j'**irai** me faire couper les cheveux.*
*Il **sera** fatigué quand il **arrivera**.*

À noter ! • Le verbe de la proposition principale peut être au futur simple, au futur proche (langue orale familière) ou à l'impératif.

*Tant qu'il **mangera** entre les repas, il ne **va** pas maigrir.*
***Dites**-le-lui quand vous le **verrez**.*

3 dans une proposition principale rattachée à une subordonnée où la condition (précédée de la conjonction *si*) est exprimée au présent ;

*S'il fait beau, on **ira** se baigner.*
*Je le **ferai** si tu veux.*

4 dans la subordonnée d'une interrogation indirecte (c'est-à-dire une question posée indirectement). L'exemple au style direct donnerait : *Je me demande : « Est-ce que je serai capable de le faire ? »* ;

*Je me demande si je **serai** capable de le faire.*
*On ne sait pas quand elle **arrivera**.*

À noter ! • Le futur simple n'est jamais utilisé dans une proposition subordonnée commençant par *si* ; il est utilisé dans la proposition principale où est exprimé le résultat ou la conséquence.

*On **ira** au cinéma samedi si tu es d'accord.*
C'est seulement après le *si* qui signifie *whether* que l'on peut utiliser le futur simple.
*Je ne sais pas s'il **viendra**.*

5 pour remplacer l'impératif lorsqu'on veut atténuer l'impact d'un ordre ou exprimer une nuance de politesse.

*Vous me **ferez** dix copies de ce rapport, s'il vous plaît.*
*Je vous **demanderai** de bien vouloir signer ici.*

À noter ! • On peut aussi exprimer une action future avec :
a) le verbe *aller* + un infinitif (cette construction exprime le futur proche) ;

*Ils **vont passer** leurs vacances au Mexique.*

b) le présent (souvent accompagné d'expressions telles que *tout de suite, bientôt, sous peu, dans quelques minutes/instants, demain*) ;

*Il y **va** dans quelques minutes.*
*On **part** demain.*

c) le verbe *devoir* + un infinitif

*Il **doit s'en occuper**.*

VÉRIFIONS!

A, réponses, p. 331

Indiquez si le verbe en italique exprime : a) une action future ; b) une action qui aura lieu tout de suite après une autre action ; c) un ordre atténué ; d) la conséquence d'une autre action ; e) le résultat d'une interrogation indirecte.

1. Nous te *téléphonerons* dès que nous *arriverons*.
2. S'ils n'acceptent pas ma carte de crédit, je *payerai* comptant.
3. Elle ne sait pas si ce *sera* possible.
4. Il n'y *aura* pas d'exceptions.
5. Vous *enverrez* ces lettres par courrier exprès.

Le futur simple

ACCENT SUR LA SYNTAXE

1 À l'interrogatif (formule de l'inversion), on fait l'inversion du sujet, comme au présent.

Lui téléphonerez-vous ?
Quand ira-t-elle chez le médecin ?

À noter ! • N'oubliez pas le *t* euphonique à la troisième personne du singulier.
Le fera-t-il ?

2 On peut commencer les phrases complexes hypothétiques soit par la proposition subordonnée (qui commence par *si*) soit par la proposition principale.

Si j'ai raison, tu me payeras un café.
Tu me payeras un café si j'ai raison.

À noter ! • N'oubliez pas la virgule si vous commencez par la subordonnée.

VÉRIFIONS!

B, réponses, p. 331

a) Reformulez la question en faisant l'inversion du sujet.

1. Est-ce que tu m'appelleras dimanche ?
2. Est-ce que Jean aura assez d'argent ?
3. Ils feront le nécessaire, n'est-ce pas ?
4. Vous serez des nôtres, n'est-ce pas ?

b) Reformulez ces phrases en renversant l'ordre des propositions.

5. Si c'est ce que tu veux, moi, je ne m'y opposerai pas.
6. Lorsque Marie-Josée se décidera, il faudra tout de suite faire des réservations.

Le futur
antérieur

ACCENT SUR LES FORMES

1 Le futur antérieur, comme le passé composé et le plus-que-parfait, est un temps qui comprend un auxiliaire et un participe passé.

TABLEAU 7.4   **La formation du futur antérieur**

modèle : **finir**	*modèle :* **arriver**
infinitif : finir	*infinitif :* arriver
auxiliaire : avoir	*auxiliaire :* être
participe passé : fini	*participe passé :* arrivé
j'aurai fini	je serai arrivé(e)
tu auras fini	tu seras arrivé(e)
il/elle aura fini	il sera arrivé
nous aurons fini	elle sera arrivée
vous aurez fini	nous serons arrivés/arrivées
ils/elles auront fini	vous serez arrivé/arrivée
	vous serez arrivés/arrivées
	ils seront arrivés
	elles seront arrivées

2 Le futur antérieur est formé du futur simple de l'auxiliaire (*avoir* ou *être*) et du participe passé du verbe en question.

À noter !
- Les verbes pronominaux se conjuguent avec l'auxiliaire *être*.
  Ils se seront bien amusés.
- L'accord du participe passé au futur antérieur correspond à l'accord du participe passé au passé composé ou au plus-que-parfait.
  Elle sera arrivée.
  Elle est arrivée.
  Elle était arrivée.

VÉRIFIONS !   *réponses, p. 331*

Mettez le verbe au futur antérieur.

1. Ils arriveront.
2. Jeannette s'excusera.
3. La vendrez-vous ?
4. Elle les invitera.
5. Je ne le ferai pas.
6. Te présenteras-tu ?

Le futur antérieur

ACCENT SUR LES EMPLOIS

Emplois   *Contextes*

On emploie le futur antérieur :

1 dans les propositions subordonnées qui commencent par les conjonctions *à peine ... que, après que, aussitôt que, dès que, lorsque, quand, tant que* et *une fois que* pour exprimer une action que l'on prévoit complétée avant l'action de la proposition principale ;

*Quand vous **aurez terminé** cet exercice, nous le corrigerons.*
*Il te pardonnera dès que tu lui **auras expliqué** la situation.*
*Après que nous **aurons mangé**, nous irons nous promener.*

À noter !   • Le verbe de la proposition principale (l'action qui suit l'action complétée) est au futur simple.
On ne le reconnaîtra plus lorsqu'il aura fini cette cure.

   • *Aussitôt que, dès que* et *à peine ... que* marquent une action complétée immédiatement avant l'action de la proposition principale.
Aussitôt qu'il sera rentré, on mangera.

   • Il faut distinguer entre les deux cas suivants :
   a) deux actions qui sont simultanées ou presque simultanées ;
       *Quand je **quitterai** le bureau, je te **téléphonerai**.*
       (le futur simple dans les deux propositions)
   b) une première action qui est clairement complétée avant une deuxième action.
       *Quand j'**aurai quitté** le bureau, je te **téléphonerai**.*
       (le futur antérieur dans la subordonnée)

   • La conjonction *à peine ... que* oblige l'inversion du sujet.
*À peine **aura-t-il reçu** son diplôme qu'il partira en voyage.*

2 pour décrire une action que l'on prévoit complétée à un certain moment de l'avenir ;

*L'année prochaine, ils **auront vécu** dix ans dans cette maison.*
*D'ici là, le gouvernement **aura proposé** de nouvelles mesures contre la pollution.*

3 pour exprimer la probabilité ou la supposition que quelque chose est arrivé ;

*Il **aura manqué** son train.*
*Elle **se sera trompée**.*

4 dans la subordonnée de l'interrogation indirecte pour exprimer une action qui aura été accomplie dans l'avenir, quand le verbe principal est au présent.

*Demandez-lui si ses parents **seront rentrés** lundi.*
*Je ne sais pas quand j'**aurai fini**.*

À noter !   On n'utilise pas le futur antérieur dans la proposition subordonnée (qui commence par *si*) d'une phrase hypothétique où le contexte est le futur. Pour marquer l'antériorité dans ce cas-là, on utilise le passé composé.
*Si tu **n'as pas compris**, je t'**expliquerai**.*

VÉRIFIONS ! *réponses, p. 332*

Transformez la phrase pour montrer que l'une des actions est nettement antérieure à l'autre.

1. Quand il partira, on parlera.
2. Tant qu'ils ne feront pas leur travail comme il faut, ils n'auront pas d'augmentation.
3. Prévenez-le lorsqu'il finira.
4. Dès qu'ils le verront, ils riront.
5. Il se sentira mieux aussitôt qu'il lui parlera.
6. Quand on gagnera tout cet argent, on fera un beau voyage.

PROBLÈMES DE TRADUCTION

1 **She'll do it.**   *Elle le **fera.***
I **shall** never **come back.**   *Je ne **reviendrai** jamais.*

La notion exprimée en anglais par l'auxiliaire *shall* ou *will* suivi d'un verbe est généralement rendue par le futur simple du français.

2 I **am** not **going to eat** this.   *Je ne **vais pas manger** cela.*
Are you **going to give us** a hand?   *Vas-tu nous **donner** un coup de main ?*

On exprime la notion du futur proche *to be going to ...* en utilisant la construction *aller* + infinitif.

3 He **will be** rich someday.   *Un jour il **sera** riche.*
He **is going to be** rich someday.
They **will answer** shortly.   *Ils **vont répondre** sous peu.*
They **are going to answer** shortly.

En anglais, les constructions *will be* et *am/is/are going to be* sont souvent interchangeables. En français, la construction *aller* + infinitif est utilisée surtout (mais pas nécessairement) pour le futur proche. Le futur simple du français indique en général un futur plus éloigné ou une action future définitive (*will/will not* en anglais).

4 **Will** you **come** with me?   *Voulez-vous **venir** avec moi ?*
The car **won't start** in cold weather.   *La voiture **ne démarre pas** quand il fait froid.*
He **will** often **drink** wine with meals.   *Il **boit** souvent du vin avec les repas.*

Le verbe anglais *will* suivi d'un autre verbe peut indiquer la volonté ou l'habitude. Dans ce cas-là, le français utilise le présent de l'indicatif du verbe *vouloir* suivi de l'infinitif du verbe en question (volonté) ou le présent de l'indicatif du verbe en question (habitude).

5 I'll **tell** him when he arrives.   *Je le lui **dirai** quand il
arrivera.*

He **will go see** her as soon as he   *Il **ira** la **voir** dès qu'il **aura fini**
finishes his work.   son travail.*

Dans la subordonnée qui suit les conjonctions *when (quand/
lorsque)*, *as soon as (aussitôt que/dès que)*, *after (après que)*, *while
(pendant que)* et *as long as (tant que)*, le verbe anglais peut être au
présent. En français, le futur simple ou le futur antérieur, selon le
cas, est obligatoire.

6 If he **agrees**, we'll buy it.   *S'il **accepte**, on l'achètera.*
I wonder whether **he'll agree**.   *Je me demande s'**il sera
d'accord**.*

La conjonction française *si* peut être l'équivalent de la conjonction
conditionnelle *if* ou l'équivalent du *whether* de l'interrogation
indirecte.

Le conditionnel présent

ACCENT SUR LES FORMES

1 Le conditionnel présent est un temps simple, tout comme le
présent de l'indicatif, l'impératif, l'imparfait, le passé simple et le
futur simple.

TABLEAU 7.5   **La formation du conditionnel présent**

terminaisons de l'imparfait	*infinitif*: donner *radical*: donner	*infinitif*: finir *radical*: finir
je : **ais**	je donnerais	je finirais
tu : **ais**	tu donnerais	tu finirais
il/elle : **ait**	il/elle donnerait	il/elle finirait
nous : **ions**	nous donnerions	nous finirions
vous : **iez**	vous donneriez	vous finiriez
ils/elles : **aient**	ils/elles donneraient	ils/elles finiraient
	infinitif: vendre *radical*: vendr	*infinitif*: venir *radical*: viendr
	je vendrais	je viendrais
	tu vendrais	tu viendrais
	il/elle vendrait	il/elle viendrait
	nous vendrions	nous viendrions
	vous vendriez	vous viendriez
	ils/elles vendraient	ils/elles viendraient

2 Le conditionnel présent est formé à partir du même radical que le
futur simple. On ajoute à ce radical les terminaisons de l'imparfait.
Cette formation s'applique à tous les verbes.

Attention à l'orthographe!   **3** Les particularités des verbes en *er* à changements orthographiques (voir Tableau 7.2) sont les mêmes au futur simple et au con-
ditionnel présent.
j'achèterais

Attention
à l'oral !

4 La distinction entre la prononciation de la forme du futur simple *donnerai* /dɔn(ə)re/ et de la forme du conditionnel présent *donnerais* /dɔn(ə)rɛ/ est plûtot rare à l'heure actuelle. On a tendance à prononcer ces deux formes /dɔn(ə)rɛ/.

5 Comme pour le futur simple, la consonne *r* est la lettre caractéristique du conditionnel présent.

6 Outre ce *r* caractéristique, le conditionnel présent se distingue du futur simple par les terminaisons de l'imparfait.
ais, ait, aient /ɛ/
ions /jɔ̃/
iez /je/

VÉRIFIONS !

réponses, p. 332

Mettez le verbe au conditionnel présent.

1. tu (ouvrir)
2. nous (permettre)
3. je (être)
4. ils (se détendre)
5. elle (avoir)
6. il (falloir)
7. vous (acquérir)
8. tu (croire)
9. je (réussir)
10. ils (se parler)
11. vous (devoir)
12. nous (tenir)

Le
conditionnel
présent

ACCENT SUR LES EMPLOIS

Emplois | *Contextes*

On emploie le conditionnel présent :

1 pour exprimer la possibilité et l'éventualité (il traduit l'anglais *would*) ;

*Elle **voudrait** vous voir dès que possible.*
*Ce **serait** une occasion inespérée.*

À noter !

• La conjonction *au cas où* qui introduit une éventualité est toujours suivie du conditionnel.
*Au cas où tu **voudrais** venir, dis-le-moi.*

• Le verbe *pouvoir* au conditionnel présent devant un infinitif exprime la possibilité (il traduit l'anglais *could*).
*Elle **pourrait** le faire.*

• Le verbe *devoir* au conditionnel présent devant un infinitif exprime la nécessité ou l'obligation (il traduit l'anglais *should*).
*Tu **devrais** y réfléchir.*

2 pour exprimer une conclusion possible dans une proposition principale rattachée à une subordonnée où la condition (précédée de la conjonction *si*) est exprimée à l'imparfait ;

*Il **demanderait** une augmentation s'il **n'avait** pas peur de la directrice.*
*S'il **faisait** beau, on **irait** se baigner.*

3 pour demander quelque chose d'une façon plus polie ou pour atténuer l'impact de ce que vous avez à dire ;

Pourrais-tu me donner un coup de main ?
Auriez-vous la gentillesse de m'envoyer une copie de votre rapport ?
Tu devrais te mettre au régime.

4 dans une proposition complétive qui commence par *si* ou *que* pour exprimer un futur dans un contexte passé, c'est-à-dire une action qui était à venir au moment où l'on parle ;

On nous a dit qu'il arriverait demain.
Je pensais que ce serait moins cher que cela.
Il ne m'a pas dit s'il viendrait ce soir-là.

5 pour exprimer un souhait ou pour annoncer des faits non confirmés.

Nous aimerions passer nos vacances au bord de la mer.
Paul et Jeannette auraient l'intention de se marier.

VÉRIFIONS ! *réponses, p. 332*

Indiquez si le verbe en italique exprime : a) un souhait ; b) un fait non confirmé ; c) un futur dans le passé ; d) une éventualité ou une conclusion éventuelle ; e) une déclaration ou demande polie.

1. Si j'en avais le temps, je t'y *emmènerais* avec moi.
2. Tu lui avais pourtant dit que ça ne *marcherait* pas.
3. D'après ce que Paul m'a dit, le professeur *serait* malade.
4. Je *voudrais* deux billets pour le concert de ce soir.
5. Il *aimerait* l'épouser le plus tôt possible.
6. On *pourrait* se retrouver en face du cinéma.

Le conditionnel passé **1**

ACCENT SUR LES FORMES

Le conditionnel passé, tout comme le passé composé, le plus-que-parfait et le futur antérieur, est un temps composé.

TABLEAU 7.6   **La formation du conditionnel passé**

verbe modèle : découvrir	*verbe modèle :* se retourner
infinitif : découvrir	*infinitif :* se retourner
auxiliaire : avoir	*auxiliaire :* être
participe passé : découvert	*participe passé :* retourné
j'aurais découvert	je me serais retourné/retournée
tu aurais découvert	tu te serais retourné/retournée
il/elle aurait découvert	il se serait retourné
	elle se serait retournée
nous aurions découvert	nous nous serions retournés/retournées

vous auriez découvert	vous vous seriez retourné/ retournée
	vous vous seriez retournés/ retournées
ils/elles auraient découvert	ils se seraient retournés
	elles se seraient retournées

2 Le conditionnel passé est formé du conditionnel présent de l'auxiliaire (*avoir* ou *être*) et du participe passé du verbe en question.

À noter ! • L'accord du participe passé au conditionnel passé correspond à l'accord du participe passé aux autres temps composés (passé composé, plus-que-parfait, futur antérieur).
*elles seraient all**ées***
*elles sont all**ées***
*elles étaient all**ées***
*elles seront all**ées***

VÉRIFIONS !

réponses, p. 332

Mettez le verbe au conditionnel passé.

1. Paul et Jacques consentiraient.
2. Nous ne perdrions pas.
3. La soupçonnerais-tu ?
4. Ne s'étonnerait-elle pas de cela ?
5. Je ne m'y habituerais jamais.
6. Le leur diriez-vous ?

Le conditionnel passé

ACCENT SUR LES EMPLOIS

Emplois   *Contextes*

On emploie le conditionnel passé :

1 pour exprimer la possibilité et l'éventualité ;

*Moi, je n'**aurais** pas **eu** peur.*
*Nous **aurions été** prêts à l'accueillir.*

À noter ! • Le conditionnel passé est utilisé avec la conjonction *au cas où*.
*Voici une copie supplémentaire au cas où vous n'**auriez** pas **reçu** la vôtre.*

• Le verbe *pouvoir* au conditionnel passé devant un infinitif exprime quelque chose de possible qui n'a pas eu lieu.
*Il **aurait pu** me le dire. (mais il ne me l'a pas dit)*

• Le verbe *devoir* au conditionnel passé devant un infinitif exprime quelque chose de nécessaire ou d'obligatoire qui n'a pas eu lieu.
*J'**aurais dû** y penser. (mais je n'y ai pas pensé)*

2 pour exprimer une conclusion possible dans une proposition principale rattachée à une subordonnée dans laquelle la condition (précédée de la conjonction *si*) est exprimée au plus-que-parfait ;

*S'il avait fait beau dimanche, on **aurait passé** la journée à la piscine.*
*Elle l'**aurait fait** si tu le lui avais demandé.*

3 dans une proposition complétive qui commence par *si* ou *que* pour exprimer un futur antérieur dans un contexte passé ;

*Il n'a pas dit qu'il y **serait allé**.*
*On se demandait s'il **aurait pu** le faire.*
*On nous avait dit que ce **serait dactylographié**.*

À noter ! • Comparez les différents temps du futur et du conditionnel.

temps	*forme*
futur simple	Je le finirai demain.
futur proche	Je vais le finir sous peu.
conditionnel présent	Je le finirais si j'avais le temps.
futur antérieur	Je l'aurai fini dans une semaine.
conditionnel passé	Je l'aurais fini si j'avais eu le temps.

4 pour exprimer un fait douteux ou quelque chose dont on n'est pas encore sûr (dans les bulletins d'information, par exemple).

*Une tornade **aurait** complètement **détruit** plusieurs villages.*

VÉRIFIONS !

réponses, p. 332

Indiquez si le verbe en italique exprime :   a) une possibilité ou une éventualité ;   b) une conclusion possible ;   c) un futur antérieur du passé ;   d) une nouvelle dont on n'est pas sûr.

1. Ils se *seraient fait* un plaisir de vous inviter. *a)*
2. L'hélicoptère de secours n'*aurait retrouvé* aucun *d)* survivant.
3. Si tu m'avais invité, je *serais venu*. *b)*
4. Elle nous a dit que vous *auriez eu* des difficultés. *c)*

PROBLÈMES DE TRADUCTION

1 On Saturdays we **would go** to the market. (We used to . . .)

*Le samedi nous **allions** au marché.*

L'auxiliaire anglais *would* suivi d'un verbe s'utilise parfois pour exprimer l'habitude dans le passé ; c'est l'équivalent de la construction *used to*. En français, on emploie l'imparfait.

2 I had brought some oysters, but she **wouldn't** eat any. (She didn't want to . . .)

*J'avais apporté des huîtres, mais elle **n'a pas voulu** en manger.*

L'auxiliaire anglais *would* suivi d'un autre verbe s'utilise parfois pour exprimer la volonté. En français, on emploie le verbe *vouloir* suivi d'un infinitif.

3 I **couldn't** do it. (I wasn't able to . . .)

They **couldn't** explain this. (They weren't able to . . .)

*Je **n'ai pas pu** le faire.*
*Je **ne pouvais pas** le faire.*
*Ils **ne pouvaient** pas expliquer cela.*

Le verbe anglais *could* suivi d'un autre verbe peut s'utiliser pour exprimer une action ou un état dans le passé. En français, on emploie le passé composé ou l'imparfait du verbe *pouvoir* suivi d'un infinitif.

4 **Could you** tell us where the convention centre is?

***Pourriez-vous** nous indiquer où se trouve le palais des congrès ?*

Lorsque le verbe anglais *could* introduit une requête, on utilise le conditionnel du verbe *pouvoir* en français.

5 He **could have** done it.

*Il **aurait pu** le faire.*

La construction anglaise *could have* suivie d'un participe passé est équivalente au conditionnel passé du verbe *pouvoir* suivi d'un infinitif.

6 We **wish** we **could** help you, but it's not possible.

*On **voudrait pouvoir** vous aider, mais ce n'est pas possible.*

I **wish** I **could have** seen that !
I **wish** you **could** go there.

*Je **voudrais avoir pu** voir cela !*
*J'aimerais bien que vous **puissiez** y aller.*

Le verbe anglais *to wish* se traduit en français par *vouloir* ou *aimer* au conditionnel. Le verbe anglais *could* se traduit par le verbe *pouvoir* soit à l'infinitif si le sujet de la subordonnée est le même que le sujet de la principale, soit au subjonctif si les deux sujets sont différents.

7 He **shouldn't** work so hard.

*Il **ne devrait pas** travailler si fort.*

You **ought to have** been there.

*Vous **auriez dû** être là.*

Les constructions anglaises *should* et *ought to* se traduisent en français par le conditionnel présent du verbe *devoir*. Les constructions *should have* et *ought to have* suivies d'un participe passé se traduisent par le conditionnel passé du verbe *devoir* suivi d'un infinitif.

*Les phrases
hypothé-
tiques*

ACCENT SUR LA SYNTAXE

Le tableau ci-dessous indique l'emploi des temps dans les deux propositions d'une phrase hypothétique, c'est-à-dire la proposition subordonnée qui commence par *si* (l'hypothèse ou la condition) et la proposition principale (la conclusion, le résultat ou la conséquence).

TABLEAU 7.7 Les phrases hypothétiques

temps dans la proposition avec si	*temps dans la proposition principale*	*exemple et traduction*
présent	*présent*	Si tu **veux**, on **peut** partir. (If you want to, we can leave.)
	futur	Si on **part** tôt, on **arrivera** à l'heure. (If we leave early, we'll get there on time.)
	*futur antérieur**	Si tu **continues** à ce rythme-là, tu **auras fini** cette semaine. (If you carry on at this pace, you will be finished this week.)
	impératif	Si tu en **as** le temps, **téléphone**-moi ! (If you have time, call me!)
imparfait	*conditionnel présent*	Si c'**était** possible, je vous le **dirais**. (If it were possible, I would tell you.)
	*conditionnel**	S'il n'**était** pas menteur, je l'**aurais cru**. (If he weren't a liar, I would have believed him.)
plus-que-parfait	*conditionnel passé*	S'il **avait fait** beau, on **aurait pu** aller se promener. (If the weather had been nice, we could have gone for a walk.)
	*conditionnel présent**	Si tu **t'étais excusé**, il **ne serait plus fâché** contre toi. (If you had apologized, he wouldn't be angry with you any more.)
passé composé	*présent*	S'il **est arrivé** à l'heure, il **doit** être content. (If he arrived on time, he must be happy.)
	impératif	Si vous **avez fini, partez.** (If you are finished, go.)
	futur	Si on m'**a** vraiment **accordé** une augmentation, je **pourrai** partir en vacances. (If I really did get a raise, I'll be able to go on a vacation.)

*possible mais peu fréquent

*futur antérieur**	S'ils **sont restés** tard à la party, ils **auront couché** chez Pierre. (If they stayed late at the party, they will have slept at Pierre's.)
imparfait	Si elle **a fait** cela, c'**était** pour ton bien. (If she did that, it was for your own good.)
passé composé	S'il **est parti** à l'heure, il **a dû** arriver à l'heure. (If he left on time, he must have arrived on time.)

*possible mais peu fréquent

*À **noter !*** • Il s'agit surtout de retenir les séquences suivantes.

subordonnée	*principale*
si + présent	futur impératif présent
si + imparfait	conditionnel présent
si + plus-que-parfait	conditionnel passé

• Il faut se rappeler que la phrase hypothétique peut commencer par la proposition principale ou par la proposition subordonnée.
Je viendrai s'il fait beau.
S'il fait beau, je viendrai.

EXPRESSION ÉCRITE

Grammaire • Les emplois du futur simple et du futur antérieur ainsi que des conditionnels présent et passé sont expliqués dans les sections *Accent sur les emplois.*

• On se sert beaucoup de ces temps soit dans le cadre de la conversation (surtout le futur proche), soit dans le cadre des textes écrits ayant trait à l'avenir ou à une variété d'hypothèses.

• Il est important de respecter les règles régissant la concordance des temps dans les phrases hypothétiques. À cette fin, consultez le Tableau 7.7 de ce chapitre.

Atelier ## L'argumentation

L'argumentation est le développement raisonné d'une ou plusieurs idées organisées dans l'intention de convaincre le lecteur. En ce cas, il ne s'agit ni d'écrire pour raconter une histoire (le récit), ni de décrire quelqu'un ou quelque chose (le portrait, la description), mais d'exprimer un point de vue ou une idée. Ce point de vue ou cette idée implique une prise de position qu'il faut pouvoir justifier, le but étant bien sûr de convaincre avec logique, force et clarté. À cet effet on peut citer Rivarol, qui a dit : « Ce qui n'est pas clair n'est pas français. »

L'idée de base que l'on veut présenter s'appelle la thèse. Pour défendre cette thèse on apporte des arguments (preuves, raisonnements) eux-mêmes soutenus par des exemples. Il s'agit également d'anticiper le point de vue opposé (l'antithèse) afin d'écarter les arguments possibles de l'adversaire. Une composition dont le but est de convaincre devrait être organisée de la manière suivante.

1 *l'introduction*
C'est une préface où est exposée la thèse qui va être développée, les problèmes qu'elle pose et le chemin que va suivre l'argumentation.

2 *le développement*
C'est la partie de la composition où l'on présente les arguments. C'est donc la section la plus importante du texte puisque c'est là que se déroule la discussion, c'est là que l'on met en évidence la progression de la pensée. Au cours du développement, les formules de transition ont un rôle indispensable puisqu'elles permettent: 1) de passer efficacement d'un argument à un autre; 2) de relier, coordonner et juxtaposer les idées; 3) d'annoncer ou de mettre en relief certains autres éléments (explications, exemples, etc.).

La disposition du texte en paragraphes permet également de grouper les arguments et de bien agencer le cours de la pensée.

3 *la conclusion*
C'est le paragraphe qui rassemble les arguments qui ont le plus d'impact en les résumant. C'est le lieu où l'on fait le point sur toute la réflexion qui s'est faite au cours de la composition.

À noter! • Il est particulièrement important de préparer un plan et un brouillon lorsqu'on aborde la rédaction d'un texte où l'on va présenter une argumentation.

Dossier   *Les formules d'introduction*

Dans le tableau ci-dessous, on a dressé une liste partielle des formules qui sont utiles à l'introduction des idées.

TABLEAU 7.8   **Les formules d'introduction**

À mon avis
Il est évident que
Il est généralement accepté que
Il est question depuis un certain temps de
On commencera d'abord par examiner
On parle beaucoup en ce moment de
Au cours des vingt dernières années
Il ne se passe pas de jour sans que
À la suite d'une enquête menée par
Récemment on entend beaucoup parler de
D'année en année

Document   *Contexte* : argumentation contre la pollution de l'eau
Éléments grammaticaux : emplois du présent, du futur et du conditionnel
Élément stylistique : formules d'introduction

VERSION 1
Au cours des vingt dernières années, on a vu s'accroître le nombre d'industries coupables de déverser directement leurs déchets toxiques dans nos lacs et rivières. Les mesures de contrôle imposées par le gouvernement jusqu'à ce jour s'avèrent insuffisantes: il est donc clair que des lois beaucoup plus strictes s'imposent si les autorités désirent véritablement résoudre ce problème.

VERSION 2
Il ne se passe guère de semaine sans de nouvelles révélations portant sur le nombre croissant d'industries coupables de déverser leurs déchets toxiques dans les lacs et rivières de la région. Des mesures de contrôle beaucoup plus strictes s'imposeraient si le gouvernement voulait ...

VERSION 3
À la suite d'un sondage menée par le groupe « Enquête Pollution », on apprend que de nombreuses industries se permettraient encore de déverser leurs déchets toxiques dans nos lacs et rivières. Ceci malgré les mesures de contrôle de la pollution de l'eau imposées par le ministère de l'Environnement ...

MISE EN MARCHE

EXERCICE 1
oral ou écrit

Conséquences

Selon les circonstances indiquées, exprimez ce qui arrivera.

MODÈLE   Je n'ai pas eu de difficultés à l'examen. (avoir une bonne note)
J'aurai une bonne note.

1. Hélène vient d'obtenir son diplôme. (ne pas avoir de difficultés à trouver un poste, faire une carrière brillante)
2. Tu viens de gagner le gros lot à la loterie. (s'acheter une nouvelle voiture, investir de l'argent, en donner une partie aux oeuvres de charité)
3. Alex vient d'avoir un accident. (aller à l'hôpital, ne plus pouvoir conduire sa voiture, ne plus jamais danser comme auparavant)
4. Paul et Jacqueline voulaient aller à la plage ce week-end mais on a annoncé du mauvais temps. (ne pas se baigner, ne pas faire de planche à voile)
5. Jeannette et Marie-Josée partent en voyage. (passer quelques jours à Vancouver, louer une voiture, suivre la côte jusqu'en Californie, visiter Disneyland)
6. Je viens d'obtenir un nouveau poste. (avoir plus de responsabilités, gagner plus d'argent, être plus indépendant)

EXERCICE 2
oral ou écrit

Dans une vingtaine d'années

D'après vous, que nous réserve l'avenir ? Complétez l'exercice selon le modèle, puis ajoutez quelques phrases qui refléteront vos propres préoccupations.

MODÈLE   on/arriver à supprimer les sources de pollution
Dans une vingtaine d'années, on sera arrivé à supprimer les sources de pollution.
Dans une vingtaine d'années, on ne sera pas encore arrivé à supprimer les sources de pollution.

1. je / finir mes études
2. mes copains et moi, nous / obtenir de bons postes
3. les médecins et les chercheurs / découvrir un traitement efficace contre le cancer
4. toi, tu / te marier et avoir des enfants
5. les grandes puissances / négocier un traité de paix
6. vous / vous installer dans une belle maison
7. moi, je / faire un séjour au Québec et être parfaitement bilingue
8. on / perfectionner des robots à tout faire

EXERCICE 3 *oral ou écrit*	**Dans le meilleur des mondes** Si tout allait comme on le voulait, il y aurait peu de problèmes mais la vie serait peut-être moins intéressante. Faites l'exercice selon le modèle, puis ajoutez quelques phrases qui refléteront vos propres préoccupations.

MODÈLE on / ne pas avoir de difficultés à trouver un poste
 Si tout allait comme on le voulait, on n'aurait pas de difficultés à trouver un poste.

1. je / prendre des vacances n'importe quand
2. toi, tu / pouvoir t'acheter n'importe quoi
3. mes parents / ne pas avoir de factures à payer
4. le professeur / ne donner que des A
5. toi et tes copains, vous / organiser des partys tous les soirs
6. tout le monde / avoir la liberté de s'habiller n'importe comment
7. on / stationner n'importe où
8. ma soeur / se lever à n'importe quelle heure

EXERCICE 4 *oral ou écrit*	**Avec des si, on mettrait Paris en bouteille** Très souvent, si l'on avait pu faire face à une situation autrement, on l'aurait certainement fait. Complétez l'exercice selon le modèle.

MODÈLE On était plus prudent. On éviterait cet accident.
 Si l'on avait été plus prudent, on aurait évité cet accident.

1. Je savais cela. Je viendrais.
2. Tu te levais plus tôt. Tu ne manquerais pas ton train.
3. Ma tante se soignait. Elle n'aurait pas besoin d'aller à l'hôpital.
4. Vous m'écoutiez. Cela n'arriverait pas.
5. Nous étudiions un peu plus. Nous obtiendrions une meilleure note.
6. Jacques se renseignait. Il pourrait assister à la conférence.
7. Les Dupont ne suivaient pas tes indications. Ils se tromperaient sûrement de route.
8. Je n'étais pas tellement pressé. J'irais les voir.

EXERCICE 5 *oral ou écrit*	**Chaque chose en son temps** Il y a toujours le bon moment pour faire quelque chose. Complétez l'exercice selon le modèle.

MODÈLE Nous (manger) quand Paul (rentrer).
 Nous mangerons quand Paul sera rentré.

1. Je lui (téléphoner) dès que ce monsieur (sortir) de la cabine téléphonique.
2. Vous (pouvoir) y entrer quand ils (ouvrir) la porte.
3. Tu le (revoir) après qu'il (revenir) de vacances.
4. Elle (se sentir) mieux lorsqu'elle (se reposer).

5. Nous (se mettre) à table aussitôt que le rôti (cuire) assez longtemps.
6. Paul (être) content quand il (s'arrêter) de fumer.
7. Ils (ne pas améliorer) leur santé tant qu'ils (ne pas faire) · attention à leur régime.
8. Je (faire) un voyage en Europe dès que je (finir) mes études.

EXERCICE 6
oral ou écrit

Effectivement

On croit souvent que les choses vont se passer différemment. Complétez l'exercice selon le modèle.

MODÈLE Je pense que tu le feras.
  Effectivement, je pensais que tu le ferais.

1. Je dis que vous devrez faire attention.
2. Il croit que ce sera facile.
3. Elle affirme qu'il nous rendra visite.
4. Vous pensez qu'ils rentreront tôt.
5. Nous sommes certains que le professeur nous le permettra.
6. On dit qu'il fera beau.
7. Mon père pense qu'on se lèvera tôt.
8. Tu crois que le film durera deux heures.

MISE EN ŒUVRE

EXERCICE 7
oral avec
partenaire

Les préparatifs de voyage   *réponses modèles, p. 189*

Imaginez que dans quelques semaines vous aurez un long week-end. Vous organisez un petit voyage au Québec avec votre camarade. L'étudiant(e) A compose les questions (sujet *nous*) et l'étudiant(e) B y répond.

MODÈLE   temps du départ (quand / partir / vendredi soir / samedi matin)
> *–Quand partirons-nous: vendredi soir ou samedi matin ?*
> *–Nous partirons vendredi soir.*
>   ou
> *–Nous partirons samedi matin.*

1. destination (où / aller / Québec / Montréal)
2. moyens de transport (comment / voyager / train / autocar)
3. type de résidence (où / descendre / hôtel / auberge de jeunesse)
4. quantité d'argent (combien / argent / prendre / 100 $ / 150 $)
5. tour de ville (comment / visiter la ville / à pied / en bus)
6. choses à voir (qu'est-ce que / voir / musée d'art / planétarium)
7. sorties le soir (où / aller le soir / concert / disco)
8. bagages (combien / valises / emporter / une / deux)

EXERCICE 8
oral avec
partenaire

L'embarras du choix   *réponses modèles, p. 189*

Imaginez que vous avez le choix entre les deux possibilités qui vous sont fournies. L'étudiant(e) A présente les choix A à l'étudiant(e) B et vice versa.

MODÈLE   aller en France ou au Portugal
> *Si j'avais le choix, j'irais en France.*
>   ou
> *Si j'avais le choix, j'irais au Portugal.*

série A
1. suivre des cours de russe ou de japonais
2. voir un film policier ou un film d'épouvante
3. posséder une maison ou un condominium
4. devenir riche ou célèbre
5. travailler seul(e) ou en équipe
6. prendre des vacances à la montagne ou à la mer

série B
7. faire des études de droit ou de médecine
8. aller au théâtre ou au cinéma
9. s'acheter une jeep ou une camionnette
10. se marier ou rester célibataire

11. participer à un sport d'équipe ou à un sport individuel
12. partir à l'aventure ou rester chez moi

EXERCICE 9
écrit

Création de phrases
Complétez la phrase ou incorporez l'élément donné dans une phrase de votre choix.

1. Aussitôt que la mariée arrivera ...
2. Si j'avais un enfant ...
3. ... dans quelques instants.
4. S'il n'y a pas de réponse ...
5. Je t'accompagnerai si ...
6. ... lorsque ...
7. À peine ... que ...
8. Je me demande si ...

EXERCICE 10
écrit

Les emplois
Écrivez quelques phrases pour compléter les notions suivantes.

1. À l'âge de quarante ans, je serai ...
2. Si je gagnais le gros lot à la loterie, je ...
3. Si j'avais su à d'autres moments ce que je sais maintenant, je ...
4. Si j'avais à changer quelque chose dans ma vie, je ...

EXERCICE 11
écrit

Les traductions
1. We'll never come back here.
2. Will you at least talk to Paul?
3. Some day she will laugh at this.
4. Robert will be back as soon as he feels better.
5. I wonder whether this will indeed happen.
6. We will never give up.
7. They have probably not received it.
8. He ought to have told her.
9. If I had known, I would have come with you.
10. I didn't think that you would do it.

EXERCICE 12
écrit

Composition
Choisissez un sujet qui vous tient beaucoup au coeur (dans le cadre de votre université ou de votre région), puis composez le plan et le brouillon d'une composition dans laquelle vous prendrez position pour ou contre tel ou tel point de vue. Rédigez le paragraphe d'introduction et remettez au professeur le plan, le brouillon et ce premier paragraphe. À la fin du chapitre huit, vous compléterez ce travail après la correction et l'amélioration du brouillon. Essayez de suivre, dans la mesure du possible, les conseils fournis dans la section *Atelier* de ce chapitre.

Exercice 7   *Réponses modèles*

1. Où irons-nous : à Québec ou à Montréal ? Nous irons ...
2. Comment voyagerons-nous : en train ou en autocar ? Nous voyagerons ...
3. Où descendrons-nous : dans un hôtel ou dans une auberge de jeunesse ? Nous descendrons ...
4. Combien d'argent prendrons-nous : cent ou cent cinquante dollars ? Nous prendrons ...
5. Comment visiterons-nous la ville : à pied ou en bus ? Nous visiterons ...
6. Qu'est-ce nous verrons : le musée d'art ou le planétarium ? Nous verrons ...
7. Où irons-nous le soir : à un concert ou dans une disco ? Nous irons ...
8. Combien de valises emporterons-nous: une ou deux ? Nous emporterons ...

Exercice 8   *série A*

1. ..., je suivrais ...
2. ..., je verrais ...
3. ..., je posséderais ...
4. ..., je deviendrais ...
5. ..., je travaillerais ...
6. ..., je prendrais ...

série B

7. ..., je ferais ...
8. ..., j'irais ...
9. ..., je m'achèterais ...
10. ..., je me marierais/je resterais ...
11. ..., je participerais ...
12. ..., je partirais/je resterais ...

8

Grammaire	Les adjectifs et pronoms démonstratifs
	Les adjectifs et pronoms possessifs
	Les adjectifs et pronoms indéfinis

Expression écrite	Atelier : l'argumentation
	Dossier : les expressions qui servent à convaincre

Terminologie

- **adjectif démonstratif** — adjectif qui sert à désigner une personne ou une chose
  ce mot

- **pronom démonstratif** — pronom qui désigne un être, un objet ou une idée
  Cela n'est pas vrai.

- **adjectif indéfini** — adjectif qui sert à exprimer, pour le nom qu'il qualifie, le non-précis et le vague
  plusieurs échantillons

- **pronom indéfini** — pronom qui exprime l'imprécision ou le vague pour le nom qu'il remplace
  D'autres sont venus.

- **adjectif possessif** — adjectif qui sert à marquer, pour le nom qu'il détermine, une relation d'appartenance ou un rapport (de possession, de dépendance, etc.)
  ma montre, son frère

- **pronom possessif** — pronom qui marque une relation d'appartenance ou un rapport pour ce qu'il remplace
  votre fils et le mien

MISE AU POINT

Les adjectifs et pronoms démonstratifs

ACCENT SUR LES FORMES

TABLEAU 8.1   Les adjectifs et pronoms démonstratifs

	singulier		pluriel		neutre
	masculin	féminin	masculin	féminin	
adjectif	ce, cet	cette	ces	ces	
pronom variable	celui	celle	ceux	celles	
pronoms invariables					ce, c', ceci cela, ça

À noter !
- Les formes du pronom *celui* sont toujours suivies de : a) la particule suffixe *ci* ou *là* ; b) une préposition avec son complément ; c) une proposition relative.
  - a) *J'aime beaucoup cette chemise, mais* **celle-là** *est moins chère.*
  - b) *Il prendra le train de six heures et Marie* **celui** *de sept heures.*
  - c) *J'ai lu tous les romans de John Le Carré, même* **celui** *qui vient d'être publié.*
- La forme *cet* est utilisée devant un nom masculin qui commence par une voyelle ou par un *h* muet.
  cet *étudiant*
- L'adjectif démonstratif n'a qu'une forme au pluriel.
  ces *gens,* **ces** *personnes*

Attention à l'oral !

1 On fait la liaison ou l'enchaînement entre le /t/ de *cet* ou *cette* et la voyelle initiale du nom qui suit.
  cet *étudiant,* **cette** *étudiante,* **cet** *hôtel*

La consonne finale de *ces* est muette sauf devant une voyelle initiale où elle se prononce /z/ en liaison.
  ces *étudiants,* **ces** *étudiantes,* **ces** *hôtels*

Attention aux niveaux de langue !

2 Ça et surtout *c'* sont constamment utilisés dans la conversation.
  Comment **ça** *va ?*
  Ça *alors !*
  C'est évident !

3 L'adjectif démonstratif s'accorde en genre (au singulier) et en nombre avec le nom qu'il détermine.
  ce *piano*
  cet *ami*
  cette *émission*
  ces *travaux*
  ces *étudiantes*

4 La forme du pronom démonstratif dépend du genre et du nombre du nom qu'il représente.

*Quel homme ? **Celui**-là.*
*Quel arbre ? **Celui**-là.*
*Quelle femme ? **Celle**-là.*
*Quels enfants ? **Ceux**-là.*
*Quelles idées ? **Celles**-là.*

À noter! • Les verbes qui s'accordent avec les pronoms invariables sujets *ceci, cela* et *ça* sont à la troisième personne du singulier. Le pronom *ce* sujet peut être singulier ou pluriel; le verbe s'accordera donc à la troisième personne du singulier ou du pluriel selon le cas.

*   ***Cela est arrivé** quand Jacques était en voyage.*
*   ***Ce sont** de bons étudiants.*

VÉRIFIONS !

réponses, p. 332

Donnez la bonne forme de l'adjectif, puis du pronom démonstratif.

adjectif démonstratif

1. ___ histoire
2. ___ écrivain
3. ___ contes
4. ___ article
5. ___ éditoriaux
6. ___ reportage

pronom démonstratif

7. cette pièce-ci et ___-là
8. cet auteur-ci et ___-là
9. ces romans-ci et ___-là
10. ce compte rendu-ci et ___-là
11. ce poème-ci et ___-là
12. ces histoires-ci et ___-là

Les adjectifs et pronoms démons-tratifs

ACCENT SUR LES EMPLOIS

Emplois	*Contextes*
1 Les adjectifs et pronoms démonstratifs servent à montrer ou à désigner un être, un objet ou une idée.	*Ce garçon a de l'avenir.* *De toutes les maisons que nous avons visitées, c'est **celle** que je préfère.*
2 Les particules suffixes *ci* et *là* permettent soit de marquer une opposition entre deux choses soit de faire la distinction entre deux choses.	***Cette** plante-**ci** a besoin d'être arrosée souvent, mais pas **celle-là**.* *Ce menu-**ci**, c'est pour le déjeuner, et **ce** menu-**là**, c'est pour le dîner.*
3 La particule suffixe *ci* s'emploie pour se rapporter à ce qui est proche dans l'espace du sujet parlant ou à ce qui est proche dans le temps.	*Je voudrais changer d'appartement car **celui-ci** est trop petit.* *Tu as déjà entendu **cette** histoire-**là** ; alors écoute **celle-ci**.*

4 La particule suffixe *là* s'emploie pour désigner ce qui est loin dans l'espace du sujet parlant, ce qui s'est déjà passé ou ce qui est à venir.

Ces pays-là sont bien défavorisés.

À cette époque-là, il n'était pas encore marié.

Dans deux ans j'aurai mon diplôme et, à ce moment-là, je voyagerai.

5 La particule *là* peut marquer l'indignation ou l'appréciation.

Je n'aime pas du tout ce type-là. (familier)

Il m'énerve, celui-là ! (familier)

Ce petit vin-là est merveilleux.

6 Les pronoms composés en *ci* et *là* sont employés pour représenter deux termes que l'on vient de mentionner. Le pronom avec la particule *ci* représente le deuxième terme et le pronom avec la particule *là* représente le premier.

Les Rolls-Royce et les Mercedes sont des voitures de luxe ; celles-ci sont fabriquées en Allemagne et celles-là en Grande-Bretagne.

À noter !
- On évoque d'abord l'élément le plus proche dans la phrase (particule *ci*), puis l'élément le plus éloigné dans la phrase (particule *là*).
- Lorsqu'on ne parle que du deuxième de deux termes, on peut utiliser *ce dernier*.

    J'ai revu Sampert et Nimaire. Ce dernier m'a dit de te saluer.

7 Le pronom démonstratif est souvent utilisé avec la préposition *de* suivie d'un nom, d'un infinitif ou d'un adverbe.

Elle préfère sa propre voiture à celle de son mari.

Je prendrai le train de six heures ; celui de huit heures arrive trop tard.

Une de ses meilleures qualités, c'est celle de prendre en considération les sentiments des autres.

Les pneus de devant sont usés ; ceux de derrière sont tout neufs.

8 Le pronom démonstratif est souvent suivi d'une proposition relative.

C'est celui dont je t'ai parlé.

Il a acheté ceux que tu lui as recommandés.

9 *Ceci* et *cela* (*ça*) sont des pronoms neutres qui représentent des notions ou des faits. *Ceci* signifie quelque chose de plus proche et *cela* (*ça*) signifie quelque chose de plus éloigné.

– *Ta soeur est plus mince que toi et elle réussit mieux à l'école.*

– *Je suis prête à accepter ceci, mais pas cela.*

À noter !
- Quand il s'agit d'une seule notion ou d'un seul fait, *ceci* et *cela* sont interchangeables, surtout dans la langue parlée.

    Ceci est important.

    Cela est important.

10 *Ceci* s'emploie pour annoncer ce qu'on va dire ; *cela* s'emploie pour renvoyer à ce qu'on a déjà dit.

Ceci va te faire de la peine : tu as échoué à l'examen.
Que l'examen était difficile ; ***cela*** *est évident.*

VÉRIFIONS !

réponses, p. 332

Choisissez l'adjectif ou le pronom démonstratif approprié.

1. Je suis d'accord avec ___ mais pas avec ___.
2. De ces deux robes, c'est ___ que je préfère.
3. À ___ époque ___, la télévision n'existait pas encore.
4. Il faut absolument acheter un nouveau réfrigérateur ; ___ tombe toujours en panne.
5. Je n'ai pas fait ___ exercice.
6. Tu es en retard, mais ___ n'a pas d'importance.
7. Je joins à mon rapport ___ que vous avez préparé.
8. Ô, ___ merveilleux coucher de soleil !
9. Utilisez ___ recette ___ pour la sauce béarnaise et ___ pour la sauce hollandaise.
10. ___ pourrait t'intéresser : il y a deux films français qui passent en ce moment.

---

11 Le pronom *ce (c')* est souvent employé comme sujet neutre du verbe *être* quand celui-ci est suivi d'un nom déterminé, d'un adjectif ou d'un pronom disjoint. Il introduit ce qui suit le verbe.

C'est une belle amitié.
Ce sont des amis de vieille date.
C'est vrai.

À noter !
- *Ce* reste au singulier :
  a) dans les expressions figées *si ce n'est ...* et *est-ce...* ;
  Je ne veux voir personne ***si ce n'est*** *mes amis.*
  Est-ce *nos invités qui arrivent ?*
  b) devant deux noms au singulier ;
  C'est *la compréhension et la compassion qui nous rendent humains.*
  c) devant *nous* ou *vous*.
  C'est *nous.*
  C'était *vous.*

- *Ce* peut être suivi de *sont* ou *étaient* :
  a) devant un nom au pluriel ;
  Ce sont *ces livres qu'il faut lire.*
  b) devant *eux* ou *elles*.
  Ce sont *eux.*
  C'étaient *elles.*

12 Le pronom *ce* sert d'antécédent à un pronom relatif quand il n'y en a pas d'autre pour anticiper ce qui va être dit.

Ce que *je désire, c'est la paix et la tranquillité.*
Voilà ***ce dont*** *il s'agit.*

13 Le pronom *ce (c')* peut se rapporter à ce qui a été dit.

Le discours qu'il a prononcé, ***c'était*** *un petit chef-d'oeuvre.*

TABLEAU 8.2   **Distinction entre** *il est* **et** *c'est*

il est	*c'est*
***Il est** avocat.* * On indique la profession, la nationalité, ou la religion de quelqu'un. Le nom n'est pas accompagné d'un article ni d'un adjectif.	***C'est** un bon avocat.* * * On veut qualifier la profession, la nationalité ou la religion de quelqu'un. Le nom est précédé d'un article et peut être qualifié par un adjectif.
***Il est** huit heures.* ***Il est** tard.* On donne l'heure ou une indication de temps.	***C'est** le 13 novembre.* ***C'est** aujourd'hui lundi.* On indique la date ou le jour de la semaine.
***Il n'est pas** toujours facile d'exprimer ses sentiments.* *il = exprimer ses sentiments* Le pronom *il* représente ce qu'on va dire.	*Exprimer ses sentiments, **ce n'est pas** toujours facile.* *ce = exprimer ses sentiments* Le pronom *ce* représente ce qu'on a dit. Dans la langue parlée, *ce* peut représenter ce qu'on va dire. ***Ce n'est pas** toujours facile d'exprimer ses sentiments.*
*Alors, le café ! **Il est** prêt ?* *Paul, **il n'est pas** là.* *Le chat, **il est** sous la table.* Le pronom *il* représente une chose ou un être qui vient d'être mentionné.	***C'est** sûr.* ***C'est** par là qu'il faut passer.* ***C'est** avec enthousiasme que nous le ferons.* ***C'est** lui qui s'en occupera.* Le pronom *ce* permet d'insister sur un fait ou une notion.
	***C'est** Paul ? Oui, **c'est** lui.* ***C'est** le mien.* ***C'est** celui qu'il voulait.* *Vouloir, **c'est** pouvoir.* *C'est* est utilisé devant un nom propre, un pronom ou un infinitif.
***Il est** le plus fort de tous.†* *Il est* peut être utilisé devant un superlatif quand ou veut insister sur la personne.	***C'est** le plus patient.* *C'est* est utilisé devant un superlatif.
	***C'est** une montre.* On utilise *c'est* quand on répond à la question *Qu'est-ce que c'est ?*

*Le pronom personnel sujet dans ce type de phrase peut être *je, tu, il, elle, on, nous, vous, ils* ou *elles*.
   Je suis avocat.
* *La formule *c'est* peut se mettre au pluriel.
   Ce sont de bons avocats.
†Le verbe *être* dans les expressions *c'est* et *il est* peut être utilisé à d'autres temps.
   Il était boxeur.
   Ce serait préférable.

VÉRIFIONS!   *réponses, p. 332*

Complétez la phrase avec *c'est* ou *il est*.

1. ＿＿ tard, rentrons !
2. ＿＿ lui qui me l'a dit.
3. ＿＿ difficile de se rappeler toutes les exceptions.
4. ＿＿ un catholique pratiquant.
5. ＿＿ trois heures du matin.
6. ＿＿ kinésithérapeute.
7. Ce que vous avez dit, ＿＿ vrai.
8. Le directeur, ＿＿ sur le point de sortir.
9. ＿＿ un petit peu plus loin.
10. ＿＿ vendredi.

Attention **14** Il faut remarquer les emplois suivants.
au lexique !

ce soir	= tonight
ce matin	= this morning
cette année-là	= that year
cela (ça) m'est égal	= I don't care
cela m'est indifférent	= it's all the same to me
à part cela (ça)	= besides that
Ça suffit !	= That's enough !
Ça y est !	= Got it !

À noter ! • in the morning, afternoon, evening, night = *le matin, l'après-midi, le soir, la nuit*

Les adjectifs possessifs

ACCENT SUR LES FORMES

TABLEAU 8.3   Les adjectifs possessifs

possesseur	personne	le nom qui suit est au singulier		le nom qui suit est au pluriel
		masculin	*féminin*	*masculin et féminin*
signale une seule personne	je	mon	ma	mes
	tu	ton	ta	tes
	il/elle/on	son	sa	ses
	personne	*masculin et féminin*		*masculin et féminin*
signale plusieurs personnes	nous	notre		nos
signale une ou plusieurs personnes	vous	votre		vos
signale plusieurs personnes	ils/elles	leur		leurs

1 En français, l'adjectif possessif s'accorde avec le nom qui suit et non pas avec le possesseur (comparez avec l'anglais *his, her, its*).
*Jean-Pierre a apporté **sa guitare**.*
*Danielle a apporté **sa guitare**.*
*Paul a dit : « **Mon père** ne sera pas d'accord. »*
*Jacqueline a dit : « **Mon père** ne sera pas d'accord. »*
*Cette maison est délabrée : **sa porte d'entrée**, ainsi que **son toit**, ont besoin d'être réparés.*

Attention
à l'oral !

2 On utilise *mon, ton, son* devant un mot au féminin singulier qui commence par une voyelle ou par un *h* muet.
***mon** assistante, **ton** ancienne voisine, **son** honneur*

À noter !

• Quand le possesseur est le pronom *on, tout le monde* ou *chacun*, on utilise les adjectifs possessifs de la troisième personne du singulier.
*Comme **on** fait **son** lit on se couche.*

• On doit utiliser l'adjectif possessif devant chaque nom ou groupe nominal d'une série, car celui-là est variable.
*Ils nous ont envahis avec **leurs enfants, leur chien, leur chat** et je ne sais quoi d'autre.*

• Si les noms désignent la même personne ou la même chose, on utilise un seul adjectif possessif.
*Je vous présente **mon ami et collègue** Paul Lambert.*
Ceci est vrai dans la langue administrative également.
*Écrire **votre nom, prénom, adresse et numéro de téléphone** en lettres moulées, s'il vous plaît.*

VÉRIFIONS !

réponses, p. 333

Complétez la phrase avec l'adjectif possessif qui convient.
1. Véronique a déjà oublié ____ ancien fiancé.
2. Quelle est ____ adresse, Madame ?
3. Nos voisins ont refusé de nous prêter ____ tondeuse à gazon.
4. Est-ce que tu as déjà fait ____ toilette ?
5. Ils ne se rendent pas compte de ____ problèmes et ils en ont beaucoup !
6. Qu'est-ce que j'ai fait de ____ chaussettes !
7. Lui et ____ femme, quelle paire !
8. Voyez-vous souvent ____ enfants ?
9. Jean-Paul a encore oublié où il a mis ____ voiture.
10. Occupe-toi de ____ oignons !

Les pronoms possessifs

ACCENT SUR LES FORMES

TABLEAU 8.4   Les pronoms possessifs

| | ce qui est possédé | | | |
| | singulier | | pluriel | |
possesseur	*masculin*	*féminin*	*masculin*	*féminin*
je	le mien	la mienne	les miens	les miennes
tu	le tien	la tienne	les tiens	les tiennes
il/elle	le sien	la sienne	les siens	les siennes

	masculin	*féminin*	*masculin et féminin*
nous	le nôtre	la nôtre	les nôtres
vous	le vôtre	la vôtre	les vôtres
ils/elles	le leur	la leur	les leurs

TABLEAU 8.5   **Équivalences entre les adjectifs possessifs + noms et les pronoms possessifs**

ce qui est possédé est au singulier :

mon courrier	→ le mien	notre ordinateur	→	le nôtre
mon idée	→ la mienne			
ma voiture	→ la mienne	notre chanson	→	la nôtre
ton copain	→ le tien	votre mari	→	le vôtre
ton amie	→ la tienne			
ta cousine	→ la tienne	votre femme	→	la vôtre
son frère	→ le sien	leur chien	→	le leur
son adresse	→ la sienne			
sa chemise	→ la sienne	leur nationalité	→	la leur

ce qui est possédé est au pluriel :

mes soucis	→ les miens	nos voisins	→	les nôtres
mes recettes	→ les miennes	nos parents	→	les nôtres
tes pantalons	→ les tiens	vos ennuis	→	les vôtres
tes plaisanteries	→ les tiennes	vos clés	→	les vôtres
ses disques	→ les siens	leurs enfants	→	les leurs
ses amies	→ les siennes	leurs habitudes	→	les leurs

1   Le pronom possessif est composé de deux mots.
   le mien

2 Le premier mot étant un article défini, il faut faire attention aux contractions avec les prépositions *à* et *de*.

> *au sien, au nôtre, à la sienne, à la nôtre, aux siennes, aux nôtres*
> *du tien, du vôtre, de la tienne, de la vôtre, des tiens, des vôtres*

Attention aux accords !

3 Le pronom possessif s'accorde en genre et en nombre avec le nom qu'il représente.

> *Ma soeur a vingt ans, **la sienne** dix-huit.*
> *la sienne = sa soeur*

Attention à l'orthographe !

4 Les formes de la première et deuxième personne du pluriel ont un accent circonflexe.

> *le nôtre, la vôtre, les nôtres*

Attention à l'oral !

5 On prononce le *o* de *notre(s)* et *votre(s)* /ɔ/ et le *ô* de *nôtre(s)* et *vôtre(s)* /o/.

> *notre* /nɔtr/ *nôtre* /notr/
> *votre* /vɔtr/ *vôtre* /votr/

VÉRIFIONS !

réponses, p. 333

Remplacez les mots en italique par un pronom.

1. Notre chien n'est pas méchant mais *leur chien* est vicieux.
2. Ma cousine Nelle vient de rentrer de Paris; *ta cousine* va y rester encore deux semaines.
3. Mon père est agriculteur, *son père* aussi.
4. Moi et ma soeur, on est de vrais amis, mais lui ne s'entend pas du tout avec *sa soeur*.
5. Notre appréciation est la même que *leur appréciation*.
6. Nos goûts sont nettement différents de *vos goûts*.

Les adjectifs et pronoms possessifs

ACCENT SUR LES EMPLOIS

Les adjectifs et pronoms possessifs montrent un lien entre le possesseur (appartenance, parenté, lien social, rapport professionnel, utilisation) et l'être ou l'objet lié ou possédé.

Emplois	*Contextes*
1 Les adjectifs et pronoms possessifs sont employés pour indiquer le possesseur. Comme les articles, ils indiquent le genre et le nombre de l'être ou de l'objet possédé.	*Ma voiture marche très bien.* *La sienne, par contre, ne lui donne que des ennuis.*

2 On utilise le mot *propre* pour renforcer l'adjectif possessif.

*Leur fille a **son propre** compte en banque afin de décider de ce qu'elle fera de **son propre** argent.*

3 On utilise la préposition *à* suivie d'un pronom disjoint pour bien préciser qui est le possesseur. Cette construction permet également de renforcer l'adjectif possessif.

*Jacqueline et Paul ont chacun leur imperméable, mais elle préfère **son** imperméable **à lui**.* (Elle préfère l'imperméable de Paul.)

À noter ! • On pourrait également dire: *Elle préfère **celui de** Paul.*

4 On utilise l'adjectif possessif si la partie du corps (ou le vêtement, l'objet) est qualifiée par un adjectif autre que *droit* ou *gauche*.

*Il m'a tendu **sa** main mouillée.*
*Il m'a tendu **la** main gauche.*
*Elle a fermé **ses** beaux yeux bleus.*
*Elle a fermé **les** yeux.*

5 On utilise l'adjectif possessif s'il s'agit d'une action (ou d'un geste, un mouvement) exercée sur un vêtement.

*Il n'a pas voulu enlever **son** pantalon.*

À noter ! • On emploie l'article défini à la place de l'adjectif possessif : a) quand il s'agit d'une partie du corps, d'un vêtement ou parfois d'un objet personnel ; b) quand le possesseur est évident dans la phrase; c) quand le verbe est pronominal; d) quand le possesseur est identifié par *dont*.
  *Tu as encore mal **au** genou ?*
  *Elle s'est levée **du** pied gauche.*
  *Vous froncez **les** sourcils, pourquoi ?*
  *Nous travaillons toujours **la** cravate dénouée.*
  *Il ne porte pas **le** casque.*
  *Elle lui a pris **la** main.*
  *Je me suis cassé **la** jambe.*
  *C'est le voisin dont **les** enfants sont tellement bruyants.*
    les enfants du voisin = ses enfants

6 Parfois le possessif n'indique pas l'appartenance mais d'autres rapports.

*Elle a manqué **son** train.*
  son train = le train qu'elle voulait prendre
*J'ai pris **mon** temps.*

7 La possession peut s'exprimer de diverses manières.

*C'est **son** chalet.*
*Ce chalet **lui appartient**.*
*C'est **le sien**.*
*C'est le chalet **de Paul**.*
*C'est **celui de** Paul.*
*C'est **son** chalet **à lui**.*
*Il est **le propriétaire de** ce chalet.*

VÉRIFONS!   *réponses, p. 333*

Choisissez le mot qui convient (adjectif ou pronom possessif, article défini, forme contractée, etc.).

1. Donne-moi ton dictionnaire, j'ai oublié ____.
2. Marc s'est fait mal ____ pied.
3. Claude en a assez d'emprunter la voiture de son père ; il veut ____ voiture à lui.
4. Paul et Jacqueline ont vendu ____ condominium.
5. Georges déboutonne toujours ____ col de chemise.
6. C'est elle ____ propriétaire de cette boutique.
7. Robert s'est lavé ____ mains.
8. Jean a lavé ____ mains couvertes de boue.

PROBLÈMES DE TRADUCTION

1 **This (that)** exercise is difficult.   *Cet exercice est difficile.*
I bought **these (those)** records.   *J'ai acheté **ces** disques.*

À moins de vouloir insister sur la proximité (avec la particule *ci*) ou l'éloignement (avec la particule *là*), *this* ou *that* se traduit par l'adjectif démonstratif singulier (*ce, cet, cette*) et *these* ou *those* par l'adjectif démonstratif pluriel (*ces*).

2 No smoking in **this** office.   *Prière de ne pas fumer dans **le** bureau.*

Those students who registered late ...   ***Les** étudiants qui se sont inscrits en retard ...*
In **this** textbook ...   *Dans **le présent** manuel ...*

Le français utilise presque toujours l'article défini lorsque l'être ou l'objet dont on parle : a) ne s'oppose pas à un autre ; b) est déjà déterminé (par exemple, ici par une proposition relative) ; c) est utilisé comme auto-référence.

3 Of these two shirts, I prefer **the** cotton **one**.   *De ces deux chemises, je préfère **celle** en coton.*
I bought **the one** you told me to buy.   *J'ai acheté **celui** que tu m'as dit d'acheter.*
The problem is one of money.   ***Il est question d'argent.***
The drug problem is **one of** communication.   *Le problème de la drogue est un **problème de** communication.*

On traduit *the one* ou *the ones* par un pronom démonstratif (souvent suivi d'un pronom relatif). Lorsque *one* ne signifie pas une quantité, le français utilise d'autres constructions (*il est question de, il s'agit de*, etc.) ou il répète le nom.

À noter ! • **Which one** do you want?   *Lequel voulez-vous ?*

4 **It's** difficult to translate this passage.
But **it's** too difficult!
It's easy to say but difficult to do.
It is two o'clock.
It's late.

Il est difficile de traduire ce passage.
*Mais, **c'est** trop difficile !*
C'est facile à dire mais difficile à faire.
Il est deux heures.
Il est tard.

La traduction du mot anglais *it* présente de nombreux problèmes. Le Tableau 8.2 (distinction entre *il est* et *c'est*) résume ces difficultés.

5 Of all the speeches given on that day, I particularly remember Paul's.

*De tous les discours prononcés ce jour-là, je me rappelle particulièrement **celui de** Paul.*

La construction possessive anglaise avec un nom suivi de *'s* se traduit en français par le pronom démonstratif suivi de la préposition *de* et du nom, lorsque l'être ou l'objet n'accompagne pas le possesseur.

À noter ! • Paul's speech
Paul's

le discours de Paul
celui de Paul

6 Is it **his (her)** car?
Yes, it's **his (her)** car.

*C'est **sa** voiture ?*
*Oui, c'est **la sienne**.*

À la troisième personne du singulier, l'anglais distingue entre un possesseur masculin et un possesseur féminin; le français ne fait pas cette distinction.

7 **her** door
its door

sa porte
sa porte

À la troisième personne du singulier, l'anglais distingue entre un possesseur chose ou personne ; le français ne fait pas cette distinction.

8 Is it **his** towel or **hers**?

*Est-ce que cette serviette est **à lui** ou **à elle** ?*

Puisqu'à la troisième personne du singulier le français ne distingue pas entre un possesseur masculin et un possesseur féminin, il y a parfois ambiguïté. Ce problème peut se résoudre en ajoutant la préposition *à* suivie de *lui* ou de *elle*.

Les adjectifs et pronoms indéfinis

ACCENT SUR LES FORMES

TABLEAU 8.6   Les adjectifs et pronoms indéfinis*

adjectifs	pronoms
aucun, aucune, aucuns, aucunes *(any)*; + ne *(no)*	aucun, aucune, aucuns, aucunes *(not any)*
autre, autres *(other)*	l'autre *(the other)*; les autres *(the others)* un autre *(another)*; d'autres *(others)* autre chose *(something else)* autrui *(someone else, others)*
certain, certaine, certains, certaines *(certain, some)*	certains, certaines *(some)*
chaque *(each)*	chacun, chacune *(each)*
différents, différentes *(various)*	
divers, diverses *(various)*	
maint, mainte, maints, maintes *(many, many a)*	
même, mêmes *(same)*	le/la même, les mêmes *(the same)*
n'importe quel/quelle/quels/quelles *(any)*	n'importe lequel/laquelle/lesquels/ lesquelles *(any, any one, any ones)* n'importe qui *(anyone)* n'importe quoi *(anything)*
nul, nulle *(any)*; + ne *(no)*	nul, nulle + ne *(no one)* on *(one, they, etc.)*
pas un, pas une + ne *(not one)*	pas un, pas une *(not one)* personne *(anyone)*; + ne *(no one)*
plus d'un, plus d'une *(more than one)*	plus d'un, plus d'une *(more than one)*
plusieurs *(several)*	plusieurs *(several)*
quel que, quelle que, quels que, quelles que *(whatever)*	
quelconque *(some, any)*	quiconque *(anyone, anyone who, whoever)*
quelque, quelques *(some, a few)*	quelqu'un *(someone)* quelques uns, quelques-unes *(some, a few)* quelque chose *(something)* qui que *(whoever, whomever)* qui que ce soit *(anyone)* qui que ce soit qui *(whoever)* qui que ce soit que *(whomever)* quoi que *(whatever)*

quoi que ce soit *(anything)*
quoi que ce soit qui *(whatever)*
quoi que ce soit que *(whatever)*

rien *(anything)*; + ne *(nothing)*

tel, telle, tels, telles *(such)*	tel, telle *(one, such a one)*
tout, toute, tous, toutes *(all, any, every)*	tout, tous, toutes *(everything, all, all of it/them)*
l'un(e) et l'autre *(both)*	l'un, l'une *(the one)* l'un et l'autre *(both)* l'un ... l'autre *(the one ... the other)* les uns, les unes ... les autres *(some ... others)*

*Le contexte de ces adjectifs et pronoms étant très important, il faut bien vérifier les emplois dans la section ci-dessous ou dans un dictionnaire.

Les adjectifs et pronoms indéfinis

ACCENT SUR LES EMPLOIS ET LA SYNTAXE

TABLEAU 8.7   **Les emplois des adjectifs et pronoms indéfinis**

mot indéfini	remarques	exemples
	a) Au sens négatif, il faut le *ne*.	*Aucun* étudiant *n'est venu.* *Je n'ai acheté aucun disque.* *On ne connaît aucun de ses amis.*
	b) Au sens positif, *aucun* = *quelque* ou *quelqu'un*	*Trouves-tu aucune raison pour ne pas l'inviter ?* *Il l'apprécie plus qu'aucune autre.*
autre	a) L'adjectif précède le nom. b) Le pronom est précédé d'un article.	*Je vais écouter un autre disque.* *Des élastiques ? En voilà d'autres.*
autrui	Ce pronom a le sens de *les autres*.	*Il ne faut pas désirer les biens d'autrui.*
certain	a) L'adjectif précède le nom. b) Le pronom est toujours au pluriel et a le sens de *quelques-uns*.	*Il y a certaines choses qui me dérangent.* *Certains disent que c'est vrai.*
chaque *chacun*	Cet adjectif est toujours au singulier. Ce pronom n'a pas de forme plurielle.	*Chaque chose en son temps.* *Chacun sait à quoi s'en tenir.* *Chacune des jeunes filles portait un chapeau.*
différents *divers*	À NOTER ! Ne pas confondre avec *différent* qui suit le verbe et qui signifie *pas pareil*.	*Différentes personnes me l'ont dit.* *On nous a donné diverses explications.*

mot indéfini	*remarques*	*exemples*
maint	Cet adjectif signifie un nombre considérable mais indéterminé.	*On s'est parlé à **maintes** reprises.*
même	a) Quand cet adjectif précède le nom, il veut dire *pareil*. b) Quand il suit le nom, il sert à souligner, à mettre en relief.	*Ils aiment les **mêmes** choses.* *Paul, c'est la bonté **même** !*
n'importe quel/lequel *n'importe qui/quoi*	L'adjectif ou le pronom signifie un choix libre.	*Achète-moi **n'importe quel** journal !* *–**Lequel** de ces bonbons veux-tu ?* *–**N'importe lequel**.* ***N'importe qui** peut faire cela.*

VÉRIFIONS !   *réponses, p. 333*

Traduisez les mots en italique.
1. This sentence doesn't make *any sense*.
2. *Each time* she sees me she smiles.
3. *Certain things* are better left unsaid.
4. She has *other friends*, doesn't she?
5. There are mistakes in *each one of these compositions*.
6. It was done *for various reasons*.
7. I don't like to see *just any film*.
8. I would like *the same thing*, please.

---

nul	Cet adjectif signifie la même chose que *aucun*, mais *nul* est plutôt littéraire. Il s'emploie avec *ne*. À NOTER ! *Nul* peut signifier *inexistant*. *Nul* peut s'utiliser à l'occasion sans le mot *ne*.	***Nul** effort **ne** doit être épargné.* *Elle **n'a nulle** cause de se plaindre.* *Les risques sont **nuls**.* *Il faut répondre à toutes ces lettres sans **nulle** exception.*
on	Ce pronom peut signifier : a) *les gens, quelqu'un, un groupe, les êtres humains en général*, ou *certains* ; b) *nous* ou *je* ; c) *vous* ou *tu* ;	***On** dit qu'il s'est suicidé.* *Au Québec **on** parle français.* *Si **on** allait au cinéma ? (nous)* *Eh bien, **on** se porte à merveille ! (je)* *Ça alors, **on** ne s'en fait pas.*
pas un	Ce pronom exige le mot *ne* devant le verbe. *Pas un* est souvent suivi de l'adjectif *seul*.	***Pas un** seul employé **n'**a osé se plaindre.*

mot indéfini	*remarques*	*exemples*
personne	Au négatif, ce pronom exige le mot *ne* devant le verbe.	*Je **n'ai** vu **personne** hier.* **Personne n'**a téléphoné.
plus d'un	L'adjectif et le pronom sont toujours au singulier.	***Plus d'un** auteur y a fait allusion.*
plusieurs	L'adjectif et le pronom indiquent un nombre indéterminé.	*Cela s'est reproduit **plusieurs** fois.*
quel ... que	Cet adjectif est suivi du subjonctif.	***Quelle que** soit sa décision, elle n'aura que peu d'influence.*
quelconque	Cet adjectif veut dire *de n'importe quel genre, de n'importe quelle espèce*. À NOTER ! *Quelconque* peut signifier *médiocre*.	*Sous un prétexte **quelconque**, la réunion n'a pas eu lieu.* *C'est un travail **quelconque**.*
quiconque	Ce pronom veut dire *n'importe qui* ou *personne*. À NOTER ! L'emploi de ce pronom est assez rare.	***Quiconque** a tué par l'épée périra par l'épée.* *Je n'en parlerai à **quiconque**.*

VÉRIFIONS !

réponses, p. 333

Traduisez les mots en italique.

1. *No expense* will be spared.
2. I don't have *a single one*.
3. *Whatever the price*, I want to buy it.
4. She wrote *several drafts* of the document.
5. *No one* is interested in it.
6. It's a *mediocre little restaurant*.
7. *Whoever* says that will regret it.

---

quelque	Quand cet adjectif est au pluriel, il indique un nombre restreint. Au singulier, il peut signifier *un, certain* ou *n'importe quel*.	*J'ai **quelques** remarques à faire.* *Il est allé voir **quelque** copain.*
quelqu'un	Au singulier, ce pronom se rapporte à une personne. Au pluriel, il peut se rapporter à des personnes ou à des choses. Lorsque ce pronom est qualifié, il est suivi de la préposition *de*.	***Quelqu'un** a téléphoné.* *Choisis-en **quelques-uns**.* *C'est **quelqu'un de** charmant.* *Il doit y en avoir encore **quelques-uns de** frais.*
quelque chose	Lorsque ce pronom est qualifié, il est suivi de la préposition *de*.	*Je voudrais manger **quelque chose de** chaud.*

mot indéfini	*remarques*	*exemples*
qui que ce soit (qui/que) *quoi que ce soit (qui/que)*	Ces pronoms ont plus de force que *n'importe qui/quoi*. Le verbe qui les suit est au subjonctif.	*Demande à **qui que ce soit**.* ***Qui que ce soit qui** me le dise, ça ne me dérange pas.* ***Qui que ce soit que** tu invites, amène-la à la soirée.* *Si l'on dit **quoi que ce soit**, on se fait gronder.* ***Quoi que ce soit qui** vous dérange, dites-le-nous.* ***Quoi que ce soit que** tu aies fait, nous te le pardonnons.*
rien	Au négatif, ce pronom exige le mot *ne* devant le verbe. Lorsque *rien* est qualifié, il est suivi de la préposition *de*.	***Rien ne** lui fait peur.* *Ils **n'**ont presque **rien** dit.* *Il **n'**y avait **rien d'**intéressant à la télévision.*
tel	L'adjectif peut signifier : a) la ressemblance ; b) l'intensité ; c) *voilà* (valeur démonstrative). À NOTER ! *Tel quel* veut dire *sans arrangements, sans modifications*. Le pronom *ne* s'emploie qu'au singulier et signifie *celui qui* ou *quelqu'un qui*.	***Tel** père, **tel** fils.* *J'avais de **telles** douleurs !* ***Telle** est ma décision !* *Laissez tout cela **tel quel**.* *C'est moins cher, mais il faut l'acheter **tel quel**.* ***Tel** qui rit vendredi dimanche pleurera.*
tout	Au singulier, l'adjectif peut signifier : a) *complet, entier* (la totalité d'une unité) ; b) *chaque*. Au pluriel, il signifie la totalité d'un groupe. À un temps composé, le pronom (objet du verbe) est placé entre l'auxiliaire et le participe passé.	***Tout** l'auditoire a éclaté de rire.* ***Tout** homme a ses problèmes.* ***Tous** mes cousins étaient là.* *On les a **tous** mangés.*
l'un et l'autre	L'emploi de l'adjectif est rare.	***L'une et l'autre** robe lui plaisait.*
l'un ... l'autre *l'un et l'autre* *les uns et les autres* *les uns ... les autres* *les uns les autres*	Le pronom peut indiquer : a) l'opposition ; b) tous les deux ; c) tous ; d) la réciprocité.	***L'un** a dit oui, **l'autre** a dit non.* ***L'un et l'autre** sont venus.* *On invite **les uns et les autres**.* *Ils s'admirent **les uns les autres**.*

> ### *VÉRIFIONS!*
> *réponses, p. 333*
>
> Traduisez les mots en italique.
> 1. *Such reasons* do not suffice.
> 2. I saw *nothing* out of the ordinary.
> 3. There is *someone* who wants to see you.
> 4. *Whatever she* wants, she gets.
> 5. I don't know *the whole story*.
> 6. *Whoever* wants this job can have it.
> 7. *Someone* is here to see you.
> 8. Here are *a few suggestions*.

EXPRESSION ÉCRITE

Grammaire
- Les emplois des démonstratifs, des possessifs et des indéfinis sont expliqués dans les sections *Accent sur les emplois*.

- On fait grand usage des adjectifs et pronoms étudiés dans ce chapitre. Ils permettent de traduire des notions telles que l'appartenance (les possessifs), la désignation (les démonstratifs) et la détermination indéfinie (les indéfinis).

- Certains éléments de ce chapitre sont des outils indispensables pour l'argumentation. On peut signaler les cas suivants:
  a) pour se rapporter à ce qu'on a déjà cité:
  Celui-ci ... celui-là
  Ce dernier ...
  b) pour résumer:
  Cela ...
  C'est important.
  C'est essentiel.
  c) pour annoncer ce qu'on va dire:
  Il est important de ...
  Il est utile de ...
  d) pour exprimer le choix libre:
  N'importe qui ...
  N'importe quel ...

Atelier

L'argumentation

On a vu dans le Chapitre 7 que l'argumentation est le développement raisonné d'une idée. L'intention est de convaincre le lecteur avec logique, force et clarté. Ceci nécessite bien sûr une maîtrise des expressions et des tournures dont on se sert pour présenter ses arguments. Voici quelques-uns de ces outils:

a) pour introduire une affirmation, voir Chapitre 7, Tableau 7.8

b) pour donner un exemple :
Considérons par exemple ...
Tel est le cas, par exemple, de ...
L'exemple de ... confirme ...
Ainsi ...
Un autre exemple significatif nous est fourni par ...
Si on prend le cas de ...
On peut citer à cet effet le cas de ...

c) pour énumérer :
tout d'abord, de plus, en outre, enfin
en premier lieu, ensuite, puis, en dernier lieu
On commencera d'abord par, À ce premier argument s'ajoute,
Par ailleurs, Si l'on ajoute enfin ...
On sait par exemple que, Plus important encore, Il faut
compter aussi sur, En conclusion ...

d) pour démentir :
On ne peut pas affirmer que ...
Il n'a jamais été question de ...
Il est tout à fait faux de ...
Il ne peut être question, en aucun cas ...
Contrairement à ce que, Il faut préciser que ...
Il est rare que ...

e) pour faire des concessions :
Il est en effet possible que ...
S'il est certain que ... il s'agit quand même de remarquer que ...
Tout en reconnaissant le fait que ...
Quel que soit le bien-fondé de ...
Il est exact que ... mais ...
Il arrive bien sûr que ...

f) pour conclure :
Finalement ...
Donc ...
On peut conclure ainsi que ...
En définitive, il semble bien que ...
En résumé, on peut considérer que ...
On voit par ce qui précède que ...
Ainsi ce témoignage/cette enquête prouve que ...
Ce témoignage/Cette enquête/Cette étude prouve que ...
Si, en fin de compte, ...

Document

Contexte : article (tiré d'un journal)
Éléments stylistiques : expressions telles que *il semble donc que,*
ainsi, selon, quant à, de même, néanmoins, on sait que
But de l'article : convaincre

Peut-on combattre le fléau des accidents chez les jeunes conducteurs ?

Les accidents de la route représentent la troisième cause de décès au Canada, après les maladies cardio-vasculaires et le cancer. Ils constituent même la première cause de mortalité chez les entre 5 et 35 ans.

C'est chez les entre 15 à 25 ans que l'on retrouve le plus de victimes: 13 000 morts en 1982. Ce groupe d'âge compte 28,3 % de l'ensemble des victimes, alors qu'il ne forme que 19,4 % de la population.

Y a-t-il moyen de réduire cette hécatombe chez les jeunes conducteurs? Alors que l'instauration de cours de conduite dans les écoles secondaires ne semble pas avoir donné de résultats très positifs, on penche de plus en plus vers des mesures restrictives, comme de hausser à 18 ans l'âge minimum pour conduire un véhicule, ou encore d'interdire aux mineurs de conduire après 21 heures.

En 1974, la plupart des provinces canadiennes (sauf le Québec), ainsi que plusieurs états américains, ont développé des programmes d'enseignement de la conduite automobile dans les écoles secondaires. Mais sans grand succès, semble-t-il. Ainsi, il ressort des études effectuées en Angleterre et aux États-Unis que les jeunes ayant suivi ces cours avaient plus d'accidents et commettaient davantage d'infractions que ceux qui les avaient abandonnés !

La professeure Claire Laberge-Nadeau, du Centre de recherche sur le transport de l'Université de Montréal, a fait le bilan des différentes études entreprises en Angleterre, aux États-Unis et en Australie. Résultat: les effets bénéfiques des cours de conduite ne se font sentir qu'à court terme, alors que les effets à long terme, correspondant aux principaux objectifs des programmes d'enseignement (soit la réduction des accidents et des infractions), sont pratiquement nuls. Pas surprenant alors que les provinces de la Colombie-Britannique et de l'Île-du-Prince-Édouard aient abandonné ces cours.

Plusieurs chercheurs ont essayé d'expliquer ce phénomène en suggérant que ces programmes entraînaient une augmentation du nombre de jeunes conducteurs et, par conséquent, une hausse du nombre d'accidents.

Il semble donc que les seules mesures susceptibles d'entraîner une réduction du nombre de jeunes impliqués dans des accidents de la route seraient d'élever l'âge minimal pour l'obtention du permis de conduire à 18 ans, ou d'instaurer un couvre-feu, c'est-à-dire une heure limite après laquelle les mineurs n'auraient pas le droit de conduire (puisque la majorité des accidents impliquant des jeunes se produisent entre 21 heures et 5 heures du matin).

Ainsi, selon une étude américaine, la loi du couvre-feu a amené pendant les heures concernées une réduction variant entre 25 % et 69 % des accidents impliquant un conducteur de 16 ans. D'autres chercheurs américains estiment qu'on pourrait espérer une réduction de plus des deux tiers des accidents mortels impliquant un conducteur de 16 ans si l'âge minimal était haussé de 16 à 17 ans.

Qu'en serait-il chez nous ? Deux chercheuses de l'Université Laval, Marie-France Ebacher et Sylvie Montreuil, ont étudié la question en se basant sur les études américaines et sur les statistiques de la Régie de l'Assurance automobile du Québec. Selon elles, si l'âge minimal avait été de 17 ans en 1980–81, on aurait pu épargner entre 23 et 30 vies humaines ; encore plus efficace aurait été la hausse à 18 ans : entre 91 et 119 victimes auraient été sauvées. Les blessés graves auraient aussi été moins nombreux : entre 233 et 303 de moins dans le premier cas, et entre 640 et 837 dans le second.

Quant à l'hypothèse d'un couvre-feu entre 21 heures et 5 heures du matin pour les conducteurs de 16 et 17 ans, on aurait épargné entre 20 et 57 vies humaines et entre 103 et 285 blessés graves.

Les chercheuses reconnaissent, cependant, que plusieurs facteurs pourraient influencer à la baisse ces résultats positifs. « Ainsi, si l'âge minimal était haussé à 17 ou 18 ans, tous les titulaires de permis de cet âge seraient dorénavant de nouveaux conducteurs, ce qui pourrait entraîner une augmentation des accidents impliquant les conducteurs de 17 ou 18 ans sans expérience de conduite. »

De même, les scientifiques soulèvent la possibilité « qu'un certain nombre de victimes d'accidents, impliquant actuellement de jeunes conducteurs, aurait pu être de toute façon impliquées dans un accident, particulièrement dans le cas où le jeune conducteur n'est pas responsable de l'accident ».

Néanmoins, elles concluent que la hausse de l'âge minimal d'accès au permis de conduire ou une mesure couvre-feu pourraient s'avérer efficaces au Québec, bien qu'elles ne manqueraient pas de susciter des inconvénients à certains jeunes et à leurs parents.

Les autorités politiques iront-elles de l'avant avec ces mesures ? Sûrement pas avant d'en avoir mesuré l'impact dans la population ...

On sait que l'alcool est intimement lié aux accidents ... d'où la limite de 0,08 % (ou 80 milligrammes d'alcool par 100 millilitres de sang). Mais le problème, c'est que pour les jeunes conducteurs — qui sont aussi de « jeunes buveurs » — les risques d'accident augmentent de façon significative dès qu'ils ont dépassé le taux de 0,02 %, soit quatre fois moins que la limite légale.

Adapté d'un article par Élaine Simard paru dans *L'Express de Toronto*, semaine du 29 avril au 5 mai, 1986.

Dossier   *Les expressions qui servent à convaincre*

TABLEAU 8.8   Expressions qui servent à convaincre

pour exprimer un point de vue personnel	*pour exprimer ce qui est certain*
Selon moi	Il est certain que
À mon avis	Il est évident que

En ce qui me concerne
D'après moi
Je pense que
Il me semble que
Pour ma part
Personnellement

Il va de soi que
Il est indéniable que
Il est vrai que
Manifestement
Il est clair que
On ne peut pas nier que
Évidemment

---

pour insister

Il semble donc que
Il faut souligner que
On notera que
Il faut insister sur le
  fait que
Rappelons que
Il est évident que

pour opposer

D'une part ... d'autre part
Par ailleurs
Par contre
Cependant
Néanmoins
Pourtant
Toutefois
Celui-ci ... celui-là
Ce dernier

---

pour indiquer ce qui se ressemble

Il en va de même de
On retrouve le même
... de façon identique
... également
De même
... au même titre que

pour expliquer

... c'est-à-dire ...
... ce qui veut dire ...
... ce qui signifie...
... ce qui explique...

---

pour éviter un malentendu

Notons que
Signalons que
Précisons que
Il faut mentionner que
Il faut attirer l'attention
  sur le fait que

pour mettre en relief

Il y a des ... qui
C'est ... qui
C'est ... que
Ce qui ... c'est
Ce que ... c'est
d'autant plus que ...

---

pour exprimer ce qui n'est pas sûr

Il paraît que
Il est peu probable que
  (+ subjonctif)
Il est possible que
  (+ subjonctif)
Il se peut que (+ subjonctif)
Il serait étonnant que
  (+ subjonctif)

pour attirer l'attention

N'oublions pas que
Il est intéressant de noter que
Il est surprenant de noter que
Il est évident que
Il est clair que

MISE EN MARCHE

EXERCICE 1
oral ou écrit

Achats de Noël

Vous êtes en train de faire vos achats de cadeaux de Noël dans un grand magasin. Parmi les articles qui vous intéressent, il y en a qui n'ont pas d'étiquette. Vous demandez le prix au vendeur ou à la vendeuse.

MODÈLE   montre
Quel est le prix de cette montre?

1. blouse
2. ordinateur
3. peignoir
4. téléviseur
5. écharpe
6. gants
7. sac à main
8. réveil
9. poste de radio à cassettes
10. porte-clés
11. chaîne en or
12. machine à écrire
13. appareil photo
14. machine de traitement de texte
15. flacon de parfum
16. paire de boucles d'oreilles

EXERCICE 2
oral ou écrit

Les petits oublis

Faites l'exercice selon le modèle.

MODÈLE   Jacques/clés
Qu'est-ce qu'il a fait de ses clés?

1. moi / portefeuille
2. les étudiants / livre
3. toi / montre
4. nous / billets
5. vous / porte-documents
6. Marie-Claude / broche
7. ses parents / valises
8. moi / agenda de poche
9. Jean-Paul / dictionnaire

EXERCICE 3
oral ou écrit

Lequel choisir?

Faites l'exercice selon le modèle. Vous pouvez varier le verbe et l'adverbe si vous le désirez.

MODÈLE   ce chandail
Préfères-tu ce chandail ou celui qu'on a vu hier?

1. cette chemise
2. ces jeans
3. ce blouson
4. cette jupe
5. ces pantoufles
6. cette ceinture
7. ce foulard
8. ces chaussures
9. ce maillot
10. cette paire de chaussettes

EXERCICE 4
oral ou écrit

Le contraire

Faites l'exercice selon le modèle.

MODÈLE   Mon micro-ordinateur a un logiciel pour les graphiques.
(Paul)
Le sien n'en a pas.

1. Sa machine à écrire a un correcteur automatique. (je)
2. Notre radio a un lecteur de cassettes. (vous)
3. Votre bicyclette a un phare. (nous)
4. Leur tondeuse à gazon a un sac de ramassage. (ils)
5. Sa voiture a une pendule. (Jacqueline)
6. Votre maison a un sauna. (ses parents)
7. Ton sac a une pochette extérieure. (je)
8. Ma chambre a une salle de bains attenante. (tu)

EXERCICE 5
oral ou écrit

Appréciations

Faites l'exercice selon le modèle.

MODÈLE   écoute ce disque (formidable)
Écoute ce disque ; il est formidable !
écouter des disques (formidable)
Écouter des disques, c'est formidable !

1. faire la vaisselle (peu agréable)
2. fais ces exercices (peu agréable)
3. lisez ce livre (intéressant)
4. lire le journal (intéressant)
5. regarde cette émission (amusant)
6. regarder des dessins animés (amusant)
7. écouter certains programmes (ennuyeux)
8. n'écoute pas ce conférencier (ennuyeux)
9. soigner sa santé (indispensable)
10. achète ce dictionnaire (indispensable)

EXERCICE 6
oral ou écrit

Complétons

Faites une phrase incorporant ce qui est donné.

MODÈLE   Aucun cours ...
*Aucun cours n'exige le travail que je fais pour mon
cours de français.*

1. N'importe quel idiot ...
2. Quiconque pense ...
3. ... plus d'une fois.
4. Il n'y a rien qui ...
5. ...accompagné l'un et l'autre.
6. Personne ne m'a ...
7. Qui que ce soit que tu invites ...
8. ...une telle beauté.
9. Quels que soient leurs ...
10. ...donné plusieurs.
11. Quoi que tu en dises ...
12. Pas un de ses amis...
13. Chacun est allé ...
14. Certaines personnes ...

MISE EN ŒUVRE

EXERCICE 7
oral avec
partenaire

À qui est?   *réponses modèles, p. 218*

Après une soirée bien réussie, vous essayez de déterminer qui est propriétaire de quoi. L'étudiant(e) A pose les questions et l'étudiant(e) B y répond.

MODÈLE   disque / Jean-Paul / moi
   —*Ce disque est à Jean-Paul?*
   —*Non, c'est le mien.*

1. appareil photo / Monique / nous
2. chandail / vous / elle
3. bouteille d'eau minérale / Gisèle / moi
4. cassettes / eux / elles
5. souliers / Margot / moi
6. morceau de gâteau / Yves / vous
7. jaquette / toi / lui
8. poste de radio à cassettes / lui / moi

EXERCICE 8
oral avec
partenaire

Dispute   *réponses modèles, p. 218*

Vous n'êtes pas d'accord avec votre partenaire quelle que soit la remarque. L'étudiant(e) A fait les remarques de la série A à l'étudiant(e) B, et vice versa.

MODÈLE 1   Tu aimes n'importe quelle musique! (n'importe laquelle)
   Non, je n'aime pas n'importe laquelle!
MODÈLE 2   Tu ne fais rien! (quelque chose)
   Si, je fais quelque chose!

série A
1. Tu n'apprécies personne! (certaines personnes)
2. Tu veux jouer aux cartes! (autre chose)
3. Tu n'y es pas allé souvent! (maintes fois)
4. Tu t'es acheté les mêmes jeans! (les mêmes)
5. Tu dis n'importe quoi! (n'importe quoi)
6. Tu ne parles pas à qui que ce soit! (n'importe qui)

série B
7. Quelqu'un m'a insulté(e)! (personne)
8. Tu n'as pas lu les autres articles! (les autres)
9. Tu vas toujours quelque part! (nulle part)
10. Il faut faire confiance aux autres! (autrui)
11. Il n'y a aucune possibilité! (quelques-unes)
12. Tu les admires l'un et l'autre! (ni l'un ni l'autre)

EXERCICE 9   **Les emplois**
écrit   Complétez la phrase ou incorporez l'élément donné dans une phrase de votre choix.

1. Il est certain que ...
2. ..., c'est facile.
3. Cette méthode-ci ...
4. ... ceux de ...
5. ... pas du tout la leur.
6. Certaines personnes ...
7. ... dire n'importe quoi.
8. Chacun doit ...
9. Qui que ce soit qui puisse ...
10. Pas un de ses amis ...
11. Quel que soit son comportement ...
12. Rien ne ...
13. L'un ... l'autre ...
14. Ni le mien ni le tien ne ...
15. On ne peut pas ...

EXERCICE 10   **Traduction**
écrit   1. Those students who missed the test will have to bring an excuse.
2. I would like to buy a dictionary but the one I want is out of print.
3. My room is larger than my brother's.
4. I'll speak to my parents; Paul, you speak to yours.
5. It is not reasonable to expect this composition by Friday.
6. Close your left eye and try to read these two lines here.
7. Ask anybody !
8. Any one of these will be suitable.

EXERCICE 11   **Composition**
écrit   Complétez la composition de l'exercice 12 du chapitre 7.
longueur : entre 200 et 225 mots

EXERCICE 12   **Expression écrite**
écrit   Vous êtes journaliste et vous êtes chargé de la rédaction de l'éditorial. Choisissez la cause que vous voulez défendre ou le problème que vous voulez soulever. Utilisez, dans la mesure du possible, les formules et les conseils présentés dans la section *Accent sur l'écrit*.
longueur : entre 250 et 300 mots

Réponses modèles

Exercice 7

étudiant(e) A

1. Cet appareil photo est à Monique ?
2. Ce chandail est à vous ?
3. Cette bouteille d'eau minérale est à Gisèle ?
4. Ces cassettes sont à eux ?
5. Ces souliers sont à Margot ?
6. Ce morceau de gâteau est à Yves ?
7. Cette jaquette est à toi ?
8. Ce poste de radio à cassettes est à lui ?

étudiant(e) B

1. Non, c'est le nôtre.
2. Non, c'est le sien.
3. Non, c'est la mienne.
4. Non, ce sont les leurs.
5. Non, ce sont les miens.
6. Non, c'est le vôtre.
7. Non, c'est la sienne.
8. Non, c'est le mien.

Exercice 8

série A

1. Si, j'apprécie certaines personnes.
2. Non, je veux jouer à autre chose.
3. Si, j'y suis allé(e) maintes fois.
4. Non, je ne me suis pas acheté les mêmes.
5. Non, je ne dis pas n'importe quoi.
6. Si, je parle à n'importe qui.

série B

7. Non, personne ne t'a insulté(e).
8. Si, j'ai lu les autres.
9. Non, je ne vais jamais nulle part.
10. Non, il ne faut pas faire confiance à autrui.
11. Si, il y en a quelques-unes.
12. Non, je ne les admire ni l'un ni l'autre.

9

Grammaire	Le présent du subjonctif
	Le passé du subjonctif

Expression écrite	Atelier : la contraction de texte
	Dossier : la ponctuation et l'emploi des majuscules

Terminologie

- **mot explétif**   mot qui sert à remplir la phrase sans être nécessaire au sens
  *Il craint que vous **ne** soyez trop jeune.*

- **proposition principale**   proposition qui peut être accompagnée d'une ou de plusieurs propositions subordonnées complétives sans être subordonnée
  *Il **croit** que c'est vrai.*

- **proposition subordonnée complétive**   proposition qui dépend d'une autre proposition (principale) et qui complète le sens de la proposition principale
  *Il croit **que c'est vrai.***

- **subjonctif**   mode qui permet d'exprimer la subjectivité (le doute, l'incertitude, la volonté, le sentiment, la surprise), la possibilité, la nécessité, le but, etc.
  *Je doute qu'il le **fasse.***
  *Elle veut que tu **viennes.***
  *Il faut qu'ils y **aillent.***

MISE AU POINT

Le présent du subjonctif

ACCENT SUR LES FORMES

1 Le présent du subjonctif est un temps simple.

2 On obtient le radical du subjonctif en enlevant la terminaison *ent* de la forme de la troisième personne du pluriel au présent de l'indicatif, puis on ajoute à ce radical les terminaisons du subjonctif.

3 Les formes du subjonctif sont introduites par la conjonction *que* (*qu'*).

TABLEAU 9.1   Formation régulière du présent du subjonctif

verbes modèles		**écouter**	**obéir**	**répondre**
présent forme ils		écoutent	obéissent	répondent
radicaux		écout	obéiss	répond
terminaisons	*formes*			
je : **e**	**que** j'écoute	**que** j'obéisse	**que** je réponde
tu : **es**	**que** tu écoutes	**que** tu obéisses	**que** tu répondes
il/elle : **e**	**qu'**il/elle écoute	**qu'**il/elle obéisse	**qu'**il/elle réponde
nous : **ions**	**que** nous écout**ions**	**que** nous obéiss**ions**	**que** nous répond**ions**
vous : **iez**	**que** vous écout**iez**	**que** vous obéiss**iez**	**que** vous répond**iez**
ils/elles : **ent**	**qu'**ils/elles écout**ent**	**qu'**ils/elles obéiss**ent**	**qu'**ils/elles répond**ent**

4 Les terminaisons des formes avec *je*, *tu*, *il/elle* et *ils/elles* du présent du subjonctif des verbes réguliers en *er* sont identiques aux formes correspondantes du présent de l'indicatif.

5 Certains verbes qui ont des particularités orthographiques devant les terminaisons muettes (*e*, *es*, *ent*) au présent de l'indicatif ont ce même genre de particularité au présent du subjonctif.

TABLEAU 9.2   Verbes à changements orthographiques

type de verbe	*particularité au présent de l'indicatif*	*verbe modèle*	*au présent du subjonctif*	*formes modèles au présent du subjonctif*
en **cer**	ç devant *o*	placer (nous plaçons)	pas de cédille à la forme *nous*	que nous commencions

en **ger**	*e* devant *o*	manger (nous mang**e**ons)	pas de *e* à la forme *nous*	que nous mangions
en **eler**	(a) *ll* devant terminaison muette (*e, es, ent*)	appeler (j'appe**ll**e)	(a) *ll* devant terminaison muette (*e, es, ent*)	que j'appe**ll**e que nous appelions
	(b) *è* devant terminaison muette	peler (je p**è**le)	(b) *è* devant terminaison muette	que je p**è**le que nous pelions
en **eter**	(a) *tt* devant terminaison muette	jeter (je je**tt**e)	(a) *tt* devant terminaison muette	que je je**tt**e que nous jetions
	(b) *è* devant terminaison muette	acheter (j'ach**è**te)	(b) *è* devant terminaison muette	que j'ach**è**te que nous achetions
en **eser** et **ener**	*è* devant terminaison muette	peser (je p**è**se) amener (j'am**è**ne)	*è* devant terminaison muette	que je p**è**se que nous pesions
en **ayer**	*i* au lieu de *y* devant terminaison muette	payer (je pa**i**e)	*i* au lieu de *y* devant terminaison muette	que je pa**i**e que nous payions
en **oyer** et **uyer**	*i* au lieu de *y* devant terminaison muette	nettoyer (je netto**i**e) essuyer (j'essu**i**e)	*i* au lieu de *y* devant terminaison muette	que je netto**i**e que nous nettoyions que j'essu**i**e que nous essuyions
en **éter**	*è* au lieu de *é* devant terminaison muette	répéter (je rép**è**te)	*è* au lieu de *é* devant terminaison muette	que je rép**è**te que nous répétions

6 La plupart des verbes irréguliers ont un subjonctif régulier, mais certains ont un subjonctif irrégulier.

infinitif	*formation du radical*	*présent du subjonctif*
acquérir	ils **acquiè**rent	que j'acquière
s'asseoir	ils s'**asseye**nt	que je m'asseye
	ils s'**assoi**ent	que je m'assoie
battre	ils **batt**ent	que je batte
conclure	ils **conclu**ent	que je conclue
conduire	ils **conduis**ent	que je conduise
connaître	ils **connaiss**ent	que je connaisse
courir	ils **cour**ent	que je coure

TABLEAU 9.3   Formation régulière du présent du
subjonctif de certains verbes irréguliers

infinitif	formation du radical	présent du subjonctif
craindre	ils **craign**ent	que je craigne
dire	ils **dis**ent	que je dise
écrire	ils **écriv**ent	que j'écrive
lire	ils **lis**ent	que je lise
mettre	ils **mett**ent	que je mette
ouvrir	ils **ouvr**ent	que j'ouvre
peindre	ils **peign**ent	que je peigne
plaire	ils **plais**ent	que je plaise
résoudre	ils **résolv**ent	que je résolve
rire	ils **ri**ent	que je rie
suivre	ils **suiv**ent	que je suive
vivre	ils **viv**ent	que je vive

7 Certains verbes irréguliers ont un radical pour les formes *je, tu,
il/elle* et *ils/elles*, et un autre radical pour les formes *nous* et *vous*.
D'autres verbes irréguliers ont un seul radical.

TABLEAU 9.4   **Formation irrégulière du présent du subjonctif**

verbes à deux radicaux au présent du subjonctif:

verbe modèle: **devoir**
radicaux: **doiv, dev**   *autres verbes à deux radicaux*

	aller	que j'**aille**	prendre	que je **prenne**
que je **doiv**e		que nous **all**ions		que nous **pren**ions
tu **doiv**es				
il/elle **doiv**e	boire	que je **boiv**e	recevoir	que je **reçoiv**e
nous **dev**ions		que nous **buv**ions		que nous **recev**ions
vous **dev**iez	croire	que je **croi**e,	venir	que je **vienn**e
ils/elles **doiv**ent		que nous **croy**ions		que nous **ven**ions
	fuir	que je **fui**e	voir	que je **voi**e
		que nous **fuy**ions		que nous **voy**ions
	mourir	que je **meur**e	vouloir	que je **veuill**e
		que nous **mour**ions		que nous **voul**ions
			tenir	que je **tienn**e
				que nous **ten**ions

verbes à un radical au présent du subjonctif:

faire: *fass*	**pouvoir:** *puiss*	**savoir:** *sach*
que je fasse	que je puisse	que je sache
que tu fass**es**	que tu puiss**es**	que tu sach**es**
qu'il/elle fasse	qu'il/elle puisse	qu'il/elle sache
que nous fass**ions**	que nous puiss**ions**	que nous sach**ions**
que vous fass**iez**	que vous puiss**iez**	que vous sach**iez**
qu'ils/elles fass**ent**	qu'ils/elles puiss**ent**	qu'ils/elles sach**ent**

TABLEAU 9.5   Les verbes *avoir* et *être* au présent du subjonctif

avoir	être
que j'aie	que je sois
que tu aies	que tu sois
qu'il/elle ait	qu'il/elle soit
que nous ayons	que nous soyons
que vous ayez	que vous soyez
qu'ils/elles aient	qu'ils/elles soient

À noter! • Les terminaisons du présent du subjonctif sont régulières sauf pour les verbes *être* et *avoir*.

VÉRIFIONS !

réponses, p. 333

Mettez le verbe au présent du subjonctif.

1. qu'elle (pouvoir)
2. que nous (se préparer)
3. qu'on (réussir)
4. qu'ils (recevoir)
5. que je (être)
6. que tu (faire)
7. qu'il (s'appeler)
8. que nous (apprendre)
9. que vous (savoir)
10. que tu (essayer)
11. que tu (se salir)
12. que je (vouloir)
13. que vous (courir)
14. qu'elles (tenir)
15. qu'on (avoir)
16. que nous (être)
17. que je (confondre)
18. que nous (voir)
19. que tu (devoir)
20. que vous (avoir)

Le passé du subjonctif

ACCENT SUR LES FORMES

TABLEAU 9.6   **Formation du passé du subjonctif**

infinitif : croire
auxiliaire : avoir
participe passé : cru

que j'aie cru	que nous ayons cru
que tu aies cru	que vous ayez cru
qu'il/elle ait cru	qu'ils/elles aient cru

infinitif : retourner
auxiliaire : être
participe passé : retourné

que je sois retourné(e)	que nous soyons retournés/retournées
que tu sois retourné(e)	que vous soyez retourné/retournée
	que vous soyez retournés/retournées
qu'il soit retourné	qu'ils soient retournés
qu'elle soit retournée	qu'elles soient retournées

1 Le passé du subjonctif est un temps composé. Il est formé de l'auxiliaire approprié au présent du subjonctif, suivi du participe passé du verbe en question.

À noter !
- On peut réviser les formes des participes passés dans le chapitre 3.
- On peut réviser les verbes qui se conjuguent avec l'auxiliaire *être* et l'accord des participes passés dans le chapitre 3.

2 Les règles de l'accord du participe passé sont les mêmes pour tous les temps composés et ceci est vrai pour le passé du subjonctif.

*Il est possible que **Véronique** ne soit pas encore partie.*

VÉRIFIONS !

réponses, p. 334

Mettez le verbe au passé du subjonctif.

1. qu'elle (mourir) *soit morte*
2. que nous (hésiter) *ayons hésité*
3. qu'ils (périr) *aient péri*
4. que tu (lire) *lu*
5. qu'elles (rentrer) *soient rentrées*
6. que vous (offrir) *ayez offert*
7. que Vincent (peindre) *ait peint*
8. que je (courir) *aie couru*
9. qu'ils (tomber) *soient tombés*
10. que tu (conduire) *aies conduit*

Le subjonctif

ACCENT SUR LES EMPLOIS

Le subjonctif est surtout utilisé dans des propositions subordonnées complétives introduites par la conjonction *que*. Dans la majorité des cas, l'emploi du subjonctif dépend du verbe ou de l'expression verbale de la proposition principale. Par exemple, si un verbe de volonté introduit une proposition subordonnée complétive, le verbe de cette dernière doit se mettre au subjonctif.

Il veut que tu le fasses.

proposition principale : *Il **veut*** (verbe de volonté)
proposition subordonnée complétive : *que tu le **fasses**. (verbe au subjonctif)*

Emplois	*Contextes*
1 On met le verbe de la subordonnée complétive au subjonctif quand le verbe de la principale exprime la volonté (désir, opposition, jugement, accord, consentement, préférence personnelle, etc.).	*Nous **tenons à** ce que vous **soyez** présents.*

TABLEAU 9.7   Verbes et expressions qui expriment la volonté

volonté, désir, opposition	*accord, consentement*
aimer que	accepter que
aimer mieux que	approuver que
désirer que	avouer que
détester que	consentir à ce que
ne pas espérer que	convenir que
il est préférable que	être d'accord que
préférer que	il est permis que
s'opposer à ce que	permettre que
souhaiter que	
ne pas supporter que	
tenir à ce que	
ne pas tolérer que	
vouloir que	

jugement
comprendre que
il est désirable que
il est souhaitable que
il vaut mieux que
mériter que

À noter !

- Les verbes suivis de la préposition *à* (*s'attendre à, s'opposer à, tenir à*) introduisent la subordonnée complétive à l'aide de la conjonction *ce que*.

  *Nous **tenons à ce que** vous soyez présent.*

- Le verbe *espérer que* à l'affirmatif est suivi de l'indicatif.

  *J'espère qu'elle s'y **plaira**.*

- Il ne faut pas confondre les verbes de jugement (*il vaut mieux que*, etc.) et les verbes d'opinion (*penser que*, etc.). Ces derniers sont suivis de l'indicatif lorsqu'ils sont utilisés à l'affirmatif.

  *Il **vaut mieux** que tu y **ailles**.* (jugement → subjonctif)
  *Elle **pense** que Paul **est** très sympathique.* (opinion → indicatif)

- Le verbe *comprendre que* est suivi de l'indicatif sauf quand il signifie *comprendre pourquoi*.

  *Je comprends qu'il **s'agit** de gagner.*
  *Je comprends qu'elle **soit** mécontente.*

2 On met le verbe de la subordonnée complétive au subjonctif quand le verbe de la principale exprime la nécessité (avantage, contrainte, convenance, importance, obligation, urgence, etc.).

*Faut-il que je lui **écrive** ?*
*Il n'est pas nécessaire que tu y **ailles**.*

TABLEAU 9.8   Verbes et expressions qui expriment la nécessité

avantage	***importance***
il est avantageux que	il est important que
il est profitable que	il importe que
il est utile que	peu importe que
contrainte	***nécessité***
commander que	avoir besoin que
défendre que	il faut que
demander que	il est essentiel que
empêcher que	il est indispensable que
exiger que	il est nécessaire que
nécessiter que	
ordonner que	***obligation***
requérir que	il est obligatoire que
convenance	***urgence***
il convient que	avoir hâte que
il est à propos que	il est temps que
il est de règle que	il est urgent que

À noter !

- La négation de *il importe que* est *peu importe que*.
  *Peu importe qu'il **soit** fâché.*

- Les expressions impersonnelles peuvent être suivies de la préposition *de* + un infinitif, tandis que l'expression *il faut* peut être suivie directement d'un infinitif. Cet emploi donne un sens général à la phrase.
  Il est important de faire *attention à ce qu'on mange.* (sens général)
  Il faut s'amuser *de temps en temps.* (sens général)
  Il est essentiel que tu puisses *te reposer.* (sens spécifique)

- L'expression *il faut* suivie du subjonctif peut parfois être remplacée par une construction comprenant un pronom objet indirect et un infinitif. Cette forme est moins courante.
  Il faut que tu répondes.
  *Il **te** faut répondre.*

VÉRIFIONS
réponses, p. 334

Mettez le verbe entre parenthèses au mode et au temps qui conviennent.

1. Il est nécessaire que je (finir) cet exercice.
2. Il convient que vous y (être).
3. Elle exige que nous (faire) la vaisselle.
4. Je comprends pourquoi elle en (être) tout à fait capable.
5. Nous tenons à ce qu'elles (venir) à notre soirée.
6. Il n'est pas permis de (fumer).
7. Je ne suis pas d'accord que tu y (aller).
8. Ils espèrent que tu (pouvoir) venir.
9. Il est indispensable de (savoir) quand il faut (utiliser) le subjonctif.
10. Peu importe qu'ils (être) mécontents ou qu'ils (se plaindre).

3 On met le verbe de la proposition subordonnée complétive
au subjonctif quand le verbe de
la principale exprime la possibilité (réalisation possible ou
impossible, réalisation possible
mais rare, éventualité, réalisation attendue, etc.).

Il est possible que ce *soit* vrai.

TABLEAU 9.9 **Verbes et expressions qui expriment la possibilité**

réalisation possible ou impossible	*éventualité*
il est possible que	il semble que
il se peut que	
il est impossible que	
réalisation possible mais rare	*réalisation attendue*
il est rare que	s'attendre à ce que
il arrive que	attendre que
il est peu probable que	

À noter !
- L'expression *il est probable que* (qui exprime la probabilité) est suivie de
l'indicatif.
  Il est probable qu'elle **viendra**.
    il est probable que + indicatif
    il est peu probable que + subjonctif
- L'expression *il me semble que* (qui introduit une opinion) est suivie de
l'indicatif.
  Il me semble que nous **avons fait** *le maximum*.
    il me semble que + indicatif
    il semble que + subjonctif
- Les expressions *il est possible*, *il est impossible* et *il est rare* peuvent être
suivies de la préposition *de* + un infinitif. Cet emploi donne un sens
général à la phrase.
  Il est possible d'y **aller** *en métro*.
- Les verbes *attendre de* et *s'attendre à* sont suivis d'un infinitif lorsque le
sujet du verbe principal fait également l'action du deuxième verbe.
Comparez :
  Il attend de **partir**.
    (*il* = sujet de *attendre* et de *partir*)
  Il attend **que je parte**.
    (*il* = sujet de *attendre* ; *je* = sujet de *partir*)

4 On met le verbe de la proposition subordonnée complétive
au subjonctif quand le verbe de
la principale exprime le doute
(l'improbable, l'invraisemblable,
le contestable, etc.).

Il est douteux qu'elle **puisse** y
assister.

TABLEAU 9.10   Verbes et expressions qui expriment le doute

improbable	*invraisemblable*
douter que	il est inconcevable que
il est douteux que	il est invraisemblable que
il est improbable que	
il est incertain que	*contestable*
il est peu sûr que	il est contestable que
ne pas être certain que	il est discutable que
ne pas être convaincu que	il est faux que
ne pas être sûr que	il n'est pas prouvé que
rien ne prouve que	nier que

À noter ! • *Douter, ne pas être certain, ne pas être convaincu* et *ne pas être sûr* peuvent être suivis de la préposition *de* + un infinitif lorsque le sujet du verbe principal et le sujet du deuxième verbe représentent la même personne.

*Nous doutons **de pouvoir** le faire.*

• Il est préférable de ne pas mettre les expressions du Tableau 9.10 au négatif étant donné la valeur négative des préfixes *im, in* et de l'adverbe *peu.* Au lieu de *il n'est pas incertain,* utilisez *il est certain* ; au lieu de *il n'est pas improbable,* utilisez *il est probable.* Les expressions qui expriment la certitude ou la probabilité sont suivies de l'indicatif.

*Il est certain que c'**est** vrai.*

*Il est probable que nous **aurons fini** avant vendredi.*

expressions qui expriment la certitude ou la probabilité :

être certain que	être sûr que	il est probable que
être convaincu que	il est certain que	il est sûr que

• Le verbe *se douter que,* qui signifie *soupçonner,* est suivi de l'indicatif.

*Je me doutais qu'il **était** là.*

5 On met le verbe de la proposition subordonnée complétive au subjonctif quand le verbe de la principale exprime un sentiment.

*Il est **étonnant** qu'ils se **disent** encore bonjour.*

*Je **crains** qu'elle n'**ait oublié** de le lui dire.*

TABLEAU 9.11   Verbes et expressions qui expriment le sentiment

sentiment positif	
être content que	il est louable que
être enchanté que	il est merveilleux que
être heureux que	il est mieux que
être ravi que	il est plaisant que
être satisfait que	il est remarquable que
il est bon que	il est sensationnel que
il est épatant que	se réjouir que
il est extraordinaire que	

sentiment négatif, regret

avoir peur que
craindre que
déplorer que
être désolé que
être fâché que
être triste que
regretter que
c'est dommage que
il est affreux que
il est dommage que
il est effrayant que
il est épouvantable que
il est horrible que
il est malheureux que
il est monstrueux que
il est regrettable que
il est triste que

inexcusable

il est honteux que
il est impardonnable que
il est inexcusable que
il est scandaleux que

surprise

s'étonner que
être surpris que
il est étonnant que
il est surprenant que
cela m'étonne que

incrédulité

il est absurde que
il est bizarre que
il est choquant que
il est curieux que
il est étrange que
il est incroyable que
il est inouï que
il est insensé que
il est paradoxal que
il est ridicule que

drôle

il est amusant que
il est comique que
il est drôle que

raisonnable

il est acceptable que
il est juste que
il est légitime que
il est naturel que
il est normal que
il est raisonnable que

embêtant

il est agaçant que
il est embêtant que
il est ennuyant que
il est vexant que

À noter !

- Les adjectifs utilisés avec les expressions du Tableau 9.11 peuvent être employés avec les verbes *trouver* et *paraitre*.
  il est curieux que → *je **trouve curieux** que*
  il est bon que   → *nous **trouvons bon** que*

- Les expressions du Tableau 9.11 peuvent être suivies de la préposition *de* + un infinitif pour indiquer un fait général.
  ***Il est étonnant de réussir** un examen si difficile.*

- Certains verbes (*regretter, craindre, s'étonner*, etc.) et certaines expressions verbales (*être content, être triste*, etc.) du Tableau 9.11 sont suivis de la préposition *de* + un infinitif lorsque le sujet du verbe principal et le sujet du deuxième verbe représentent la même personne. Comparez :
  ***Elle est heureuse de pouvoir** partir en vacances.*
    (elle = sujet de *être* et de *pouvoir*)
  ***Elle est heureuse que nous partions** en vacances.*
    (elle = sujet de *être* ; nous = sujet de *partir*)

- Après les verbes *craindre* et *avoir peur*, il est de bon usage d'utiliser un *ne* explétif dans la proposition subordonnée complétive. Ce *ne* n'a pas de valeur négative.
  *Ils craignent que vous **ne** soyez trop jeune.* (niveau de langue soutenu)

> ### VÉRIFIONS !　　　　　　　　　　　　　　*réponses, p. 334*
>
> Mettez le verbe au mode et au temps qui conviennent.
> 1. Il se peut qu'elle ne (vouloir) pas en entendre parler.
> 2. Je m'étonne que Robert n'(avoir) pas aimé ce film.
> 3. Il est inconcevable que nous ne nous (être) pas vus.
> 4. Il est rare que vous vous (fâcher).
> 5. S'attendent-ils à ce qu'on leur (rendre) visite?
> 6. Il est toujours mieux de (s'excuser).
> 7. On est ravi que John Polanyi, un Canadien, (avoir) gagné le prix Nobel de chimie.
> 8. N'est-il pas triste que tellement de vieillards (être) seuls?
> 9. Je serais heureux que vous m'(accompagner).
> 10. Je craignais de ne pas la (revoir).
> 11. Je suis convaincu qu'ils (arriver) demain.
> 12. Il n'est pas prouvé que vous (avoir) raison.
> 13. Il est probable que tu (pouvoir) le convaincre.
> 14. Il est douteux qu'elle (vendre) ses bijoux.

6　On met le verbe de la proposi-　　　*Je m'en occupe **jusqu'à ce que***
tion subordonnée complétive　　　　***vous arriviez.***
au subjonctif quand celle-ci est
introduite par l'une des conjonctions ci-dessous.

TABLEAU 9.12　　**Conjonctions qui introduisent le subjonctif**

temps	***restriction***
avant que	à moins que
en attendant que	sans que
jusqu'à ce que	
	condition
but	à condition que
afin que	à supposer que
de crainte que	pourvu que
de façon que	
de manière que	***concession***
de peur que	bien que
de sorte que	malgré que, malgré le fait que
en sorte que	quoique
pour que	soit que ... soit que ...

À noter !　• 　Après les conjonctions *avant que*, *à moins que*, *de crainte que* et *de peur que* il est de bon usage d'utiliser un *ne* explétif dans la proposition subordonnée complétive. Ce *ne* n'a pas de valeur négative.
　　　Je finirai mon travail avant qu'il ne vienne.

　　　• 　Lorsque *de façon que*, *de manière que* et *de sorte que* introduisent un résultat ou une conséquence au lieu d'un but, ces conjonctions sont suivies de l'indicatif.
　　　*Il m'a prévenu **de sorte que j'ai pu** prendre des dispositions.*
　　　　(résultat → l'indicatif)
　　　*Il m'a prévenu **de sorte que je puisse** prendre des dispositions.*
　　　　(but → le subjonctif)

- Certaines des conjonctions du Tableau 9.12 ont une forme prépositive équivalente. Ces prépositions sont suivies d'un infinitif.

Tableau 9.13   Conjonctions et prépositions équivalentes

conjonctions	*prépositions*
à condition que	à condition de
afin que	afin de
à moins que	à moins de
avant que	avant de
de crainte que	de crainte de
de façon que	de façon à
de manière que	de manière à
de peur que	de peur de
en attendant que	en attendant de
en sorte que	en sorte de
jusqu'à ce que	jusqu'à
pour que	pour
sans que	sans

Conjonction ou préposition ?

- Si le sujet du verbe principal est différent de celui du deuxième verbe, on utilise la conjonction suivie du subjonctif.
  *Je suis venue **afin que tu puisses** me parler.*
  (je = sujet de venir ; tu = sujet de pouvoir)
- Si le sujet du verbe principal est le même que celui du deuxième verbe, on utilise la préposition suivie de l'infinitif.
  *Je suis venu **afin de pouvoir** te parler.*
  (je = sujet de venir et de pouvoir)
- Lorsque la conjonction n'a pas de préposition équivalente, on utilise la conjonction même si les sujets sont identiques.
  *Je lui ai parlé **bien qu'il soit fâché**.*
  (je = sujet de parler ; il = sujet de être)
  *Je lui ai parlé bien que **je sois fâché**.*
  (je = sujet de parler et de être)

À noter !
- La conjonction *avant que* est suivie du subjonctif, mais la conjonction *après que* est suivie de l'indicatif.
  *Je l'ai revu **avant qu'il ne parte**.*
  *Je l'ai revu **après qu'il est parti**.*
- Il est parfois possible et même préférable d'utiliser une préposition suivie d'un nom à la place d'une subordonnée complétive introduite par la conjonction équivalente.
  *Je l'ai revu **avant qu'il ne parte**.*
  *Je l'ai revu **avant son départ**.*
  Liste des prépositions du tableau 9.13 qui peuvent être suivies d'un nom ou d'un pronom :

avant	*pour*
en attendant	*sans*
jusqu'à	

- La préposition *malgré* peut être suivie d'un nom ou d'un pronom.
  *Il continue son travail **malgré** les critiques malveillantes.*

• Lorsqu'on ajoute une deuxième condition à une première introduite par la conjonction *si*, on utilise la conjonction *que* suivie du subjonctif pour cette deuxième condition.

> *Si tu me téléphones et **que** tu me préviennes, je viendrai avec toi.*
> (*si tu me téléphones* : *si* + indicatif)
> (*et que tu me préviennes* : *que* + subjonctif)

VÉRIFIONS !   *réponses, p. 334*

Mettez le verbe au mode et au temps qui conviennent.

1. Il est parti sans (se rendre compte) qu'il n'avait pas payé l'addition.
2. Bien qu'elle (être) encore très jeune, elle sait déjà ce qu'elle veut faire dans la vie.
3. Je le ferai à condition que vous m'(aider).
4. Il faut manger pour (vivre).
5. Si j'avais le temps et que je (être) riche, je voyagerais partout dans le monde.
6. Il ne vient pas au travail aujourd'hui ; soit qu'il (être) malade, soit qu'il (prendre) un jour de congé.
7. Pourvu qu'ils (pouvoir) prendre des vacances, ils sont contents.
8. Je leur ai téléphoné afin de les (avertir) qu'on ne pourrait pas venir.

---

7 On met le verbe de la proposition subordonnée complétive au subjonctif quand celle-ci est introduite par un verbe d'opinion ou de déclaration à la forme négative ou interrogative parce qu'à ce moment-là on exprime l'incertitude ou l'improbabilité.

> ***Pensez-vous*** *que ce **soit** possible?*
> *Je **ne dis pas** que ce ne **soit** pas possible.*

Si ce qu'on dit ou ce qu'on pense est probable ou certain on emploie l'indicatif.

> *Je **n'ai pas dit** que vous **aviez** tort.*
> ***Crois-tu*** *qu'il **sera** là ?*

Les verbes d'opinion et de déclaration à l'affirmatif sont toujours suivis de l'indicatif.

> ***Il paraît*** *que vous **êtes** de Vancouver.*
> ***J'ai dit*** *que cette fois-ci on **éviterait** ce problème.*

TABLEAU 9.14   **Verbes et expressions d'opinion ou de déclaration**

opinion

croire que	penser que
être certain que	supposer que
être sûr que	trouver que
il me semble que	voir que

déclaration

affirmer que	il paraît que
annoncer que	se rappeler que
déclarer que	se souvenir que
dire que	soutenir que

8 On emploie le subjonctif dans des propositions indépendantes (sans verbes ou expressions qui précèdent) pour exprimer un souhait d'une manière formelle ou pour exprimer un ordre ou une suggestion à la troisième personne.

*Que personne ne **sorte** !*

***Vive** le prince André !*
*Que Dieu **soit** avec toi !*
*Bon, bon, qu'il **vienne** !*
*Qu'elles le **fassent** si c'est cela qu'elles veulent.*

VÉRIFIONS !

réponses, p. 334

Mettez le verbe au temps et au mode qui conviennent.

1. Qu'il (sortir) tout de suite!
2. Il a déclaré qu'il ne (participer) pas à cette réunion.
3. Affirmez-vous qu'il (être) chez vous ce soir-là?
4. Penses-tu qu'un jour il n'y (avoir) plus de guerres?
5. J'espère que tout (se passer) bien.
6. Nous ne sommes pas certains que tu (avoir) tort.
7. Nous trouvons que le subjonctif (être) difficile à apprendre.
8. (advenir) que pourra.

---

9 On emploie le subjonctif dans une subordonnée relative (c'est-à-dire qui commence par un pronom relatif) si l'information n'est pas confirmée ou qu'il y ait un élément de doute.

*Je cherche **une** secrétaire qui **sache** traduire du français à l'anglais.*
(On ne sait pas si l'on va trouver une personne qui possède cette compétence.)

À noter ! • Si on est sûr des faits, on utilise l'indicatif.
*Je cherche **la** secrétaire qui **sait** traduire du français à l'anglais.*
(Cette secrétaire travaille au bureau et je la cherche.)

10 On emploie le subjonctif dans une subordonnée qui qualifie le superlatif lorsqu'il y a un élément de doute quant à la véracité de ce qu'on dit. C'est pour atténuer le ton absolu du superlatif.

*C'est la pire insulte qu'on **puisse** lui faire.*
(D'après ce qu'on sait, c'est la pire insulte ; mais on ne peut pas en être complètement certain.)

À noter ! • Si on est absolument sûr du fait exprimé par le superlatif, on utilise l'indicatif.
*C'est la pire insulte qu'on **peut** me faire.*
(Je me connais et je sais que c'est vraiment la pire insulte qu'on peut me faire.)

11 On emploie le subjonctif dans une subordonnée qui qualifie un restrictif (c'est-à-dire les expressions telles que *le seul*, *l'unique*, etc.) quand il y a le moindre élément de doute dans ce qu'on dit.

*Paul est probablement **le seul** qui **puisse** l'aider.*
(En vérité il y a peut-être d'autres personnes dans le monde qui pourraient l'aider.)

À noter!   • Si l'on est absolument sûr du fait exprimé avec le restrictif, on utilise l'indicatif.

*Paul est **la seule personne** au bureau qui **va** pouvoir résoudre ce problème.*
(Je connais tous mes collègues au bureau et il est évident que Paul est la seule personne qui pourra résoudre ce problème.)

   • *Le seul/La seule* peut être suivi de la préposition *à* et un infinitif.
*Vous n'êtes pas le seul **à vous plaindre**.*

VÉRIFIONS!

réponses, p. 335

Mettez le verbe au temps et au mode qui conviennent.

1. Nous cherchons la maison qui (être) à vendre dans ce quartier.
2. Ce n'est pas le seul étudiant qui (pouvoir) réussir.
3. C'est probablement la chose la plus difficile qu'il (devoir) faire.
4. Vancouver est la ville la plus agréable que je (connaître).
5. C'est définitivement le devoir le plus difficile que nous (avoir) à faire cette année.

TABLEAU 9.15   Récapitulation: subjonctif, infinitif ou indicatif?

le subjonctif	l'infinitif	l'indicatif
1 QUAND LE VERBE PRINCIPAL EXPRIME LA VOLONTÉ		
sujets différents : *Nous tenons à ce qu'elle **vienne**.*	sujets identiques : *Nous tenons à **venir**.*	*espérer* + indicatif : *J'espère qu'elle **viendra**.*
2 QUAND LE VERBE PRINCIPAL EXPRIME LA NÉCESSITÉ		
sujet personnel : *Il faut que vous **résistiez**.*	sens général : *Il faut y **résister**.*	
3 QUAND LE VERBE PRINCIPAL EXPRIME LA POSSIBILITÉ		
sujet personnel : *Il est possible qu'elle le **fasse**.*	sens général : *Il est possible de le **faire**.*	*il est probable que* et *il paraît que* + indicatif :
sujets différents : *Je m'attends à ce qu'elle le **fasse**.*	sujets identiques : *Je m'attends à le **faire**.*	*Il est probable qu'elle **viendra**.*

4 QUAND LE VERBE PRINCIPAL EXPRIME UN SENTIMENT

sujet personnel :
Il est triste que
*vous **partiez**.*

sens général :
*Il est triste de **partir**.*

sujets différents :
Nous avons peur
*qu'ils n'**aient***
pas assez
d'argent.

sujets identiques :
Nous avons peur de ne pas
***avoir** assez d'argent.*

---

5 QUAND LE VERBE PRINCIPAL EXPRIME LE DOUTE

sujet personnel :
Il est peu
probable que
*nous y **allions**.*

sens général :
*Il est impossible de **s'ennuyer***
ici.

se douter que + indicatif :
*Je me doute que c'**est** vrai.*

sujets différents :
Je ne suis pas
certain qu'elle le
***sache**.*

sujets identiques :
Je ne suis pas certain de
***pouvoir** le faire.*

---

6 QUAND LE DEUXIÈME VERBE SUIT CERTAINES CONJONCTIONS ET PRÉPOSITIONS

conjonctions
(Tableau 9.12) :
Je vous donnerai
mon adresse
avant que vous
*ne **partiez**.*

prépositions équivalentes
(Tableau 9.13) :
*Il est parti sans nous **dire** au*
revoir.

conjonctions :
après que, aussitôt que, dès que,
lorsque, pendant que, si, tandis
que
Dès que tu le pourras,
***téléphone**-moi.*

---

7 QUAND LE VERBE PRINCIPAL EXPRIME UNE OPINION OU UNE DÉCLARATION

au négatif ou à
l'interrogatif,
sujets différents :
Je ne pense pas
*qu'il **puisse** le*
faire.

à l'affirmatif, au négatif ou à
l'interrogatif,
sujets identiques :
*Je pense **pouvoir** le faire.*
*Je ne pense pas **pouvoir** le*
faire.

à l'affirmatif, sujets différents :
*Je pense qu'il **peut** le faire.*

---

8 DANS UNE SUBORDONNÉE RELATIVE

faits incertains :
Y a-t-il
quelqu'un qui
***puisse** l'aider ?*
(La personne
n'existe peut-
être pas.)

faits certains :
*Y a-t-il quelqu'un qui **peut** faire*
ce travail ?
(Plusieurs personnes dans ce
bureau pourraient le faire, mais
on demande qui a le temps de le
faire.)

Présent ou passé du subjonctif?

12 On emploie le présent du subjonctif dans la subordonnée complétive quand l'action du verbe est simultanée (en même temps) ou postérieure à (après) celle de la proposition principale.

*Je ne crois pas qu'il **soit** ici.*
(action simultanée)
Indicatif : *Je crois qu'il **est** ici.*

*Je ne crois pas qu'il **vienne**.*
(action postérieure)
Indicatif: *Je crois qu'il **viendra**.*

13 On emploie le passé du subjonctif dans la subordonnée complétive quand l'action du verbe est antérieure à (avant) celle de la proposition principale

*Je ne crois pas qu'il **ait plu**.*
(action antérieure)
Indicatif : *Je crois qu'il **a plu**.*

14 On emploie le passé du subjonctif dans la subordonnée complétive quand l'action du verbe est antérieure à (avant) un moment précisé, même dans l'avenir.

*Je ne crois pas qu'il **ait fini** ce travail à temps.*
Indicatif : *Je crois qu'il **aura fini** ce travail à temps.*

VÉRIFIONS!

réponses, p. 335

Faites une seule phrase à partir des éléments donnés.

1. je ne crois pas / il est parti
2. elle est très contente / vous êtes venu hier
3. Gisèle est la seule personne / qui a osé dire une telle chose
4. c'est le meilleur compliment / tu as pu lui faire
5. je ne dis pas / elle s'est trompée
6. il est peu probable / nous avons terminé avant demain

PROBLÈMES DE TRADUCTION

1 I doubt (that)
I am afraid (that) ⎫ he'll come.
It is possible (that) ⎬
I don't think (that) ⎭

Je doute
J'ai peur ⎫ *qu'il vienne.*
Il est possible ⎬
Je ne crois pas ⎭

Le subjonctif anglais est relativement peu usité (ex. *May the force be with you! Long live the Queen! So be it!*). L'emploi du subjonctif en français, par contre, est très fréquent.

2 She wants to leave
She wants you to leave.

Elle veut partir.
Elle veut que vous partiez.

La construction anglaise avec l'infinitif peut présenter un problème de traduction. En français lorsque les sujets des deux propositions ne sont pas identiques, il faut utiliser une proposition subordonnée avec le subjonctif.

3 We'll wait until you get here.   *Nous attendrons que (jusqu'à ce que) vous arriviez.*

We won't decide until you get here.   *Nous ne prendrons pas de décision avant que vous n'arriviez.*

La conjonction anglaise *until* se traduit souvent en français par *jusqu'à ce que* ou *que*, mais quand *until* veut dire *before*, on utilise la conjonction française *avant que*.

4 I don't think he'll come.   *Je ne crois pas qu'il vienne.*
I am pleased you came.   *Je suis content que vous soyez venu.*

En anglais on peut souvent omettre la conjonction *that*. En français l'emploi de *que* est obligatoire.

EXPRESSION ÉCRITE

Grammaire • Les divers emplois du subjonctif sont expliqués dans la section *Accent sur les emplois*.

• À la gamme des phrases complexes déjà à la disposition de l'étudiant(e) s'ajoutent les phrases où le verbe de la proposition principale introduit le subjonctif dans la proposition subordonnée complétive.

Atelier ## La contraction de texte

La contraction de texte est un exercice qui consiste à résumer un texte assez long afin d'en extraire l'essentiel. Il s'agit donc de bien comprendre et de bien assimiler la pensée de l'auteur du texte de départ (TD), d'en discerner ce qui est le plus significatif, et d'en faire un compte rendu fidèle, clair et concis.

Ce que la contraction de texte n'est pas :
• un texte de style télégraphique ;
• des segments de phrases sans suite ;
• une sélection de phrases tirées du TD ;
• un texte aussi long que le TD.

Il faut donc que la contraction de texte soit :
• un texte original cohérent qui résume les idées de l'auteur sans employer ses mots ;
• un texte où le nombre de mots accordé est respecté (réduction à une page, à cent mots, à un tiers ou un quart du TD, etc.)

Pour établir la longueur du texte, il faut compter comme mot :
• les articles, les monosyllabiques et les élidés ;
  (à, de, le, l', t')

- les sigles et les abréviations ;
  (O.N.U, dict., c-à-d., Mlle)
- les nombres, les pourcentages et les fractions.
  (36, 15%, 3,5)

Afin d'arriver à un texte contracté, clair, fidèle et organisé, il faut :
a) lire et relire le TD pour comprendre tous les mots et avoir une compréhension globale du texte ;
b) remarquer les phrases-titres et les mots de transition qui établissent la cohésion du texte (*mais, cependant, c'est pourquoi*, etc.) ;
c) souligner ce qui semble essentiel et repérer les idées importantes ;
d) établir une hiérarchie des idées et des informations et identifier les notions secondaires ;
e) éliminer parmi les idées secondaires le superflu qui se trouve souvent dans les oppositions, les subordonnées complétives relatives, les mots mis en série (on peut utiliser un terme générique), les explications de détails, etc.

étape 1 : compréhension (travail sur le TD)
- chercher dans le dictionnaire les termes qu'on ne connaît pas ;
- identifier le style de l'auteur, les tournures qui lui sont propres, afin de ne pas les copier mot à mot, car il ne s'agit pas de retrouver le style de l'auteur, mais de rédiger un texte qui reflète votre style à vous.

étape 2 : inventaire (travail sur le TD)

Il s'agit de repérer :
- le titre (sujet du texte) ;
- les notions et arguments essentiels et les mots-clés ;
- les idées secondaires ;
- les articulations logiques qui établissent le mouvement du texte et les rapports entre les idées ;
- le matériel superflu qu'on peut éliminer.

étape 3 : conversion (travail de brouillon)
- établir le nombre de paragraphes nécessaires et l'ordre des idées retenues ;
- choisir le vocabulaire et les tournures ;
- réaliser une première rédaction ;
- améliorer la structure du texte grâce aux ressources de la ponctuation et des mots de transition ;
- corriger la grammaire et l'orthographe.

étape 4 : rédaction finale (copie au propre)
- écrire le texte final au propre ;
- relire une dernière fois.

Dossier   *La ponctuation et l'emploi des majuscules*

TABLEAU 9.16   **Les signes de la ponctuation**

signe	*usage*
le point	1) marque la fin d'une phrase et le passage d'une idée à une autre 2) signale une abréviation *U.N.E.S.C.O.* *M. Marjollet (Monsieur Marjollet)*

la virgule	1) sépare les termes d'une énumération
	Le matin il avait l'habitude de prendre un jus d'orange, des oeufs,
	   des toasts et du café.
	2) marque la fin d'un complément ou une proposition circonstancielle
	qui commence une phrase
	Du haut de la tour CN, la vue était superbe.
	Lorsque tu auras fini, tu me téléphoneras.
	3) joue le rôle de parenthèses pour délimiter les éléments intercalés
	(apposition, proposition incise, etc.)
	M. Leblanc, le gérant du magasin, n'a pas pu nous renseigner.
	   (apposition)
	Mais, je n'ai jamais proposé cela, dit-il, c'est vous qui en avez eu
	   l'idée. (proposition incise)
	4) peut séparer deux propositions juxtaposées ou coordonnées
	C'est mon avis, mais fais ce que tu veux.
	5) suit les sujets doubles
	Toi et moi, nous prendrons le train.
	6) précède des éléments segmentés pour la mise en relief
	Il n'est pas au courant, lui.

le point- virgule	1) marque une pause plus importante que la virgule 2) sépare à l'intérieur d'une même phrase des éléments de phrase au sens complet *Quand un diplomate dit « oui », cela signifie « peut-être »; quand il* *dit « peut-être », cela veut dire « non » ; et quand il dit « non », ce* *n'est pas un diplomate.* (proverbe)
les deux points	annoncent une explication, une énumération, ou une citation *Il a dit : « Laissez-moi tranquille ! »*
le point d'interrogation	marque la fin d'une phrase interrogative directe *À quoi cela sert-il ?*
le point d'exclamation	marque la fin d'une phrase exclamative directe *Ah, ce qu'il m'énerve, lui !*
les guillemets	encadrent les citations, les mots que l'on veut mettre en valeur et les titres de livres ou de journaux *Il y avait un très bon article sur la jeunesse dans « L'Actualité » du* *mois dernier.*
les points de suspension	1) indiquent une phrase inachevée ou une longue pause 2) peuvent remplacer la partie d'un énoncé que l'on ne veut pas citer *Au secours ! Au se …*

TABLEAU 9.16   Les signes de la ponctuation

signe	usage
les parenthèses	encadrent une explication, une indication ou un supplément d'information *L'O.N.U. (Organisation des Nations Unies) a son siège à New York.*
le tiret	indique un changement d'interlocuteur dans un dialogue *–Vous êtes libre demain ?* *–Oui, dans la matinée si cela vous convient.* *–Parfait. Disons neuf heures à mon bureau.* *–Entendu.*

TABLEAU 9.17   L'emploi des majuscules

emplois	exemples
1) au début d'une phrase	*La victoire demeura longtemps indécise.*
2) à l'initiale d'un nom propre	*le Canada* *Paris* *le Louvre* *les Québécois* (mais : *un artiste québécois*) *la rue du Président Kennedy*
3) à l'initiale d'un nom commun employé comme nom propre	*la Reine* (la reine d'Angleterre, Elizabeth II) *l'océan Atlantique, le Pacifique* (mais : *la côte atlantique de la France*) *Dieu, le Créateur* *la mer Noire*
4) dans une abréviation	*les P.T.T.*
5) dans un titre, à l'initiale du premier nom et d'un adjectif qui précède celui-là	*le Grand Meaulnes*
6) à l'initiale d'une grande époque historique, ou d'une fête religieuse ou nationale	*la Révolution* *la Toussaint*
7) à l'initiale des points cardinaux utilisés séparément	*le Nord* (mais : *au nord d'Edmonton*)
8) dans le nom d'une institution, à l'initiale du premier nom	*l'Assemblée nationale* *l'Église catholique*
9) dans un titre honorifique, à l'initiale de chaque mot important	*Monsieur le Maire* *Son Excellence*

MISE EN MARCHE

EXERCICE 1
oral ou écrit

Beaucoup de choses à faire
Cette discussion de famille porte sur ce qu'il y a à faire cette
semaine. Faites l'exercice selon le modèle.

MODÈLE   il faut / je / aller chez le coiffeur
          Il faut que j'aille chez le coiffeur.

1. il est temps / Paul / prendre rendez-vous chez le dentiste
2. je veux / tu / venir avec moi au supermarché aujourd'hui
3. il vaut mieux / nous / partir assez tôt demain pour aller en ville
4. je ne crois pas / Jeannette / pouvoir nous accompagner
5. il faut absolument / nous / acheter un cadeau d'anniversaire
   pour Marc
6. Papa tient à ce que / nous / laver la voiture samedi
7. il serait bon / on / faire la vaisselle pour Maman ce soir
8. Maman préfère / tu / mettre de l'ordre dans ta chambre
9. il est nécessaire / tu / écrire à ta tante
10. il est possible / on / aller au concert dimanche
11. j'ai peur / nous / ne pas avoir le temps de tout faire
12. je ne suis pas sûr / cela / être vrai

EXERCICE 2
oral ou écrit

En ce qui me concerne
Indiquez ce qui est vrai pour vous.

MODÈLE   obtenir un diplôme d'université (important/pas
          important)
          ***Il est important que j'obtienne un diplôme
          d'université.***
ou   ***Il n'est pas important que j'obtienne un diplôme
          d'université.***

1. suivre des cours d'informatique (utile / inutile)
2. se marier l'année prochaine (possible / peu probable)
3. savoir conduire une voiture (utile / peu utile)
4. faire la grasse matinée le week-end (rare / pas rare)
5. prendre des vacances (souhaitable / peu souhaitable)
6. avoir plus de temps à ma disposition (nécessaire / pas
   nécessaire)
7. mettre de l'argent à la banque (indispensable / inutile)
8. faire un voyage en France (inévitable / peu probable)
9. perdre mon temps (absurde / normal)
10. apprendre le subjonctif (essentiel / inutile)

EXERCICE 3
oral ou écrit

Votre opinion

Exprimez votre opinion sur le sujet en utilisant l'une des expressions.

Je suis sûr(e) que	Il est temps que
Je ne pense pas que	Il n'est pas normal que
Il est bon que	Il faut absolument que

1. Les émissions à la télévision sont de très bonne qualité.
2. Les frais d'assurance-automobile sont trop élevés.
3. Les femmes reçoivent les mêmes salaires que les hommes.
4. On fait assez d'efforts dans le domaine du désarmement.
5. Les hommes / femmes politiques sont toujours honnêtes.
6. Les professeurs de français sont trop exigeants.
7. Il y a des sections non-fumeurs dans les restaurants.
8. Il est trop facile d'obtenir le divorce.

EXERCICE 4
oral ou écrit

Avis contraire

Faites l'exercice selon le modèle.

MODÈLE   Je pense que c'est vrai.
         Moi, je ne pense pas que ce soit vrai.

1. Je suis certain qu'elle viendra.
2. J'ai dit qu'on s'est trompé.
3. Je trouve qu'ils sont mesquins.
4. Je crois que son patron a trop d'influence.
5. Je suis certain qu'il a eu un empêchement.
6. Je pense que le premier ministre a oublié les promesses de sa campagne électorale.
7. Je suis certain qu'il peut mener à bien ce projet.
8. Je suppose qu'ils ont dit la vérité.

EXERCICE 5
oral ou écrit

Et nous donc !

Faites l'exercice selon le modèle.

MODÈLE   Nous tenons à ce que vous veniez.
         Et nous, nous tenons à venir.

1. Nous nous attendons à ce que vous le fassiez.
2. Nous avons peur que vous soyez en retard.
3. Nous doutons que vous ayez le temps d'y aller.
4. Nous voulons que vous participiez.
5. Nous désirons que vous lui parliez.
6. Nous préférons que vous en preniez la responsabilité.
7. Nous avons hâte que vous veniez nous voir.
8. Nous regrettons que vous ne puissiez pas en profiter.

EXERCICE 6
oral ou écrit

Objections

Faites l'exercice selon le modèle.

MODÈLE   Je veux prendre la voiture. (mon père)
Mon père ne veut pas que je prenne la voiture.

1. Nous voulons faire de la moto. (nos parents)
2. Je veux m'asseoir sur son beau divan neuf. (ma tante)
3. Elle veut prendre des vacances seule. (son fiancé)
4. Nous voulons emprunter sa tondeuse à gazon. (le voisin)
5. Je veux vivre à l'étranger. (mes parents)
6. Nous voulons nous acheter un chien. (mon père)
7. Mon frère veut boire du vin. (ma mère)
8. Robert veut payer l'addition. (je)

EXERCICE 7
oral ou écrit

Quel mode ?

Substituez au verbe de la proposition principale les verbes indiqués.

MODÈLE   Je ne pense pas qu'il soit d'accord. Je crois
Je crois qu'il est d'accord.

1. Je crois qu'il est d'accord.
    Je suis surpris(e)   Elle est sûre
    Il est important   Il paraît
    Nous pensions

2. Il espère que vous ferez la paix.
    Ils désirent   Il serait bon
    Je veux   Il est temps

3. Il faut que les femmes soient aussi bien payées que les hommes.
    Il est désirable   Je souhaite
    Il n'est pas vrai   J'espère

4. J'aimerais que tu comprennes.
    Il est inconcevable   Je pense
    Il est clair   Elle est heureuse

5. J'ai dit que c'était possible.
    Je doute   J'ai déclaré
    Je ne suis pas certain(e)   Il est peu probable

MISE EN ŒUVRE

EXERCICE 8
oral avec
partenaire

Entre amis   *réponses modèles, p. 246*

Vous parlez avec un / une camarade qui vous raconte ce qui se
passe dans sa vie. Vous réagissez à ce qu'il/elle dit en utilisant des
expressions telles que : *Je suis très content(e) que / Je regrette
que / C'est dommage que / Je suis surpris(e) que / Je suis fâché(e)
que.* L'étudiant(e) A présente la série A à l'étudiant(e) B et vice
versa.

MODÈLE   étudiant(e) A : ***Je ne peux pas venir à ta soirée.***
          étudiant(e) B : ***C'est dommage que tu ne puisses pas
                              venir à ma party.***

série A
1. Je n'ai pas encore fait mes devoirs de français.
2. Mes parents m'emmènent en vacances au Québec.
3. Je suis souvent malade.
4. Nous allons à un match de hockey ce soir.
5. J'ai oublié de rapporter tes livres.
6. Je ne vais pas en ville demain.
7. J'ai reçu une mauvaise note en mathématiques.
8. Je ne sais pas quels cours choisir l'an prochain.

série B
1. Je n'ai pas encore acheté les billets pour le concert.
2. Mes parents sont partis en vacances sans moi.
3. Je ne me sens pas bien ces temps-ci.
4. Nous allons au cinéma ce soir.
5. Je n'ai pas fait ce que tu m'as demandé.
6. Je ne suis pas à l'aise quand je prononce un discours.
7. Mon père n'est pas satisfait de mon travail.
8. Je ne veux pas y aller avec toi.

EXERCICE 9
oral avec
partenaire

Savoir ou ne pas croire   *réponses modèles, p. 246*

En utilisant *je sais que* ou *je ne crois pas que*, indiquez si l'énoncé
est toujours vrai ou douteux.

MODÈLE   étudiant(e) A : ***La terre est ronde.***
          étudiant(e) B : ***Je sais que la terre est ronde.***

série A
1. Les parents comprennent toujours leurs enfants.
2. On parle français au Québec.
3. Les hommes sont plus intelligents que les femmes.
4. Tout le monde peut devenir parfaitement bilingue.
5. Les journaux disent toujours la vérité.
6. Deux et deux font quatre.

7. Parler une langue étrangère est utile.
8. Il est possible de marcher sur l'eau.

série B
1. Un diplôme universitaire est essentiel dans la vie.
2. On peut vivre sans problèmes.
3. Les professeurs sont toujours justes.
4. On parle allemand en Autriche.
5. Les rapports entre frères et soeurs sont toujours harmonieux.
6. Il est facile d'obtenir des A⁺ en français.
7. Le Canada se situe dans l'hémisphère nord.
8. L'argent fait le bonheur.

EXERCICE 10
écrit

Le moulin à phrases

Composez des phrases selon les indications suivantes :

1. Décrivez trois choses que vous devez faire avant de partir de chez vous le matin. (Utilisez *il faut que / il est nécessaire que / je dois.*)
2. Pensez à votre meilleur(e) ami(e) et décrivez trois choses qu'il/ elle fait qui vous plaisent particulièrement. (Utilisez *je suis content(e) que / je suis ravi(e) que / j'aime les occasions où il/ elle.*)
3. Parlez à votre petit frère (vrai ou imaginaire) et dites-lui trois choses qu'il ne doit pas faire. (Utilisez *je te défends de / tu ne dois pas / il faut absolument que tu.*)
4. Pensez à votre futur époux ou future épouse et décrivez quatre des traits que vous trouvez souhaitables. (Utilisez *j'espère que / il vaut mieux que / il est souhaitable que / il est préférable que.*)
5. Pensez à votre avenir et décrivez deux choses qui auront définitivement lieu et deux choses qui seront possibles. (Utilisez *il est probable que / il se peut que.*)

EXERCICE 11
écrit

Traduction

1. It's unfortunate you can't go to France next year.
2. He will not write this letter until you ask him.
3. I am pleased you accepted our invitation.
4. It's possible she will leave before we can see her.
5. They would like to invite you.
6. They would like you to invite them.
7. I don't think it's possible, but I hope you'll succeed.
8. Please wait until the doctor can see you.
9. It is important to know the subjunctive.
10. Is there someone here who could translate this letter into French?
11. I think I can do it.
12. I am not sure that they'll answer.

EXERCICE 12
écrit

Composition
Écrivez une composition dans laquelle vous parlerez de votre philosophie personnelle. Mentionnez cinq ou six choses auxquelles vous croyez fermement et cinq ou six questions auxquelles vous avez réfléchi mais pour lesquelles vous n'avez pas formulé de point de vue définitif.
longueur : de 200 à 225 mots

EXERCICE 13
écrit

Contraction de texte
Dans un magazine ou un journal (français ou québécois), trouvez un article de 400 à 600 mots et faites-en un résumé qui représentera une réduction à un quart. Suivez bien les conseils pratiques fournis dans la section *Expression écrite*.

Réponses modèles

Exercice 8

série A
1. ... que tu n'aies pas encore fait tes devoirs de français.
2. ... que tes parents t'emmènent en vacances au Québec.
3. ... que tu sois souvent malade.
4. ... que nous allions à un match de hockey ce soir.
5. ... que tu aies oublié de rapporter mes livres.
6. ... que tu n'ailles pas en ville demain.
7. ... que tu aies reçu une mauvaise note en mathématiques.
8. ... que tu ne saches pas quels cours choisir l'an prochain.

série B
1. ... que tu n'aies pas encore acheté les billets pour le concert.
2. ... que tes parents soient partis en vacances sans toi.
3. ... que tu ne te sentes pas bien ces temps-ci.
4. ... que nous allions au cinéma ce soir.
5. ... que tu n'aies pas fait ce que je t'ai demandé.
6. ... que tu ne sois pas à l'aise quand tu prononces un discours.
7. ... que ton père ne soit pas satisfait de ton travail.
8. ... que tu ne veuilles pas y aller avec moi.

Exercice 9

série A
1. Je ne crois pas que les parents comprennent toujours leurs enfants.
2. Je sais qu'on parle français au Québec.
3. Je ne crois pas que les hommes soient plus intelligents que les femmes.
4. Je ne crois pas que tout le monde puisse devenir parfaitement bilingue.
5. Je ne crois pas que les journaux disent toujours la vérité.
6. Je sais que deux et deux font quatre.
7. Je sais que parler une langue étrangère est utile.
8. Je ne crois pas qu'il soit possible de marcher sur l'eau.

série B
1. Je ne crois pas qu'un diplôme universitaire soit essentiel pour tout le monde.
2. Je ne crois pas qu'on puisse vivre sans problèmes.
3. Je ne crois pas que les professeurs soient toujours justes.
4. Je sais qu'on parle allemand en Autriche.
5. Je ne crois pas que les rapports entre frères et soeurs soient toujours harmonieux.
6. Je ne crois pas qu'il soit facile d'obtenir des A⁺ en français.
7. Je sais que le Canada se situe dans l'hémisphère nord.
8. Je ne crois pas que l'argent fasse le bonheur.

10

Grammaire	Les adjectifs et pronoms interrogatifs Les pronoms relatifs
Expression écrite	Les phrases complexes Les propositions subordonnées

Terminologie

- **adjectif interrogatif**

  adjectif qui sert à interroger; l'interrogation porte sur le substantif qui suit l'adjectif

  Quelle *heure est-il ?*

- **antécédent**

  élément de phrase, d'habitude un nom ou un pronom, qui est représenté par un pronom

  *J'aime beaucoup **les jeans** que tu as achetés.*

- **complément circonstanciel**

  complément qui apporte une information secondaire de circonstance (le temps, le lieu, la cause, etc.)

  *Il **y** est resté **deux heures**.*

  y = complément circonstanciel de lieu

  deux heures = complément circonstanciel de temps

- **locution prépositive**

  préposition formée de deux ou de plusieurs mots

  au bord de

- **pronom interrogatif**

  pronom qui permet de questionner

  Que *dites-vous ?*

- **pronom relatif**

  pronom qui permet d'établir une relation entre un nom (ou un pronom) et une proposition subordonnée qui apporte un supplément d'information

  *Ce n'est pas moi **qui** ai fait cela.*

  *Voici le dictionnaire **dont** tu as besoin.*

- **proposition relative**

  proposition subordonnée, introduite par un pronom relatif, qui permet soit de déterminer ou de qualifier l'antécédent, soit d'anticiper ce que l'on va dire, soit de compléter la proposition principale

  *As-tu compris la question **que le professeur a posée** ?*

  ***Ce qu'il lui faut**, c'est une bonne note à l'examen.*

  *Je ne sais pas **ce à quoi il faisait allusion**.*

MISE AU POINT

**Les adjectifs
et pronoms
interrogatifs**

ACCENT SUR LES FORMES

TABLEAU 10.1 **Les adjectifs interrogatifs**

	singulier	*pluriel*
masculin	quel	quels
féminin	quelle	quelles

1 L'adjectif interrogatif s'accorde en genre et en nombre avec le nom auquel il se rapporte, même s'il est séparé du nom par le verbe *être*.

> ***Quelle émission*** *vas-tu écouter?*
> *De **quels livres** as-tu besoin?*
> ***Quels*** *sont **les avantages** d'un tel projet?*
> ***Quelle*** *est votre **opinion**?*

À noter! • Il faut se rappeler que le participe passé s'accorde en genre et en nombre avec un objet direct qui le précède.
> *Quelle **chemise** a-t-il achetée?*
> ***Quels*** *sont les **disques** que tu as apportés?*

TABLEAU 10.3 **Les pronoms interrogatifs variables**

	singulier	*pluriel*
masculin	lequel duquel auquel	lesquels desquels auxquels
féminin	laquelle de laquelle à laquelle	lesquelles desquelles auxquelles

2 Le pronom interrogatif variable prend le genre et le nombre du nom qu'il représente.

> *De toutes ces chemises, **laquelle** vas-tu acheter?*
>   laquelle = quelle chemise
> *Deux des conseillers sont disponibles; **auquel** voulez-vous parler?*
>   auquel = à quel conseiller
> ***Lesquelles*** *préférez-vous, les grandes ou les petites?*
>   lesquelles = quelles + nom féminin sous-entendu

À noter ! • Le participe passé s'accorde en genre et en nombre avec l'objet direct qui le précède.
>*De toutes ces chemises, **laquelle** a-t-il achetée ?*

3 Les pronoms interrogatifs variables utilisés avec la préposition *de* ou *à* ont une forme contractée au masculin singulier et aux formes plurielles.

masculin singulier	*duquel*	*auquel*
masculin pluriel	*desquels*	*auxquels*
féminin pluriel	*desquelles*	*auxquelles*

VÉRIFIONS
réponses, p. 335

Complétez la phrase avec la forme correcte de l'adjectif interrogatif ou du pronom interrogatif variable.

1. ____ est votre opinion ?
2. J'en ai des jaunes et des bleues ; ____ avez-vous besoin ?
3. ____ de ces deux films veux-tu voir ?
4. On a vu plusieurs émissions à ce sujet ; ____ as-tu préférée ?
5. ____ marque de skis désires-tu acheter ?
6. ____ de ces photos veux-tu garder ?
7. ____ est la raison de son refus ?
8. Il y a deux boutiques tout près ; ____ est-elle allée ?

TABLEAU 10.3   **Les pronoms interrogatifs invariables**

fonction grammaticale	*personne*	
	forme courte	*forme longue*
sujet	qui + *verbe*	qui est-ce qui + *verbe*
objet direct	qui + *verbe* + *sujet*	qui est-ce que + *sujet* + *verbe*
objet d'une préposition	*préposition* + qui + *verbe* + *sujet*	*préposition* + qui est-ce que + *sujet* + *verbe*

fonction grammaticale	*chose*	
	forme courte	*forme longue*
sujet		qu'est-ce qui + *verbe*
objet direct	qui + *verbe* + *sujet*	qu'est-ce que + *sujet* + *verbe*
objet d'une préposition	*préposition* + quoi + *verbe* + *sujet*	*préposition* + quoi est-ce que + *sujet* + *verbe*

Les pronoms
interrogatifs

ACCENT SUR L'ANALYSE

TABLEAU 10.4   **Analyse grammaticale des pronoms interrogatifs invariables**

formes courtes	*formes longues*
Qui a dit cela ? (sujet du verbe) (personne)	*Qui est-ce qui* a dit cela ? (sujet du verbe) (personne)
	Qu'est-ce qui se passe ? (sujet du verbe) (chose)
Qui as-tu appelé ? (objet direct du verbe) (personne)	*Qui est-ce que* tu as appelé ? *Qui est-ce qu'*il a appelé ? (objet direct du verbe) (personne)
Que fais-tu ? *Qu'*aime-t-il ? (objet direct du verbe) (chose)	*Qu'est-ce que* tu fais ? *Qu'est-ce qu'*il aime ? (objet direct du verbe) (chose)
Avec *qui* y es-tu allé ? (objet de la préposition *avec*) (personne) À *quoi* pensais-tu ? (objet de la préposition *à*) (chose)	Avec *qui est-ce que* tu y es allé ? Avec *qui est-ce qu'*il y est allé ? (objet de la préposition *avec*) (personne) À *quoi est-ce que* tu pensais ? À *quoi est-ce qu'*elle pensait ? (objet de la préposition *à*) (chose)

1 La forme courte *qui* représente toujours une personne.

2 Les forme courtes *que*, *qu'* et *quoi* représentent quelque chose d'autre qu'une personne.

3 À part la forme *qui* sujet du verbe, les formes courtes entraînent l'inversion obligatoire du sujet.

4 La forme *qui* au début d'une forme longue représente toujours une personne.

5 La forme *qui* à la fin d'une forme longue représente toujours le sujet du verbe.

6 Les formes *que*, *qu'* et *quoi* au début d'une forme longue représentent quelque chose d'autre qu'une personne.

réponses, p. 335

VÉRIFIONS!

Complétez la phrase avec la forme correcte du pronom interrogatif invariable.

1. ＿＿ vous avez dit ?
2. Pour ＿＿ as tu voté ?
3. À ＿＿ tu veux jouer ?
4. ＿＿ l'intéresse ?
5. ＿＿ veut prendre cette responsabilité ?
6. ＿＿ es-tu allé chercher ?
7. À ＿＿ il doit téléphoner ?
8. ＿＿ aime-t-elle faire le samedi ?

Les adjectifs et les pronoms interrogatifs

ACCENT SUR LES EMPLOIS

Emplois	*Contextes*
1 On emploie l'adjectif interrogatif pour poser une question au sujet d'une personne ou d'une chose. La question peut être une demande de choix, d'identification ou d'information.	*Quel exercice voulez-vous que l'on fasse?* *Quelle est votre adresse ?* *Pour quelles raisons doit-on faire cela ?*
2 On emploie le pronom interrogatif variable pour demander le choix d'une chose parmi plusieurs du même type. Ce groupe peut être mentionné dans la proposition même, ou dans la phrase ou l'élément de phrase qui précède.	*Laquelle de tes robes vas-tu mettre ?* *De tous les exercices sur le subjonctif, lesquels as-tu trouvés difficiles ?* *Voici mes deux dictionnaires. Duquel as-tu besoin ?*
3 On emploie le pronom interrogatif invariable pour poser une question sur une personne ou une chose inconnue.	*Qui t'a dit cela ?* *À quoi est-ce qu'il faisait allusion ?*

Les pronoms relatifs

ACCENT SUR LES FORMES

TABLEAU 10.5 **Les pronoms relatifs**

fonction grammaticale	personne	chose
sujet	qui	qui, ce qui
objet direct	que	que, ce que
*objet d'une préposition autre que **de** ou **à***	*préposition +* qui lequel laquelle lesquels lesquelles	*préposition +* quoi lequel laquelle lesquels lesquelles ce + *préposition* + quoi
*objet de la préposition **à***	à qui auquel à laquelle auxquels auxquelles	à quoi auquel à laquelle auxquels auxquelles ce à quoi
*objet d'une locution prépositive en **de***	de qui duquel de laquelle desquels desquelles	duquel de laquelle desquels desquelles
*objet de la préposition **de***	dont	dont, de quoi, ce dont
complément circonstanciel de lieu ou de temps	où*	

*Ce pronom ne s'emploie que dans certains contextes. Voir p. 262.

1 L'antécédent des pronoms relatifs *qui, que* et *dont* peut être une personne ou une chose.

2 Les pronoms relatifs variables (*lequel, duquel, auquel, laquelle, de laquelle, à laquelle, lesquels, desquels, auxquels, lesquelles, desquelles, auxquelles*) s'accordent en genre et en nombre avec leur antécédent.

3 *Qu'* remplace *que* devant une voyelle ou un *h* muet, mais la forme *qui* ne change jamais.

Les pronoms relatifs	*ACCENT SUR L'ANALYSE*

TABLEAU 10.6 **Analyse grammaticale des pronoms relatifs**

exemple	*fonction*	*nom antécédent*
1 C'est Paul **qui** a fait cela.	sujet	Paul
2 J'ai fait un exercice **qui** m'a aidé.	sujet	un exercice
3 Je ne vois pas **ce qui** vous dérange.	sujet	(pas d'antécédent)
4 C'est le professeur **que** j'avais l'année dernière.	objet direct	le professeur
5 Voilà la voiture **que** je voudrais.	objet direct	la voiture
6 **Ce que** je désire, c'est avoir un peu de tranquillité.	objet direct	(anticipe l'idée d'*avoir un peu de tranquillité*)
7 Téléphonez à la personne **dont** voici le numéro.	objet de la préposition *de (le numéro de)*	la personne
8 L'idée **dont** tu m'as parlé m'intrigue beaucoup.	objet de la préposition *de (parler de)*	l'idée
9 Tu sais exactement **ce dont** j'ai besoin.	objet de la préposition *de (avoir besoin de)*	(pas d'antécédent)
10 Voici le monsieur à côté **duquel** j'étais assis.	objet de la locution prépositive *à côté de*	le monsieur
11 La rivière au bord **de laquelle** on s'est promené est peu profonde.	objet de la locution prépositive *au bord de*	la rivière
12 C'est un ami pour **qui/lequel** je ferais n'importe quoi.	objet de la préposition *pour*	un ami
13 Voilà le mur contre **lequel** on va mettre les chaises.	objet de la préposition *contre*	le mur
14 Il n'y a pas **de quoi** être fier.	objet de la préposition *de*	(pas d'antécédent)
15 On ne sait pas exactement **ce** contre **quoi** il proteste.	objet de la préposition *contre*	(pas d'antécédent)

TABLEAU 10.6 **Analyse grammaticale des pronoms relatifs**

exemple	*fonction*	*nom antécédent*
16 Jacqueline est la personne **à qui** appartient cet imperméable.	objet de la préposition *à* *(appartenir à)*	la personne
17 Ce n'est pas un problème **auquel** j'ai beaucoup réfléchi.	objet de la préposition *à* *(réfléchir à)*	un problème
18 Partir en vacances est précisément **ce à quoi** je pensais.	objet de la préposition *à (penser à)*	partir en vacances
19 Quel est le nom du village **où** nous nous sommes arrêtés ?	complément circonstanciel de lieu ; = *dans lequel*	village
20 C'était l'époque **où** ils sortaient ensemble.	complément circonstanciel de temps ; = *durant laquelle*	l'époque
21 C'est la ville **d'où** il vient.	objet de la préposition *de*	la ville
22 Je ne sais pas **où** elles sont allées.	complément circonstanciel de lieu ; = *à quel endroit*	(pas d'antécédent)

Les pronoms relatifs

ACCENT SUR LES FONCTIONS GRAMMATICALES

1 Pronoms relatifs sujets

a *qui* avec antécédent (personne ou chose)
   *J'aime les gens **qui** disent ce qu'ils pensent.*
   antécédent : *les gens*
   fonction de *qui* : sujet du verbe *dire*
   Le pronom *qui* permet d'éviter l'emploi de deux phrases :
   Des gens disent ce qu'ils pensent. J'aime ces gens.

b *ce qui* sans antécédent
   *Je me demande **ce qui** s'est passé.*
   fonction de *ce qui* : sujet du verbe *se passer*
   Le pronom *ce qui* permet d'employer une question indirecte.
   Au style direct, on dirait :
   Je me demande : « Qu'est-ce qui s'est passé ? »

2   Pronoms relatifs objets directs

a   *que* avec antécédent (personne ou chose)
   *J'aime la robe **qu**'elle a achetée.*
   antécédent : *la robe*
   fonction de *que* : objet direct du verbe *acheter*
   Le pronom *que* permet d'éviter l'emploi de deux phrases :
   Elle a acheté une robe. J'aime cette robe.

b   *ce que* sans antécédent
   *Je ne comprends pas **ce que** vous dites.*
   fonction de *ce que* : objet direct du verbe *dire*
   Le pronom *ce que* permet d'éviter l'emploi de deux phrases :
   Vous dites quelque chose. Je ne comprends pas cette chose.

3   Pronom relatif objet de la préposition *de*

a   *dont* avec antécédent (personne ou chose)
   *J'ai acheté le dictionnaire **dont** j'avais besoin.*
   antécédent : *le dictionnaire*
   fonction de *dont* : objet de *avoir besoin (de)*
   Le pronom *dont* permet d'éviter l'emploi de deux phrases :
   J'ai acheté un dictionnaire. J'avais besoin de ce dictionnaire.

b   *ce dont* sans antécédent
   *Je ne sais pas **ce dont** il s'agit.*
   fonction de *ce dont* : objet de *il s'agit (de)*
   Le pronom *ce dont* permet d'éviter l'emploi de deux phrases.
   Il s'agit de quelque chose. Je ne sais pas cette chose.

4   Pronoms relatifs objets de locutions prépositives qui se terminent par *de*

   duquel avec antécédent (personne ou chose)
   *Quel est le nom du lac au bord **duquel** nous nous sommes promenés ?*
   antécédent : *lac*
   fonction de *duquel* : objet de *au bord (de)*
   Le pronom *duquel* permet d'éviter l'emploi de deux phrases :
   Nous nous sommes promenés au bord d'un lac. Quel est le nom de ce lac ?

5   Pronoms relatifs objets de prépositions autres que *de*

a   préposition + *qui/lequel* avec antécédent (personne)
   *Je ne connais pas le garçon avec **qui** elle est sortie.*
   *Je ne connais pas le garçon avec **lequel** elle est sortie.*
   antécédent : *le garçon*
   fonction de *qui/lequel* : objet de la préposition *avec*
   Le pronom *qui/lequel* permet d'éviter l'emploi de deux phrases :
   Elle est sortie avec un garçon. Je ne connais pas ce garçon.

b *à* + *qui/auquel* avec antécédent (personne)
*Ce n'est pas le conseiller **à qui** il faut s'adresser.*
*Ce n'est pas le conseiller **auquel** il faut s'adresser.*
antécédent : *le conseiller*
fonction de *à qui/auquel* : objet de *s'adresser (à)*

Le pronom *à qui/auquel* permet d'éviter la répétition :
Il faut s'adresser à un conseiller, mais pas à ce conseiller-là.

c préposition + *lequel* avec antécédent (chose)
*C'est la raquette avec **laquelle** il a gagné le match.*
antécédent : *la raquette*
fonction de *laquelle* : objet de la préposition *avec*

Le pronom *laquelle* permet d'éviter l'emploi de deux phrases :
C'est une raquette. Il a gagné le match avec cette raquette.

d *auquel* avec antécédent (chose)
*C'est bien le problème **auquel** je pense.*
antécédent : *le problème*
fonction de *auquel* : objet de *penser (à)*

Le pronom *auquel* permet d'éviter l'emploi de deux phrases :
C'est un problème. Je pense à ce problème.

e *ce* + préposition + *quoi* sans antécédent
*C'est exactement **ce à quoi** je pensais.*
fonction de *ce à quoi* : objet de *penser (à)*

La construction *ce à quoi* permet d'éviter l'emploi de deux phrases :
C'est une chose. Je pensais à cette chose.

6 complément circonstanciel

a *où* avec antécédent de lieu
*C'est le restaurant **où** nous avons mangé.*
antécédent : *le restaurant*
fonction de *où* : complément circonstanciel de lieu du verbe *manger*

Le pronom *où* permet d'éviter l'emploi de deux phrases :
C'est un restaurant. Nous avons mangé dans ce restaurant.

b *où* avec antécédent de temps
*Je me rappelle l'époque **où** on se disputait tout le temps.*
antécédent : *l'époque*
fonction de *où* : complément circonstanciel de temps du verbe *se disputer*

Le pronom *où* permet d'éviter l'emploi de deux phrases :
Je me rappelle une époque. On se disputait tout le temps à cette époque.

c *où* sans antécédent
*Je ne sais pas **où** il est allé.*
fonction de *où* : complément circonstanciel du verbe *aller*

Le pronom *où* permet d'éviter l'emploi de deux phrases :
Je ne sais pas (l'endroit). *Il est allé* (à cet endroit).

Les pronoms relatifs

ACCENT SUR LES EMPLOIS

Le pronom relatif <u>qui</u>

Emplois

Contextes

1 Le pronom relatif *qui* s'emploie comme sujet du verbe d'une proposition subordonnée. L'antécédent de *qui* peut être soit une personne ou une chose, soit un nom ou un pronom.

*Ce seront mes parents **qui** le lui diront.*

*C'est un film **qui** m'a beaucoup frappé.*

*C'est moi **qui** le lui dirai.*

*À **noter**!* • Le verbe de la proposition relative s'accorde avec l'antécédent du pronom relatif sujet *qui*.

*C'est **moi qui** vous **ai dit** cela. (qui = moi = je)*

Le pronom relatif <u>ce qui</u>

Emplois

Contextes

2 Le pronom relatif *ce qui* s'emploie comme sujet d'une proposition relative sans antécédent nom ou pronom.

*Je ne sais pas **ce qui** l'intéresse.*

3 Le pronom relatif *ce qui* peut représenter une idée, qui est alors l'antécédent.

*Savoir se reposer, voilà **ce qui** est important.*

4 *Ce qui* peut aussi anticiper ce que l'on va dire.

***Ce qui** l'intéresse, c'est le cinéma.*

*À **noter**!* • Le verbe de la proposition subordonnée qui s'accorde avec *ce qui* est toujours à la troisième personne du singulier.

*C'était **ce qui** m'étonnait.*

Le pronom relatif <u>que</u>

Emplois

Contextes

5 Le pronom relatif *que* s'emploie comme objet direct du verbe d'une proposition relative. Son antécédent peut être soit une personne ou une chose, soit un nom ou un pronom.

*C'est Jean-Pierre **que** vous voulez voir.*

*C'est une émission **que** j'ai beaucoup aimée.*

*C'est vous **que** j'ai vu.*

*À **noter**!* • Le participe passé du verbe de la proposition relative s'accorde en genre et en nombre avec l'objet direct qui précède le verbe, c'est-à-dire avec le pronom relatif qui est du même genre et nombre que son antécédent.

*Ce n'est pas **la jupe** qu'elle a achetée.*

- Le mot *que* peut être une conjonction.
  *Je sais **que** vous vous y intéressez.*
  *Il est vrai **qu**'il est sympathique.*

Le pronom relatif ce que

Emplois	*Contextes*
6 Le pronom relatif *ce que* s'emploie comme objet direct du verbe d'une proposition relative sans antécédent nom ou pronom.	*Savais-tu **ce que** je voulais ?*
7 Le pronom relatif *ce que* peut représenter une idée, qui est alors l'antécédent.	*Me reposer, voilà **ce que** je voulais.*
8 *Ce que* peut aussi anticiper ce que l'on va dire.	***Ce que** je voulais, c'était me reposer*

VÉRIFIONS !
réponses, p. 335

Utilisez le pronom relatif qui convient.
1. Le monsieur ＿＿ arrive, c'est mon père.
2. Vous ne faites pas toujours ＿＿ il veut, j'espère.
3. La montre ＿＿ elle s'est achetée ne marche plus.
4. Est-ce que c'est vous ＿＿ m'avez téléphoné ?
5. Mon petit frère, ＿＿ j'adore malgré tout, peut être une vraie terreur.
6. Après ce long hiver, ＿＿ j'attends avec impatience, c'est un printemps ensoleillé.
7. Le hockey est un sport ＿＿ le passionne.
8. ＿＿ m'irrite particulièrement, ce sont les gens ＿＿parlent dans les bibliothèques.

Le pronom relatif dont

Emplois	*Contextes*
9 Le pronom relatif *dont* incorpore la préposition *de*. Son antécédent peut être soit une personne ou une chose, soit un nom ou un pronom. *Dont* peut être l'objet d'un verbe suivi de la préposition *de*.	*C'est une étudiante **dont** il se souvient bien.*
10 *Dont* peut être l'objet d'une expression verbale suivie de la préposition *de*.	*Voici un professeur **dont** il a peur.*

11 *Dont* peut être l'objet de la préposition *de* qui s'emploie avec un adjectif.	*Voici un travail **dont** je suis satisfait.*
12 *Dont* peut être l'objet de la préposition *de* qui suit un nom pour établir un rapport de parenté ou de possession.	*C'est la fille **dont** le père est député.* *Il ne peut pas conduire une voiture **dont** les freins ne marchent pas.*

*À **noter** !* • Il faut se rappeler les mots suivis de la préposition *de* :
  verbes : *manquer de, parler de, profiter de, se souvenir de*
  expressions verbales : *avoir besoin de, avoir envie de, avoir peur de*
  adjectifs : *content de, fier de, satisfait de*

Le pronom relatif ce dont

Emplois	*Contextes*
13 Le pronom relatif *ce dont* incorpore la préposition *de*. Il peut s'employer sans antécédent. Il peut être l'objet d'un verbe suivi de la préposition *de*.	***Ce dont** il se souvient ne nous aide guère.*
14 *Ce dont* peut représenter une idée, qui est alors l'antécédent.	*Prendre des vacances, c'est **ce dont** il a besoin.*
15 *Ce dont* peut aussi anticiper ce que l'on va dire.	***Ce dont** on profite vraiment, c'est d'une vie bien équilibrée.*

Les pronoms relatifs de qui et duquel

Emplois	*Contextes*
16 Les pronoms relatifs *de qui* et *duquel* s'emploient comme objet d'une locution prépositive qui se termine par *de*. • L'antécédent du pronom relatif *de qui* est toujours une personne. • L'antécédent du pronom relatif *duquel* peut être une personne ou une chose.	*C'est la dame à côté **de qui** j'étais assis.* *C'est la dame à côté **de laquelle** j'étais assis.* *C'est le chapitre à la fin **duquel** on aura maîtrisé les pronoms relatifs.*

Attention au style ! **17** Lorsque l'antécédent est une personne, il y a donc un choix à faire entre *de qui* et *duquel*. Le pronom *de qui* est préférable.

*À **noter** !* • Il faut se rappeler les locutions prépositives qui se termine par *de* :
  à côté de   au bord de
  au début de   au centre de
  le long de   à la fin de
  près de

Le pronom relatif ce + préposition + quoi

Emplois

Contextes

18 Ces pronoms relatifs s'emploient comme objet d'une préposition autre que *de*. Ils peuvent s'employer sans antécédent. La construction avec *ce* peut être utilisée en tête de phrase. La construction sans *ce* suit le verbe de la proposition principale. La construction avec *ce* peut annoncer ce que l'on va dire.

*Ce **contre quoi** elle se rebelle c'est son attitude envers les femmes.*
*Je me demande **avec quoi** on pourrait réparer cela.*
*Ce **à quoi** je rêve, ce sont de longues vacances.*
*Parfois je ne sais pas du tout **à quoi** il pense.*

Le pronom relatif où

Emplois

Contextes

19 Le pronom relatif *où* s'emploie comme complément circonstanciel de lieu ou de temps du verbe de la proposition relative. L'antécédent du pronom relatif *où* (un lieu ou un temps) peut être explicite ou implicite.

*Je l'ai déposé à l'endroit **où** il voulait aller.*
*C'était l'année **où** il est mort.*
*Je ne sais pas **où** se trouve ce restaurant.*

Attention au style ! 20 Le pronom *où* est souvent préférable à une préposition de temps ou de lieu suivie de *lequel*.

le restaurant **où** nous avons dîné = *dans lequel*
le pont **jusqu'où** on s'est promené = *jusqu'auquel*
le pays **d'où** il vient = *duquel*
le village **par où** l'on est passé = *par lequel*
le jour **où** il est né = *durant lequel*
la semaine **où** ils se sont fiancés = *pendant laquelle*

VÉRIFIONS !

réponses, p. 335

Complétez chaque phrase avec le pronom relatif qui convient.

1. Voilà un effort ____ nous pouvons tous être contents.
2. Il y a peu de rêves ____ je me rappelle.
3. C'est une toile expressionniste au centre ____ il y a un grand cercle rouge.
4. Il y a des choses ____ on a parfois honte.
5. Elle a épousé un jeune homme ____ les parents sont français.
6. C'est vraiment ____ il avait envie.
7. Cet hôtel a une piscine au bord ____ se bronzent de très beaux spécimens de l'humanité.
8. Ne pas avoir à étudier ces pronoms relatifs, voilà ____ ils rêvent.

Les pronoms relatifs *qui* et *lequel* avec une préposition autre que *de*

Emplois	*Contextes*
21 Les pronoms relatifs *qui* et *lequel* s'emploient comme objet d'une préposition autre que *de*.	*Il connaît la fille **avec qui** son frère est sorti.*
• L'antécédent du pronom relatif *qui* précédé d'une préposition est toujours une personne.	*Il connaît la fille **avec laquelle** son frère est sorti.*
	*C'est la raison **pour laquelle** il est fâché.*
• L'antécédent du pronom *lequel* précédé d'une préposition peut être une personne ou une chose.	*Il y a peu d'employés **auxquels** on a donné une augmentation.*
	*C'est une lettre **à laquelle** il faudra répondre.*

Attention au style ! **22** Lorsque l'antécédent est une personne, il y a donc un choix à faire entre *qui* et *lequel*. Le pronom *qui* est préférable.

VÉRIFIONS !   *réponses, p. 336*

Complétez la phrase avec le pronom relatif qui convient.

1. Le guide avec ＿＿ nous avons fait la visite du musée parlait français.
2. Je me demande ＿＿ on va mettre tout ça.
3. C'est la maladie contre ＿＿ il prend ces médicaments.
4. Je sais exactement par ＿＿ vous êtes passé.
5. ＿＿ il ne s'habitue pas, c'est faire la vaisselle.
6. C'est un collègue avec ＿＿ il se compare toujours.
7. Les arguments sur ＿＿ il a basé sa décision ne me paraissaient pas très solides.
8. La réunion ＿＿ nous avons assisté n'a duré qu'une heure.
9. Elle sait toujours ＿＿ il pense.
10. Cela s'est passé la semaine ＿＿ ils sont rentrés.

Les pronoms relatifs

ACCENT SUR LA SYNTAXE

1 On peut employer *lequel* à la place de *qui* (sujet) ou *que* (objet direct) pour éviter la confusion entre deux personnes ou choses. Ces formes se rapportent au dernier élément mentionné.

> *Elle a invité son père et sa mère, **laquelle** n'a pas pu venir.*

2 On utilise *lequel(le)s* après les prépositions *entre* et *parmi*. On ne peut pas employer *qui*. (Cependant, *qui* est préférable après les autres prépositions lorsque l'antécédent est une personne.)

> *Les deux personnes **entre lesquelles** j'étais assise avaient l'air de ne pas du tout écouter le conférencier.*
>
> *Les gens **parmi lesquels** nous nous trouvions ne parlaient pas anglais.*

3 On peut utiliser *tout* suivi des pronoms relatifs *ce qui, ce que* ou *ce dont* pour exprimer la totalité.

> *Il faut manger **tout ce qui** reste.*
> ***Tout ce que** je demande, c'est qu'on me laisse tranquille.*
> *Vous m'avez apporté **tout ce dont** j'ai besoin.*

4 On peut utiliser le pronom démonstratif *celui, celle, ceux, celles* suivi d'un pronom relatif pour identifier la personne ou la chose dont on parle.

> ***Celui qui** accumule le plus de points gagne.*
> *Je préfère **celle qu**'elle a préparée.*
> *Je n'ai pas pu obtenir **ceux que** tu voulais.*

PROBLÈMES DE TRADUCTION

1 This is the lady I met at the station. — *C'est la dame **que** j'ai rencontrée à la gare.*

The friends she travelled with stayed in England. — *Les amis avec **lesquels** elle voyageait sont restés en Angleterre.*

The day he came I wasn't here. — *Le jour **où** il est venu je n'étais pas ici.*

En anglais, il est souvent naturel d'omettre le pronom relatif. En français, l'emploi du pronom relatif est obligatoire lorsqu'on introduit une proposition relative.

2 The grammar textbook I use ...
The grammar textbook **that** I use ... — *Le manuel de grammaire **que** j'utilise ... / **dont** je me sers ...*
The grammar textbook **which** I use ...

En anglais, si l'antécédent est une chose, le pronom relatif peut être *that* ou *which*. En français, le choix du pronom relatif dépend de l'antécédent (personne ou chose) et de la fonction grammaticale du pronom relatif dans la proposition relative.

3 I don't know **when** he'll come. — *Je ne sais pas **quand** il viendra.*

It was one of those days **when** everything went right. — *C'était un de ces jours **où** tout allait pour le mieux.*

On traduit *when* par la conjonction *quand* excepté lorsque ce terme est précédé par des substantifs tels que *jour, semaine, mois, année, période*, etc.; dans ce cas, on utilise *où*.

EXPRESSION ÉCRITE

Grammaire   Le pronom relatif permet de joindre deux phrases dont l'une est subordonnée à l'autre. Cette proposition subordonnée peut déterminer ou qualifier un nom (ou un pronom) qui a déjà une fonction grammaticale dans la proposition principale. Ainsi peut-on combiner les deux phrases suivantes :

Il a écrit une lettre à son avocat. Il a fait une copie de cette lettre.

pour obtenir une seule phrase :

Il a fait une copie de la lettre qu'il a écrite à son avocat.

Ce procédé permet donc de lier deux phrases en évitant la répétition d'un nom ou d'un pronom.

Atelier   *Les phrases complexes*

Une phrase est un ensemble de mots ayant un verbe conjugué. La phrase simple peut comprendre plusieurs verbes reliés soit par la ponctuation soit par de simples conjonctions de coordination (*car, ni, donc, et, mais, or, ou*). Une proposition est un groupe de mots qui comprend un verbe et dont les termes sont étroitement liés par le sens.

*Ils ont dîné dans leur restaurant favori **et** ils sont allés au cinéma.*

La phrase simple ci-dessus se compose de deux propositions indépendantes reliées par la conjonction *et*.

La phrase complexe, par contre, incorpore une proposition principale et une ou plusieurs propositions subordonnées. La proposition subordonnée dépend de la proposition principale ou d'un élément de cette proposition.

J'ai rencontré le jeune homme *avec qui elle est sortie.*
(proposition principale)   (proposition subordonnée)

Dans la phrase ci-dessus, la proposition principale est indépendante (l'idée est complète), tandis que le sens de la proposition subordonnée relative dépend de la proposition principale.

Dans l'ensemble d'une phrase, les propositions subordonnées ont le plus souvent une fonction semblable à celle du nom. Comparez, par exemple :

*Il admire la robe **que porte sa fiancée**.* (subordonnée)
*Il admire la robe **de sa fiancée**.* (préposition + nom)

*Je voulais savoir **comment s'était produit l'accident**.*
   (subordonnée)
*Je voulais savoir **la cause de l'accident**.* (nom objet direct)

*Il attendait **qu'elle revienne**.* (subordonnée)
*Il attendait **son retour**.* (nom objet direct)

On relève deux groupes de subordonnées :

1. Celles qui déterminent ou qualifient un nom ou un pronom, ce sont les subordonnées relatives. Il faut noter que les mots de subordination qui précèdent les subordonnées relatives sont les pronoms relatifs.

2. Celles qui complètent un verbe, ce sont les subordonnées conjonctives. Les conjonctions sont les mots de subordination précédant les subordonnées conjonctives. Parmi celles-ci, il faut citer deux groupes :

a) les propositions qui ont la valeur d'un complément d'objet (subordonnées complétives)

> *Je sais **que c'est vrai**.* (subordonnée complément d'objet direct)
>
> *Je sais **cela**.* (complément d'objet direct)
>
> *Il attendait **qu'elle arrive**.* (subordonnée complément d'objet direct)
>
> *Il attendait **son arrivée**.* (complément d'objet direct)

b) les propositions qui ont la valeur d'un complément circonstanciel (subordonnées circonstancielles)

> *Il lui a téléphoné **avant qu'elle ne parte**.* (subordonnée complément circonstanciel de temps)
>
> *Il lui a téléphoné **avant son départ**.* (complément circonstanciel de temps)

Dossier *Les propositions subordonnées*

TABLEAU 10.7 Les différents types de propositions subordonnées

type	*mot de subordination*	*exemple*
1 relative	un pronom relatif	Je connais un restaurant **dont** *le propriétaire est français.*
2 complétive	la conjonction *que*, un mot interrogatif (voir *Le discours indirect*, pp. 310–13) ou une préposition (devant un infinitif)	Je sais **que** *vous avez raison.* Elle ne savait pas **comment** *il avait fait cela.*
3 circonstancielle **a)** temps (antériorité)	avant que, en attendant que, jusqu'à ce que (+ subjonctif)	Téléphone-moi **avant que** *je ne parte.*
(simultanéité)	alors que, à mesure que, aussi longtemps que, chaque fois que, comme, en même temps que, lorsque, pendant que, quand, tant que, tandis que (+ indicatif)	Il rougit **chaque fois qu'**elle le *regarde.*
(postériorité)	à peine que, après que, aussitôt que, dès que, lorsque, quand, une fois que (+ indicatif)	**Lorsqu'il** *arrivera*, nous mangerons.
b) cause	comme, du moment que, parce que, puisque, sous prétexte que, vu que (+ indicatif)	Il y est allé **parce qu'**il le voulait *bien.*

c)	but	afin que, de crainte que, de façon que, de manière que, de peur que, de sorte que, pour que (+ subjonctif)	Elle l'a fait **afin qu'**il soit heureux. Ils la retenaient **de peur qu'**elle ne s'en aille.
d)	conséquence	de façon que, de manière que, de sorte que, si ... que, tant ... que, tellement ... que	Il est tombé malade **de sorte que** leur voyage a été remis. La chaleur était **si** accablante **qu'**ils ont été obligés d'annuler le match de football.
e)	concession	bien que, malgré le fait que, quelque ... que, quoique, si ... que, sans ... que	**Bien que** le soleil fût couché, des baigneurs s'attardaient sur la plage. **Quelque** violente **qu'**ait été la tempête, on espérait le retour au port des bateaux de pêche.
f)	comparaison	ainsi que, aussi ... que, autre ... que, autant ... que, autrement ... que, comme, d'autant plus que, de même que, le même ... que, moins ... que, plus ... que, selon que, tel ... que	**De même qu'**il prend soin de ses affaires, il devrait faire attention à celles des autres. Je ne leur écris pas, **d'autant plus qu'**ils ne nous écrivent jamais non plus.

*À **noter !*** • Il est essentiel de vérifier le bon usage des conjonctions dans un dictionnaire.

MISE EN MARCHE

EXERCICE 1
oral ou écrit

Silence !
Votre frère essaie de faire ses devoirs mais il y a trop de bruit.
Vous expliquez pourquoi.

MODÈLE   Robert/regarder la télévision
Il y a Robert qui regarde la télévision !

1. Jean-Paul / jouer du piano
2. le facteur / sonner à la porte
3. Papa / tondre le gazon
4. un train / passer
5. Pierre et Marc / jouer au ping-pong
6. Jacqueline / faire marcher le lave-vaisselle
7. Jojo / chanter à tue-tête
8. Maman / gronder les petits

EXERCICE 2
oral ou écrit

Les choses que j'aime
Vous exprimez ce que vous aimez ou ce que vous désirez faire.

MODÈLE   un livre / je veux le lire
Voici un livre que je veux lire.

1. un film / j'aimerais le voir
2. une actrice / je la trouve sensationnelle
3. un disque / je voudrais l'écouter
4. une langue / je vais l'apprendre
5. des pantalons / je veux absolument les acheter
6. une voiture / je l'aime beaucoup
7. un voyage / je compte le faire
8. un écrivain / je l'admire beaucoup

EXERCICE 3
oral ou écrit

Les parents
Vous parlez de vos parents.

MODÈLE   un meuble / avoir besoin
C'est un meuble dont ils ont besoin.

1. une maison / avoir envie
2. un accomplissement / être fiers
3. une situation / avoir peur
4. un problème / se préoccuper
5. une occasion / se souvenir
6. un cadeau / être satisfaits
7. un événement / parler souvent
8. un appareil / se servir beaucoup

EXERCICE 4
oral ou écrit

Tout est relatif!

Répondez à la question en utilisant le pronom qui convient.

MODÈLE   Votre professeur est toujours aimable ?
   Oui, c'est un professeur qui est toujours aimable.

1. Vous oubliez toujours ce numéro ?
2. Vous avez besoin de ce dictionnaire ?
3. Vous pensez beaucoup à ce camarade ?
4. Vos amis sont toujours compréhensifs ?
5. Vous avez peur de cette possibilité ?
6. Vous réfléchissez souvent à ce problème ?
7. Vous prenez cet autobus tous les jours ?
8. Vous mangez souvent dans ce restaurant ?
9. Votre médecin est toujours disponible ?
10. Vous vous promenez au bord de cette rivière ?

EXERCICE 5
oral ou écrit

Plus de redondances

Reliez les deux phrases à l'aide d'un pronom relatif.

MODÈLE   C'est une chanson / Je ne m'en lasserai jamais.
   C'est une chanson dont je ne me lasserai jamais.

1. Le petit restaurant n'existe plus. J'ai voulu y manger.
2. Sais-tu où j'ai mis le disque ? Je viens de l'acheter.
3. Voici un exercice. Il est beaucoup trop difficile.
4. Je n'ai jamais rencontré ton ami. Son père est psychiatre.
5. Le poulet n'est pas assez cuit. Tu l'as préparé.
6. C'est un travail bien fait. J'en suis particulièrement fier/fière.
7. Te rappelles-tu le garage ? On y a fait réparer la voiture.
8. La politique était un sujet. On en discutait souvent en famille.

EXERCICE 6
oral ou écrit

Le voyage

Répondez en remplaçant le pronom *lequel* par le pronom *où*.

MODÈLE   C'est la ville de laquelle tu es parti ?
   Oui, c'est la ville d'où je suis parti.

1. C'est la date à laquelle tu es parti ?
2. C'est la ville jusqu'à laquelle tu as volé en avion ?
3. C'est la rivière au bord de laquelle tu as fait un pique-nique ?
4. C'est la semaine durant laquelle il a plu tous les jours ?
5. C'est le port duquel tu as pris le bateau ?
6. C'est le restaurant dans lequel tu as mangé ?
7. C'est la forêt par laquelle tu es passé ?
8. C'est le sommet de montagne jusqu'auquel tu es monté en téléphérique ?
9. C'est l'aéroport duquel tu es reparti ?
10. C'est le jour pendant lequel tu as eu le mal de l'air ?

EXERCICE 7
oral ou écrit

Moi, par contre ...

Dans votre réplique, utilisez le mot donné et la construction *ce +
pronom relatif.*

MODÈLE   Le cinéma m'intéresse beaucoup. (la musique)
  Moi, par contre, ce qui m'intéresse, c'est la musique.
  Je veux réussir. (être heureux / heureuse)
  ***Moi, par contre, ce que je veux, c'est être heureux/
  heureuse.***

1. J'ai besoin de m'amuser. (me reposer)
2. Les annonces publicitaires à la radio m'énervent beaucoup. (les
   gens qui parlent au cinéma)
3. J'espère faire de la bicyclette. (jouer au tennis)
4. J'ai envie d'un café. (d'une boisson froide)
5. Je suis fier / fière de ma note en français. (de ma note en
   mathématiques)
6. Je fais attention à ne pas trop manger. (faire de l'exercice)
7. J'écris avec un stylo. (un crayon)
8. Je ne peux pas travailler sans silence. (musique)

MISE EN ŒUVRE

réponses modèles, p. 273

EXERCICE 8
oral avec
un/une
partenaire

Entre amis

Posez la question à votre partenaire, qui doit y répondre selon le modèle. L'étudiant(e) A pose les questions de la série A à l'étudiant(e) B, et vice versa.

MODÈLE   *étudiant(e) A :* ***J'ai emprunté le dictionnaire. Tu en as besoin ?***

étudiant(e) B : ***Oui, j'ai besoin du dictionnaire que tu as emprunté.***

série A
1. J'ai acheté un disque. Est-ce que tu veux l'écouter ?
2. Le musée ouvre à dix heures. Est-ce que tu y vas ?
3. Je faisais allusion à un problème. En es-tu conscient ?
4. J'ai écrit une lettre. Voudrais-tu la lire ?
5. Il participe à un match de tennis. Est-ce que tu vas l'interrompre ?
6. J'ai envie de ces jeans. Les aimes-tu ?
7. Je vais au cinéma avec un ami. Le connais-tu ?
8. J'ai tellement d'admiration pour cet auteur. L'as-tu déjà lu ?

série B
1. J'ai besoin de ma nouvelle raquette. L'as-tu trouvée ?
2. Je t'ai proposé une promenade. Est-ce que tu y as renoncé ?
3. Je vais payer avec cet argent. Vas-tu me le donner ?
4. Cette émission dure deux heures. As-tu le temps de la regarder ?
5. Elle va assister à un congrès. Est-ce qu'elle t'en a parlé ?
6. Nous avons fait un pique-nique au bord de ce lac. T'en souviens-tu ?
7. On parle beaucoup de cet examen. As-tu beaucoup étudié en vue de celui-ci ?
8. Je n'aime pas cet exercice. Est-ce que tu t'y habitues ?

EXERCICE 9
écrit

Tout un monde dans une phrase

Utilisez le pronom relatif qui convient.

1. Il est parfois difficile de convaincre un employeur que vous êtes la personne ____ il cherche.
2. Il doit y avoir un service des relations publiques auprès ____ vous pouvez faire une réclamation.
3. Dans les périodes blêmes, certains couples songent à ____ leur union pourrait devenir dans de meilleures circonstances.
4. L'agent immobilier les conduit vers une porte ____ conduit à un balcon.
5. Il est de ces moments heureux, comme les soupers chez grand-mère, ____ on conserve un souvenir heureux.

6. Au cours de l'été ___ suivit, il écrivit trois nouvelles ___ deux furent publiées.

7. Vous constaterez tout de suite la douceur avec ___ Bébésavon nettoie la peau délicate de votre bébé.

8. Beaucoup de gens ont tendance à opter pour un sport ___ ne leur convient pas.

9. J'ai appris qu'un contrat ___ a été signé ne vaut pas le papier sur ___ il est écrit.

10. La sécurité ___ procure notre système est toutefois la principale raison pour ___ tant de grandes entreprises nous choisissent.

11. ___ nous dérange le plus, c'est qu'on ne nous ait même pas prévenus.

12. On craignait à nouveau des émeutes comme ___ avaient éclaté dans les années 20 chez les mineurs.

EXERCICE 10
écrit

Le moulin à phrases
Complétez la phrase de plusieurs manières.

1. J'ai un problème qui ...
   J'ai un problème que ...
   J'ai un problème auquel ...

2. Ma mère est une personne qui ...
   Ma mère est une personne que ...
   Ma mère est une personne pour qui ...

3. Ce n'est pas moi qui ...
   Ce n'est pas moi que ...

4. Voici la personne qui ...
   Voici la personne dont ...
   Voici la personne avec qui ...

5. Je déteste les restaurants qui ...
   Je déteste les restaurants où ...

6. C'est une idée que ...
   C'est une idée au sujet de laquelle ...

7. Je n'aurai jamais ce qui ...
   Je n'aurai jamais ce dont ...

8. Celui à qui ...
   Celui pour qui ...

EXERCICE 11
écrit

Traduction
1. She is still looking for the book you gave her.
2. I don't remember the year you moved here.
3. You can't give him everything he wants.
4. Of all these magazines, this is the one I prefer.
5. Is there an exercise that you found particularly difficult?
6. What you are doing right now is a waste of time.

7. We talked at length about our problems, especially those that lead to fights.

8. This is a car whose performance surprised everybody.

EXERCICE 12
écrit

Composition

Écrivez un texte sur l'un des sujets ci-dessous. Exploitez, dans la mesure du possible, votre répertoire de phrases complexes.

1. Racontez la vie d'un objet, de son point de vue.

2. Imaginez le monologue d'un chien ou d'un chat quand celui-ci pense à son propriétaire et aux gens qui l'entourent.

longueur : entre 225 et 250 mots

Réponses modèles

Exercice 8

série A

1. Oui, je veux écouter le disque que tu as acheté.
2. Oui, je vais au musée qui ouvre à dix heures.
3. Oui, je suis conscient du problème auquel tu faisais allusion.
4. Oui, je voudrais lire la lettre que tu as écrite.
5. Oui, je vais interrompre le match auquel il participe.
6. Oui, j'aime les jeans dont tu as envie.
7. Oui, je connais l'ami avec qui tu vas au cinéma.
8. Oui, j'ai déjà lu l'auteur pour qui tu as tellement d'admiration.

série B

1. Oui, j'ai trouvé la nouvelle raquette dont tu as besoin.
2. Oui, j'ai renoncé à la promenade que tu m'as proposée.
3. Oui, je vais te donner l'argent avec lequel tu vas payer.
4. Oui, j'ai le temps de regarder l'émission qui dure deux heures.
5. Oui, elle m'a parlé du congrès auquel elle va assister.
6. Oui, je me souviens du lac au bord duquel nous avons fait un pique-nique.
7. Oui, j'ai beaucoup étudié en vue de l'examen dont on parle beaucoup.
8. Oui, je m'habitue à l'exercice que tu n'aimes pas.

11

Grammaire	Les verbes pronominaux
	Les expressions impersonnelles
	La voix passive

Expression écrite	Atelier : les notes de lecture et d'écoute
	Dossier : la négation

Terminologie

- **négation**   expression qui sert à nier
  *Il **ne** me parle **plus**.*

- **verbe impersonnel**   verbe dont le sujet n'est ni réel ni déterminé et qui ne s'utilise qu'à la troisième personne du singulier
  *Il **faut** que vous lui parliez.*
  Le pronom *il*, comme sujet grammatical du verbe *falloir*, ne représente ni une personne ni une chose.

- **verbe intransitif**   verbe qui n'a jamais de complément d'objet
  *Il **est mort**.*

- **verbe pronominal**   verbe précédé d'un pronom personnel (pronom réfléchi) de la même personne que le sujet
  *Il **s'**est levé tôt ce matin.*

- **verbe transitif direct**   verbe dont le complément d'objet est direct
  *Notre chat **a griffé** Mireille.*
  (*Mireille* = objet direct du verbe *griffer*)

- **verbe transitif indirect**   verbe dont le complément d'objet est indirect
  *Nous **avons téléphoné** au médecin.*
  (*médecin* = objet indirect du verbe *téléphoner*)

- **voix active**   forme verbale qui présente le sujet comme agissant
  *Pierre et Jacques **ont** déjà **lu** ce chapitre.*
  Le sujet (*Pierre et Jacques*) fait l'action (*lire*).

- **voix passive**   forme verbale qui présente le sujet comme subissant l'action
  *Pierre et Jacques **ont été punis**.*
  Le sujet (*Pierre et Jacques*) subit l'action (*punir*).

MISE AU POINT

Les verbes pronominaux

ACCENT SUR LES FORMES

TABLEAU 11.1   La conjugaison des verbes pronominaux

verbes modèles : se lever, s'asseoir
temps simples

exemple : le présent		*exemple :* l'impératif présent	
je me lève	je m'assieds		
tu te lèves	tu t'assieds	lève-toi	assieds-toi
il/elle se lève	il/elle s'assied		
nous nous levons	nous nous asseyons	levons-nous	asseyons-nous
vous vous levez	vous vous asseyez	levez-vous	asseyez-vous
ils/elles se lèvent	ils/elles s'asseyent		

temps composés

exemple : le passé composé

je me suis levé/levée	je me suis assis/assise
tu t'es levé/levée	tu t'es assis/assise
il s'est levé	il s'est assis
elle s'est levée	elle s'est assise
nous nous sommes levés/levées	nous nous sommes assis/assises
vous vous êtes levé/levée/levés/levées	vous vous êtes assis/assise/assises
ils se sont levés	ils se sont assis
elles se sont levées	elles se sont assises

À noter !
- Il faut consulter :

  les chapitres 1, 3, 5, 7 et 9 afin de réviser la conjugaison des verbes pronominaux à divers temps verbaux ;

  le chapitre 3, afin de réviser l'accord du participe passé des verbes pronominaux ;

  le chapitre 6, afin de réviser les pronoms personnels réfléchis.

1   On utilise le pronom personnel réfléchi *se (s')* avec l'infinitif d'un verbe pronominal employé seul (c'est-à-dire sans verbe conjugué).
    se promener

2   Le pronom personnel change en fonction du sujet si l'infinitif d'un verbe pronominal est utilisé avec un verbe conjugué.
    *Je veux aller **me** promener.*

3   Certains verbes ont une forme pronominale et une forme non-pronominale.
    se laver (forme pronominale) : *Je me lave les cheveux.*
    laver (forme non-pronominale) : *Mon mari me lave les cheveux.*

VÉRIFIONS ! réponses, p. 336

Mettez le verbe à la forme et au temps qui conviennent.

1. Elle (se lever) à six heures ce matin parce qu'elle devait (se rendre) à son bureau plus tôt que d'habitude.
2. Si cela était vraiment arrivé, je (s'en souvenir).
3. Dès qu'on a vérifié, on s'est rendu compte qu'on (se tromper).
4. À cause de sa blessure, il (ne pas se laver) les mains ce soir-là.
5. Il nous salua puis (s'en aller).
6. C'est bizarre comme elles (se ressembler).
7. Ils sont arrivés en retard parce qu'ils (se perdre).
8. Il faut que tu (s'arrêter) de fumer.

Les verbes pronominaux

ACCENT SUR L'ANALYSE

Il y a trois catégories de verbes pronominaux :

1 les verbes pronominaux réfléchis :
*Il **ne s'est pas rasé** ce matin.*
Le sujet du verbe agit sur lui-même.

2 les verbes pronominaux réciproques :
*Ils **se sont dit** bonjour.*
Le sujet du verbe représente deux personnes ou deux groupes de personnes qui agissent l'un sur l'autre.

3 les verbes pronominaux à sens idiomatique :

a) *Ils nous plaignent.* (They pity us.)
*Ils **se plaignent** de tout.* (They complain about everything.)
Certains verbes actifs changent de sens à la forme pronominale.

b) *Cela ne **se dit** pas.* (= cela n'est pas dit/on ne dit pas cela)
Certains verbes actifs ont une valeur passive à la forme pronominale.

c) ***Méfiez-vous** des étrangers !*
Certains verbes sont essentiellement pronominaux. Ils n'ont pas de forme non-pronominale.

TABLEAU 11.2   Principaux verbes pronominaux à sens idiomatique

changement de sens

1. *agir* (to act)	*il s'agit de* (it is about)
2. *aller* (to go)	*s'en aller* (to leave)
3. *apercevoir* (to notice)	*s'apercevoir de* (to realize)
4. *attendre* (to wait)	*s'attendre à* (to expect)
5. *demander* (to ask)	*se demander* (to wonder)
6. *douter* (to doubt)	*se douter de* (to suspect)
7. *ennuyer* (to annoy)	*s'ennuyer* (to be bored)
8. *entendre* (to hear)	*s'entendre* (to get along)
9. *mettre* (to put)	*se mettre à* (to begin)
10. *passer* (to pass)	*se passer de* (to do without)
11. *plaindre* (to pity)	*se plaindre de* (to complain about)
12. *plaire* (to please)	*se plaire à* (to like, to enjoy)
13. *rappeler* (to call back)	*se rappeler* (to remember)
14. *rendre* (to give back)	*se rendre* (to go, to surrender)
15. *sentir* (to smell)	*se sentir* (to feel, e.g. well)
16. *servir* (to serve)	*se servir de* (to use)
17. *tromper* (to deceive)	*se tromper* (to make a mistake)

valeur passive

1. *s'appeler* (to be called) : *Elle **s'appelle** Jacqueline.*
2. *se boire* (to be drunk) : *Cette boisson **se boit** fraîche.*
3. *se comprendre* (to be understood) : *Ce concept **se comprend** difficilement.*
4. *se conjuguer* (to be conjugated) : *Ces verbes **se conjuguent** avec le verbe être.*
5. *se dire* (to be said) : *Cela ne **se dit** pas.*
6. *s'employer* (to be used) : *Ce mot ne **s'emploie** qu'au pluriel.*
7. *se faire* (to be done) : *Cela ne **se fait** pas.*
8. *se manger* (to be eaten) : *Ce plat **se mange** froid.*
9. *se traduire* (to be translated) : *Comment **se traduit** ce mot ?*
10. *se trouver* (to be situated) : *Où **se trouve** ce monument ?*
11. *se vendre* (to be sold) : *Cette voiture **se vend** au Canada.*
12. *se voir* (to be obvious) : *Tu es en bonne forme, ça **se voit** !*

essentiellement pronominaux (toujours à la forme pronominale)

1. *s'écrier* (to cry out)	8. *se fier à* (to trust)
2. *s'écrouler* (to crumble)	9. *se méfier de* (to distrust)
3. *s'efforcer de* (to try)	10. *se moquer de* (to make fun of)
4. *s'enfuir* (to escape)	11. *se repentir de* (to repent)
5. *s'envoler* (to take flight)	12. *se soucier de* (to worry about)
6. *s'évanouir* (to faint)	13. *se souvenir de* (to remember)
7. *s'exclamer* (to exclaim)	14. *se suicider* (to commit suicide)

Les verbes pronominaux

ACCENT SUR LA SYNTAXE

1 Pour préciser ce que l'on veut dire ou pour insister sur la réciprocité on utilise la formule *l'un l'autre* en faisant les accords et en ajoutant une préposition au besoin.

> *Ils se sont approchés les uns des autres.*

2 Certains verbes pronominaux au pluriel peuvent avoir un sens réfléchi ou un sens réciproque.

> *Ils se regardent.* (dans un miroir)
> *Ils se regardent.* (l'un l'autre)

3 Il ne faut pas confondre une forme pronominale qui indique une action avec un adjectif ou un participe qui indique le résultat d'une action.

> *Il s'assied.* (action)
> *Il est assis.* (fait accompli)

À noter !
- Il est de même pour :
  > *s'allonger* et *être allongé*
  > *se coucher* et *être couché*
  > *se lever* et *être levé*
  > *se presser* et *être pressé*

4 Il faut distinguer entre *s'en faire*, qui veut dire *s'inquiéter de* et *s'y faire* qui veut dire *s'habituer à*.

> *Ne vous en faites pas ; on a assez d'argent.*
> *Quel style bizarre ! Je ne m'y ferai jamais.*

5 *S'agir de* est toujours impersonnel. Le sujet *il* est le seul sujet possible. Suivi d'un infinitif, cette construction veut dire *il faut* ou *il convient de*. Suivi d'un nom ou d'un pronom, *il s'agit de* veut dire *il est question de*.

> *Il s'agit de faire attention.*
> *Dans ce livre, il s'agit des problèmes auxquels font face les jeunes mariés.*

VÉRIFIONS !

réponses, p. 336

Analysez le verbe pronominal et indiquez à quelle catégorie il appartient : a) réfléchi, b) réciproque, c) changement de sens, d) valeur passive, e) essentiellement pronominal.

1. Il s'est déshabillé dans le noir.
2. Ce restaurant se trouve rue Ste-Catherine.
3. On se demande comment cela peut arriver.
4. Je ne m'en souviens pas.
5. Ils s'entendent très bien depuis leur divorce.
6. Ce genre d'article ne se vend plus très bien.
7. Il s'est évanoui quand il l'a revue.
8. Elle se brosse les cheveux tous les soirs.

PROBLÈMES DE TRADUCTION

1 We had a lot of fun.   *On **s'est** bien amusés.*
   Hurry up!   *Dépêche-**toi**!*
   He hurt himself.   *Il **s'est** blessé.*
   They look alike.   *Ils **se** ressemblent.*

   La forme pronominale s'emploie beaucoup plus fréquemment en français qu'en anglais.

2 How is this word translated?   *Comment **se traduit** ce mot?*

   La forme passive anglaise se traduit souvent par un verbe pronominal français.

3 He gets tired easily.   *Il **se fatigue** facilement.*
   We really got angry.   *On **s'est** vraiment **fâché**.*

   La construction *to get + adjective/past participle*, très usitée en anglais, est souvent exprimée en français par un verbe pronominal.

4 She is washing her hands.   *Elle se lave **les** mains.*

   On utilise l'article défini en français lorsque le sujet d'un verbe pronominal agit sur une partie du corps. L'anglais utilise le possessif.

5 Hide! (yourself)   *Cache-**toi**!*
   He tires (himself) easily.   *Il **se** fatigue facilement.*

   Le pronom réfléchi est souvent sous-entendu en anglais avec certains verbes. En français, le pronom personnel réfléchi est toujours exprimé.

Les expressions impersonnelles

ACCENT SUR LES FORMES

1 Les verbes impersonnels sont toujours à la troisième personne du singulier. Leur sujet est toujours le pronom neutre et indéterminé *il*.
   ***Il pleut** depuis deux jours.*
   ***Il s'agira de** lui en parler.*

2 Aux temps composés, le participe passé d'un verbe impersonnel est invariable.
   *Les choses qu'il a **fallu** faire ne nous plaisaient pas.*

3 Avec certains verbes, le pronom *il* peut être personnel ou impersonnel.
   ***Il paraît** toujours s'ennuyer.*
   (pronom personnel se rapportant à une personne)
   ***Il paraît** que vous vous êtes ennuyé.*
   (pronom impersonnel)

*Les
expressions
impersonnelles*

ACCENT SUR LES EMPLOIS

Emplois	*Contextes*

Les expressions impersonnelles s'emploient dans les circonstances suivantes :

1 pour indiquer le temps qu'il fait et les conditions atmosphériques ;

Il a plu toute la journée.
*Hier soir, **il a neigé**.*
*Comme **il fait beau** aujourd'hui.*

*À **noter** !* • Voici d'autres expressions qui indiquent les conditions atmosphériques : *il pleut, il grêle, il tonne, il fait bon, (doux, chaud, froid, mauvais, humide, sec), il fait un temps superbe (un temps de chien), il fait jour (nuit, noir, sombre), il fait du soleil (du vent), il y a de l'orage (du tonnerre, du brouillard)*

2 pour indiquer l'heure ;

Il est trois heures et quart.
Il est passé minuit.

3 pour mettre l'accent sur ce que l'on va dire ;

Il y a des jours où l'on ferait mieux de ne pas se lever.
Il y a deux exercices à faire.

4 pour présenter une action dont l'agent n'est pas exprimé ;

Il se passe des choses très bizarres depuis qu'il est là.

5 pour qualifier ce que l'on va dire.

Il est important de bien faire son travail.
Il est clair que vous avez raison.
*Il est triste qu'*elle ait mal pris ma remarque.

*À **noter** !* • La plupart des expressions impersonnelles suivies de l'indicatif ou du subjonctif ont été présentées dans le chapitre 9. La distinction entre *c'est* et *il est* est traitée dans le chapitre 10.

• Certains verbes ont une forme personnelle et une forme impersonnelle dont le sens est différent.
Il arrive demain.
Il arrive à tout le monde de se tromper.

VÉRIFIONS !

réponses, p. 336

Complétez l'exercice en choisissant dans la liste l'expression impersonnelle qui convient.

il s'agit	il est bon de	il faisait	il manque
il faut	il est évident	il y a	il convient de

1. Sur les routes ____ des gens qui ne savent pas conduire.
2. ____ absolument que tu lises ce livre.
3. ____ qu'il ne sait pas du tout de quoi ____.
4. Quand on est rentré, ____ nuit.
5. D'habitude ____ dire ce que l'on pense, mais parfois ____ se taire.
6. ____ un couteau sur la table.

***La voix
passive***

ACCENT SUR L'ANALYSE

1 Une phrase est à la voix passive quand le sujet du verbe (le sujet grammatical) n'accomplit pas l'action mais la subit. À la voix active, le sujet fait l'action.

VOIX ACTIVE : ***Le chat** a attrapé la souris.*
         (Le sujet fait l'action du verbe.)
VOIX PASSIVE : ***La souris** a été attrapée par le chat.*
         (Le sujet ne fait pas l'action du verbe mais la subit.)

2 À la voix passive, la personne ou la chose qui fait l'action s'appelle le complément d'agent. Celui-ci est précédé d'une préposition (*par* ou *de*, voir *Accent sur les emplois*) et suit le verbe. Le verbe s'accorde avec le sujet grammatical de la phrase bien que celui-ci ne fasse pas l'action.

  *La souris a été attrapée **par le chat**.*

3 Quand on passe de la voix active à la voix passive, il y a plusieurs changements à considérer :
  a) l'objet direct devient le sujet ;
  b) le verbe passe de la voix active à la voix passive ;
  c) le sujet devient le complément d'agent ;
  d) aux temps composés, l'auxiliaire passe de *avoir* à *être*.

***La voix
passive***

ACCENT SUR LES FORMES

TABLEAU 11.3   La voix passive

verbe modèle : surprendre
mode : indicatif

présent		*passé composé*	
voix active	*voix passive*	*voix active*	*voix passive*
je surprends	je suis surpris(e)	j'ai surpris	j'ai été surpris(e)
tu surprends	tu es surpris(e)	tu as surpris	tu as été surpris(e)
il/elle surprend	il/elle est surpris/surprise	il/elle a surpris	il/elle a été surpris/surprise
nous surprenons	nous sommes surpris(es)	nous avons surpris	nous avons été surpris(es)
vous surprenez	vous êtes surpris(e)/surpris(es)	vous avez surpris	vous avez été surpris(e)/surpris(es)
ils/elles surprennent	ils/elles sont surpris/surprises	ils/elles ont surpris	ils/elles ont été surpris/surprises

1 La voix passive est donc une forme verbale composée du verbe auxiliaire *être* au temps désiré suivi du participe passé du verbe en question.

TABLEAU 11.4 **Comparaison des voix active et passive**

verbe modèle : surprendre

mode/temps	*voix active*	*voix passive*
infinitif		
présent	surprendre	être surpris(e)
passé	avoir surpris	avoir été surpris(e)
indicatif		
présent	je surprends	je suis surpris(e)
passé composé	j'ai surpris	j'ai été surpris(e)
passé simple	je surpris	je fus surpris(e)
imparfait	je surprenais	j'étais surpris(e)
plus-que-parfait	j'avais surpris	j'avais été surpris(e)
futur	je surprendrai	je serai surpris(e)
futur antérieur	j'aurai surpris	j'aurai été surpris(e)
conditionnel		
présent	je surprendrais	je serais surpris(e)
passé	j'aurais surpris	j'aurais été surpris(e)
subjonctif		
présent	que je surprenne	que je sois surpris(e)
passé	que j'aie surpris	que j'aie été surpris(e)
participe		
présent	surprenant	étant surpris(e)(es)
passé	surpris(e)(es)	été surpris(e)(es)
impératif		
présent	surprends	sois surpris(e)

2 Un temps ayant un seul élément à la voix active en a deux à la voix passive.
>*j'attendais* (voix active)
>*j'étais attendu* (voix passive)

3 Un temps ayant deux éléments à la voix active en a trois à la voix passive.
>*j'ai attendu* (voix active)
>*j'ai été attendu* (voix passive)

4 Aux temps composés de la voix passive (qui ont trois éléments) le premier participe (*été*) est invariable, mais le second s'accorde en genre et en nombre avec le sujet du verbe.
>*elle a été encouragée*
>*été :* ne s'accorde pas
>*encouragée :* s'accorde

VÉRIFIONS   *réponses, p. 336*

Mettez le verbe à la voix passive et au temps qui convient.

1. Pour ne pas (dominer) par les autres, il faut savoir se défendre.
2. Hier, le postier (mordre) par notre chien.
3. Si ce mot (expliquer), j'aurais pu comprendre la phrase.
4. Dans le passé, la plupart des femmes (obliger) de rester à la maison.
5. Cette maison (construire) au XIXᵉ siècle.
6. Il viendra quand sa voiture (réparer).
7. Il faut que ce travail (terminer) demain.
8. Si tu ne peux pas m'accompagner, je (forcer) d'y aller tout seul.

La voix passive

ACCENT SUR LES EMPLOIS

Emplois	*Contextes*
1 La voix passive peut être utilisée pour la description.	*L'Académie française **a été fondée** en 1634.* *La Pologne **a été envahie** par l'Allemagne en 1939.* *Toute la plaine **a été inondée**.*

*À **noter !*** • La voix active est souvent possible et préférable.
Richelieu a fondé l'Académie française en 1634.

2 À la voix passive, on met l'accent sur le sujet qui subit l'action plutôt que sur le complément d'agent. À la voix active, on insiste sur le sujet qui fait l'action. Une phrase à la voix active est préférable.	*J'**ai été mordu** par ton chien.* *Ton chien m'**a mordu**.* *C'est moi que ton chien **a mordu**.*
3 Seuls les verbes transitifs directs (qui ont un objet direct à la voix active) peuvent se mettre à la voix passive.	*Le directeur **a mentionné** cela.* *(le directeur = sujet)* *(cela = objet direct)* *Cela **a été mentionné** par le directeur.* *(cela = sujet)* *(le directeur = complément d'agent)* *Il **a parlé** à Paul.* *(verbe transitif indirect)* *Il **est allé** en France.* *(verbe intransitif)*

À noter ! • Fait exception le verbe transitif indirect *pardonner à.*
Pardonnez, et vous **serez pardonné.**

4 D'habitude le complément
d'agent est précédé de la préposition *par.* Quand le verbe
exprime un état, l'agent peut
être précédé de la préposition
de.

> *Il a été réprimandé* **par** *son patron.*
> *Elle est aimée de tous.*

5 Un verbe à la voix passive peut
se passer de complément
d'agent.

> *Cela a été mentionné.*
> *Cela n'a pas été mentionné.*

6 Si le sujet d'un verbe à la voix
active est le pronom *on,* ce
verbe, transformé à la voix
passive, n'aura pas de complément d'agent. La voix active est
préférable.

> *On* **a anticipé** *ce problème.*
> (*on* = sujet)
> *Ce problème* **a été anticipé.**
> (*ce problème* = sujet)

7 Le verbe *être* peut être suivi
d'un adjectif pour la description
à la voix active ou il peut être
auxiliaire d'un verbe à la voix
passive pour exprimer l'action
du verbe.

> *La salle de bain est* **nettoyée.**
> (description : adjectif)
> *La salle de bain est* **nettoyée** *par mon frère.*
> (action : participe passé)

Attention **8** On a tendance à éviter la voix passive lorsqu'une autre tournure
au style ! est possible.

TABLEAU 11.5   **Comment remplacer le passif**

Quand le verbe est transitif direct, il y a trois façons d'éviter la voix passive.	
S'il n'y a pas de complément d'agent, utilisez le sujet *on* et la voix active.	*Le français* **est parlé** *ici.* *Ici* **on parle** *français, Monique.*
Il est préférable d'employer un verbe pronominal à sens passif si celui-ci est disponible.	*Ce mot* **n'est pas** *beaucoup* **utilisé.** *Ce mot* **ne s'utilise pas** *beaucoup.*
Il est préférable d'employer la voix active si le complément d'agent est exprimé.	*Tous les biscuits* **ont été mangés** *par* **les enfants.** **Les enfants ont mangé** *tous les biscuits.*

À noter ! • Un pronom personnel sujet ne peut pas devenir complément d'agent.
J'ai retrouvé mon parapluie.
(L'emploi de la voix passive est impossible dans ce cas.)

> ### *VÉRIFIONS !* *réponses, p. 336*
>
> Transformez la phrase, en évitant la voix passive.
> 1. Au Japon, le poisson est mangé cru.
> 2. Les jupes sont portées longues cette année.
> 3. Tout le surplus de la récolte de blé a été donné aux pays où sévit la famine.
> 4. Les oeufs sont vendus à la douzaine.
> 5. Les cerises sont cueillies au mois de juillet.
> 6. En Angleterre, les voitures sont conduites sur la gauche.
> 7. La voiture de mes parents a été achetée par les voisins.
> 8. Ce paquet a été envoyé trop tard.

PROBLÈMES DE TRADUCTION

1 This is not done.   *Cela ne se fait pas.*
       This is eaten raw.   *Cela se mange cru.*

On utilise souvent un verbe pronominal en français alors qu'en anglais la construction passive s'impose.

2 French is spoken here.   *Ici on parle français.*
       His bicycle was stolen.   *On a volé sa bicyclette.*

Quand il n'y a pas de complément d'agent, on traduit souvent le passif anglais par le verbe français à la voix active. Le sujet de ce verbe est le pronom indéfini *on*.

EXPRESSION ÉCRITE

Grammaire • Les emplois des verbes pronominaux, des expressions imperson-nelles et de la voix passive sont expliqués dans les sections *Accent sur les emplois* de ce chapitre.

   • On utilise fréquemment des expressions impersonnelles pour présenter des idées. À cet égard, révisez le chapitre 9 sur le subjonctif afin de relever les expressions qui pourraient vous être utiles.

Atelier ## Les notes de lecture ou d'écoute

On est souvent appelé à prendre des notes; en effet, qu'il s'agisse de la lecture d'un texte à étudier, d'une conférence ou d'une réunion, il est souvent nécessaire de noter l'essentiel de ce qu'on a lu ou écouté afin de pouvoir plus tard disposer des renseignements auxquels on aura peut-être besoin de se référer. C'est le cas, par exemple, lorsqu'il s'agit de réviser en vue d'un examen ou de rédiger le compte rendu d'un livre.

En principe, les notes se prennent en style télégraphique, c'est-à-dire des mots et des segments de phrase qui reflètent l'essentiel de ce qui a été dit ou lu. D'habitude, l'auteur du texte aura ordonné le développement de sa pensée, et le schéma de son exposé devrait être évident. Pour bien déceler cette organisation et les points de repère, il faudra prêter attention aux éléments suivants :

a) les principaux points (le thème, l'objectif de l'exposé, les idées directrices, les exemples importants, les arguments clés, les conclusions, etc.) ;

b) les formules de transition qui indiquent le passage d'une idée à une autre ou le rapport entre deux idées ;

c) les éléments qui ne sont pas clairs, les mots et les expressions que vous ne comprenez pas.

Ce matériel brut de notes prises rapidement au fil de la lecture ou de l'écoute peut être retravaillé afin de réaliser une version cohérente qui sera plus facile à consulter.

Document   *Contexte* : extrait d'un texte historique et les notes qui ont été prises

Le traité de Washington

Depuis le XVIIe siècle, la pêche est une industrie fort importante en Nouvelle-Angleterre et les colonies américaines ont coutume de pêcher dans le golfe du Saint-Laurent et sur les bancs de Terre-Neuve. En 1854, le traité de Réciprocité accorde effectivement aux États-Unis le droit de pêcher dans les eaux territoriales canadiennes. Mais la fin du traité, en mars 1866, supprime ce droit. En fait, les Américains continuent de pêcher comme auparavant et plusieurs de leurs bateaux sont alors saisis et confisqués. Il s'ensuit une agitation qui alarme les deux gouvernements. Le problème concerne le Canada et les États-Unis, mais des pourparlers s'engagent directement entre Londres et Washington. En 1870, une commission mixte est chargée de définir les droits de chacun. Le comte de Grey dirige la délégation britannique et Hamilton Fish est le principal représentant américain. John A. Macdonald est le seul Canadien à faire partie de la délégation britannique. Il ne se sent pas pleinement admis au sein du groupe et son statut est équivoque. Les négociations sont longues et difficiles, car, très souvent, l'Angleterre donne l'impression de jouer le jeu des États-Unis. La métropole désire renforcer ses relations diplomatiques et économiques avec les Américains, relations mises à l'épreuve durant la guerre civile. Pour atteindre cet objectif, elle est prête à sacrifier les intérêts du Canada.

Le 5 mars 1871, les États-Unis proposent d'acheter le droit de pêche à perpétuité pour un million de dollars. Grey accepte, mais Macdonald proteste. Le 9 mars, le représentant canadien repousse une nouvelle offre américaine sur l'achat du droit de pêche pour quelques années, [...] mais il est contraint d'accepter les conditions américaines et, le 8 mai, le traité est signé. Les Américains pourront désormais naviguer librement sur le fleuve Saint-Laurent et les Grands Lacs, alors que les Canadiens pourront faire de même sur trois rivières d'Alaska. [...] On octroie également aux Américains le droit de pêcher dans les eaux territoriales canadiennes pendant 10 ans, moyennant une somme qui sera fixée plus tard à 500 000 dollars. Le traité est ratifié en 1873.

Cette première expérience, où l'Angleterre et le Canada tentaient de définir leur rôle respectif en matière diplomatique, est nettement défavorable pour le Canada. Même si le premier ministre canadien prend place parmi les membres de la délégation anglaise, il signe le traité à titre de représentant anglais. Cependant, sa présence au sein de la délégation officielle marque une étape dans l'évolution du statut international du Canada. L'attitude de l'Angleterre, lors des négociations, provoque un profond ressentiment chez les Canadiens et une vive opposition au traité.

> Tiré de *Canada-Québec : synthèse historique*,
> de J. Lacoursière, J. Provencher et D. Vaugeois.
> Éditions du renouveau pédagogique.

Notes

Le traité de Washington (droits de pêche É.U. au Canada)
1) *historique*
   – *depuis XVIIe Américains pêchent St-Laurent + Terre-Neuve*
   – *1854 à 1866 traité de Réciprocité–droit de pêche É.U. eaux territoriales Canada*
   – *Américains pêchent sans droit–bateaux confisqués–agitation*

2) *négociations*
   – *pourparlers Londres Washington–pas Canada*
   – *1870 commission mixte–Grey (Ang.) + Fish (É.U.)–droits de chaque pays*
   – *Macdonald–seul Canadien–statut équivoque*
   – *relations Ang./É.U. plus importantes qu'intérêts du Canada*
   – *1871 É.U. proposent achat droit de pêche à perpétuité–1 million*
   – *Grey accepte–Macdonald proteste*
   – *nouvelle offre É.U.–achat sur quelques années–Macdonald repousse mais doit céder*

3) *traité*
   – *signé 8 mai 1871*
   – *termes : (1) Américains peuvent naviguer St-Laurent + Grands Lacs (2) Canadiens sur 3 rivières Alaska (3) Américains droit de pêche Canada 10 ans–500 000 $–traité ratifié 1873*

4) *conclusions*
   – *1re définition rôle Ang./Canada*
   – *défavorable Canada*
   – *présence Macdonald délégation ang. ; mais sa présence marque évolution statut Can.*
   – *attitude ang. → ressentiment can. + vive opposition can. au traité*

Dossier   *La négation*

TABLEAU 11.6   **Les adverbes négatifs**

adverbe	*négation en contexte*	*exemple d'affirmation*
ne ... pas	Je **n'**y suis **pas** allé(e).	J'y suis allé(e).
ne ... point *(littéraire)*	Il **ne** fut **point** surpris.	Il fut surpris.
ne ... plus	Ils **ne** sortent **plus** ensemble.	Ils sortent **encore** ensemble.
ne ... pas encore	Nous **n'**avons **pas encore** eu de ses nouvelles.	Nous avons **déjà** eu de ses nouvelles.
ne ... nulle part	Je **n'**ai vu sa photo **nulle part**.	J'ai vu sa photo **quelque part**.
ne ... pas toujours	Tu **n'**as **pas toujours** raison.	Tu as **toujours** raison.
ne ... pas souvent	On **n'**y va **pas souvent**.	On y va **souvent**.
ne ... jamais	**Ne** passez **jamais** par ce chemin.	Passez **quelquefois** par ce chemin. (toujours, parfois, quelquefois, des fois, de temps en temps)
ne ... guère	Il **ne** travaille **guère**.	Il travaille **beaucoup**.
ne ... pas beaucoup	Elle **ne** parle **pas beaucoup**.	Elle parle **beaucoup**.
non *(langue parlée)*	Je crois que **non**.	Je crois que **oui**.
ne ... pas non plus	Elle **n'**y croit **pas non plus**.	Elle y croit **aussi**.
ne ... pas du tout *(qualifie un adjectif)*	Elle **n'**est **pas du tout** contente.	Elle est **très** contente.
ne ... aucunement	Cela **ne** m'a **aucunement** surpris(e).	Cela m'a **beaucoup** surpris(e).
ne ... nullement *(qualifie un verbe)*	Cela **ne** me gêne **nullement**.	Cela me gêne **beaucoup**.
ne ... toujours pas (= ne pas encore)	Il **ne** m'a **toujours pas** téléphoné.	Il m'a **déjà** téléphoné.

À noter ! • Attention ! L'expression *ne ... que* n'a pas de signification négative. Elle est l'équivalent de l'adverbe *seulement*.
Ce **n'**est **qu'**un détail.

TABLEAU 11.7 Les adjectifs négatifs

adjectif	contexte
aucun(e) ... ne	**Aucun** médecin **ne** dirait cela.
ne ... aucun(e)	Tu **n'**as fait **aucune** faute.
nul(le) ... ne	**Nul** étudiant **ne** sera exempté.
ne ... nul(le)	Je **n'**en ai **nul** besoin.
pas un(e) ... ne	**Pas un** député **n'**a voté oui.
ne ... pas un(e)	Il **n'**avait **pas un** seul ami.

TABLEAU 11.8 Les pronoms négatifs

pronom	fonction grammaticale	contexte
aucun(e) ne	sujet	**Aucun ne** l'intéresse.
ne ... aucun(e)	objet	Je **n'**en ai acheté **aucune**.
nul ne (littéraire)	sujet	**Nul n'**est mieux placé que lui.
personne ne	sujet	**Personne ne** me l'a dit.
ne ... personne	objet	Je **n'**ai vu **personne** ce jour-là.
rien ne	sujet	**Rien ne** semble le contrarier.
ne ... rien	objet	Elle **ne** m'a absolument **rien** dit.
ne ... pas grand-chose	objet	Je **n'**ai **pas grand-chose** à vous dire.

TABLEAU 11.9   Les conjonctions négatives

conjonction	élément qui suit	contexte
ni ... ni ... ne	noms ou pronoms (sujet)	**Ni** son père **ni** sa mère **ne** lui ont donné la permission. **Ni** vous **ni** lui **ne** pourrez le faire.
ne ... ni ... ni	noms ou pronoms (objet)	Je **ne** prends **ni** sucre **ni** lait. Elle **n'**aime **ni** toi **ni** moi.
ne ... pas ... ni	noms (objet)	Je **ne** trouve **pas** mes lunettes **ni** mes clefs.
ne ... pas/plus de ... ni de	noms (objet)	On **n'**a **plus de** poivre **ni de** sel.
ne ... ni ... ni	prépositions	Ils ne sont **ni** dans le salon **ni** dans la cuisine.
ne ... ni ... ni	participes passés	Je **n'**ai **ni** bu **ni** mangé.
ne ... ni ... ni	infinitifs	Elle **ne** veut **ni** manger **ni** boire.
ne ... pas que ni que	propositions subordonnées	Je **ne** crois **pas qu'**il reçoive une augmentation **ni qu'**il soit promu.
ne ... ni que ni que	propositions subordonnées	Elle **ne** veut **ni qu'**on lui écrive **ni qu'**on lui téléphone.
ni ... ne ... ni ne (littéraire)	propositions principales	**Ni** l'ignorance **n'**est défaut d'esprit **ni** le savoir **n'**est preuve de génie.
ne ... ni ne	verbes conjugués	Il **n'**avance **ni ne** recule.

MISE EN MARCHE

EXERCICE 1
oral ou écrit

Avant le travail

Vous racontez, en utilisant les données, la matinée d'une jeune fille très occupée.

MODÈLE   se réveiller à six heures
         Elle s'est réveillée à six heures.

1. se lever un quart d'heure après
2. s'habiller tout de suite
3. se maquiller
4. se préparer son petit déjeuner
5. n'en manger que la moitié
6. mettre son manteau
7. sortir en courant
8. s'installer dans sa voiture
9. se rendre en ville
10. garer la voiture
11. s'arrêter pour acheter un café
12. prendre l'ascenseur
13. arriver au bureau
14. remarquer quelque chose de bizarre
15. se rendre compte que c'était samedi

EXERCICE 2
oral ou écrit

Désaccords

Complétez l'exercice selon le modèle.

MODÈLE Elle se préparait. (lui)
        Lui, il ne voulait pas se préparer.

1. Nous nous servions de l'ordinateur. (eux)
2. Je m'asseyais devant Paul. (toi)
3. Il s'amusait. (elle)
4. Vous vous dépêchiez. (nous)
5. Ils s'en apercevaient. (elles)
6. Tu te maquillais. (moi)
7. Je me le rappelais. (toi)
8. Nous nous arrêtions dans ce café. (vous)

EXERCICE 3
oral ou écrit

Écoute-moi bien !

Vous avez la responsabilité d'un petit garçon ou d'une petite fille ; vous lui dites ce qu'il faut ou ce qu'il ne faut pas faire.

MODÈLE   s'asseoir
         Assieds-toi !
         ne pas se faire mal
         Ne te fais pas mal !

1. s'habiller
2. ne pas s'endormir
3. se laver les mains
4. ne pas s'énerver
5. se brosser les cheveux

6. ne pas se déshabiller
7. se taire
8. ne pas se mettre à pleurer
9. s'arrêter
10. ne pas se moquer de moi

EXERCICE 4
oral ou écrit

Tout un monde dans une phrase
Employez la forme correcte des verbes pronominaux de la liste.

s'installer	se mettre	se souvenir	se rapprocher
s'habiller	se tromper	s'énerver	se maquiller
s'en débarrasser	se servir de	s'en apercevoir	s'en excuser

1. Le premier ministre a admis qu'il ___ et qu'il ___ ; les journalistes n'en ont pas cru leurs oreilles.
2. Est-ce que tu ___ de cette merveilleuse journée que nous avons passée à Monaco ?
3. On accumule des tas de choses et il est parfois difficile de ___.
4. ___-vous les uns des autres afin que vous soyez tous sur la photo.
5. Ils ___ dans cette ville il y a maintenant cinq ans.
6. Quand tu en auras besoin, ___ mon dictionnaire.
7. Il y a eu un tremblement de terre et je (ne ... pas) ___.
8. Son mari ne comprend pas comment elle arrive à ___ et à ___ en si peu de temps.
9. Lorsque j'étais jeune, mon père ne ___ jamais en colère. Maintenant il ___ tout le temps.

EXERCICE 5
oral ou écrit

Il y en a
Utilisez la construction *il y a ... qui* ou *il y a ... que*.

MODÈLE   des gens / ils ne savent pas se comporter
    Il y a des gens qui ne savent pas se comporter.
    des gens / je ne les aime pas du tout
    Il y a des gens que je n'aime pas du tout.

1. des choses / on ne les pardonne pas
2. des gens / ils sont toujours de bonne humeur
3. des gens / elle ne les comprend pas
4. des choses / nous les faisons sans réfléchir
5. des gens / ils sont faciles à connaître
6. des choses / elles sont difficiles à apprendre
7. des choses / tu ne les acceptes pas
8. des gens / on ne les oubliera jamais
9. des gens / ils nous ont beaucoup influencés
10. des choses / on préférerait ne pas les avoir faites

EXERCICE 6
oral ou écrit

Tout à fait impersonnel

Refaites la phrase en employant l'expression impersonnelle.

MODÈLE   Une chose merveilleuse m'est arrivée. (Il est arrivé ...)
Il est arrivé une chose merveilleuse.

1. Quelque chose de bizarre m'est arrivé. (Il est arrivé ...)
2. J'ai de la difficulté à comprendre certaines notions de grammaire. (Il est difficile ...)
3. Une idée sensationnelle m'est venue. (Il m'est venu ...)
4. Je regretterais de ne pas le faire. (Il est dommage ...)
5. J'ai encore deux jours avant le test. (Il reste encore ...)
6. Je n'ai qu'à le lui dire. (Il suffit ...)
7. Je dois lui téléphoner tout de suite. (Il faut ...)
8. Je trouve bizarre qu'il ne vous l'ait pas dit. (Il est bizarre ...)

EXERCICE 7
oral ou écrit

Vrai ou non

Indiquez si oui ou non les choses suivantes sont vraies.
Complétez l'exercice selon le modèle suivant.

MODÈLE   les voitures / réparer / chirurgiens (passif)
***Les voitures ne sont pas réparées par des
chirurgiens.***

1. les bonnes notes / obtenir / en travaillant beaucoup (*on*)
2. la viande / acheter / chez le boulanger (verbe pronominal)
3. les grandes vedettes / apprécier / leur public (passif)
4. les escargots / manger / crus (verbe pronominal)
5. les étudiants / encourager / leurs professeurs (passif)
6. les parents / imiter souvent / leurs enfants (passif)
7. les animaux domestiques / bien soigner / leurs propriétaires (passif)
8. la police / critiquer parfois / dans les médias (*on*)

MISE EN ŒUVRE

EXERCICE 8
oral avec
partenaire

Le quotidien   *réponses modèles, p. 297*

L'étudiant(e) A pose les questions de la série A à l'étudiant(e) B, et vice versa.

série A

1. À quelle heure te réveilles-tu pendant la semaine ?
2. Combien de temps mets-tu pour t'habiller ?
3. Qu'est-ce que tu te prépares pour le petit déjeuner ?
4. Comment te rends-tu à l'université ?
5. Où est-ce que tu t'assieds pendant ton cours de français ?
6. De quoi est-ce que tu te sers en classe ?
7. Qu'est-ce qui t'énerve chez les autres étudiants ?
8. À quelle heure te couches-tu d'habitude ?

série B

1. À quelle heure te lèves-tu le dimanche ?
2. Où est-ce que tu te laves et t'habilles ?
3. À quel moment est-ce que tu te dépêches ?
4. À quels cours est-ce que tu t'es inscrit(e) ?
5. Qu'est-ce que tu t'achètes à manger pendant la journée ?
6. À quoi est-ce que tu t'intéresses en dehors des cours ?
7. De quoi est-ce que tu te plains à l'université ?
8. Comment est-ce que tu te rends chez toi ?

EXERCICE 9
écrit

Les participes passés

Complétez la phrase avec le participe passé du verbe pronominal.

1. (s'adresser) Ils ne se sont pas ___ la parole depuis l'année dernière.
2. (se rencontrer) Je ne savais pas s'ils s'étaient déjà ___.
3. (se rendre) Elle ne s'en est même pas ___ compte.
4. (se plaire) C'est dommage que Jacqueline et Hélène ne soient pas là ; elles se seraient bien ___.
5. (se téléphoner) S'ils avaient pu, ils se seraient ___.
6. (s'acheter) Elle n'a pas mis la robe qu'elle s'est ___.
7. (s'imaginer) Ces vacances, je me les suis ___ souvent.
8. (s'évanouir) Marie-Claire s'est ___ en apprenant la nouvelle.
9. (se promettre) Elles s'étaient ___ de se revoir sous peu.
10. (s'amuser) Alors, Claudine, tu t'es bien ___ ?
11. (s'enfuir) Les deux prisonniers se sont ___ sans laisser de traces.
12. (se demander/se passer) Ils se sont bien sûr ___ pourquoi cela s'était si mal ___.

EXERCICE 10   **Évitons le passif !**
écrit   Récrivez les phrases suivantes en évitant le passif.

1. La limite de vitesse n'est pas toujours respectée par les automobilistes.
2. Elle est parfois gênée par le comportement de son ami.
3. Ce professeur est aimé de tous les étudiants.
4. Nos devoirs sont faits à la maison.
5. Tu es connu de tout le monde.
6. Cet avion a été mis en service l'année dernière.
7. Le français est parlé au Québec.
8. Le mot « adresse » s'écrit avec un seul « d » en français.

EXERCICE 11   **Les emplois**
écrit   Répondez à la question en employant dans une phrase complète la construction donnée.

Quelles sont vos idées sur la situation politique ?
1. Selon moi, il est évident que le premier ministre ...
2. Aux dernières élections, il est dommage que ...

Comment est le climat de votre région ?
3. Ici en été, il ...
4. Ici en hiver, il ...

Quel est le sujet du dernier livre que vous avez lu et du dernier film que vous avez vu ?
5. Dans le dernier livre que j'ai lu, il s'agissait de ...
6. Dans le dernier film que j'ai vu, il était question de ...

Quels sont les gens qui vous irritent le plus ?
7. Les gens qui m'irritent le plus, ce sont ceux qui ...

Quels conseils donneriez-vous à un(e) nouvel(le) étudiant(e) à l'université ?
8. Il faut que ...
9. Il est utile de ...
10. Il s'agit de ...

EXERCICE 12   **Traduction**
écrit   1. I wonder why you can't do without it.
2. These verbs are conjugated with the auxiliary "to have".
3. He gets mad easily, but we get along.
4. This word is always used in the plural.
5. We always wash our hands before we eat.
6. This medication is taken with water.
7. Lie down on the sofa and relax.
8. His wallet was never returned.

EXERCICE 13
écrit

Composition

Au choix :

a) Choisissez un article de presse, un chapitre de livre ou un autre texte de votre choix à partir duquel vous allez préparer un dossier de notes de lecture.

b) Sélectionnez un texte oral (une conférence à l'université, un film, une réunion ou un autre texte d'écoute de votre choix) à partir duquel vous allez préparer un dossier de notes d'écoute.

À partir de votre dossier de notes, rédigez un compte rendu du texte que vous avez lu ou écouté. Remettez à votre professeur le dossier de notes et le compte rendu.

longueur du compte rendu : entre 150 et 175 mots

Réponses modèles

Exercice 8

série A
1. Pendant la semaine je me réveille à/vers ...
2. Je mets ...
3. Je me prépare ... / Je ne me prépare pas ...
4. Je m'y rends ...
5. Je m'assieds devant / derrière / à côté de ...
6. Je me sers d'un manuel, d'un cahier ...
7. Ce qui m'énerve chez les autres étudiants, c'est ...
8. D'habitude, je me couche à/vers ...

série B
1. Le dimanche je me lève à/vers ...
2. Je me lave dans ... et je m'habille dans ...
3. Je me dépêche quand je dois ...
4. Je me suis inscrit(e) à ...
5. Je m'achète un sandwich ...
6. Je m'intéresse à ...
7. Je me plains de ...
8. Je m'y rends ...

12

Grammaire	Les infinitifs présent et passé
	Les participes
	Le discours indirect
Expression écrite	Atelier : Le dialogue incorporé au récit
	Dossier : La mise en relief

Terminologie

- **discours indirect** style employé pour rapporter les paroles de quelqu'un sous forme de proposition subordonnée ou de proposition infinitive rattachée à un verbe de communication
  Il a dit qu'il était malade ce jour-là.
  Je leur ai demandé de se dépêcher.

- **infinitif** forme nominale du verbe qui exprime l'idée de l'action ou de l'état d'une façon abstraite et indéterminée
  étudier, s'amuser, avoir pris, être aimé

- **participe présent** forme modale du verbe qui exprime l'action ou l'état dans sa progression
  *Il est tombé en **montant** l'escalier.*

- **participe passé composé** forme modale qui exprime une action complétée avant celle du verbe principal
  ***Ayant fini** son travail, il est parti.*

MISE AU POINT

L'infinitif ACCENT SUR LES FORMES

TABLEAU 12.1 **L'infinitif présent**

verbes réguliers	*verbes irréguliers*
er : travailler	*er* : aller
ir : réussir	*ir* : servir
re : répondre	*re* : dire, être, faire
	oir : devoir, avoir
	oire : croire

1 La forme de l'infinitif présent ne donne aucune indication de nombre ni de personne.

2 Le pronom réfléchi *se* de l'infinitif d'un verbe pronominal reste invariable à moins qu'il ne suive un verbe conjugué servant d'introduction. Dans ce cas-ci, le pronom réfléchi est à la même personne que le verbe qui le précède.
*Il faut **se** servir du dictionnaire.*
*Je voudrais **me** servir du dictionnaire.*

3 L'infinitif présent passif d'un verbe transitif direct est formé de l'infinitif présent du verbe *être* suivi du participe passé du verbe en question.
être acheté/achetée/achetés/achetées
être vendu/vendue/vendus/vendues
*Sa voiture va **être vendue**.*

*auxiliaire **avoir***	*auxiliaire **être***
avoir travaillé	être allé/allée/allés/allées
avoir fini	être sorti/sortie/sortis/sorties
avoir répondu	être descendu/descendue/descendus/descendues
avoir eu	s'être assis/assise/assis/assises

4 L'infinitif passé (voix active) est une forme composée de l'infinitif présent de l'auxiliaire suivi du participe passé du verbe en question.
*Après **avoir fini** mes devoirs, je suis sorti.*

5 L'infinitif passé (voix passive) est formée de l'infinitif passé du verbe *être* suivi du participe passé du verbe en question.
avoir été élu(e)(s)(es)
*Après **avoir été élu**, le premier ministre est allé en vacances.*

6 Il faut distinguer entre l'infinitif passé des verbes conjugués avec
être (voix active) et l'infinitif présent des verbes à la voix passive.
être sorti/sortie/sortis/sorties–infinitif passé, voix active
être vendu/vendue/vendus/vendues–infinitif présent, voix passive
> *Après **être sortie** du bureau, elle a pris l'autobus.*
> *Leur maison doit **être vendue**.*

7 Le participe passé d'un infinitif passé s'accorde :
a) avec le sujet ;
> ***Elle** avait peur d'**être partie** trop tard.*
> ***Ils** ont survécu à la guerre sans **avoir été blessés**.*

b) avec l'objet direct ;
> *Je vous ai rendu les lettres après **les avoir lues**.*
> *Après **nous avoir emmenés** chez Sylvie, mon père est parti.*

c) avec un pronom réfléchi objet direct.
> *Après **s'être reposés**, **ils** sont repartis.*
> *Après **vous être inscrits**, rendez-vous à la salle 103.*

TABLEAU 12.3   **Les infinitifs**

	voix active	*voix passive*
présent	acheter se lever	être acheté(e)(s)(es)
passé	avoir acheté être entré(e)(s)(es) s'être lavé(e)(s)(es)	avoir été acheté(e)(s)(es)

VÉRIFIONS   *réponses, p. 337*

Donnez l'infinitif présent et passé actif du verbe.

1. elles enverront
2. j'ai
3. elle a dû
4. que vous puissiez
5. tu es né(e)
6. ils furent
7. nous irions
8. il faut
9. qu'elles sachent
10. vous feriez
11. elle a peint
12. j'avais mis

L'infinitif   *ACCENT SUR LA SYNTAXE*

---

1 Un pronom objet précède un infinitif dont il est objet.
> *Je pense **l'**avoir lu quelque part.*
> *Il faut **nous le** dire.*
> *Il regrette de ne pas **lui en** avoir parlé.*

*À **noter** !*   • Il faut se rappeler qu'un pronom objet précède le verbe dont il est l'objet.
> *Je **les** vois jouer.*

2 Les deux éléments d'une négation précèdent généralement l'infinitif présent. Ils précèdent aussi les pronoms objets.

*Je lui ai demandé de **ne pas** faire cela.*
*Il m'a répondu de **ne plus** l'embêter.*

À noter ! • Les éléments *personne, non plus* et *nulle part* suivent l'infinitif.

*J'ai fermé ma porte de bureau afin de **ne voir personne**.*
*Il a déclaré **ne pas** s'y intéresser **non plus**.*
*Elle affirme **ne pouvoir** les acheter **nulle part**.*

3 En principe, les deux éléments d'une négation précèdent l'infinitif passé. Ils précèdent aussi les pronoms objets.

*Il prétend **ne pas** les avoir vus.*
*Elle affirme **n'**être allée **nulle part**.*

VÉRIFIONS
réponses, p. 337

Mettez l'infinitif au négatif.

1. Il nous a demandé de venir. (ne ... pas)
2. Le professeur nous a priés de remettre les compositions sans le brouillon. (ne ... jamais)
3. Elle préfère parler. (ne ... personne)
4. Nous espérons les rencontrer. (ne ... pas)
5. Je pense avoir vu ce film. (ne ... pas encore)
6. Nous regrettons d'y être retournés. (ne ... plus)

L'infinitif   ## ACCENT SUR LES EMPLOIS

Emplois	*Contextes*

1 L'infinitif peut être sujet d'un verbe.   ***Refuser** n'est pas la solution.*

À noter ! • L'infinitif peut être sujet réel représenté par *il* ou *ce* :
a) infinitif + *c'est* + infinitif
   ***Vouloir**, c'est pouvoir.*
   (c' = vouloir)
b) *il est* + adjectif + *de* + infinitif
   *Il est difficile d'**être toujours de bonne humeur**.*
   (il = être toujours de bonne humeur)
c) infinitif + *c'est* + adjectif
   ***Exprimer ses sentiments**, c'est parfois difficile.*
   (c' = exprimer ses sentiments)
d) *c'est* + nom + *de* + infinitif
   *C'est un scandale d'**avoir fait ce qu'il a fait**.*
   (c' = avoir fait ce qu'il a fait)
e) infinitif + *c'est* + nom
   ***Passer un examen**, c'est une chose effrayante.*
   (c' = passer un examen)

2 L'infinitif peut être complément d'objet direct ou indirect du verbe.

*Il veut **partir**.*
*Il tient à **partir**.*
*Il s'excuse d'**avoir oublié** notre rendez-vous.*

TABLEAU 12.4   Verbes suivis directement de l'infinitif

adorer	descendre	laisser	rentrer
affirmer	désirer	monter	retourner
aimer	détester	nier	revenir
aller	devoir	oser	savoir
apercevoir	écouter	paraître	sembler
assurer	emmener	partir	sentir
avoir beau	entendre	penser	sortir
avouer	entrer	pouvoir	souhaiter
compter	envoyer	préférer	venir
courir	espérer	prétendre	voir
croire	faillir	se rappeler	vouloir
daigner	faire	reconnaître	
déclarer	falloir	regarder	

TABLEAU 12.5   Verbes suivis de la préposition *à* devant l'infinitif

s'accoutumer à	conduire à	forcer à	pousser à
aider à	consentir à	s'habituer à	se préparer à
amener à	consister à	hésiter à	renoncer à
s'amuser à	continuer à	inciter à	se résoudre à
s'appliquer à	décider à	s'intéresser à	rester à
apprendre à	se décider à	inviter à	réussir à
arriver à	employer à	jouer à	servir à
s'attendre à	encourager à	se mettre à	songer à
autoriser à	s'engager à	obliger à	surprendre à
avoir à	enseigner à	parvenir à	tarder à
chercher à	s'essayer à	penser à	tenir à
commencer à	être décidé à	persister à	travailler à
condamner à	s'exercer à	se plaire à	en venir à

TABLEAU 12.6   Verbes suivis de la préposition *de* devant l'infinitif

s'abstenir de	se dépêcher de	se hâter de	prier de
accepter de	désespérer de	interdire de	promettre de
accuser de	dire de	jurer de	proposer de
achever de	douter de	se lasser de	punir de
s'agir de	écrire de	manquer de	rappeler de
s'arrêter de	s'efforcer de	menacer de	refuser de
attendre de	empêcher de	mériter de	regretter de
blâmer de	s'empresser de	mourir de	remercier de
cesser de	essayer de	négliger de	reprocher de
choisir de	s'étonner de	obliger de	résoudre de
commander de	être obligé de	s'occuper de	rêver de
commencer de	éviter de	offrir de	rire de
conseiller de	(s')excuser de	oublier de	risquer de
continuer de	faire exprès de	pardonner de	souffrir de
convaincre de	faire semblant de	permettre de	soupçonner de
craindre de	se fatiguer de	persuader de	se souvenir de
décider de	(se) féliciter de	se plaindre de	suggérer de
défendre de	finir de	prendre soin de	tâcher de
demander de	se garder de	se presser de	tenter de

À noter !
- Il y a trois verbes qui peuvent être suivis de la préposition *à* ou de la préposition *de* devant un infinitif : *commencer, continuer* et *obliger.*
- Les expressions verbales du type *avoir ... de* sont suivies d'un infinitif présent ou passé.

avoir besoin de	*avoir le droit de*
avoir envie de	*avoir le temps de*
avoir hâte de	*avoir l'intention de*
avoir honte de	*avoir peur de*
avoir la chance de	*avoir raison de*
avoir l'air de	*avoir tort de*

VÉRIFIONS

réponses, p. 337

Indiquez si le verbe introduit l'infinitif : a) sans préposition ;
b) avec la préposition *à* ; c) avec la préposition *de* ;
d) avec *à* ou *de*.

1. se décider	7. jurer
2. essayer	8. risquer
3. laisser	9. s'attendre
4. croire	10. pouvoir
5. continuer	11. espérer
6. travailler	12. apprendre

TABLEAU 12.7 **Liste partielle des adjectifs qui peuvent être suivis d'un infinitif**

préposition de (*l'infinitif est précédé de la préposition **de***)		*préposition à* (*l'infinitif est précédé de la préposition **à***)
1. aimable de	12. incapable de	1. habitué à
2. capable de	13. incertain de	2. léger à
3. certain de	14. libre de	3. lent à
4. content de	15. malheureux de	4. lourd à
5. désolé de	16. méchant de	5. prêt à
6. enchanté de	17. mécontent de	6. rapide à
7. fatigué de	18. obligé de	7. le premier à, le deuxième à*
8. forcé de	19. raisonnable de	8. le dernier à
9. fou de	20. ravi de	9. le seul à
10. gentil de	21. sensé de	
11. heureux de	22. triste de	

*de même avec tous les nombres ordinaux

3 Certains infinitifs peuvent être utilisés comme noms ou peuvent faire partie d'un nom composé.

*Il y a eu **un merveilleux coucher de soleil** hier soir.*
*Elle veut t'emprunter **ta machine à écrire**.*

À noter !
- Les infinitifs devenus noms sont d'habitude masculins.
  un coucher de soleil, le pouvoir

4 L'infinitif peut être utilisé dans une exclamation ou une interrogation.

Partir ! Moi, jamais !
*Que **faire** ? Que **dire** ?*

5 L'infinitif remplace souvent l'impératif dans les indications, les avis ou les recettes.

***Compléter** l'exercice suivant.*
***Ne pas marcher** sur le gazon.*
***Cuire** à petit feu.*

6 L'infinitif présent est la forme du verbe employée après la plupart des prépositions. Font exception *après* (suivi de l'infinitif passé) et *en* (suivi du participe présent).

*J'y vais **pour** le **voir**.*
*Il est parti **sans dire** un mot.*

*À **noter !*** • Devant un infinitif, la préposition *avant* devient *avant de*.
    *Nous avons dîné **avant d'aller** au théâtre.*

7 La préposition *après* est souvent suivie d'un infinitif passé. Elle ne peut pas être suivie de l'infinitif présent.

***Après avoir déjeuné**, Paul est tout de suite parti du bureau.*
*Il m'a téléphoné **après être allé** chez le médecin.*

8 L'infinitif passé indique une action antérieure à l'action du verbe principal.

*Il est venu sans nous **avoir prévenus**.*

VÉRIFIONS !

réponses, p. 337

Complétez la phrase avec la préposition appropriée.
1. J'ai été très heureuse ＿＿ pouvoir vous accueillir.
2. Ils ne sont pas les seuls ＿＿ se plaindre.
3. ＿＿ l'avoir attendu une heure, elle est partie.
4. Nous ne sommes pas habitués ＿＿ travailler autant.
5. Il n'est vraiment pas raisonnable ＿＿ lui demander cela.
6. Je suis triste ＿＿ apprendre cette nouvelle.
7. Tout compléter avant lundi, ce ne sera pas facile ＿＿ faire.
8. C'était une bonne idée ＿＿ le lui dire.

Les participes

ACCENT SUR LES FORMES

1 En français, il existe trois types de participes, le participe présent (voix active et passive), le participe passé composé (voix active et passive) et le gérondif.

TABLEAU 12.8   Formation du participe présent (voix active)

verbe modèle	*présent de l'indicatif (sujet* nous*)*	*radical*	*participe présent actif*
acheter	achetons	achet	achetant
manger	mangeons	mange	mangeant
placer	plaçons	plaç	plaçant
finir	finissons	finiss	finissant
sentir	sentons	sent	sentant
recevoir	recevons	recev	recevant
vendre	vendons	vend	vendant

2 Pour obtenir le radical du participe présent, on enlève la terminaison *ons* de la forme employée avec *nous* du présent de l'indicatif. À ce radical on ajoute la terminaison *ant* du participe présent.

3 Trois verbes ont un participe présent irrégulier :
   avoir : ayant
   être : étant
   savoir : sachant

TABLEAU 12.9   Les participes

	voix active	**voix passive**
présent	achetant se levant	étant acheté(e)(s)(es)
passé composé	ayant acheté étant entré(e)(s)(es) s'étant levé(e)(s)(es)	ayant été acheté(e)(s)(es)

4 Le participe présent passif d'un verbe transitif direct est formé du participe présent du verbe *être* suivi du participe passé du verbe en question.

infinitif passif	*participe présent passif*
être acheté(e)(s)(es)	étant acheté(e)(s)(es)
être vendu(e)(s)(es)	étant vendu(e)(s)(es)

5 Le participe passé composé est formé du participe présent de l'auxiliaire (*avoir* ou *être*) suivi du participe passé du verbe en question.

infinitif	*auxiliaire*	*participe passé composé*
réussir	avoir	ayant réussi
venir	être	étant venu(e)(s)(es)
s'habiller	être	s'étant habillé(e)(s)(es)
avoir	avoir	ayant eu
être	avoir	ayant été

6 Le participe passé composé passif est formé du participe passé composé de l'auxiliaire *être* suivi du participe passé du verbe en question.

infinitif passif	*participe passé composé passif*
être acheté(e)(s)(es)	ayant été acheté(e)(s)(es)
être vendu(e)(s)(es)	ayant été vendu(e)(s)(es)

7 Il faut distinguer entre le participe passé composé des verbes conjugués avec *être* et le participe présent passif.

participe passé composé : *étant allé(e)(s)(es)*

participe présent passif : *étant vendu(e)(s)(es)*

*Leurs parents **étant allés** chez les voisins, les enfants étaient tout seuls.*

*Ces oranges **étant vendues** à la douzaine, on ne peut pas en acheter une seule.*

VÉRIFIONS !

réponses, p. 337

A Donnez le participe présent du verbe.

1. recevoir
2. voir
3. offrir
4. subir
5. plaire
6. nager

B Donnez l'infinitif présent du verbe.

7. faisant
8. ayant
9. riant
10. vivant
11. se fatiguant
12. décrivant

Les participes

ACCENT SUR LA SYNTAXE

1 L'élément négatif *ne* précède le participe présent et les autres éléments négatifs le suivent.

*Ne parlant **pas** espagnol, nous avons eu des difficultés à nous faire comprendre lors de notre séjour au Mexique.*

*N'ayant **pas** reçu de pourboire, le garçon ne leur a pas dit au revoir.*

*Ne s'étant levée **qu**'à neuf heures, elle a manqué l'autobus.*

À noter !

- Le deuxième élément de la négation *ne ... personne* suit le participe passé.
  *N'ayant trouvé **personne** qui puisse nous aider, nous sommes repartis.*
- L'élément *ne* suit la préposition *en*.
  *Il essaie de suivre un régime en **ne** mangeant **que** des légumes et des fruits.*

2 Les pronoms objets précèdent le participe présent.

*Tu obtiendras ce que tu voudras en **le lui** demandant gentiment.*

Les participes

ACCENT SUR LES EMPLOIS

Emplois	*Contextes*
1 Le participe présent sert souvent à exprimer un complément circonstanciel de temps, de moyen, de manière, de condition ou de concession. Cette forme du participe présent, toujours précédée de la préposition *en*, s'appelle le gérondif. Le gérondif est invariable.	*Elle l'a croisé **en partant**.* (= quand elle partait) *On arrivera à l'heure **en se dépêchant**.* (= si l'on se dépêche) *Il marche **en traînant** la jambe.* (= Quand il marche, il traîne la jambe.) *Il se tromperait **en croyant** cela.* (= s'il croyait cela) *Elle ne rédige ses compositions qu'**en préparant** un plan et un brouillon.* (= Elle ne rédige pas ses compositions sans préparer un plan et un brouillon.)
2 Certains participes présents peuvent être utilisés comme noms. Ceux-ci prennent un genre et un nombre.	*Il suit un cours pour **débutants**.* *C'est elle la **gagnante**.*
3 Certains participes présents peuvent être utilisés comme adjectifs. Ceux-ci s'accordent en genre et en nombre avec le nom ou le pronom qu'ils qualifient.	*Cette conférence était très **ennuyante**.*

À noter ! • Certains adjectifs verbaux basés sur le participe présent n'ont pas la même orthographe que le participe présent à valeur verbale.

TABLEAU 12.10   **Orthographe du participe présent, de l'adjectif verbal et du nom**

participe présent	*adjectif verbal*	*nom*
adhér**ant**		adhér**ent**
afflu**ant**		afflu**ent**
communi**quant**	communi**cant**	
convain**quant**	convain**cant**	
diver**geant**	diver**gent**	
fabri**quant**		fabri**cant**
fati**guant**	fati**gant**	
négli**geant**	négli**gent**	
précéd**ant**	précéd**ent**	précéd**ent**
provo**quant**	provo**cant**	
résid**ant**		résid**ent**
suffo**quant**	suffo**cant**	

4 Le participe présent peut s'utiliser au lieu d'une proposition relative soit pour exprimer une raison ou une cause, soit pour exprimer une action simultanée.

*Nous cherchons une réceptionniste **sachant** parler français.* (= qui sache)
__Voulant__ y arriver le plus vite possible, il a pris l'avion. (= parce qu'il voulait)
__Le regardant__ bien dans les yeux, je lui ai dit ses quatre vérités. (= tout en le regardant)

VÉRIFIONS !

réponses, p. 337

Complétez la phrase avec le participe présent, l'adjectif verbal ou le nom. Employez la préposition *en* s'il le faut.
1. C'est la pièce de Ionesco que je trouve la plus (intéresser).
2. Il y avait relativement peu de (participer).
3. (voir) cela, j'ai décidé d'intervenir.
4. Il a payé l'addition, (quitter) le restaurant.
5. C'est (lire) beaucoup qu'on acquiert un sens du style.
6. J'ai dit bonjour à tout le monde (arriver).
7. Ces exercices sont nécessaires mais (fatiguer).
8. Elle est (charmer) ; elle répond toujours (sourire).

PROBLÈMES DE TRADUCTION

1 She watched the children **dancing**.

*Elle regardait les enfants **danser**.*

I hear them **singing**.

*Je les entends **chanter**.*

Cette construction anglaise peut se traduire en français par l'infinitif présent.

2 **Knowing** this will help you.
Thank you for **waiting**.

__Savoir__ cela va vous aider.
*Je vous remercie d'**avoir patienté**.*

Instead of **complaining**, you should do something.

*Au lieu de **rouspéter**, vous devriez faire quelque chose.*

Le gérondif anglais peut fonctionner comme nom. En français, on emploie souvent un infinitif.

3 She appreciates **your trying**.

*Elle apprécie **vos efforts**.*

Le gérondif anglais doit parfois être traduit par le substantif français équivalent.

4 I am coming!   *J'arrive !*
He is going to help us.   *Il va nous aider.*
They are in the process of   *Ils sont en train de déménager.*
    moving.
I was going to do it.   *J'allais le faire.*

Certaines constructions en *ing* en anglais se traduisent en français par des temps ou des constructions où le participe présent ne figure pas.

Le discours indirect

ACCENT SUR L'ANALYSE

Les sept modèles qui suivent illustrent le passage du discours direct au discours indirect.

Modèle 1

discours direct	**discours indirect**
Hélène dit : « Je suis fatigué. »	*Hélène dit qu'elle est fatiguée.*
On cite directement les paroles d'une personne en utilisant des guillemets.	On cite indirectement les paroles d'une personne en utilisant une proposition subordonnée.

Analyse des changements :
1. les deux points et les guillemets disparaissent ;
2. on ajoute *que* après le verbe de déclaration *dire* ;
3. le pronom *elle* est substitué au pronom *je* de la citation ;
4. la citation « *Je suis fatiguée.* » devient la proposition subordonnée *qu'elle est fatiguée*.

À noter ! • Autres verbes de déclaration : *ajouter, déclarer, expliquer, insister, remarquer, répéter, répondre, rétorquer.*

Modèle 2

discours direct	**discours indirect**
Jean demande : « Est-ce que je suis en retard ? »	*Jean demande s'il est en retard.*

Analyse des changements :
1. les deux points et les guillemets disparaissent ;
2. on ajoute *si* après le verbe *demander* ;
3. le pronom *il* est substitué au pronom *je* de la citation ;
4. la citation « *Est-ce que je suis en retard ?* » devient la proposition subordonnée *s'il est en retard* ;
5. le point d'interrogation devient un point.

Modèle 3

discours direct	**discours indirect**
Paul a dit : « Je me plais beaucoup à Montréal. »	*Paul a dit qu'il se plaisait beaucoup à Montréal.*

Analyse des changements :
1. les deux points et les guillemets disparaissent ;
2. on ajoute *que* après le verbe de déclaration *dire* ;
3. le pronom *il* est substitué au pronom *je* de la citation ;
4. le verbe qui est au présent dans la citation se met à l'imparfait dans la proposition subordonnée ;
5. la citation «*Je me plais beaucoup à Montréal*» devient la proposition subordonnée *qu'il se plaisait beaucoup à Montréal.*

TABLEAU 12.11   Discours indirect au passé : changements de temps

discours direct	*discours indirect*
proposition principale au passé Il a dit / il disait / il avait dit :	
«Je comprends.» (présent)	qu'il comprenait. (imparfait)
«J'ai compris.» (passé composé)	qu'il avait compris. (plus-que-parfait)
«Je le ferai.» (futur simple)	qu'il le ferait. (conditionnel présent)
«J'aurai fini.» (futur antérieur)	qu'il aurait fini. (conditionnel passé)

À noter !
- S'il y a plusieurs verbes dans la citation, il faut traiter chaque verbe selon son temps d'origine.
  *Il a dit : « Je me **demande** si je **pourrai** le faire. »*
  *Il a dit qu'il se **demandait** s'il **pourrait** le faire.*
- Certains temps et modes ne changent pas. Il s'agit de l'imparfait, du plus-que-parfait, du conditionnel présent ou passé et du subjonctif.
  *Elle a dit : « Je **m'étais trompée**. »*
  *Elle a dit qu'elle **s'était trompée**.*

  *Nous avons demandé : « Pense-t-il que ce **soit** possible ? »*
  *Nous avons demandé s'il pensait que ce **soit** possible.*
- Il faut se rappeler que le verbe de la subordonnée ne change pas si le temps du verbe de la proposition principale n'est pas au passé.
  Elle dit : « Je suis fatiguée. »
  Elle dit qu'elle est fatiguée.

Modèle 4

discours direct	discours indirect
Il m'a demandé :	*Il m'a demandé ce que je faisais.*
« Qu'est-ce que tu fais ? »	

Analyse des changements :
1. les deux points et les guillemets disparaissent ;
2. le pronom *qu'est-ce que* devient *ce que* ;
3. le pronom *je* est substitué au pronom *tu* ;
4. le temps du verbe *faire* change du présent à l'imparfait ;
5. le point d'interrogation devient un point.

TABLEAU 12.12   **Phrases interrogatives au discours indirect**

---

est-ce que → si
discours direct   Il me demande : « **Est-ce que** Paul travaille ? »
discours indirect   Il me demande **si** Paul travaille.

---

qu'est-ce que *ou* ***que → ce que***
discours direct   Je lui ai demandé : « **Que** font-elles ? »
discours indirect   Je lui ai demandé **ce qu**'elles faisaient.

---

qu'est-ce qui → ce qui
discours direct   Nous leur demandons : « **Qu'est-ce qui** fait ce bruit ? »
discours indirect   Nous leur demandons **ce qui** fait ce bruit.

À noter !

- Les inversions disparaissent au discours indirect.
  *Je vous ai demandé : « Que **dites-vous** ? »*
  *Je vous ai demandé ce que **vous disiez**.*
- Les autres mots interrogatifs ne changent pas.
  *Tu nous as demandé : « **Combien** êtes-vous pour dîner ? »*
  *Tu nous as demandé **combien** nous étions pour dîner.*
- Compte tenu des changements présentés dans le Tableau 12.12, les éléments *est-ce que* ou *est-ce qui* des autres formes longues du pronom interrogatif sont éliminés au discours indirect.
  *Il demande : « **Qui est-ce qui** a téléphoné ? »*
  *Il demande **qui** a téléphoné.*

  *Elle lui a demandé : « **Qui est-ce que** tu invites ? »*
  *Elle lui a demandé **qui** il invitait.*

Modèle 5

discours direct	**discours indirect**
Je lui ai demandé : « Où vas-tu demain ? »	*Je lui ai demandé où il allait le lendemain.*

Analyse des changements :
1. les deux points et les guillemets disparaissent ;
2. l'inversion disparaît ;
3. le pronom *il* est substitué au pronom *tu* ;
4. le temps du verbe *aller* change du présent à l'imparfait ;
5. *le lendemain* est substitué à *demain* afin de maintenir le sens.

TABLEAU 12.13   **Discours indirect : changement d'expressions de temps**

discours direct	*discours indirect*
aujourd'hui	ce jour-là
demain	le lendemain
demain matin	le lendemain matin
après-demain	le surlendemain
hier	la veille
avant-hier	l'avant-veille
ce matin, ce soir	ce matin-là, ce soir-là
cet après-midi	cet après-midi-là

cette nuit	cette nuit-là
cette semaine, ce mois	cette semaine-là, ce mois-là
cette année	cette année-là
la semaine prochaine	la semaine suivante
la semaine dernière	la semaine précédente
en ce moment, maintenant	à ce moment-là, alors

À noter ! • Ces expressions de temps ne changent pas si le verbe de la proposition principale est au présent ou au futur.

Modèle 6

discours direct
Il dit toujours : « Faites attention aux accords. »

discours indirect
Il dit toujours de faire attention aux accords.

Analyse des changements :
1. les deux points et les guillemets disparaissent ;
2. la préposition *de* précède la proposition infinitive ;
3. l'infinitif remplace l'impératif.

À noter ! • L'impératif au discours direct est toujours remplacé par l'infinitif au discours indirect.
Il te dit : « Arrête ! » → *Il te dit de t'arrêter.*

Modèle 7

discours direct
J'ai dit à Robert : « Ton père t'a téléphoné. »

discours indirect
J'ai dit à Robert que son père lui avait téléphoné.

Analyse des changements :
1. les deux points et les guillemets disparaissent ;
2. l'adjectif possessif *ton* devient *son*, le pronom *t'* devient *lui* ;
3. le temps du verbe *téléphoner* change du passé composé au plus-que-parfait.

À noter ! • Les pronoms personnels et les adjectifs possessifs changent en fonction du sens de la phrase.
Je lui ai demandé : « Est-ce que tes parents t'accompagnent ? »
Je lui ai demandé si ses parents l'accompagnaient.

VÉRIFIONS !

réponses, p. 337

Mettez la phrase au discours indirect.
1. Elle a dit : « J'arriverai après-demain. »
2. Ils ont dit : « Il faisait très beau durant notre voyage. »
3. Le directeur a remarqué : « Le travail que vous avez fait cette année est excellent. »
4. J'ai demandé : « Qu'est-ce qui se passe aujourd'hui ? »
5. Elle s'est demandé : « Est-ce qu'ils m'ont vue ? »
6. Le professeur avait dit : « Faites cet exercice avant la semaine prochaine. »
7. Il leur a demandé : « Combien de frères avez-vous ? »
8. Nous nous demandions : « Qu'est-ce qu'ils ont fait avant-hier ? »

TABLEAU 12.14   **Passage du discours direct au discours indirect**

discours direct	*discours indirect*
1. Il y a deux points après le verbe de la proposition principale.	Les deux points sont éliminés.
2. La citation directe est entre guillemets.	Les guillemets disparaissent.
3. La citation directe est un énoncé affirmatif ou négatif.	La citation indirecte est une proposition subordonnée qui commence par *que*.
4. La citation directe est une question.	La subordonnée commence par un mot d'interrogation indirecte (*si, ce qui, ce que*, etc.).

	direct	*indirect*
	est-ce que	si
	qu'est-ce que	ce que
	que	ce que
	qu'est-ce qui	ce qui

Les éléments *est-ce que* ou *est-ce qui* des formes longues de pronoms autres que *qu'est-ce que* et *qu'est-ce qui* disparaissent.
Les autres mots interrogatifs ne changent pas.
Les inversions disparaissent.

5. La citation directe est un ordre.	La citation indirecte est une proposition infinitive introduite par *de*.
6. Le verbe de la proposition principale est au présent ou au futur.	Le temps du verbe de la citation directe est maintenu dans la subordonnée.
7. Le verbe de la proposition principale est au passé.	Certains temps du verbe de la subordonnée changent.

	direct	*indirect*
	présent	imparfait
	passé composé	plus-que-parfait
	futur simple	conditionnel présent
	futur antérieur	conditionnel passé

Les autres temps ne changent pas.

8. Les expressions de temps se rapportent au temps du verbe de la citation directe.	Quand le verbe de la proposition principale est au passé, les expressions de temps dans la citation indirecte changent selon le sens.

EXPRESSION ÉCRITE

Grammaire
- L'infinitif remplace souvent l'impératif dans les indications, les modes d'emploi, les avis et les recettes.
- Bien que le participe présent s'emploie beaucoup moins en français qu'en anglais, le gérondif (forme du participe présent précédée de la préposition *en*) est néanmoins assez fréquent.
- Le discours indirect permet de rapporter les paroles d'une personne en utilisant des propositions subordonnées à des verbes de communication tels que *dire, demander*, etc. Ce style permet donc d'incorporer des citations à un texte en prose sans avoir recours aux guillemets.

Atelier

Le dialogue incorporé au récit

Au fil d'un récit ou d'un texte dialogué (scénario, pièce de théâtre, etc.), il est souvent nécessaire de mettre en scène des personnages et de les faire parler. Pour bien réussir ces dialogues, il est utile de se poser les questions suivantes :

1. Est-ce vraiment ce que dirait le personnage dans la réalité ?
2. Est-ce que c'est le langage d'une personne de son âge (jeune de 16 ans, parent, vieillard, enfant) ?
3. Est-ce que le langage reflète le tempérament de la personne (nerveux, snob, avenant, impatient) ?
4. Est-ce que le langage reflète les émotions et les sentiments de la personne (déçu, amoureux, fâché) ?
5. Est-ce que le langage reflète le niveau de langue approprié à la situation étant donné les circonstances et le milieu (langue soignée, langue courante, langue familière, argot, jargon, régionalismes) ?

Pour la mise en scène, il s'agit également d'ajouter au dialogue certains éléments dramatiques parmi lesquels il faut mentionner :

1. des précisions quant aux attitudes, aux mimiques et aux gestes des personnages ;
   Il lui répondit sèchement que ...
   Elle répliqua victorieusement ...
   La directrice, souriant, lui mentionna que ...
   Charles ponctuait son discours de vigoureux coups de poing sur la table ...
2. des précisions quant à la voix et à l'intonation des personnages.
   Le directeur, changeant brusquement de ton, ...
   Sa voix plaintive traduisait ...
   C'est avec une voix macabre qu'il annonça ...

Pour ce qui est de la présentation du matériel dialogué, il est important de choisir le style le plus approprié au texte que l'on rédige (style direct ou indirect). Si l'on choisit de citer textuellement les paroles du personnage (style direct), il faut respecter certaines règles de ponctuation :

1. On utilise des guillemets pour encadrer les paroles qui sont prononcées.

   Il lui dit, voulant la rassurer : « Ne vous inquiétez pas, vous verrez, tout ira bien. »

2. Quand on change d'interlocuteur, sans fermer ni ouvrir les guillemets, on passe à la ligne que l'on commence par un tiret.

   Texte modèle
   –Monsieur, c'est un monsieur anglais qui dit qu'il connaît Monsieur.
   –Comment s'appelle-t-il ?
   –Le Dr. O'Grady.
   –O'Grady ! S'il vous entendait ! ... Il n'est pas anglais ; il est irlandais ... Faites-le entrer tout de suite ...

   Tiré de Nouveaux discours du
Docteur O'Grady, d'André Maurois.

3. On peut utiliser des incises (c'est-à-dire de petites phrases entre virgules comprenant un verbe de communication suivi de son sujet) pour indiquer qui parle et la façon dont parle la personne.

   Texte modèle
   En arrivant le soir à Ryston, d'Artagnan rassembla ses amis. Sa figure avait perdu ce caractère de gaieté insoucieuse qu'il avait porté comme un masque toute la journée; Athos serra la main à Aramis.
   –Le moment approche ? dit-il.
   –Oui, dit d'Artagnan qui avait entendu, oui, le moment approche : cette nuit, messieurs, nous sauvons le roi.
   Athos tressaillit, ses yeux s'enflammèrent.
   –D'Artagnan, dit-il, doutant après avoir espéré, ce n'est point une plaisanterie, n'est-ce pas ? ...

   Tiré de Vingt ans après, d'Alexandre Dumas.

Dossier *La mise en relief*

La mise en relief permet de mettre l'accent sur un élément de la phrase.

TABLEAU 12.15 **La mise en relief**

mise en relief	procédé ou construction	exemples
du sujet	répétition (emploi d'un pronom disjoint)	Je ne peux rien faire pour lui. **Moi**, je ne peux rien faire pour lui. Je ne peux rien faire pour lui, **moi**.
	c'est ... qui	Elle aura le dernier mot. **C'est** elle **qui** aura le dernier mot.

il y a ... qui		Des journalistes voudraient l'interviewer. **Il y a** des journalistes **qui** voudraient l'interviewer.
voilà ... qui (valeur démonstrative)		Quelqu'un arrive. **Voilà** quelqu'un **qui** arrive.
quant à ... + répétition (nuance d'opposition)		J'ai beaucoup aimé ce film ; il ne l'a pas apprécié. J'ai beaucoup aimé ce film ; **quant à lui,** il ne l'a pas apprécié.
segmentation		Jean-Pierre a fourni un grand effort. **Il** a fourni un grand effort, Jean-Pierre.
de l'objet direct	répétition (emploi d'un pronom objet direct)	Elle défend toujours son mari. Elle **le** défend toujours, son mari. Son mari, elle **le** défend toujours.
	c'est ... que	Je préfère ce vin-là. **C'est** ce vin-là **que** je préfère.
	il y a ... que	On ne dit pas certaines choses. **Il y a** certaines choses **qu'**on ne dit pas.
	voilà ... que (valeur démonstrative)	Je veux acheter ce disque. **Voilà** le disque **que** je veux acheter.
	quant à ... + répétition (nuance d'opposition)	Elle parle beaucoup ; on n'entend jamais sa soeur. Elle parle beaucoup ; **quant à** sa soeur, on ne l'entend jamais.
de l'objet indirect	répétition (emploi d'un pronom objet indirect)	On obéit toujours au directeur. On **lui** obéit toujours, au directeur.
	c'est ... que	Je lui ai adressé deux lettres. **C'est** à lui **que** j'ai adressé deux lettres.
	quant à ... + répétition (nuance d'opposition)	On leur réserve une surprise. **Quant à eux**, on leur réserve une surprise.
du complément circonstanciel	répétition (emploi d'un pronom)	On va en France l'été prochain. On **y** va, en France, l'été prochain.
	c'est ... que	J'ai fait cela pour toi. **C'est** pour toi **que** j'ai fait cela.
	antéposition	On ne risque rien avec lui. **Avec lui**, on ne risque rien.
	il y a ... que	Jacques est ici depuis une semaine. **Il y a** une semaine **que** Jacques est ici.
	voilà ... que	Ils sont en France depuis déjà deux mois. **Voilà** déjà deux mois **qu'**ils sont en France.

MISE EN MARCHE

EXERCICE 1
oral ou écrit

En ce qui me concerne
Indiquez ce qui est vrai pour vous.

MODÈLE   aimer / voyager
J'aime voyager.
Je n'aime pas voyager.

1. souhaiter / se marier tout de suite
2. arriver / comprendre tout ce qu'on me dit en français
3. savoir / conjuguer tous les verbes irréguliers
4. hésiter / faire des sauts en parachute
5. travailler / obtenir de bonnes notes
6. oser / poser des questions en classe
7. essayer / plaire à tout le monde
8. vouloir / devenir quelqu'un d'important
9. s'appliquer / maîtriser la grammaire française
10. songer / partir en Europe
11. avoir envie / prendre des vacances
12. refuser / faire tous ces exercices

EXERCICE 2
oral ou écrit

C'est bien ou c'est dommage ?
Faites une seule phrase selon le modèle et indiquez si c'est bien ou si c'est dommage.

MODÈLE   Tu travailles. Tu obtiens de bons résultats. (pour)
Tu travailles pour obtenir de bons résultats; c'est bien.

1. Il fait les exercices. Il ne réfléchit pas. (sans)
2. Ils sortent le soir. Ils n'étudient pas. (au lieu de)
3. Elle fait des économies. Elle s'achète une voiture. (afin de)
4. Vous rédigez vos compositions. Vous n'écrivez pas de brouillon. (sans)
5. Tu réfléchis beaucoup. Tu prends une décision. (avant de)
6. Paul se donne du mal. Il fait plaisir à ses parents. (pour)
7. Il blâme les autres. Il n'examine pas sa propre conduite. (au lieu de)
8. Je m'inscris à ce cours. Je perfectionne mon français. (afin de)

EXERCICE 3
oral ou écrit

Et après !
Complétez l'exercice selon le modèle.

MODÈLE   Il a mangé et il est sorti.
Après avoir mangé, il est sorti.

1. Je consulterai mes parents et je prendrai ma décision.
2. Elle fait sa toilette et elle s'habille.
3. Ils se sont excusés et ils sont partis.
4. Nous avons regardé les nouvelles et nous nous sommes couchés.
5. Il s'est disputé avec eux et il ne les a pas revus.
6. Vous préparerez le compte rendu et vous le lui soumettrez.
7. Elles sont allées au cinéma et elles sont rentrées.
8. Vous avez consulté un dictionnaire et vous avez choisi l'expression appropriée.

EXERCICE 4
oral ou écrit

Le gérondif

Faites une seule phrase selon le modèle.

MODÈLE   Il est devenu riche. Il a fait des économies.
**   *Il est devenu riche en faisant des économies.***

1. Tu obtiendras de bonnes notes. Tu étudieras.
2. Je ne grossis pas. Je fais attention à ce que je mange.
3. Elle se soigne. Elle prend des vitamines.
4. Jacques améliorera son français. Il suivra un cours d'immersion au Québec.
5. On se renseigne. On pose des questions.
6. Vous pourrez prendre rendez-vous. Vous lui téléphonerez.
7. Ils font attention à leur santé. Ils ne fument pas.
8. Il a trouvé l'adresse. Il a consulté un plan de ville.

EXERCICE 5
oral ou écrit

En effet

Complétez l'exercice suivant selon le modèle.

MODÈLE   Cette histoire l'a beaucoup troublé(e).
**   *En effet, c'est une histoire troublante.***

1. Ce travail l'a beaucoup fatigué(e).
2. Cette nouvelle l'a beaucoup étonné(e).
3. Ce film l'a beaucoup passionné(e).
4. Cette personne l'a beaucoup charmé(e).
5. Cet ouvrage l'a beaucoup intéressé(e).
6. Cette histoire l'a beaucoup intrigué(e).
7. Ce pays l'a beaucoup fasciné(e).
8. Cette remarque l'a beaucoup irrité(e).
9. Ce monsieur l'a beaucoup amusé(e).
10. Ce développement l'a beaucoup inquiété(e).

EXERCICE 6
oral ou écrit

Discours indirect

Mettez la phrase au discours indirect.

1. Je lui ai dit : « Sois prudent ! »
2. Il nous a demandé : « Est-ce que vous allez partir demain ? »
3. Elle m'a dit : « Je n'ai pas eu le temps de le faire. »

4. Nous lui avons répondu : « Nous n'aurons pas l'occasion d'y passer avant la semaine prochaine. »
5. Je lui dis toujours : « Ne t'en fais pas. »
6. Je demande chaque fois: « Qui est-ce qui est chargé de cela ? »
7. Ils ont déclaré : « Nous n'y pouvons rien puisque nous n'y étions pas. »
8. Il a dit: « Il faut que cela change. »

EXERCICE 7
oral ou écrit

Discours direct
Mettez la phrase au discours direct.

1. Je lui ai dit qu'elle n'était pas à plaindre.
2. Il nous a dit sèchement de nous débrouiller tout seuls.
3. Elle demande si c'est vrai.
4. Ils nous ont demandé ce qui s'était passé.
5. Nous avons demandé pourquoi la porte était ouverte.
6. Elle m'a dit que je ne pourrais pas la rejoindre.
7. Je lui répète constamment de ne pas compter sur lui.
8. Il m'a dit que le mois suivant il ne serait pas disponible.

MISE EN ŒUVRE

EXERCICE 8
oral avec
partenaire

Routine quotidienne   *réponses modèles, p. 323*

Vous parlez de la journée typique d'un(e) étudiant(e). Faites
l'exercice selon le modèle. L'étudiant(e) A présente la série A à
l'étudiant(e) B et vice versa.

MODÈLE   écouter la radio / étudier
          J'écoute la radio en étudiant.

série A
1. chanter / prendre ma douche
2. lire le journal / déjeuner
3. réviser mes notes / se rendre à l'université
4. rencontrer des copains / aller aux cours
5. prendre des notes / écouter mes professeurs
6. me reposer / prendre quelques minutes à midi
7. profiter de l'après-midi / étudier à la bibliothèque
8. passer à la banque / rentrer

série B
1. écouter la radio / s'habiller
2. parler à mes parents / prendre mon petit déjeuner
3. planifier ma journée / aller à l'université
4. consulter mes notes / attendre le professeur
5. téléphoner à un(e) ami(e) / sortir du cours
6. déjeuner / se rendre d'un cours à un autre
7. réviser mon français / travailler avec des camarades
8. faire des achats / retourner à la maison

EXERCICE 9
oral ou écrit

Préposition ou pas

Remplacez le verbe en italique par les verbes indiqués en mettant,
s'il y a lieu, la préposition qui convient.

1. Il *désire* y aller.
   a) voudrait   f) se garde
   b) est décidé   g) s'agit
   c) espère   h) tient
   d) me conseille   i) pensait
   e) se hâte   j) s'intéresse

2. Elle *devait* m'en parler.
   a) s'est félicitée   f) déteste
   b) lui a interdit   g) souhaiterait
   c) menaçait   h) ne risquera pas
   d) évite   i) a choisi
   e) a failli   j) l'a encouragé(e)

3. On le *blâme* d'être comme ça.
   a) l'encourageait   f) le pousse
   b) lui interdit   g) lui conseille
   c) le soupçonne   h) l'a persuadé
   d) lui reprochera   i) l'incite
   e) lui pardonne   j) s'accoutume

4. Je *vais* le faire.
   a) entends   f) aurais pu
   b) m'efforcerai   g) le laisse
   c) ai décidé   h) ne compte pas
   d) hésiterais   i) apprendrai
   e) ose   j) me force

EXERCICE 10
écrit

Les emplois

1. En utilisant le participe présent, parlez de cinq choses que vous faites d'habitude tout en faisant autre chose.
   MODÈLE   ***Je chante en prenant ma douche.***

2. En utilisant l'infinitif, composez le mode d'emploi de deux appareils que vous utilisez tous les jours. (Donnez au moins trois indications par appareil.)

3. Composez un dialogue d'environ dix lignes que vous transposerez ensuite au discours indirect.

EXERCICE 11
écrit

La mise en relief

Complétez l'exercice en mettant en relief les éléments en italique.

1. En effet, ils ont mangé *dans ce restaurant*.
2. Ça fait longtemps que Paul n'a pas écrit *à Robert*.
3. *Des gens* attendent à la porte.
4. On ferait n'importe quoi *pour elle*.
5. *Jacques* n'aurait jamais fait cela.
6. Ils sont ici *depuis déjà deux semaines*.
7. Mais oui, Miriam a accepté *le poste*.
8. Jean-Paul aime beaucoup le jazz ; *sa femme* préfère la musique classique.

EXERCICE 12
écrit

Traduction

1. After telling me that, he asked me to help him out.
2. You can get the same results by using a different method.
3. His leaving at this time is most inconvenient.
4. Thank you for agreeing to do this.
5. I always watch him playing hockey.
6. To know him is to love him.
7. It's your boss calling.
8. I want you to do it.

EXERCICE 13
écrit

Composition

1. Écrivez la recette de votre plat favori ou le mode d'emploi d'un appareil dont vous êtes l'inventeur.

   longueur : entre 100 et 125 mots

2. Écrivez sous forme de récit une scène de film. Décrivez le décor et les personnages ainsi que le développement de l'action. Incorporez à votre scène des séquences de dialogue en suivant, dans la mesure du possible, les conseils présentés dans la section *Expression écrite*.

   longueur : entre 250 et 275 mots

Réponses modèles

Exercice 8

série A
1. Je chante en prenant ma douche.
2. Je lis le journal en déjeunant.
3. Je révise mes notes en me rendant à l'université.
4. Je rencontre des copains en allant aux cours.
5. Je prends des notes en écoutant mes professeurs.
6. Je me repose en prenant quelques minutes à midi.
7. Je profite de l'après-midi en étudiant à la bibliothèque.
8. Je passe à la banque en rentrant.

série B
1. J'écoute la radio en m'habillant.
2. Je parle à mes parents en prenant mon petit déjeuner.
3. Je planifie ma journée en allant à l'université.
4. Je consulte mes notes en attendant le professeur.
5. Je téléphone à un(e) ami(e) en sortant du cours.
6. Je déjeune en me rendant d'un cours à un autre.
7. Je révise mon français en travaillant avec des camarades.
8. Je fais des achats en retournant à la maison.

RÉPONSES

Chapitre 1

A, p.5
1. elles cherchent
2. nous choisissons
3. elle vend
4. vous vous reposez
5. j'ouvre
6. tu réussis
7. nous nous rendons
8. on s'excuse
9. ils réfléchissent
10. j'arrive

B, p.5
1. rougir
2. confondre
3. se peigner
4. hésiter
5. s'évanouir

A, p.6
1. tu
2. nous
3. il/elle
4. vous
5. ils/elles

B, p.6
1. oui
2. oui
3. non
4. non
5. oui
6. non

p.8
1. nous nageons/je nage
2. tu effaces/nous effaçons
3. il répète/vous répétez
4. tu t'ennuies/elles s'ennuient
5. elle se pèse/nous nous pesons
6. je nettoie/vous nettoyez
7. elles paient/on paie
8. j'épelle/vous épelez
9. tu feuillettes/nous feuilletons
10. nous plongeons/tu plonges

p.9
1. elles permettent
2. vous refaites
3. elle paraît
4. nous sommes
5. ils ont
6. je mets
7. vous vous méprenez
8. vous dites
9. elles vont
10. tu sers
11. ils surprennent
12. nous sortons

p.10
1. je relis
2. nous accourons
3. vous vous plaignez
4. ils construisent
5. je suis
6. elle écrit
7. vous croyez
8. tu vois
9. il détruit
10. nous lisons
11. vous vivez
12. elles conduisent

p.11
1. ils deviennent
2. je peux
3. nous sourions
4. il pleut
5. vous déplaisez
6. il faut
7. elles savent
8. on boit
9. tu aperçois
10. vous devez
11. ils veulent
12. je retiens

p.12
1. e   2. d   3. c   4. a   5. b   6. a

p.13
1. Je vais me préparer.
2. Ça fait trois mois qu'elle travaille ici.
3. Elle le sait depuis longtemps.
4. Si tu insistes un peu, il le fera.
5. Il est en train de se raser.
6. Il y a longtemps que nous y pensons.
7. Ils viennent de rentrer.
8. Va au cinéma si tu en as envie.

A, p.16
1. réponds, répondons, répondez
2. choisis, choisissons, choisissez
3. dis, disons, dites
4. sois, soyons, soyez
5. paie, payons, payez
6. sache, sachons, sachez

B, p.16   1. vouloir   4. être
                      2. se lever   5. avoir
                      3. avoir

p.17   1. d   2. a   3. e   4. b   5. c

Chapitre 2

A, p.30   1. une   3. un   5. une   7. un
                      2. un   4. une   6. une   8. un

B, p.30   1. féminin   2. féminin   3. féminin   4. masculin

p.32   1. a   3. c   5. b   7. a   9. b
                    2. b   4. b   6. c   8. b   10. a

p.33   1. un vendeur   3. une musicienne 5. une travailleuse 7. un compagnon
                    2. une cuisinière   4. un directeur   6. une comtesse   8. une institutrice

A, p.35   1. cous   3. neveux   5. rideaux   7. carnavals
                      2. yeux   4. chevaux   6. détails   8. genoux

B, p.35   1. des snack-bars   4. des pique-niques
                      2. des chefs-d'oeuvre   5. des hors d'oeuvre
                      3. des gratte-ciel   6. des haut-parleurs

p.37   1. Il prend le métro pour aller au bureau.
                    2. Elle n'est allée ni à l'épicerie ni chez le cordonnier.
                    3. Vous pouvez utiliser la main droite ou la main gauche.
                    4. Le naufrage du Titanic a eu lieu dans la nuit du 14 avril 1912.
                    5. Il n'a pas répondu à la question du professeur.
                    6. Je préfère le printemps et l'été parce que je n'aime pas le froid.

p.39   1. Elle a reçu de très beaux cadeaux.
                    2. C'est un excellent avocat.
                    3. Ce n'est pas une bonne chose.
                    4. Il n'y avait pas de jeunes à ce concert.
                    5. Elle a des amies très sympathiques.
                    6. Ils ont acheté une nouvelle voiture.
                    7. Vous n'avez pas fait une seule faute.
                    8. Est-ce que vous avez d'autres suggestions?

p.40   1. du   4. de l'   7. de l'   10. de l'
                    2. du   5. de l'   8. du   11. du
                    3. de la   6. de la   9. de la   12. du

p.41   1. Nous faisons la grasse matinée tous les dimanches.
                    2. L'argent ne fait pas le bonheur.
                    3. Le tango est une danse très érotique
                    4. L'exception confirme la règle.
                    5. Ils ont fêté leur anniversaire de mariage le deux août.
                    6. Elles sont arrivées le jeudi et repartent le lundi.

p.42 1. L'Espagne est le pays du flamenco.
2. Le président du club a oublié qu'il y avait une réunion.
3. Levez la main si vous voulez parler.
4. Ils n'ont jamais étudié l'allemand
5. C'est l'homme le plus riche du monde.
6. Elle tape 70 mots à la minute.

A, p.43 1. Un Canadien devrait aimer l'hiver.
2. Il se prend pour un Don Juan.
3. Paul a mangé une pomme à midi.
4. Il n'a qu'un seul espoir: hériter de sa tante.
5. Il fait un temps magnifique.
6. Une femme peut faire cela tout aussi bien qu'un homme, sinon mieux.

B, p.43 1. Ça fait longtemps que nous n'avons pas mangé de poulet.
2. Il ne boit que de la bière hollandaise.
3. Avez-vous de la monnaie?
4. N'oublie pas d'acheter du lait.
5. Elle a le charme caractéristique des Andalouses.
6. Tu en as du culot!

p.45 1. Le cours le plus difficile cette année, c'est bien notre cours de français.
2. Il s'est fait mal à la jambe et au pied.
3. Son père est ingénieur. On dit que c'est le meilleur ingénieur de la compagnie où il travaille.
4. Le tribunal international de justice se trouve à la Haye en Hollande.
5. Il a faim et a envie de la plaque de chocolat que tu as achetée mardi.

p.46 1. Il faut vous acheter une nouvelle paire de chaussures.
2. Quelle journée!
3. J'ai une recette formidable pour le boeuf bourguignon.
4. Vous détenez une maîtrise d'une université reconnue.
5. Un demi-million de personnes seront vaccinées.

Chapitre 3

p.63 1. Il s'est levé à sept heures.
2. Il a dit bonjour à son chat.
3. Il a cherché sa deuxième chaussette.
4. Il a réveillé son canari.
5. Il a réchauffé un morceau de pizza.
6. Il a préparé un café en vitesse.
7. Il a déjeuné sans enthousiasme.
8. Il a quitté sa résidence.
9. Il a sorti son vélo du garage.
10. Il est quand même arrivé à partir.

A, p.65 1. étudié
2. défait
3. né
4. voulu
5. offert
6. écrit
7. parcouru
8. réussi
9. été
10. plu

B, p.65 1. rire
2. apprendre
3. peindre
4. valoir
5. ouvrir
6. dire
7. savoir
8. s'asseoir
9. avoir
10. parvenir

p.67   1. Voici la facture que tu as payée.
        2. Ils se sont réveillés plus tôt que d'habitude.
        3. Des escargots? Elle en a mangé en France.
        4. Je n'aime pas les pantalons qu'il s'est achetés.
        5. Elle s'est brossé les cheveux ce matin.
        6. Quelle station de radio est-ce que vous avez écoutée?
        7. Ils se sont parlé plusieurs fois pendant la journée.
        8. Elle a pris l'autobus pour se rendre à l'université.

p.69   1. b   2. a   3. d   4. b   5. c

p.70   1. Elle ne nous a rien dit.
        2. Ils lui ont demandé de le faire.
        3. Combien a-t-il payé?/Combien est-ce qu'il a payé?
        4. On n'a rencontré personne.
        5. Pourquoi a-t-elle fait cela?/Pourquoi est-ce qu'elle a fait cela?
        6. Jacqueline n'a pas bien dormi cette nuit.

p.73   1. constater   5. mourir
        2. choisir   6. tenir
        3. prendre   7. descendre
        4. partir   8. faire

Chapitre 4

p.87   1. amoureuse   4. rouge   7. anglaise   10. folle
        2. taquine   5. négative   8. extérieure   11. vengeresse
        3. régulière   6. maligne   9. gentille   12. franche

p.88   1. justes   3. beaux   5. navals   7. clos
        2. fous   4. spéciaux   6. bleus   8. marron

p.89   1. Jacqueline a l'air fatigué(e).
        2. Elle s'est acheté des souliers bleu foncé.
        3. Les difficultés de la grammaire française, c'est parfois surprenant.
        4. Faisons quelque chose de différent dimanche.
        5. Cette calculatrice est très bon marché!
        6. Il n'y a rien d'étonnant à ce qu'il dit.

p.91   1. Il s'est acheté une nouvelle voiture.
        2. Les Dupont ont un chien obéissant.
        3. Malheureusement, c'est un enfant bon à rien.
        4. On parle encore de la divine Sarah Bernhardt.
        5. Nous sommes allées voir une pièce québécoise.
        6. On nous a invités à un banquet magnifique/magnifique banquet.

p.92   1. Ce jeune homme, c'est la paresse même.
        2. Je vous téléphonerai la semaine prochaine.
        3. Cet ancien monastère sert aujourd'hui de musée.
        4. Cette brave femme a tout de suite plongé dans la mer pour sauver
           ce pauvre garçon.
        5. C'est le dernier week-end du mois.
        6. Le cinéma, c'est ma seule distraction.

A, p.95	1. vaguement		6. positivement
	2. prudemment		7. précisément
	3. anxieusement		8. doucement
	4. mollement		9. confusément
	5. élégamment		10. absolument

B, p.95	1. vrai	3. décent	5. fou
	2. subtil	4. constant	6. meilleur

p.96	1. c	4. c	7. b	10. h
	2. g	5. a	8. f	11. e
	3. b	6. c	9. d	12. b

p.97

1. A-t-il vraiment travaillé tout le week-end?
2. On ne peut pas toujours faire cela impunément.
3. Je suis arrivé là-bas plus tard que d'habitude.
4. On ne trouve pas mieux ailleurs.
5. C'est peut-être l'occasion que vous cherchiez.
6. Nous restons à la maison aujourd'hui./ Aujourd'hui nous restons à la maison.
7. C'est précisément cela qu'elle a dit.

p.101

1. Paul est plus sportif que Jacques.
2. Elle dort autant que lui.
3. Vous avez moins d'argent que nous.
4. La mienne est meilleure que la tienne.
5. Moi, je fais autant d'exercice que mon frère.
6. Toi, tu es moins fatigué(e) que moi.
7. Nous étudions aussi sérieusement que vous.
8. Les autres n'ont pas autant de chance que moi.
9. Les voisins tondent le gazon aussi souvent que nous.
10. Son père boit moins que lui.

p.103

1. Pour cette recette on a besoin de sucre extra-fin.
2. Je ne dors pas aussi bien qu'auparavant.
3. Cette laine est de qualité inférieure.
4. Il a mangé deux morceaux de gâteau de plus que son frère.
5. C'est le moindre de ses soucis.
6. C'est le meilleur employé du service.
7. Elle est extrêmement susceptible.
8. Les résultats sont moins bons que nous (ne le) pensions.
9. C'est lui qui est le plus arrogant.

Chapitre 5

A, p.118	1. nous simplifiions		6. ils mettaient
	2. ils plaçaient		7. vous pouviez
	3. je comprenais		8. nous voyions
	4. tu avais		9. je recevais
	5. elle connaissait		10. on servait

B, p.118	1. c'est		6. vous vous ennuyez
	2. nous nageons		7. tu vis
	3. elle fait		8. nous nous relisons
	4. ils vont		9. elles tiennent
	5. j'espère		10. il faut

p.119 1. d   2. a   3. b   4. e   5. b

p.121 1. Quand Pierre et Sylvie sont arrivés à la gare, leurs amis les attendaient.
2. Elle rentrait chez elle quand l'accident a eu lieu.
3. Jacques s'est tu quand il a vu que les autres ne comprenaient pas du tout ce qu'il disait.
4. Quand nous étions jeunes, nous habitions un appartement.
5. On n'est allé que deux fois manger dans ce restaurant.
6. J'ai passé deux mois au Québec cet été.
7. Elle avait l'habitude de faire son jogging tôt le matin.
8. Il ne faisait pas attention et il est tombé.

p.122 1. Il a fumé la pipe jusqu'à l'âge de trente ans.
2. Quand il était jeune, il fumait la pipe.
3. Elle a éternué plusieurs fois durant le discours du recteur.
4. Ils venaient souvent nous voir à cette époque-là.
5. Sarah Bernhardt était une célèbre comédienne.
6. La semaine dernière, nous sommes allés à la montagne. Il neigeait quand nous sommes arrivés.

p.123 1. elle était sortie   5. vous aviez cru
2. ils avaient pu   6. on avait fait
3. nous avions dormi   7. ils étaient descendus
4. elle était retournée   8. j'avais lu

p.125 1. a   2. e   3. c   4. d   5. b

p.127 1. passé simple: temps de la narration; action complétée
2. imparfait: l'habitude dans le passé
3. imparfait: description du coffret
4. plus-que-parfait: explication qui représente un fait antérieur
5. passé simple: action complétée
6. passé simple: action complétée
7. passé simple: action complétée
8. passé simple: action complétée
9. passé simple: action complétée
10. plus-que-parfait: une action qui précède une autre
11. imparfait: description de ce que pense Mathilde
12. passé simple: action complétée
13. passé composé: une action qui est terminée à un moment indiqué, mais qui est reliée au présent (Mathilde parle)
14. plus-que-parfait: une action qui précède une autre

Chapitre 6

p.141 1. f   4. b   7. d
2. c   5. c   8. a
3. e   6. f   9. b

p.142 1. Quand y êtes-vous allé?
2. «Hélas, dit-il, je n'ai pas pu le convaincre.»
3. Eux, ils sont toujours en voyage!
4. Sans doute, s'est-il trompé!
5. Nous n'avions pas du tout cette impression.
6. Peut-être que vous auriez accepté son offre.

p.144 1. Elles se sont excusées.
2. Comment te sens-tu, Paul?
3. Attention, Jacques, ne te coupe pas !
4. Je me demandais pourquoi.

p.146 1. Nous ne l'avons pas encore reçue.
2. Corrigez-les.
3. Parlons-lui.
4. On les regardait passer.
5. Il l'a fait répéter aux comédiens.
6. Jacqueline va leur rendre visite.
7. Lui avez-vous remis votre dissertation?
8. Elle l'embrassa une dernière fois.
9. Regarde, les voilà!
10. Est-ce que tu as aimé la conduire?

p.149 1. Oui, elle y est allée cette année.
2. Oui, nous en avons déjà mangé.
3. Non, je n'en suis pas capable.
4. Non, elle n'y était pas habituée.
5. Oui, ils y ont pensé.
6. Oui, il en vient.
7. Non, il ne va pas en avoir assez.
8. Oui, il en est le propriétaire.

p.152 1. Ils sont allés dîner chez eux.
2. Chantal rêve à lui.
3. La directrice est fière de lui.
4. Le directeur en est fier.
5. Eux et moi sortons ce soir.
6. Ni lui ni elle n'y ont pensé.
7. Lui seul a le droit de nous juger.
8. C'est lui qui a proposé ce projet de loi.

p.153 1. Il la lui a posée.
2. Raconte-la-lui.
3. Emmène-les-y.
4. Ne me le donne pas.
5. Elle t'en a apporté? Comme c'est gentil!
6. Récite-le-moi.
7. Vas-tu l'y chercher?
8. Quand les lui a-t-il montrées?

Chapitre 7

p.168 1. nous recevrons
2. ils voudront
3. j'enverrai
4. vous vous divertirez
5. elle réparera
6. tu sauras
7. elles apprendront
8. il pleuvra
9. nous courrons
10. vous ferez
11. tu t'assiéras
12. j'irai

A, p.170 1. b, a 2. d 3. e 4. a 5. c

B, p.170 1. M'appelleras-tu dimanche?
2. Aura-t-il assez d'argent?/Jean, aura-t-il assez d'argent?
3. Feront-ils le nécessaire?
4. Serez-vous des nôtres?
5. Moi, je ne m'y opposerai pas si c'est ce que tu veux.
6. Il faudra tout de suite faire des réservations lorsque Marie-Josée se décidera.

p.171 1. Ils seront arrivés.
2. Jeannette se sera excusée.
3. L'aurez-vous vendue?
4. Elle les aura invité(e)s.
5. Je ne l'aurai pas fait.
6. Te seras-tu présenté(e)?

p.173   1. Quand il sera parti, on parlera.
       2. Tant qu'ils n'auront pas fait leur travail comme il faut, ils n'auront pas d'augmentation.
       3. Prévenez-le lorsqu'il aura fini.
       4. Dès qu'ils l'auront vu, ils riront.
       5. Il se sentira mieux aussitôt qu'il lui aura parlé.
       6. Quand on aura gagné tout cet argent, on fera un beau voyage.

p.175   1. tu ouvrirais   5. elle aurait   9. je réussirais
       2. nous permettrions   6. il faudrait   10. ils se parleraient
       3. je serais   7. vous acquerriez   11. vous devriez
       4. ils se détendraient   8. tu croirais   12. nous tiendrions

p.176   1. d   2. c   3. b   4. e   5. a   6. e

p.177   1. Paul et Jacques auraient consenti.   4. Ne se serait-elle pas étonnée de cela?
       2. Nous n'aurions pas perdu.   5. Je ne m'y serais jamais habitué(e).
       3. L'aurais-tu soupçonnée?   6. Le leur auriez-vous dit?

p.178   1. a   2. d   3. b   4. c

Chapitre 8

p.193   1. cette histoire   7. cette pièce-ci et celle-là
       2. cet écrivain   8. cet auteur-ci et celui-là
       3. ces contes   9. ces romans-ci et ceux-là
       4. cet article   10. ce compte rendu-ci et celui-là
       5. ces éditoriaux   11. ce poème-ci et celui-là
       6. ce reportage   12. ces histoires-ci et celles-là

p.195   1. Je suis d'accord avec ceci mais pas avec cela.
       2. De ces deux robes, c'est celle que je préfère.
       3. À cette époque-là, la télévision n'existait pas encore.
       4. Il faut absolument acheter un nouveau réfrigérateur; celui-ci tombe toujours en panne.
       5. Je n'ai pas fait cet exercice.
       6. Tu es en retard, mais cela n'a pas d'importance.
       7. Je joins à mon rapport ce que vous avez préparé.
       8. Ô, ce merveilleux coucher de soleil!
       9. Utilisez cette recette-ci pour la sauce béarnaise et celle-là pour la sauce hollandaise.
     10. Ceci pourrait t'intéresser: il y a deux films français qui passent en ce moment.

p.197   1. Il est tard, rentrons!
       2. C'est lui qui me l'a dit.
       3. Il est difficile de se rappeler toutes les exceptions.
       4. C'est un catholique pratiquant.
       5. Il est trois heures du matin.
       6. Il est kinésithérapeute.
       7. Ce que vous avez dit, c'est vrai.
       8. Le directeur, il est sur le point de sortir.
       9. C'est un petit peu plus loin.
     10. C'est vendredi.

p.198
1. Véronique a déjà oublié son ancien fiancé.
2. Quelle est votre adresse, Madame?
3. Nos voisins ont refusé de nous prêter leur tondeuse à gazon.
4. Est-ce que tu as déjà fait ta toilette?
5. Ils ne se rendent pas compte de leurs problèmes et ils en ont beaucoup!
6. Qu'est-ce que j'ai fait de mes chaussettes!
7. Lui et sa femme, quelle paire!
8. Voyez-vous souvent vos enfants?
9. Jean-Paul a encore oublié où il a mis sa voiture.
10. Occupe-toi de tes oignons!

p.200
1. Notre chien n'est pas méchant mais le leur est vicieux.
2. Ma cousine Nelle vient de rentrer de Paris: la tienne va y rester encore deux semaines.
3. Mon père est agriculteur, le sien aussi.
4. Moi et ma soeur, on est de vrais amis, mais lui ne s'entend pas du tout avec la sienne.
5. Notre appréciation est la même que la leur.
6. Nos goûts sont nettement différents des vôtres.

p.202
1. Donne-moi ton dictionnaire, j'ai oublié le mien.
2. Marc s'est fait mal au pied.
3. Claude en a assez d'emprunter la voiture de son père; il veut sa voiture à lui.
4. Paul et Jacqueline ont vendu leur condominium.
5. Georges déboutonne toujours son col de chemise.
6. C'est elle la propriétaire de cette boutique.
7. Robert s'est lavé les mains.
8. Jean a lavé ses mains couvertes de boue.

p.206
1. aucun sens
2. chaque fois
3. certaines choses
4. d'autres amis
5. chacune de ces compositions
6. pour diverses raisons
7. n'importe quel film
8. la même chose

p.207
1. nulle dépense
2. pas un seul/pas une seule
3. quel que soit le prix
4. plusieurs brouillons
5. personne
6. petit restaurant quelconque
7. quiconque

p.209
1. de telles raisons
2. rien
3. quelqu'un
4. quoi qu'elle
5. toute l'histoire
6. qui que ce soit qui
7. quelqu'un
8. quelques suggestions

Chapitre 9

p.223
1. qu'elle puisse
2. que nous nous préparions
3. qu'on réussisse
4. qu'ils reçoivent
5. que je sois
6. que tu fasses
7. qu'il s'appelle
8. que nous apprenions
9. que vous sachiez
10. que tu essaies
11. que tu te salisses
12. que je veuille
13. que vous couriez
14. qu'elles tiennent
15. qu'on ait
16. que nous soyons
17. que je confonde
18. que nous voyions
19. que tu doives
20. que vous ayez

p.224
1. qu'elle soit morte
2. que nous ayons hésité
3. qu'ils aient péri
4. que tu aies lu
5. qu'elles soient rentrées
6. que vous ayez offert
7. que Vincent ait peint
8. que j'aie couru
9. qu'ils soient tombés
10. que tu aies conduit

p.226
1. Il est nécessaire que je finisse cet exercice.
2. Il convient que vous y soyez.
3. Elle exige que nous fassions la vaisselle.
4. Je comprends pourquoi elle en est tout à fait capable.
5. Nous tenons à ce qu'elles viennent à notre soirée.
6. Il n'est pas permis de fumer.
7. Je ne suis pas d'accord que tu y ailles.
8. Ils espèrent que tu peux/pourras venir.
9. Il est indispensable de savoir quand il faut utiliser le subjonctif.
10. Peu importe qu'ils soient mécontents ou qu'ils se plaignent.

p.230
1. Il se peut qu'elle ne veuille pas en entendre parler.
2. Je m'étonne que Robert n'ait pas aimé ce film.
3. Il est inconcevable que nous ne nous soyons pas vus.
4. Il est rare que vous vous fâchiez.
5. S'attendent-ils à ce qu'on leur rende visite?
6. Il est toujours mieux de s'excuser.
7. On est ravi que John Polanyi, un Canadien, ait gagné le prix Nobel de chimie.
8. N'est-il pas triste que tellement de vieillards soient seuls?
9. Je serais heureux que vous m'accompagniez.
10. Je craignais de ne pas la revoir.
11. Je suis convaincu qu'ils arrivent demain.
12. Il n'est pas prouvé que vous ayez raison.
13. Il est probable que tu puisses le convaincre.
14. Il est douteux qu'elle vende ses bijoux.

p.232
1. Il est parti sans se rendre compte qu'il n'avait pas payé l'addition.
2. Bien qu'elle soit encore très jeune, elle sait déjà ce qu'elle veut faire dans la vie.
3. Je le ferai à condition que vous m'aidiez.
4. Il faut manger pour vivre.
5. Si j'avais le temps et que je sois riche, je voyagerais partout dans le monde.
6. Il ne vient pas au travail aujourd'hui soit qu'il soit malade, soit qu'il prenne un jour de congé.
7. Pourvu qu'ils puissent prendre des vacances, ils sont contents.
8. Je leur ai téléphoné afin de les avertir qu'on ne pourrait pas venir.

p.233
1. Qu'il sorte tout de suite!
2. Il a déclaré qu'il ne participerait pas à cette réunion.
3. Affirmez-vous qu'il sera chez vous ce soir-là?
4. Penses-tu qu'un jour il n'y ait plus de guerres?
5. J'espère que tout se passe/passera bien.
6. Nous ne sommes pas certains que tu aies tort.
7. Nous trouvons que le subjonctif est difficile à apprendre.
8. Advienne que pourra.

p.234   1. Nous cherchons la maison qui est à vendre dans ce quartier.
2. Ce n'est pas le seul étudiant qui puisse réussir.
3. C'est probablement la chose la plus difficile qu'il doive faire.
4. Vancouver est la ville la plus agréable que je connaisse.
5. C'est définitivement le devoir le plus difficile que nous aurons à faire cette année.

p.236   1. Je ne crois pas qu'il soit parti.
2. Elle est très contente que vous soyez venu hier.
3. Gisèle est la seule personne qui ait osé dire une telle chose.
4. C'est le meilleur compliment que tu aies pu lui faire.
5. Je ne dis pas qu'elle s'est trompée.
6. Il est peu probable que nous ayons terminé avant demain.

Chapitre 10

p.251   1. Quelle est votre opinion?
2. J'en ai des jaunes et des bleues; desquelles avez-vous besoin?
3. Lequel de ces deux films veux-tu voir?
4. On a vu plusieurs émissions à ce sujet; laquelle as-tu préférée?
5. Quelle marque de skis désires-tu acheter?
6. Laquelle de ces photos veux-tu garder?
7. Quelle est la raison de son refus?
8. Il y a deux boutiques tout près; à laquelle est-elle allée?

p.253   1. Qu'est-ce que vous avez dit?
2. Pour qui as-tu voté?
3. À quoi est-ce que tu veux jouer?
4. Qu'est-ce qui l'intéresse?
5. Qui veut prendre cette responsabilité?
6. Qui es-tu allé chercher?
7. À qui est-ce qu'il doit téléphoner?
8. Qu'aime-t-elle faire le samedi?

p.260   1. Le monsieur qui arrive, c'est mon père.
2. Vous ne faites pas toujours ce qu'il veut, j'espère.
3. La montre qu'elle s'est achetée ne marche plus.
4. Est-ce que c'est vous qui m'avez téléphoné?
5. Mon petit frère, que j'adore malgré tout, peut être une vraie terreur.
6. Après ce long hiver, ce que j'attends avec impatience, c'est un printemps ensoleillé.
7. Le hockey est un sport qui le passionne.
8. Ce qui m'irrite particulièrement, ce sont les gens qui parlent dans les bibliothèques.

p.262   1. Voilà un effort dont nous pouvons tous être contents.
2. Il y a peu de rêves dont je me rappelle.
3. C'est une toile expressionniste au centre de laquelle il y a un grand cercle rouge.
4. Il y a des choses dont on a parfois honte.
5. Elle a épousé un jeune homme dont les parents sont français.
6. C'est vraiment ce dont il avait envie.
7. Cet hôtel a une piscine au bord de laquelle se bronzent de très beaux spécimens de l'humanité.
8. Ne pas avoir à étudier ces pronoms relatifs, voilà ce à quoi ils rêvent.

p.263   1. Le guide avec qui/lequel nous avons fait la visite du musée parlait français.
     2. Je me demande où on va mettre tout ça.
     3. C'est la maladie contre laquelle il prend ces médicaments.
     4. Je sais exactement par où vous êtes passé.
     5. Ce à quoi il ne s'habitue pas, c'est faire la vaisselle.
     6. C'est un collègue avec qui il se compare toujours.
     7. Les arguments sur lesquels il a basé sa décision ne me paraissaient pas très solides.
     8. La réunion à laquelle nous avons assisté n'a duré qu'une heure.
     9. Elle sait toujours ce à quoi qu'il pense.
   10. Cela s'est passé la semaine où ils sont rentrés.

Chapitre 11

p.277   1. Elle s'est levée à six heures ce matin parce qu'elle devait se rendre à son bureau plus tôt que d'habitude.
     2. Si cela était vraiment arrivé, je m'en serais souvenu.
     3. Dès qu'on a vérifié, on s'est rendu compte qu'on s'était trompé.
     4. À cause de sa blessure, il ne s'est pas lavé les mains ce soir-là.
     5. Il nous salua puis s'en alla.
     6. C'est bizarre comme elles se ressemblent.
     7. Ils sont arrivés en retard parce qu'ils s'étaient perdus.
     8. Il faut que tu t'arrêtes de fumer.

p.279   1. a   3. c   5. c   7. e
     2. d   4. e   6. d   8. a

p.281   1. Sur les routes il y a des gens qui ne savent pas conduire.
     2. Il faut absolument que tu lises ce livre.
     3. Il est évident qu'il ne sait pas du tout de quoi il s'agit.
     4. Quand on est rentré, il faisait nuit.
     5. D'habitude il est bon de dire ce que l'on pense, mais parfois il convient de se taire.
     6. Il y a un couteau sur la table.

p.284   1. Pour ne pas être dominé par les autres, il faut savoir se défendre.
     2. Hier, le postier a été mordu par notre chien.
     3. Si ce mot avait été expliqué, j'aurais pu comprendre la phrase.
     4. Dans le passé, la plupart des femmes étaient obligées de rester à la maison.
     5. Cette maison fut construite au XIXe siècle.
     6. Il viendra quand sa voiture aura été réparée.
     7. Il faut que ce travail soit terminé demain.
     8. Si tu ne peux pas m'accompagner, je serai forcé d'y aller tout seul.

p.286   1. Au Japon, le poisson se mange cru.
     2. On porte les jupes longues cette année.
     3. On a donné tout le surplus de la récolte de blé aux pays où sévit la famine.
     4. Les oeufs se vendent à la douzaine.
     5. On cueille les cerises au mois de juillet.
     6. En Angleterre, on conduit les voitures sur la gauche.
     7. Les voisins ont acheté la voiture de mes parents.
     8. On a envoyé ce paquet trop tard.

Chapitre 12

p.301
1. envoyer/avoir envoyé
2. avoir/avoir eu
3. devoir/avoir dû
4. pouvoir/avoir pu
5. naître/être né(e)
6. être/avoir été
7. aller/être allé(e)
8. falloir/avoir fallu
9. savoir/avoir su
10. faire/avoir fait
11. peindre/avoir peint
12. mettre/avoir mis

p.302
1. Il nous a demandé de ne pas venir.
2. Le professeur nous a priés de ne jamais remettre les compositions sans le brouillon.
3. Elle préfère ne parler à personne.
4. Nous espérons ne pas les rencontrer.
5. Je pense ne pas encore avoir vu ce film.
6. Nous regrettons de ne plus y être retournés.

p.304
1. b
2. c
3. a
4. a
5. d
6. b
7. c
8. c
9. b
10. a
11. a
12. b

p.305
1. J'ai été très heureuse de pouvoir vous accueillir.
2. Ils ne sont pas les seuls à se plaindre.
3. Après l'avoir attendu une heure, elle est partie.
4. Nous ne sommes pas habitués à travailler autant.
5. Il n'est vraiment pas raisonnable de lui demander cela.
6. Je suis triste d'apprendre cette nouvelle.
7. Tout compléter avant lundi, ce ne sera pas facile à faire.
8. C'était une bonne idée de le lui dire.

p.307
1. recevant
2. voyant
3. offrant
4. subissant
5. plaisant
6. nageant
7. faire
8. avoir
9. rire
10. vivre
11. se fatiguer
12. décrire

p.309
1. C'est la pièce de Ionesco que je trouve la plus intéressante.
2. Il y avait relativement peu de participants.
3. Voyant cela, j'ai décidé d'intervenir.
4. Il a payé l'addition en quittant le restaurant.
5. C'est en lisant beaucoup qu'on acquiert un sens du style.
6. J'ai dit bonjour à tout le monde en arrivant.
7. Ces exercices sont nécessaires mais fatigants.
8. Elle est charmante; elle répond toujours en souriant.

p.313
1. Elle a dit qu'elle arriverait le surlendemain.
2. Ils ont dit qu'il faisait très beau durant leur voyage.
3. Le directeur a remarqué que le travail que vous aviez fait cette année-là était excellent.
4. J'ai demandé ce qui se passait ce jour-là.
5. Elle s'est demandé s'ils l'avaient vue.
6. Le professeur avait dit de faire cet exercice avant la semaine suivante.
7. Il leur a demandé combien de frères ils avaient.
8. Nous nous demandions ce qu'ils avaient fait l'avant-veille.

APPENDICES

APPENDICE A LA CONJUGAISON DES VERBES

Les conjugaisons régulières: temps simples et composés

infinitifs et participes
VERBES EN **er**

parler
avoir parlé
parlant
parlé
ayant parlé

indicatif — temps simples

	présent	imparfait	passé simple	futur
je	parle	parlais	parlai	parlerai
tu	parles	parlais	parlas	parleras
il/elle	parle	parlait	parla	parlera
nous	parlons	parlions	parlâmes	parlerons
vous	parlez	parliez	parlâtes	parlerez
ils/elles	parlent	parlaient	parlèrent	parleront

indicatif — temps composés

	passé composé	plus-que-parfait	passé antérieur*	futur antérieur
j'	ai parlé	avais parlé	eus parlé	aurai parlé
tu	as parlé	avais parlé	eus parlé	auras parlé
il/elle	a parlé	avait parlé	eut parlé	aura parlé
nous	avons parlé	avions parlé	eûmes parlé	aurons parlé
vous	avez parlé	aviez parlé	eûtes parlé	aurez parlé
ils/elles	ont parlé	avaient parlé	eurent parlé	auront parlé

conditionnel

	présent	passé
je	parlerais	aurais parlé
tu	parlerais	aurais parlé
il/elle	parlerait	aurait parlé
nous	parlerions	aurions parlé
vous	parleriez	auriez parlé
ils/elles	parleraient	auraient parlé

impératif

présent	passé
parle	aie parlé
parlons	ayons parlé
parlez	ayez parlé

subjonctif

présent	passé
que je parle	que j'aie parlé
que tu parles	que tu aies parlé
qu'il/elle parle	qu'il/elle ait parlé
que nous parlions	que nous ayons parlé
que vous parliez	que vous ayez parlé
qu'ils/elles parlent	qu'ils/elles aient parlé

VERBES EN **ir**

réussir
avoir réussi
réussissant
réussi
ayant réussi

indicatif — temps simples

	présent	imparfait	passé simple	futur
je	réussis	réussissais	réussis	réussirai
tu	réussis	réussissais	réussis	réussiras
il/elle	réussit	réussissait	réussit	réussira
nous	réussissons	réussissions	réussîmes	réussirons
vous	réussissez	réussissiez	réussîtes	réussirez
ils/elles	réussissent	réussissaient	réussirent	réussiront

indicatif — temps composés

	passé composé	plus-que-parfait	passé antérieur*	futur antérieur
j'	ai réussi	avais réussi	eus réussi	aurai réussi
tu	as réussi	avais réussi	eus réussi	auras réussi
il/elle	a réussi	avait réussi	eut réussi	aura réussi
nous	avons réussi	avions réussi	eûmes réussi	aurons réussi
vous	avez réussi	aviez réussi	eûtes réussi	aurez réussi
ils/elles	ont réussi	avaient réussi	eurent réussi	auront réussi

conditionnel

	présent	passé
je	réussirais	aurais réussi
tu	réussirais	aurais réussi
il/elle	réussirait	aurait réussi
nous	réussirions	aurions réussi
vous	réussiriez	auriez réussi
ils/elles	réussiraient	auraient réussi

impératif

présent	passé
réussis	aie réussi
réussissons	ayons réussi
réussissez	ayez réussi

subjonctif

présent	passé
que je réussisse	que j'aie réussi
que tu réussisses	que tu aies réussi
qu'il/elle réussisse	qu'il/elle ait réussi
que nous réussissions	que nous ayons réussi
que vous réussissiez	que vous ayez réussi
qu'ils/elles réussissent	qu'ils/elles aient réussi

* temps littéraire: voir l'Appendice E.

infinitifs et participes

VERBES EN **re**
vendre
avoir vendu
vendant
vendu
ayant vendu

indicatif

	présent	imparfait	passé simple	futur
je	vends	vendais	vendis	vendrai
tu	vends	vendais	vendis	vendras
il/elle	vend	vendait	vendit	vendra
nous	vendons	vendions	vendîmes	vendrons
vous	vendez	vendiez	vendîtes	vendrez
ils/elles	vendent	vendaient	vendirent	vendront

	passé composé	plus-que-parfait	passé antérieur*	futur antérieur
j'	ai vendu	avais vendu	eus vendu	aurai vendu
tu	as vendu	avais vendu	eus vendu	auras vendu
il/elle	a vendu	avait vendu	eut vendu	aura vendu
nous	avons vendu	avions vendu	eûmes vendu	aurons vendu
vous	avez vendu	aviez vendu	eûtes vendu	aurez vendu
ils/elles	ont vendu	avaient vendu	eurent vendu	auront vendu

conditionnel

présent	passé
vendrais	aurais vendu
vendrais	aurais vendu
vendrait	aurait vendu
vendrions	aurions vendu
vendriez	auriez vendu
vendraient	auraient vendu

impératif

présent	passé
vends	aie vendu
vendons	ayons vendu
vendez	ayez vendu

subjonctif

présent	passé
que je vende	que j'aie vendu
que tu vendes	que tu aies vendu
qu'il/elle vende	qu'il/elle ait vendu
que nous vendions	que nous ayons vendu
que vous vendiez	que vous ayez vendu
qu'ils/elles vendent	qu'ils/elles aient vendu

VERBES PRONOMINAUX
se laver
s'être lavé(e)(s)
se lavant
lavé(e)(s)
s'étant lavé(e)(s)

indicatif

	présent	imparfait	passé simple	futur
je me	lave	lavais	lavai	laverai
tu te	laves	lavais	lavas	laveras
il/elle se	lave	lavait	lava	lavera
nous nous	lavons	lavions	lavâmes	laverons
vous vous	lavez	laviez	lavâtes	laverez
ils/elles se	lavent	lavaient	lavèrent	laveront

	passé composé	plus-que-parfait	passé antérieur*	futur antérieur
je me	suis lavé(e)	étais lavé(e)	fus lavé(e)	serai lavé(e)
tu t'	es lavé(e)	étais lavé(e)	fus lavé(e)	seras lavé(e)
il/elle s'	est lavé(e)	était lavé(e)	fut lavé(e)	sera lavé(e)
nous nous	sommes lavé(e)s	étions lavé(e)s	fûmes lavé(e)s	serons lavé(e)s
vous vous	êtes lavé(e)(s)	étiez lavé(e)(s)	fûtes lavé(e)(s)	serez lavé(e)(s)
ils/elles se	sont lavé(e)s	étaient lavé(e)s	furent lavé(e)s	seront lavé(e)s

conditionnel

présent	passé
laverais	serais lavé(e)
laverais	serais lavé(e)
laverait	serait lavé(e)
laverions	serions lavé(e)s
laveriez	seriez lavé(e)(s)
laveraient	seraient lavé(e)s

impératif

présent
lave-toi
lavons-nous
lavez-vous

subjonctif

présent	passé du subjonctif
que je me lave	que je me sois lavé(e)
que tu te laves	que tu te sois lavé(e)
qu'il/elle se lave	qu'il/elle se soit lavé(e)
que nous nous lavions	que nous nous soyons lavé(e)s
que vous vous laviez	que vous vous soyez lavé(e)(s)
qu'ils/elles se lavent	qu'ils/elles se soient lavé(e)s

* temps littéraire: voir l'Appendice E.

La conjugaison des auxiliaires *avoir* et *être*

avoir

infinitifs et participes: avoir, avoir eu, ayant, eu, ayant eu

indicatif

	présent	*imparfait*	*passé simple*	*passé composé*	*plus-que-parfait*	*passé antérieur**	*futur*	*futur antérieur*
j'	ai	avais	eus	ai eu	avais eu	eus eu	aurai	aurai eu
tu	as	avais	eus	as eu	avais eu	eus eu	auras	auras eu
il/elle	a	avait	eut	a eu	avait eu	eut eu	aura	aura eu
nous	avons	avions	eûmes	avons eu	avions eu	eûmes eu	aurons	aurons eu
vous	avez	aviez	eûtes	avez eu	aviez eu	eûtes eu	aurez	aurez eu
ils/elles	ont	avaient	eurent	ont eu	avaient eu	eurent eu	auront	auront eu

conditionnel

	présent	*passé*
j'	aurais	aurais eu
tu	aurais	aurais eu
il/elle	aurait	aurait eu
nous	aurions	aurions eu
vous	auriez	auriez eu
ils/elles	auraient	auraient eu

impératif

présent	*passé*
aie	aie eu
ayons	ayons eu
ayez	ayez eu

subjonctif

	présent	*passé*
j'	aie	aie eu
tu	aies	aies eu
il/elle	ait	ait eu
nous	ayons	ayons eu
vous	ayez	ayez eu
ils/elles	aient	aient eu

être

infinitifs et participes: être, avoir été, étant, été, ayant été

indicatif

	présent	*imparfait*	*passé simple*	*passé composé*	*plus-que-parfait*	*passé antérieur**	*futur*	*futur antérieur*
je	suis	étais	fus	ai été	avais été	eus été	serai	aurai été
tu	es	étais	fus	as été	avais été	eus été	seras	auras été
il/elle	est	était	fut	a été	avait été	eut été	sera	aura été
nous	sommes	étions	fûmes	avons été	avions été	eûmes été	serons	aurons été
vous	êtes	étiez	fûtes	avez été	aviez été	eûtes été	serez	aurez été
ils/elles	sont	étaient	furent	ont été	avaient été	eurent été	seront	auront été

conditionnel

	présent	*passé*
je	serais	aurais été
tu	serais	aurais été
il/elle	serait	aurait été
nous	serions	aurions été
vous	seriez	auriez été
ils/elles	seraient	auraient été

impératif

présent	*passé*
sois	aie été
soyons	ayons été
soyez	ayez été

subjonctif

	présent	*passé*
je	sois	aie été
tu	sois	aies été
il/elle	soit	ait été
nous	soyons	ayons été
vous	soyez	ayez été
ils/elles	soient	aient été

* temps littéraire: voir l'Appendice E.

La conjugaison passive

infinitifs et participes

être aimé(e)(s)
avoir été aimé(e)(s)
ayant été aimé(e)(s)
étant aimé(e)(s)
été aimé(e)(s)

indicatif

	présent	*imparfait*	*passé simple*	*futur*
je	suis aimé(e)	étais aimé(e)	fus aimé(e)	serai aimé(e)
tu	es aimé(e)	étais aimé(e)	fus aimé(e)	seras aimé(e)
il/elle	est aimé/aimée	était aimé/aimée	fut aimé/aimée	sera aimé/aimée
nous	sommes aimé(e)s	étions aimé(e)s	fûmes aimé(e)s	serons aimé(e)s
vous	êtes aimé(e)(s)	étiez aimé(e)(s)	fûtes aimé(e)(s)	serez aimé(e)(s)
ils/elles	sont aimés/aimées	étaient aimés/aimées	furent aimés/aimées	seront aimés/aimées

	passé composé	*plus-que-parfait*	*passé antérieur**	*futur antérieur*
j'	ai été aimé(e)	avais été aimé(e)	eus été aimé(e)	aurai été aimé(e)
tu	as été aimé(e)	avais été aimé(e)	eus été aimé(e)	auras été aimé(e)
il/elle	a été aimé/aimée	avait été aimé/aimée	eut été aimé/aimée	aura été aimé/aimée
nous	avons été aimé(e)s	avions été aimé(e)s	eûmes été aimé(e)s	aurons été aimé(e)s
vous	avez été aimé(e)(s)	aviez été aimé(e)(s)	eûtes été aimé(e)(s)	aurez été aimé(e)(s)
ils/elles	ont été aimés/aimées	avaient été aimés/aimées	eurent été aimés/aimées	auront été aimés/aimées

impératif

présent
sois aimé(e)
soyons aimé(e)s
soyez aimé(e)(s)

passé
aie été aimé(e)
ayons été aimé(e)s
ayez été aimé(e)(s)

conditionnel

	présent	*passé*
je	serais aimé(e)	aurais été aimé(e)
tu	serais aimé(e)	aurais été aimé(e)
il/elle	serait aimé/aimée	aurait été aimé/aimée
nous	serions aimé(e)s	aurions été aimé(e)s
vous	seriez aimé(e)(s)	auriez été aimé(e)(s)
ils/elles	seraient aimés/aimées	auraient été aimés/aimées

subjonctif

	présent	*passé*
que je	sois aimé(e)	j'aie été aimé(e)
que tu	sois aimé(e)	aies été aimé(e)
qu'il/elle	soit aimé/aimée	ait été aimé/aimée
que nous	soyons aimé(e)s	ayons été aimé(e)s
que vous	soyez aimé(e)(s)	ayez été aimé(e)(s)
qu'ils/elles	soient aimés/aimées	aient été aimés/aimées

* temps littéraire: voir l'Appendice E.

Les conjugaisons irrégulières

1. acquérir

infinitifs et participes: **acquérir** / avoir acquis / acquérant / acquis / ayant acquis

		indicatif				futur	conditionnel	impératif	subjonctif
		présent	*imparfait*	*passé simple*	*passé composé*	*futur*	*présent*	*présent*	*présent*
j'		acquiers	acquérais	acquis	ai acquis	acquerrai	acquerrais		acquière
tu		acquiers	acquérais	acquis	as acquis	acquerras	acquerrais	acquiers	acquières
il/elle		acquiert	acquérait	acquit	a acquis	acquerra	acquerrait		acquière
nous		acquérons	acquérions	acquîmes	avons acquis	acquerrons	acquerrions	acquérons	acquérions
vous		acquérez	acquériez	acquîtes	avez acquis	acquerrez	acquerriez	acquérez	acquériez
ils/elles		acquièrent	acquéraient	acquirent	ont acquis	acquerront	acquerraient		acquièrent

2. aller

infinitifs et participes: **aller** / être allé(e)(s) / allant / allé / étant allé(e)(s)

		présent	*imparfait*	*passé simple*	*passé composé*	*futur*	*conditionnel présent*	*impératif présent*	*subjonctif présent*
je		vais	allais	allai	suis allé(e)	irai	irais		aille
tu		vas	allais	allas	es allé(e)	iras	irais	va	ailles
il/elle		va	allait	alla	est allé/allée	ira	irait		aille
nous		allons	allions	allâmes	sommes allé(e)s	irons	irions	allons	allions
vous		allez	alliez	allâtes	êtes allé(e)(s)	irez	iriez	allez	alliez
ils/elles		vont	allaient	allèrent	sont allés/allées	iront	iraient		aillent

3. s'asseoir*

infinitifs et participes: **s'asseoir** / s'être assis(e)(s) / s'asseyant / assis / s'étant assis(e)(s)

		présent	*imparfait*	*passé simple*	*passé composé*	*futur*	*conditionnel présent*	*impératif présent*	*subjonctif présent*
je m'		assieds	asseyais	assis	me suis assis(e)	assiérai	assiérais		asseye
tu t'		assieds	asseyais	assis	t'es assis(e)	assiéras	assiérais	assieds-toi	asseyes
il/elle s'		assied	asseyait	assit	s'est assis/assise	assiéra	assiérait		asseye
nous nous		asseyons	asseyions	assîmes	nous sommes assis(es)	assiérons	assiérions	asseyons-nous	asseyions
vous vous		asseyez	asseyiez	assîtes	vous êtes assis(e)(s)	assiérez	assiériez	asseyez-vous	asseyiez
ils/elles s'		asseyent	asseyaient	assirent	se sont assis/assises	assiéront	assiéraient		asseyent

s'assoyant

		présent	*imparfait*			*futur*	*conditionnel présent*	*impératif présent*	*subjonctif présent*
je m'		assois	assoyais			assoirai	assoirais		assoie
tu t'		assois	assoyais			assoiras	assoirais	assois-toi	assoies
il/elle s'		assoit	assoyait			assoira	assoirait		assoie
nous nous		assoyons	assoyions			assoirons	assoirions	assoyons-nous	assoyions
vous vous		assoyez	assoyiez			assoirez	assoiriez	assoyez-vous	assoyiez
ils/elles s'		assoient	assoyaient			assoiront	assoiraient		assoient

4. avoir

infinitifs et participes: **avoir** / avoir eu / ayant / eu / ayant eu

		présent	*imparfait*	*passé simple*	*passé composé*	*futur*	*conditionnel présent*	*impératif présent*	*subjonctif présent*
j'		ai	avais	eus	ai eu	aurai	aurais		aie
tu		as	avais	eus	as eu	auras	aurais	aie	aies
il/elle		a	avait	eut	a eu	aura	aurait		ait
nous		avons	avions	eûmes	avons eu	aurons	aurions	ayons	ayons
vous		avez	aviez	eûtes	avez eu	aurez	auriez	ayez	ayez
ils/elles		ont	avaient	eurent	ont eu	auront	auraient		aient

infinitifs et participes		indicatif présent	imparfait	passé simple	passé composé	futur	conditionnel présent	impératif présent	subjonctif présent
5. battre	je	bats	battais	battis	ai battu	battrai	battrais		batte
avoir battu	tu	bats	battais	battis	as battu	battras	battrais	bats	battes
battant	il/elle	bat	battait	battit	a battu	battra	battrait		batte
battu	nous	battons	battions	battîmes	avons battu	battrons	battrions	battons	battions
ayant battu	vous	battez	battiez	battîtes	avez battu	battrez	battriez	battez	battiez
	ils/elles	battent	battaient	battirent	ont battu	battront	battraient		battent
6. boire	je	bois	buvais	bus	ai bu	boirai	boirais		boive
avoir bu	tu	bois	buvais	bus	as bu	boiras	boirais	bois	boives
buvant	il/elle	boit	buvait	but	a bu	boira	boirait		boive
bu	nous	buvons	buvions	bûmes	avons bu	boirons	boirions	buvons	buvions
ayant bu	vous	buvez	buviez	bûtes	avez bu	boirez	boiriez	buvez	buviez
	ils/elles	boivent	buvaient	burent	ont bu	boiront	boiraient		boivent
7. conclure	je	conclus	concluais	conclus	ai conclu	conclurai	conclurais		conclue
avoir conclu	tu	conclus	concluais	conclus	as conclu	concluras	conclurais	conclus	conclues
concluant	il/elle	conclut	concluait	conclut	a conclu	conclura	conclurait		conclue
conclu	nous	concluons	concluions	conclûmes	avons conclu	conclurons	conclurions	concluons	concluions
ayant conclu	vous	concluez	concluiez	conclûtes	avez conclu	conclurez	concluriez	concluez	concluiez
	ils/elles	concluent	concluaient	conclurent	ont conclu	concluront	concluraient		concluent
8. conduire	je	conduis	conduisais	conduisis	ai conduit	conduirai	conduirais		conduise
avoir conduit	tu	conduis	conduisais	conduisis	as conduit	conduiras	conduirais	conduis	conduises
conduisant	il/elle	conduit	conduisait	conduisit	a conduit	conduira	conduirait		conduise
conduit	nous	conduisons	conduisions	conduisîmes	avons conduit	conduirons	conduirions	conduisons	conduisions
ayant conduit	vous	conduisez	conduisiez	conduisîtes	avez conduit	conduirez	conduiriez	conduisez	conduisiez
	ils/elles	conduisent	conduisaient	conduisirent	ont conduit	conduiront	conduiraient		conduisent
9. connaître	je	connais	connaissais	connus	ai connu	connaîtrai	connaîtrais		connaisse
avoir connu	tu	connais	connaissais	connus	as connu	connaîtras	connaîtrais	connais	connaisses
connaissant	il/elle	connaît	connaissait	connut	a connu	connaîtra	connaîtrait		connaisse
connu	nous	connaissons	connaissions	connûmes	avons connu	connaîtrons	connaîtrions	connaissons	connaissions
ayant connu	vous	connaissez	connaissiez	connûtes	avez connu	connaîtrez	connaîtriez	connaissez	connaissiez
	ils/elles	connaissent	connaissaient	connurent	ont connu	connaîtront	connaîtraient		connaissent
10. courir	je	cours	courais	courus	ai couru	courrai	courrais		coure
avoir couru	tu	cours	courais	courus	as couru	courras	courrais	cours	coures
courant	il/elle	court	courait	courut	a couru	courra	courrait		coure
couru	nous	courons	courions	courûmes	avons couru	courrons	courrions	courons	courions
ayant couru	vous	courez	couriez	courûtes	avez couru	courrez	courriez	courez	couriez
	ils/elles	courent	couraient	coururent	ont couru	courront	courraient		courent

infinitifs et participes		présent (indicatif)	imparfait	passé simple	passé composé	futur	conditionnel présent	impératif présent	subjonctif présent
11. craindre	je	crains	craignais	craignis	ai craint	craindrai	craindrais		craigne
avoir craint	tu	crains	craignais	craignis	as craint	craindras	craindrais	crains	craignes
craignant	il/elle	craint	craignait	craignit	a craint	craindra	craindrait		craigne
craint	nous	craignons	craignions	craignîmes	avons craint	craindrons	craindrions	craignons	craignions
ayant craint	vous	craignez	craigniez	craignîtes	avez craint	craindrez	craindriez	craignez	craigniez
	ils/elles	craignent	craignaient	craignirent	ont craint	craindront	craindraient		craignent
12. croire	je	crois	croyais	crus	ai cru	croirai	croirais		croie
avoir cru	tu	crois	croyais	crus	as cru	croiras	croirais	crois	croies
croyant	il/elle	croit	croyait	crut	a cru	croira	croirait		croie
cru	nous	croyons	croyions	crûmes	avons cru	croirons	croirions	croyons	croyions
ayant cru	vous	croyez	croyiez	crûtes	avez cru	croirez	croiriez	croyez	croyiez
	ils/elles	croient	croyaient	crurent	ont cru	croiront	croiraient		croient
13. cueillir	je	cueille	cueillais	cueillis	ai cueilli	cueillerai	cueillerais		cueille
avoir cueilli	tu	cueilles	cueillais	cueillis	as cueilli	cueilleras	cueillerais	cueille	cueilles
cueillant	il/elle	cueille	cueillait	cueillit	a cueilli	cueillera	cueillerait		cueille
cueilli	nous	cueillons	cueillions	cueillîmes	avons cueilli	cueillerons	cueillerions	cueillons	cueillions
ayant cueilli	vous	cueillez	cueilliez	cueillîtes	avez cueilli	cueillerez	cueilleriez	cueillez	cueilliez
	ils/elles	cueillent	cueillaient	cueillirent	ont cueilli	cueilleront	cueilleraient		cueillent
14. cuire. Comme *conduire*.									
15. devoir	je	dois	devais	dus	ai dû	devrai	devrais		doive
avoir dû	tu	dois	devais	dus	as dû	devras	devrais	dois	doives
devant	il/elle	doit	devait	dut	a dû	devra	devrait		doive
dû, due, dus, dues	nous	devons	devions	dûmes	avons dû	devrons	devrions	devons	devions
ayant dû	vous	devez	deviez	dûtes	avez dû	devrez	devriez	devez	deviez
	ils/elles	doivent	devaient	durent	ont dû	devront	devraient		doivent
16. dire	je	dis	disais	dis	ai dit	dirai	dirais		dise
avoir dit	tu	dis	disais	dis	as dit	diras	dirais	dis	dises
disant	il/elle	dit	disait	dit	a dit	dira	dirait		dise
dit	nous	disons	disions	dîmes	avons dit	dirons	dirions	disons	disions
ayant dit	vous	dites	disiez	dîtes	avez dit	direz	diriez	dites	disiez
	ils/elles	disent	disaient	dirent	ont dit	diront	diraient	(mais interdisez)	disent
17. dormir	je	dors	dormais	dormis	ai dormi	dormirai	dormirais		dorme
avoir dormi	tu	dors	dormais	dormis	as dormi	dormiras	dormirais	dors	dormes
dormant	il/elle	dort	dormait	dormit	a dormi	dormira	dormirait		dorme
dormi	nous	dormons	dormions	dormîmes	avons dormi	dormirons	dormirions	dormons	dormions
ayant dormi	vous	dormez	dormiez	dormîtes	avez dormi	dormirez	dormiriez	dormez	dormiez
	ils/elles	dorment	dormaient	dormirent	ont dormi	dormiront	dormiraient		dorment

infinitifs et participes		indicatif					conditionnel	impératif	subjonctif
		présent	*imparfait*	*passé simple*	*passé composé*	*futur*	*présent*	*présent*	*présent*
18. écrire	j'	écris	écrivais	écrivis	ai écrit	écrirai	écrirais		écrive
avoir écrit	tu	écris	écrivais	écrivis	as écrit	écriras	écrirais	écris	écrives
écrivant	il/elle	écrit	écrivait	écrivit	a écrit	écrira	écrirait		écrive
écrit	nous	écrivons	écrivions	écrivîmes	avons écrit	écrirons	écririons	écrivons	écrivions
ayant écrit	vous	écrivez	écriviez	écrivîtes	avez écrit	écrirez	écririez	écrivez	écriviez
	ils/elles	écrivent	écrivaient	écrivirent	ont écrit	écriront	écriraient		écrivent
19. envoyer	j'	envoie	envoyais	envoyai	ai envoyé	enverrai	enverrais		envoie
avoir envoyé	tu	envoies	envoyais	envoyas	as envoyé	enverras	enverrais	envoie	envoies
envoyant	il/elle	envoie	envoyait	envoya	a envoyé	enverra	enverrait		envoie
envoyé	nous	envoyons	envoyions	envoyâmes	avons envoyé	enverrons	enverrions	envoyons	envoyions
ayant envoyé	vous	envoyez	envoyiez	envoyâtes	avez envoyé	enverrez	enverriez	envoyez	envoyiez
	ils/elles	envoient	envoyaient	envoyèrent	ont envoyé	enverront	enverraient		envoient
20. être	je	suis	étais	fus	ai été	serai	serais		sois
avoir été	tu	es	étais	fus	as été	seras	serais	sois	sois
étant	il/elle	est	était	fut	a été	sera	serait		soit
été	nous	sommes	étions	fûmes	avons été	serons	serions	soyons	soyons
ayant été	vous	êtes	étiez	fûtes	avez été	serez	seriez	soyez	soyez
	ils/elles	sont	étaient	furent	ont été	seront	seraient		soient
21. faire	je	fais	faisais	fis	ai fait	ferai	ferais		fasse
avoir fait	tu	fais	faisais	fis	as fait	feras	ferais	fais	fasses
faisant	il/elle	fait	faisait	fit	a fait	fera	ferait		fasse
fait	nous	faisons	faisions	fîmes	avons fait	ferons	ferions	faisons	fassions
ayant fait	vous	faites	faisiez	fîtes	avez fait	ferez	feriez	faites	fassiez
	ils/elles	font	faisaient	firent	ont fait	feront	feraient		fassent
22. falloir	—	il faut	il fallait	il fallut	il a fallu	il faudra	il faudrait	——	il faille
——									
——									
fallu									
23. fuir	je	fuis	fuyais	fuis	ai fui	fuirai	fuirais		fuie
avoir fui	tu	fuis	fuyais	fuis	as fui	fuiras	fuirais	fuis	fuies
fuyant	il/elle	fuit	fuyait	fuit	a fui	fuira	fuirait		fuie
fui	nous	fuyons	fuyions	fuîmes	avons fui	fuirons	fuirions	fuyons	fuyions
ayant fui	vous	fuyez	fuyiez	fuîtes	avez fui	fuirez	fuiriez	fuyez	fuyiez
	ils/elles	fuient	fuyaient	fuirent	ont fui	fuiront	fuiraient		fuient

infinitifs et participes

24. haïr
avoir haï · haïssant · haï · ayant haï

	indicatif présent	imparfait	passé simple	passé composé	futur	conditionnel présent	impératif présent	subjonctif présent
je	hais	haïssais	haïs	ai haï	haïrai	haïrais		haïsse
tu	hais	haïssais	haïs	as haï	haïras	haïrais	hais	haïsses
il/elle	hait	haïssait	haït	a haï	haïra	haïrait		haïsse
nous	haïssons	haïssions	haïmes	avons haï	haïrons	haïrions	haïssons	haïssions
vous	haïssez	haïssiez	haïtes	avez haï	haïrez	haïriez	haïssez	haïssiez
ils/elles	haïssent	haïssaient	haïrent	ont haï	haïront	haïraient		haïssent

25. joindre. *Comme craindre.*

26. lire
avoir lu · lisant · lu · ayant lu

	indicatif présent	imparfait	passé simple	passé composé	futur	conditionnel présent	impératif présent	subjonctif présent
je	lis	lisais	lus	ai lu	lirai	lirais		lise
tu	lis	lisais	lus	as lu	liras	lirais	lis	lises
il/elle	lit	lisait	lut	a lu	lira	lirait		lise
nous	lisons	lisions	lûmes	avons lu	lirons	lirions	lisons	lisions
vous	lisez	lisiez	lûtes	avez lu	lirez	liriez	lisez	lisiez
ils/elles	lisent	lisaient	lurent	ont lu	liront	liraient		lisent

27. mentir. *Comme sentir.*

28. mettre
avoir mis · mettant · mis · ayant mis

	indicatif présent	imparfait	passé simple	passé composé	futur	conditionnel présent	impératif présent	subjonctif présent
je	mets	mettais	mis	ai mis	mettrai	mettrais		mette
tu	mets	mettais	mis	as mis	mettras	mettrais	mets	mettes
il/elle	met	mettait	mit	a mis	mettra	mettrait		mette
nous	mettons	mettions	mîmes	avons mis	mettrons	mettrions	mettons	mettions
vous	mettez	mettiez	mîtes	avez mis	mettrez	mettriez	mettez	mettiez
ils/elles	mettent	mettaient	mirent	ont mis	mettront	mettraient		mettent

29. mourir
être mort(e)(s) · mourant · mort(e)(s) · étant mort(e)(s)

	indicatif présent	imparfait	passé simple	passé composé	futur	conditionnel présent	impératif présent	subjonctif présent
je	meurs	mourais	mourus	suis mort(e)	mourrai	mourrais		meure
tu	meurs	mourais	mourus	es mort(e)	mourras	mourrais	meurs	meures
il/elle	meurt	mourait	mourut	est mort/morte	mourra	mourrait		meure
nous	mourons	mourions	mourûmes	sommes mort(e)s	mourrons	mourrions	mourons	mourions
vous	mourez	mouriez	mourûtes	êtes mort(e)s	mourrez	mourriez	mourez	mouriez
ils/elles	meurent	mouraient	moururent	sont morts/mortes	mourront	mourraient		meurent

30. naître
être né(e)(s) · naissant · né(e)(s) · étant né(e)(s)

	indicatif présent	imparfait	passé simple	passé composé	futur	conditionnel présent	impératif présent	subjonctif présent
je	nais	naissais	naquis	suis né(e)	naîtrai	naîtrais		naisse
tu	nais	naissais	naquis	es né(e)	naîtras	naîtrais	nais	naisses
il/elle	naît	naissait	naquit	est né/née	naîtra	naîtrait		naisse
nous	naissons	naissions	naquîmes	sommes né(e)s	naîtrons	naîtrions	naissons	naissions
vous	naissez	naissiez	naquîtes	êtes né(e)s	naîtrez	naîtriez	naissez	naissiez
ils/elles	naissent	naissaient	naquirent	sont nés/nées	naîtront	naîtraient		naissent

infinitifs et participes		présent	imparfait	passé simple	passé composé	futur	conditionnel présent	impératif présent	subjonctif présent
31. ouvrir	j'	ouvre	ouvrais	ouvris	ai ouvert	ouvrirai	ouvrirais		ouvre
avoir ouvert	tu	ouvres	ouvrais	ouvris	as ouvert	ouvriras	ouvrirais	ouvre	ouvres
ouvrant	il/elle	ouvre	ouvrait	ouvrit	a ouvert	ouvrira	ouvrirait		ouvre
ouvert	nous	ouvrons	ouvrions	ouvrîmes	avons ouvert	ouvrirons	ouvririons	ouvrons	ouvrions
ayant ouvert	vous	ouvrez	ouvriez	ouvrîtes	avez ouvert	ouvrirez	ouvririez	ouvrez	ouvriez
	ils/elles	ouvrent	ouvraient	ouvrirent	ont ouvert	ouvriront	ouvriraient		ouvrent
32. partir	je	pars	partais	partis	suis parti(e)	partirai	partirais		parte
être parti(e)(s)	tu	pars	partais	partis	es parti(e)	partiras	partirais	pars	partes
partant	il/elle	part	partait	partit	est parti/partie	partira	partirait		parte
parti(e)(s)	nous	partons	partions	partîmes	sommes parti(e)s	partirons	partirions	partons	partions
étant parti(e)(s)	vous	partez	partiez	partîtes	êtes parti(e)(s)	partirez	partiriez	partez	partiez
	ils/elles	partent	partaient	partirent	sont partis/parties	partiront	partiraient		partent
33. peindre. *Comme craindre.*									
34. plaire	je	plais	plaisais	plus	ai plu	plairai	plairais		plaise
avoir plu	tu	plais	plaisais	plus	as plu	plairas	plairais	plais	plaises
plaisant	il/elle	plaît	plaisait	plut	a plu	plaira	plairait		plaise
plu	nous	plaisons	plaisions	plûmes	avons plu	plairons	plairions	plaisons	plaisions
ayant plu	vous	plaisez	plaisiez	plûtes	avez plu	plairez	plairiez	plaisez	plaisiez
	ils/elles	plaisent	plaisaient	plurent	ont plu	plairont	plairaient		plaisent
35. pleuvoir									
—									
—	il	pleut	il pleuvait	il plut	il a plu	il pleuvra	il pleuvrait	——	il pleuve
plu									
36. pouvoir	je	peux (puis)	pouvais	pus	ai pu	pourrai	pourrais		puisse
avoir pu	tu	peux	pouvais	pus	as pu	pourras	pourrais		puisses
pouvant	il/elle	peut	pouvait	put	a pu	pourra	pourrait		puisse
pu	nous	pouvons	pouvions	pûmes	avons pu	pourrons	pourrions		puissions
ayant pu	vous	pouvez	pouviez	pûtes	avez pu	pourrez	pourriez		puissiez
	ils/elles	peuvent	pouvaient	purent	ont pu	pourront	pourraient		puissent
37. prendre	je	prends	prenais	pris	ai pris	prendrai	prendrais		prenne
avoir pris	tu	prends	prenais	pris	as pris	prendras	prendrais	prends	prennes
prenant	il/elle	prend	prenait	prit	a pris	prendra	prendrait		prenne
pris	nous	prenons	prenions	prîmes	avons pris	prendrons	prendrions	prenons	prenions
ayant pris	vous	prenez	preniez	prîtes	avez pris	prendrez	prendriez	prenez	preniez
	ils/elles	prennent	prenaient	prirent	ont pris	prendront	prendraient		prennent

indicatif

infinitifs et participes		indicatif présent	imparfait	passé simple	passé composé	futur	conditionnel présent	impératif présent	subjonctif présent
38. recevoir avoir reçu recevant reçu ayant reçu	je tu il/elle nous vous ils/elles	reçois reçois reçoit recevons recevez reçoivent	recevais recevais recevait recevions receviez recevaient	reçus reçus reçut reçûmes reçûtes reçurent	ai reçu as reçu a reçu avons reçu avez reçu ont reçu	recevrai recevras recevra recevrons recevrez recevront	recevrais recevrais recevrait recevrions recevriez recevraient	reçois recevons recevez	reçoive reçoives reçoive recevions receviez reçoivent
39. résoudre avoir résolu résolvant résolu ayant résolu	je tu il/elle nous vous ils/elles	résous résous résout résolvons résolvez résolvent	résolvais résolvais résolvait résolvions résolviez résolvaient	résolus résolus résolut résolûmes résolûtes résolurent	ai résolu as résolu a résolu avons résolu avez résolu ont résolu	résoudrai résoudras résoudra résoudrons résoudrez résoudront	résoudrais résoudrais résoudrait résoudrions résoudriez résoudraient	résous résolvons résolvez	résolve résolves résolve résolvions résolviez résolvent
40. rire avoir ri riant ri ayant ri	je tu il/elle nous vous ils/elles	ris ris rit rions riez rient	riais riais riait riions riiez riaient	ris ris rit rîmes rîtes rirent	ai ri as ri a ri avons ri avez ri ont ri	rirai riras rira rirons rirez riront	rirais rirais rirait ririons ririez riraient	ris rions riez	rie ries rie riions riiez rient
41. savoir avoir su sachant su ayant su	je tu il/elle nous vous ils/elles	sais sais sait savons savez savent	savais savais savait savions saviez savaient	sus sus sut sûmes sûtes surent	ai su as su a su avons su avez su ont su	saurai sauras saura saurons saurez sauront	saurais saurais saurait saurions sauriez sauraient	sache sachons sachez	sache saches sache sachions sachiez sachent
42. sentir avoir senti sentant senti ayant senti	je tu il/elle nous vous ils/elles	sens sens sent sentons sentez sentent	sentais sentais sentait sentions sentiez sentaient	sentis sentis sentit sentîmes sentîtes sentirent	ai senti as senti a senti avons senti avez senti ont senti	sentirai sentiras sentira sentirons sentirez sentiront	sentirais sentirais sentirait sentirions sentiriez sentiraient	sens sentons sentez	sente sentes sente sentions sentiez sentent
43. servir avoir servi servant servi ayant servi	je tu il/elle nous vous ils/elles	sers sers sert servons servez servent	servais servais servait servions serviez servaient	servis servis servit servîmes servîtes servirent	ai servi as servi a servi avons servi avez servi ont servi	servirai serviras servira servirons servirez serviront	servirais servirais servirait servirions serviriez serviraient	sers servons servez	serve serves serve servions serviez servent

infinitifs et participes		indicatif présent	imparfait	passé simple	passé composé	futur	conditionnel présent	impératif présent	subjonctif présent
44. suffire	je	suffis	suffisais	suffis	ai suffi	suffirai	suffirais		suffise
avoir suffi	tu	suffis	suffisais	suffis	as suffi	suffiras	suffirais	suffis	suffises
suffisant	il/elle	suffit	suffisait	suffit	a suffi	suffira	suffirait		suffise
suffi	nous	suffisons	suffisions	suffîmes	avons suffi	suffirons	suffirions	suffisons	suffisions
ayant suffi	vous	suffisez	suffisiez	suffîtes	avez suffi	suffirez	suffiriez	suffisez	suffisiez
	ils/elles	suffisent	suffisaient	suffirent	ont suffi	suffiront	suffiraient		suffisent
45. suivre	je	suis	suivais	suivis	ai suivi	suivrai	suivrais		suive
avoir suivi	tu	suis	suivais	suivis	as suivi	suivras	suivrais	suis	suives
suivant	il/elle	suit	suivait	suivit	a suivi	suivra	suivrait		suive
suivi	nous	suivons	suivions	suivîmes	avons suivi	suivrons	suivrions	suivons	suivions
ayant suivi	vous	suivez	suiviez	suivîtes	avez suivi	suivrez	suivriez	suivez	suiviez
	ils/elles	suivent	suivaient	suivirent	ont suivi	suivront	suivraient		suivent
46. tenir	je	tiens	tenais	tins	ai tenu	tiendrai	tiendrais		tienne
avoir tenu	tu	tiens	tenais	tins	as tenu	tiendras	tiendrais	tiens	tiennes
tenant	il/elle	tient	tenait	tint	a tenu	tiendra	tiendrait		tienne
tenu	nous	tenons	tenions	tînmes	avons tenu	tiendrons	tiendrions	tenons	tenions
ayant tenu	vous	tenez	teniez	tîntes	avez tenu	tiendrez	tiendriez	tenez	teniez
	ils/elles	tiennent	tenaient	tinrent	ont tenu	tiendront	tiendraient		tiennent
47. vaincre	je	vaincs	vainquais	vainquis	ai vaincu	vaincrai	vaincrais		vainque
avoir vaincu	tu	vaincs	vainquais	vainquis	as vaincu	vaincras	vaincrais	vaincs	vainques
vainquant	il/elle	vainc	vainquait	vainquit	a vaincu	vaincra	vaincrait		vainque
vaincu	nous	vainquons	vainquions	vainquîmes	avons vaincu	vaincrons	vaincrions	vainquons	vainquions
ayant vaincu	vous	vainquez	vainquiez	vainquîtes	avez vaincu	vaincrez	vaincriez	vainquez	vainquiez
	ils/elles	vainquent	vainquaient	vainquirent	ont vaincu	vaincront	vaincraient		vainquent
48. valoir	je	vaux	valais	valus	ai valu	vaudrai	vaudrais		vaille
avoir valu	tu	vaux	valais	valus	as valu	vaudras	vaudrais	vaux	vailles
valant	il/elle	vaut	valait	valut	a valu	vaudra	vaudrait		vaille
valu	nous	valons	valions	valûmes	avons valu	vaudrons	vaudrions	valons	valions
ayant valu	vous	valez	valiez	valûtes	avez valu	vaudrez	vaudriez	valez	valiez
	ils/elles	valent	valaient	valurent	ont valu	vaudront	vaudraient		vaillent
49. venir	je	viens	venais	vins	suis venu(e)	viendrai	viendrais		vienne
être venu(e)(s)	tu	viens	venais	vins	es venu(e)	viendras	viendrais	viens	viennes
venant	il/elle	vient	venait	vint	est venu/venue	viendra	viendrait		vienne
venu(e)(s)	nous	venons	venions	vînmes	sommes venu(e)s	viendrons	viendrions	venons	venions
étant venu(e)(s)	vous	venez	veniez	vîntes	êtes venu(e)(s)	viendrez	viendriez	venez	veniez
	ils/elles	viennent	venaient	vinrent	sont venus/venues	viendront	viendraient		viennent

infinitifs et participes		indicatif					conditionnel	impératif	subjonctif
		présent	*imparfait*	*passé simple*	*passé composé*	*futur*	*présent*	*présent*	*présent*
50. vivre	je	vis	vivais	vécus	ai vécu	vivrai	vivrais		vive
avoir vécu	tu	vis	vivais	vécus	as vécu	vivras	vivrais	vis	vives
vivant	il/elle	vit	vivait	vécut	a vécu	vivra	vivrait		vive
vécu	nous	vivons	vivions	vécûmes	avons vécu	vivrons	vivrions	vivons	vivions
ayant vécu	vous	vivez	viviez	vécûtes	avez vécu	vivrez	vivriez	vivez	viviez
	ils/elles	vivent	vivaient	vécurent	ont vécu	vivront	vivraient		vivent
51. voir	je	vois	voyais	vis	ai vu	verrai	verrais		voie
avoir vu	tu	vois	voyais	vis	as vu	verras	verrais	vois	voies
voyant	il/elle	voit	voyait	vit	a vu	verra	verrait		voie
vu	nous	voyons	voyions	vîmes	avons vu	verrons	verrions	voyons	voyions
ayant vu	vous	voyez	voyiez	vîtes	avez vu	verrez	verriez	voyez	voyiez
	ils/elles	voient	voyaient	virent	ont vu	verront	verraient		voient
52. vouloir	je	veux	voulais	voulus	ai voulu	voudrai	voudrais		veuille
avoir voulu	tu	veux	voulais	voulus	as voulu	voudras	voudrais	veuille	veuilles
voulant	il/elle	veut	voulait	voulut	a voulu	voudra	voudrait		veuille
voulu	nous	voulons	voulions	voulûmes	avons voulu	voudrons	voudrions	veuillons	voulions
ayant voulu	vous	voulez	vouliez	voulûtes	avez voulu	voudrez	voudriez	veuillez	vouliez
	ils/elles	veulent	voulaient	voulurent	ont voulu	voudront	voudraient		veuillent

APPENDICE B   LES VERBES SUIVIS D'UN INFINITIF

sans préposition

adorer	croire	entrer	paraître	retourner
affirmer	daigner	envoyer	partir	revenir
aimer	déclarer	espérer	penser	savoir
aller	descendre	faillir	pouvoir	sembler
apercevoir	désirer	faire	préférer	sentir
assurer	détester	falloir	prétendre	sortir
avoir beau	devoir	laisser	se rappeler	souhaiter
avouer	écouter	monter	reconnaître	venir
compter	emmener	nier	regarder	voir
courir	entendre	oser	rentrer	vouloir

préposition **à**

s'accoutumer à	commencer à	enseigner à	se mettre à	réussir à
aider à	comdamner à	s'essayer à	obliger (qn) à	servir à
amener à	conduire à	être décidé à	parvenir à	songer à
s'amuser à	consentir à	s'exercer à	penser à	surprendre à
s'appliquer à	consister à	forcer à	persister à	tarder à
apprendre à	continuer à	s'habituer à	se plaire à	tenir à
arriver à	décider (qn) à	hésiter à	pousser à	travailler à
s'attendre à	se décider à	inciter à	se préparer à	en venir à
autoriser à	employer à	s'intéresser à	renoncer à	
avoir à	encourager à	inviter à	se résoudre à	
chercher à	s'engager à	jouer à	rester à	

préposition **de**

s'abstenir de	dire de	se lasser de	punir de
accepter de	écrire de	manquer de	rappeler de
accuser de	s'efforcer de	menacer de	refuser de
achever de	empêcher de	mériter de	regretter de
s'agir de	s'empresser de	mourir de	remercier de
s'arrêter de	essayer de	négliger de	reprocher de
blâmer de	s'étonner de	obliger de	résoudre de
cesser de	être obligé de	s'occuper de	rêver de
choisir de	éviter de	offrir de	rire de
commander de	(s')excuser de	oublier de	risquer de
commencer de	faire exprès de	pardonner de	souffrir de
conseiller de	faire semblant de	permettre de	soupçonner de
convaincre de	se fatiguer de	persuader de	se souvenir de
craindre de	(se) féliciter de	se plaindre de	suggérer de
décider de	finir de	prendre soin de	tâcher de
défendre de	se garder de	se presser de	tenter de
demander de	se hâter de	prier de	
se dépêcher de	interdire de	promettre de	
désespérer de	jurer de	proposer de	

APPENDICE C   LES VERBES SUIVIS DE COMPLÉMENTS

Abréviations

qn = quelqu'un (complément direct)
à qn = à quelqu'un (complément indirect)
qch = quelque chose (complément direct)
à qch = à quelque chose (complément indirect)

abîmer qch
s'accoutumer à qch
accuser qn
aider qn
aimer qn ou qch
s'amuser à qch
apercevoir qn ou qch
appartenir à qn
s'appliquer à qch
apprendre qch; apprendre qch à qn
arrêter qn ou qch
attendre qn ou qch
s'attendre à qch
autoriser qch
avertir qn
avoir qch
avouer qch
blâmer qn
cesser qch
chercher qn ou qch
choisir qn ou qch
commander qn ou qch
commencer qch
compter qch
condamner qn ou qch; condamner qn à qch
conseiller qn; conseiller qch à qn
consentir à qch
continuer qch
convaincre qn
craindre qn ou qch
crier qch
croire qn ou qch; croire à qch; croire en qn
décider qch
déclarer qch
défendre qn ou qch
demander qch
désirer qn ou qch

détester qn ou qch
dire qch
écouter qn ou qch
écrire qch; écrire à qn
emmener qn
empêcher qch
employer qn ou qch
encourager qn
engager qn
enseigner qch à qn
entendre qn ou qch
envoyer qn ou qch
essayer qch
espérer qch
être à qn
éviter qn ou qch
excuser qn ou qch
faire qch
féliciter qn
finir qch
forcer qn ou qch
garder qn ou qch
s'habituer à qn ou à qch
interdire qch à qn
intéresser qn à qch
s'intéresser à qch
inviter qn
jouer à qch (un jeu, un sport); jouer de qch (un instrument de musique); jouer qch (un disque, un rôle, une carte, etc.)
jurer qch
laisser qch
manquer qn ou qch; manquer à qn
menacer qn
mériter qch
mettre qch
se mettre à qch
négliger qn ou qch

nier qch
s'occuper de qn ou de qch
offrir qch à qn
oser qch
oublier qn ou qch
pardonner qch à qn
parvenir à qch
penser à qn ou à qch; penser de qn ou de
   qch
permettre qch à qn
persuader qn
se plaindre de qch à qn
pousser qch ou qn
pouvoir qch
préférer qn ou qch
préparer qch
se préparer à qch
prétendre qch
promettre qch à qn
proposer qch à qn
punir qn
se rappeler qch
reconnaître qn ou qch
refuser qn ou qch
regarder qn ou qch
regretter qn ou qch
remercier qn
renoncer à qch
reprocher qch à qn
résoudre qch
se résoudre à qch
réussir qch
rêver qch; rêver à/de qn ou qch
rire de qn ou qch
risquer qch
savoir qch
sentir qch
servir qn ou qch; servir qch à qn; servir à
   qn de qch
songer à qn ou à qch
souhaiter qch
suggérer qch à qn
surprendre qn ou qch
téléphoner à qn
tenir qn ou qch; tenir à qn ou à qch
tenter qn ou qch
travailler à qch
voir qn ou qch
vouloir qch

APPENDICE D   LES NOMBRES

Les nombres cardinaux

0	zéro	21	vingt et un	90	quatre-vingt-dix
1	un, une	22	vingt-deux	91	quatre-vingt-onze
2	deux	30	trente	92	quatre-vingt-douze
3	trois	31	trente et un	100	cent
4	quatre	32	trente-deux	101	cent un
5	cinq	40	quarante	102	cent deux
6	six	41	quarante et un	200	deux cents
7	sept	42	quarante-deux	201	deux cent un
8	huit	50	cinquante	202	deux cent deux
9	neuf	51	cinquante et un	1 000	mille
10	dix	52	cinquante-deux	1 001	mille un
11	onze	60	soixante	1 100	mille cent (onze cents)
12	douze	61	soixante et un	2 000	deux mille
13	treize	62	soixante-deux	2 100	deux mille cent
14	quatorze	70	soixante-dix	10 000	dix mille
15	quinze	71	soixante et onze	100 000	cent mille
16	seize	72	soixante-douze	1 000 000	un million
17	dix-sept	80	quatre-vingts	2 000 000	deux millions
18	dix-huit	81	quatre-vingt-un		
19	dix-neuf	82	quatre-vingt-deux		
20	vingt				

Les nombres ordinaux

1er/1re	premier/première	10^e	dixième
2ème ou 2^e	deuxième, second/seconde	11^e	onzième
3^e	troisième	17^e	dix-septième
4^e	quatrième	20^e	vingtième
5^e	cinquième	21^e	vingt et unième
6^e	sixième	22^e	vingt-deuxième
7^e	septième	80^e	quatre-vingtième
8^e	huitième	100^e	centième
9^e	neuvième		

Les fractions

$1/2$	un demi	$1\,1/2$	un et demi
$1/3$	un tiers	$2/3$	deux tiers
$1/4$	un quart	$3/4$	trois quarts
$1/5$	un cinquème	$2/5$	deux cinquièmes
$1/10$	un dixième	$2/10$	deux dixièmes

APPENDICE E   LES TEMPS LITTÉRAIRES

1. ***Le passé simple*** (voir Chapitre 3, page 71)

2. ***Le passé antérieur***
   a) formation:
      On utilise la forme du passé simple de l'auxiliaire *être* ou *avoir* et le participe passé du verbe.
      > *elle eut préféré*
      > *ils furent sortis*

   b) emploi:
      On emploie le passé antérieur dans un texte littéraire pour exprimer une action qui a eu lieu immédiatement avant l'action du verbe au passé simple. On l'utilise surtout dans les propositions subordonnées après les conjonctions de temps *quand, lorsque, aussitôt que, dès que,* et *après que.* On l'utilise également après la conjonction *à peine ... que* qui demande l'inversion du sujet.
      > *Quand ils eurent fini de manger, ils s'installèrent sur la terrasse.*
      > *À peine fut-il endormi qu'il commença à ronfler.*

3. ***L'imparfait*** et *le plus-que-parfait du subjonctif*
   a) formation de l'imparfait du subjonctif :
      On commence avec la forme du passé simple employée avec *tu.* On double la consonne finale de cette forme puis on ajoute les terminaisons du présent du subjonctif des formes employées avec *je, tu, nous, vous,* et *ils/elles.* La troisième personne du singulier (sujet *il/elle*) ajoute un *t* et prend un accent circonflexe sur la voyelle de la terminaison. Cette formation s'applique à tous les verbes réguliers et irréguliers.

      infinitif : *chanter*
      passé simple: *tu chantas*
      imparfait du subjonctif: *que je chantasse*

que je chantasse	(chantas + s + e)
que tu chantasses	(chantas + s + es)
qu'il/elle chantât	(chanta + ⌃ + t)
que nous chantassions	(chantas + s + ions)
que vous chantassiez	(chantas + s + iez)
qu'ils/elles chantassent	(chantas + s + ent)

      infinitif: *finir*
      passé simple: *tu finis*
      imparfait du subjonctif: *que je finisse*

que je finisse	(finis + s + e)
que tu finisses	(finis + s + es)
qu'il/elle finît	(fini + ⌃ + t)
que nous finissions	(finis + s + ions)
que vous finissiez	(finis + s + iez)
qu'ils/elles finissent	(finis + s + ent)

b) formation du plus-que-parfait du subjonctif :
On utilise la forme de l'imparfait du subjonctif de l'auxiliaire *avoir* ou *être* et le participe passé du verbe.
   qu'elles eussent pris
   qu'il se fût trompé

c) l'emploi de l'imparfait et du plus-que-parfait du subjonctif :
Ces temps sont utilisés dans des contextes littéraires, et leur usage devient de plus en plus rare. Dans la langue parlée et les écrits de style moins soutenu, on emploie le présent du subjonctif à la place de l'imparfait du subjonctif, et on substitue le passé du subjonctif au plus-que-parfait du subjonctif.
   contexte littéraire : *Elle voulait qu'il vînt.*
   langue courante : *Elle voulait qu'il vienne.*

4. la concordance des temps au subjonctif :

temps de la proposition principale	*action de la subordonnée*	*temps du subjonctif de la subordonnée*
présent, futur ou passé composé de l'indicatif *Il faudra que tu le fasses.*	en même temps ou après	présent
présent, futur ou passé composé de l'indicatif *Elle ne croit pas qu'il se soit trompé.*	avant	passé
imparfait de l'indicatif ou conditionnel présent ou passé (langue courante) *Je ne voulais pas que vous partiez.*	en même temps ou après	présent
imparfait de l'indicatif ou conditionnel présent ou passé (contexte littéraire) *Il aurait préféré qu'elle vînt seule.*	en même temps ou après	imparfait
imparfait de l'indicatif ou conditionnel présent ou passé (langue courante) *Il était possible qu'il n'ait pas pu y aller.*	avant	passé
imparfait de l'indicatif ou conditionnel présent ou passé (contexte littéraire) *Elle aurait souhaité qu'il y eût pensé.*	avant	plus-que-parfait
passé simple (contexte littéraire) *Elle s'étonna qu'il voulût l'accompagner.*	en même temps ou après	imparfait
passé simple (contexte littéraire) *Ils furent surpris qu'elles eussent réussi sans eux.*	avant	plus-que-parfait

APPENDICE F LE GENRE DES NOMS

Noms masculins

1. terminaison *age*
    le chauffage, le jardinage, un langage, un voyage, etc.
    exception : *une image*

2. terminaison *al*
    un festival, un journal, un tribunal, etc.

3. terminaison *ant*
    participes présents formant des noms masculins : *un amant, un habitant, le néant,* etc.

4. terminaison *ard*
    un montagnard, un poignard, un vieillard, etc.

5. terminaison *asme*
    l'enthousiasme, le sarcasme, etc.

7. terminaison *é*
    participes passés formant des noms masculins : *un coupé, le passé, un traité,* etc.
    autres mots : *l'été, un carré, un fossé,* etc.

8. terminaison *eau*
    un berceau, un cadeau, un plateau, etc.
    exception : *une eau*

9. terminaison *ent*
    un appartement, un concurrent, un incident, etc.

10. terminaison *et*
    un bouquet, un jouet, etc.

11. terminaisons *euil, ueil*
    un fauteuil, le seuil, un cercueil, un recueil, etc.

12. terminaison *eur*
    occupations : *un danseur, un professeur,* etc.

13. terminaison *ier*
    occupations : *un banquier, un hôtelier,* etc.
    arbres fruitiers : *un cerisier, un palmier,* etc.
    récipients : *un cendrier, un clavier,* etc.

14. terminaison *oir*
    un miroir, un rasoir, un trottoir, etc.

15. terminaison *isme*
    le dynamisme, le romantisme, etc.

Noms féminins

1. terminaison *aine*
   la laine, une migraine, etc.
   exceptions : *un capitaine, un domaine*, etc.

2. terminaison *ance*
   une alliance, la méfiance, la persévérance, etc.

3. terminaison *ante*
   participes présents formant des noms féminins : *une composante, une débutante*, etc.
   autres mots : *une commerçante*, etc.

4. terminaison *ion* et *tion*
   une adoption, une décision, une option, une réunion, etc.
   exception : *un avion*, etc.

5. terminaison *ée*
   participes passés formant des noms féminins : *une allée, la durée, une tournée*, etc.
   autres mots : *une fée, une journée*, etc.

6. terminaison *ence*
   la déficience, l'excellence, la préférence, la providence, etc.

7. terminaison *euille*
   une feuille

8. terminaison *eur*
   une couleur, une faveur, la fureur, une rumeur, etc.

9. terminaison *ie*
   une boulangerie, la chimie, la folie, la jalousie, etc.

10. terminaison *ière*
    occupations : *une conseillère, une épicière*, etc.
    autres mots : *une frontière, une prière*, etc.
    exception : *un cimetière*

11. terminaison *ise*
    la bêtise, la franchise, etc.

12. terminaison *oire*
    une bouilloire, une histoire, une patinoire, etc.
    exception : *un interrogatoire*

13. terminaison *son*
    une boisson, une chanson, la guérison, etc.

14. terminaison *té*
    la clarté, la publicité, etc.
    exceptions : *un côté, l'été*, etc.

15. terminaison *tié*
    l'amitié, la moitié, etc.

16. terminaison *ture*
    une aventure, l'écriture, la fermeture, etc.

17. terminaison *ude*
    une habitude, l'ingratitude, la désuétude, etc.

18. terminaison *ue*
    une massue, une rue, une vue, etc.

LES PHONÈMES FRANÇAIS

voyelles

/ i /	chimie	/ ʃimi /
	cygne	/ siɲ /
	île	/ il /
/ e /	été	/ ete /
	nez	/ ne /
	jouer	/ʒwe/
/ ɛ /	modèle	/ mɔdɛl /
	Noël	/ nɔɛl /
	complet	/ kɔ̃plɛ /
	tête	/ tɛt /
	aimer	/ ɛme /
	pleine	/ plɛn /
/ a /	mal	/ mal /
	femme	/ fam /
/ ɑ /	mâle	/ mɑl /
	bas	/ bɑ /
/ ɔ /	alors	/ alɔr /
	donner	/ dɔne /
/ o /	tôt	/ to /
	mot	/ mo /
	eau	/ o /
	gauche	/ goʃ /
/ u /	tout	/ tu /
/ y /	étude	/ etyd /
	dû	/ dy /
/ ø /	peu	/ pø /
/ œ /	peur	/ pœr /
	soeur	/ sœr /
/ə/	petit	/ pəti /

consonnes

/ p /	pain	/ pɛ̃ /
/ t /	net	/ nɛt /
	thé	/ te /
	toute	/ tut /
/ k /	corps	/ kɔr /
	kilo	/ kilo /
	qui	/ ki /
	accord	/ akɔr /
	cinq	/ sɛ̃k /
/ b /	beau	/ bo /
/ d /	doux	/ du /
/ g /	figue	/ fig /
	aggrégat	/ agrega /
/ s /	samedi	/ samdi /
	scène	/ sɛn /
	celui	/ səlɥi /
	ça	/ sa /
	garçon	/ garsɔ̃ /
	nation	/ nasjɔ̃ /
/ f /	faire	/ fɛr /
	physique	/ fizik /
/ ʃ /	poche	/ pɔʃ /
/ v /	ville	/ vil /
	wagon	/ vagɔ̃ /
/ z /	rose	/ roz /
	zéro	/ zero /
	maison	/ mɛzɔ̃ /
/ ʒ /	jeune	/ ʒœn /
	gifler	/ ʒifle /
	léger	/ leʒe /
/ gz /	exemple	/ ɛgzɑ̃pl /
/ ks /	extra	/ ɛkstra /
/ l /	nouvel	/ nuvɛl /
/ r /	rue	/ ry /
/ m /	mère	/ mɛr /
/ n /	nouveau	/ nuvo /
	automne	/ otɔn /
/ ɲ /	montagne	/ mɔ̃taɲ /
/ ŋ /	camping	/ kɑ̃piŋ /

nasales

/ ɛ̃ /	matin	/ matɛ̃ /
	plein	/ plɛ̃ /
	bien	/ bjɛ̃ /
	timbre	/ tɛ̃br /
	pain	/ pɛ̃ /
/ ɑ̃ /	quand	/ kɑ̃ /
	vent	/ vɑ̃ /
	champ	/ ʃɑ̃ /
	temps	/ tɑ̃ /
/ ɔ̃ /	bon	/ bɔ̃ /
	comble	/ kɔ̃bl /
/ œ̃ /	lundi	/ lœ̃di /
	parfum	/ parfœ̃ /

semi-consonnes

/ j /	pied	/ pje /
	yeux	/ jø /
	travail	/ travaj /
	paille	/ paj /
/ w /	oui	/ wi /
	sandwich	/ sɑ̃dwitʃ /
/ ɥ /	huile	/ ɥil /

INDEX